21世纪高等开放教育系列教材

特许经营体系管理

（第二版）

王晓民　编著

中国人民大学出版社
·北京·

出版说明

1999年教育部颁布了《面向21世纪教育振兴行动计划》，明确提出了实施“现代远程教育工程”。全国教育系统迅速行动起来，在短短的几年时间里，就初步形成了我国开放式的教育网络，搭建了远程教育平台，在构建终身学习体系方面做出了重要的贡献。

随着我国教育改革的不断深入，教育技术的不断更新，社会各界对远程开放教育的认识也在不断加深。开放教育、远程教育，涉及办学的开放、专业的开放、课程的开放、教育教学手段与方式的变革。高等远程开放教育对振兴我国教育、普及我国高等教育产生了极其深远的影响。

开展高等远程开放教育，涉及的教育教学改革与建设是多方面的，高等远程开放教育的教材建设是其重要环节之一。高等远程开放教育的教材建设要能充分体现现代远程教育的特点，充分考虑远程学习者的特点，满足现代开放教育的需求。为了促进远程开放教育的发展，满足开放教育学习者的需要和教学需要，我们编辑出版了21世纪高等开放教育系列教材。该系列教材主要是针对经济类专业课程的教材进行了一体化的设计，在突出课程教材应用性、实践性、普及性和可操作性上下功夫，在体现远程开放教育环境下对学习者应用能力的培养下功夫。

该系列教材具有以下特点：

1. 充分体现当前经济类学科的最新研究成果；
2. 充分体现远程开放教育的特点，有利于学习者的自学；
3. 充分体现与经济类各专业基础课、专业课的衔接性、配套性；
4. 在教材编写过程中尽量以案例分析阐述理论，便于学习者理论联系实际；
5. 教材建设中配备了PPT讲稿或CAI课件、操作练习光盘等，便于教师讲课和学员自学。

该系列教材的建设是远程开放教育教学改革中的初步尝试，是一颗破土而出的幼苗，需要呵护和培养，也需不断修正和完善，希望其在远程开放教育的教学改革中发挥出应有的作用。

编写说明

特许经营作为一种新型的商业模式，进入中国已经有将近 30 年的时间。国内关于特许经营方面的高等教育也已走过了十余年的发展历程。在国内众多专家和学者的共同努力下，先后出版了大量适应不同需求的特许经营教材和参考书，对特许经营在国内的推广起到了重要的推进作用，也为本教材的编写提供了丰厚的知识基础。

2010 年，北京广播电视大学和中国人民大学出版社联合策划了“21 世纪高等开放教育系列教材”。按照北京电大的学科规划，设置了四门特许经营专业课程，分别是“特许经营导论”“特许经营体系管理”“特许经营单店管理”“特许经营案例”。这是一个非常科学的设计方案，它准确地把握住特许经营作为一种商业关系的实质，分别从特许人和受许人这两个相互依存又相互对立的侧面入手，全面地分析特许经营关系的机制和原理，使学员和读者对特许经营的理论与实践有一个科学、完整的认识。

根据以上框架，在广泛借鉴国内外最新成果和已有材料的基础上，对特许经营专业的知识体系进行一次梳理，力求向学员和读者传达我们对特许经营理论与实践的最新认识与理解。

2017 年，应出版社之邀对本教材进行了修订。此次修订基本保持了原书的体系结构，对其中的内容做了较大程度的更新。新版的更新体现在以下几个方面：

1. 重新编写了前三章，使其内容和结构更加合理；
2. 将原来的第七章“特许经营手册”压缩后纳入新的第八章“特许经营体系”之中；
3. 对书中所引用的各项统计数据进行了全面更新；
4. 在知识产权部分，全面采用联合国知识产权组织（WIPO）相关文件中的定义和思路；
5. 在特许经营体系管理部分，全面引入了商务部发布的国内贸易行业标准《特许经营管理体系指南（SB/T 10410－2007）》和《特许人经营体系成熟度与服务能力评定规范（SB/T 10819－2012）》的相关规定。

为便于教师、学员及读者阅读和使用，以下对本教材的编写理念和体系结构进行概要的说明和阐释。

一、本教材的编写理念

按照作者的理解，高等开放教育的教材不仅要全面、准确地传达学科的知识体系，更应该强调对知识点背后的原理和规律进行挖掘与分析。在高等开放教育的背景下，学员主要通过阅读教材获取知识，教师的讲解起到的是画龙点睛和答疑解惑的作用。特许经营是一门实践性很强的学科，过往的教材都非常强调这一点。本教材则更多地强调对实践方法背后的概念和原理做进一步的梳理和分析，力求使学员和读者在“知其然”的同时能够进一步地“知其所以然”。

近几年，国际上对特许经营经济学的研究开始引起国内的关注，国内的一些学者也在相关领域开展了工作。但到目前为止，这方面的研究仍然局限在纯粹的学术范畴。我们编写本教材的过程中，在借鉴和吸收国内外最新研究成果的基础上，试图引入特许经营中一些带有普遍性的经济学原理。这是一次新的尝试，其效果如何尚待读者的反馈和实践的检验。值得一提的是，按照北京开放大学（原北京广播电视大学）的教学方案，工商管理专业各方向均开有“西方经济学”这一公共基础课。有了这样的前置课程作为支撑，在特许经营的课程中引入经济学分析内容便成为可能。

二、关于特许经营的经济学

早在20世纪70年代，当特许经营在美国初次爆发时，美国的一些学者就已经开始从产业组织、产权和契约、所有制关系等方面入手，对特许经营关系展开理论和实证研究。几十年来，已经积累了一批用经济学方法研究特许经营的学术成果。2005年，美国两位知名的特许经营学者——佛罗里达大学的罗格·布莱尔和密歇根大学的弗朗西斯·拉方丹，合作出版了一部《特许经营经济学》，这是我们目前见到的第一部用经济学方法全面研究特许经营关系的专著。该书充分借鉴美国学术界已有的研究成果，对特许经营在美国的发展历程和真实现状进行了科学、严谨的分析。其研究方法和结论都有着非常扎实的计量经济学基础，全面分析了20世纪70年代以来美国商务部及主流媒体和专业机构对特许经营的统计数据，形成了一个跨越20余年（1980—2001年）的数据集，并以此作为研究的基础。

布莱尔和拉方丹的《特许经营经济学》以实证的方法研究了特许权的定价和特许经营合同条款，得出了一系列有坚实计量基础的结论。全书的核心在于把特许经营关系定位于产业组织中的纵向关系，通过将纵向一体化与合同等效进行对比的方法，逐次研究特许经营关系中的各个侧面：质量控制、价格控制、搭售、市场侵蚀、广告费的收取与使用、合同期限等。两位作者一方面用理论经济学的方法分析特许经营关系的机制和冲突的起源，另一方面也注重用计量分析的结果对这些结论进行印证。

通过研读这部专著，以及参阅其他一些相关文献，本书作者得到三点重要启示：第一，只有以产业组织的视角、从纵向的上下游关系入手分析特许经营关系，才能更好地理解特许人与受许人的经济角色和关系机制；第二，要牢牢把握住一个关键点，即受许人在经济和法律上的独立地位，与加入特许经营体系而放弃了大部分运营与管理的自主权，这两者的结合构成了特许经营关系的本质；第三，应该正视特许经营关系中可能出现的利益冲突，从双方的利益机制入手，把握特许经营体系的建设、维护和特许经营网点的运营。

这些思想直接决定了本教材的基调和格局，并贯穿于对一系列重点问题的具体讨论之中。

三、本教材的体系与结构

本教材的十章内容，可以大致划分为四个部分（见图0-1）：第一部分（第一、二章）

是开展特许经营的背景知识，即企业间的上下游关系与策略，和以商标、专利为主要代表的商业知识产权。第二部分（第三、四章）是开展特许经营的战略决策，希望传达的思想为：特许经营是上游企业的一种战略选项，是否需要或应该开展特许经营，要服从于企业的发展战略；而能否成功地构建起一个特许经营体系，除了具备完整的知识产权以外，还要从市场环境和企业的内部资源进行考察；一般性的投资分析原理和方法同样适用于特许经营的投资决策。第三部分（第五至七章）介绍了构建一个特许经营体系所必需的基本元素，即特许权的设计与规划、特许经营合同和手册的制定、特许人企业的合规经营等，随后对特许权的销售环节进行讨论。第四部分（第八至十章）分别从体系管理、关系机制、管理决策三个方面阐述了特许经营体系的维护、运营与发展。以下逐章进行简要说明。

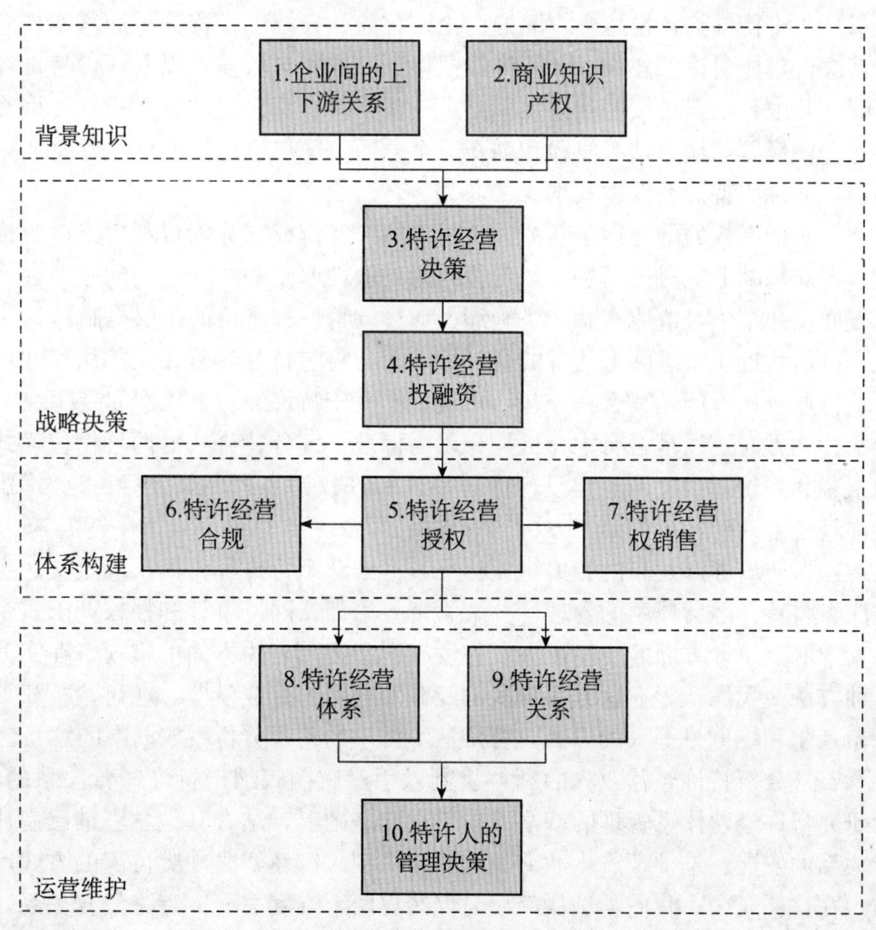

图 0－1　本教材的体系与结构

第一章：首先，从产业组织经济学的视角，简要介绍企业理论并引入企业边界问题。然后，介绍供应链的概念以及上游企业的分销策略。最后，从纵向约束的视角，导出特许经营作为纵向一体化合同等效手段的经济性质。

第二章：首先，概要介绍了知识产权的概念、意义和保护措施。然后，引用美国战略品牌研究专家凯文·凯勒的理论，重点叙述他的 CBBE 品牌模型；借鉴瑞士学者亚历山大·奥斯特瓦德2009年提出的商业模式理论，介绍他提出的创建商业模式的通用模板。最后，结合前一章的内容，综合概括了商业授权关系的谱系，将特许经营关系与授权分销、知识产权授权等相似模式进行对比。

第三章：在介绍可行性分析的概念和方法的基础上，讨论了企业战略与市场研究的基本原理和方法，以此来说明潜在特许人在规划特许经营体系之前制定战略决策的路径，从企业战略层面给出了特许经营可行性研究的原理和方法，以及由美国特许经营专家安德鲁·J. 谢尔曼提出的开展可行性分析的基本框架。在这一章中，我们尝试提出了特许经营基础业务的概念，并在可行性分析中将其独立出来。对基础业务概念的区分，也是全书内容的一个重要基点。

第四章：关于特许经营投融资方面的讨论。首先，介绍了投资分析的基本概念和一般性原理。其次，具体讨论了建设一个特许经营体系的成本与收益，以及评价特许经营投资的基本原则。其中，重点是按照独立性原则进一步强调和深化将基础业务与特许经营业务相区分的理念。最后，从原理、实践和创新三个方面，简单讨论了特许经营企业融资的一些共性问题，并说明特许经营模式本身的“类金融”属性。

第五章：对特许权的阐述做了新的尝试，将特许经营权划分为权利要素、价格要素和管理要素。在此基础上，讨论了特许经营合同的一般性原则和法律适用问题。在特许权的价格要素方面，介绍了经济成本和经济利润如何影响特许权定价的深层机制。

第六章：借鉴近年来国际上盛行的合规性理念，将与特许经营相关的法律问题和企业社会责任、行业自律等问题整合在一起，形成一个关于特许经营合规性的专题。

第七章：一方面，以是否有中介机构介入为标准，区分特许权的两种销售模式，并将受许人的招募和评估，以及网点建设等内容纳入特许权销售的环节进行讨论。另一方面，介绍了特许经营中几种常见的第三方机构的作用。

第八章：参照商务部发布的相关行业标准，详细介绍特许经营体系的定义、主要要素和评价方法。将特许经营体系的管理，分解为督导培训、网点审计和授权期限三个方面展开说明。其中网点审计方面的内容过去一直没有引起国内有关方面的重视，在实践中也很少采用这种方法，我们认为在这方面美国的经验值得国内企业借鉴。在讨论授权期限问题时，参考布莱尔和拉方丹等人的方法，尝试从经济学的角度分析授权期限的意义。

第九章：从分析特许经营双方的利益机制入手，试图归纳出特许经营关系的特殊性，以此作为研究特许经营体系管理的基本方向。在此基础上，结合其他学者的已有成果，对特许经营关系的发展、维护，产生冲突的范畴和机制，以及解决冲突可能的方式等进行归纳和总结。在这一章中，我们尝试从产权与控制权两个维度去研究特许经营关系，从特许经营体系的边际成本和网络外部性方面，进一步深化对特许经营关系的理解和认识。

第十章：重点区分了特许人企业的内部管理与特许人对特许经营体系的管理。通过这种区分，梳理出特许人的管理重心和管理体制，然后借鉴其他学者的理论和方法，分别从特许人企业的持续性战略和资本运营两个方面，进一步讨论特许人企业及特许经营体系的管理问题，其中对资本运营问题的讨论，进一步补充和深化了第五章中关于特许经营企业融资方面的讨论。最后介绍了在理论和实践中都具有重要意义的双重分销问题。

四、借鉴与吸收

为便于读者更全面地了解本教材各部分内容的来龙去脉，进一步寻根溯源，以下列出本教材编写过程中借鉴和吸收的现有研究成果和理论体系，同时也向这些专家学者表达我们的敬意和感谢。

如前所述，对本教材的编写理念产生重大影响的一部专著就是美国学者罗格·布莱尔和弗朗西斯·拉方丹合著的《特许经营经济学》（*The Economics of Franchising*）。本教材多处引用了该书的结论和数据。

另一位美国学者托马斯·迪克于 1992 年出版的《特许经营在美国：一种商业手段的发展（1840—1980）》（*Franchising in America*：*The Development of a Business Method*，*1840－1980*）一书对若干经典案例的深度解剖，也给了我们重要的启发，我们在本教材第一章的正文和第三章的案例中参考了该书的部分内容。

在第二章中我们介绍了美国学者凯文·凯勒的 CBBE 品牌模型和瑞士学者奥斯特瓦德的商业模式理论。前者的成果主要体现在凯勒所著的一部经典教材《战略品牌管理：创建、评估和管理品牌资产》（*Strategic Brand Management*：*Building*，*Measuring*，*and Managing Brand Equity*）中，后者主要来自奥斯特瓦德自己创办的专题网站 strategyzer. com。

在特许经营的基本原理和学科体系方面，主要参考了以下几位学者的著作：

一是世界知名的特许经营权威、美国路易斯安那州立大学的罗伯特·T. 贾斯蒂斯教授与他人合著的两部经典的姊妹篇教程：《特许经营》（*Franchising*）和《特许经营致富》（*Achieving Wealth Through Franchising*）。这两部教材已于 2005 年由机械工业出版社引进出版了中文翻译版。

二是美国著名的特许经营法律专家安德鲁·J. 谢尔曼所著的《特许经营与授权》（*Franchising&Licensing*：*Two Powerful Way to Grow Your Business in Any Economy*）。这部著作重点从知识产权的角度研究特许经营，目前已经出版到第四版。

本教材编写过程中参考和借鉴的其他学者的成果和著作，详细列于正文脚注和书后的参考文献中，在此一并向相关学者表示感谢。

五、致谢

本书的编写和出版要感谢北京开放大学相关专业师生；感谢中国人民大学出版社教育分社的编辑，他们对本书的编写提出了富有建设性的意见和建议，并且在编辑和出版环节付出了大量的辛勤工作。正是由于北京开放大学和中国人民大学出版社联合策划了“21世纪高等开放教育系列教材”，才使本教材及后续教程的出版成为可能。

编著者
2018 年 9 月

目　录

第一章　企业间的上下游关系

【知识结构】

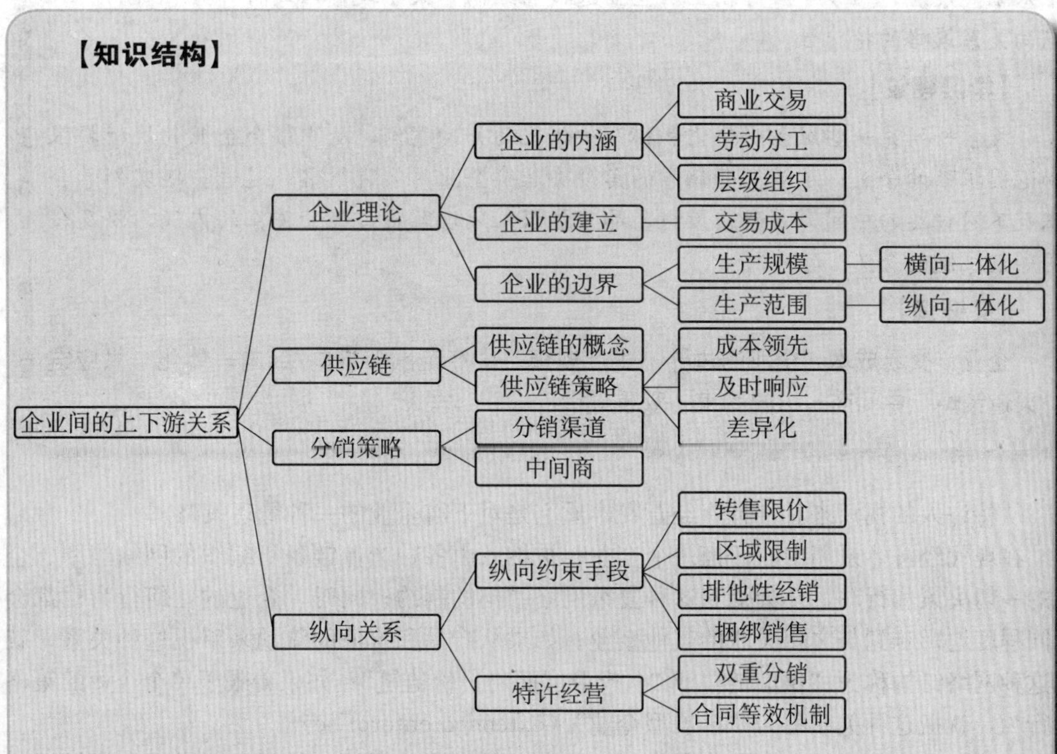

【本章要点】

- 企业的本质是基于劳动分工建立起来的层级组织，从而将市场上的交易行为内化为行政指令。
- 企业之所以存在是因为市场交易存在着不可回避的交易成本。企业的边界由企业的生产规模和生产范围决定，从这两个维度进行扩张，就是横向/纵向的一体化。
- 供应链是供应商、生产商、分销商之间物品、价值和信息的双向流动过程。企业的供应链策略要服从于企业的通用战略。
- 企业对下游渠道的设计包含渠道广度（渠道商数量）和深度（层级数量）。
- 企业为实现最佳的管理效率和效益，往往会采取多种手段对渠道进行管理，特许经营就是其中一种典型的管理模式。
- 在理论上，特许经营等效于纵向一体化所产生的经济结果。

【学习目标】

通过本章的学习，初步了解特许经营关系的经济意义。首先，在了解企业的内涵及边界的基础上，初步掌握企业的生产规模和生产范围及相应的一体化策略。其次，从供应链的角度出发，初步了解企业的分销渠道和分销策略，从而为理解纵向关系打下基础。最后，初步了解可供上游企业选择的纵向约束手段，以及特许经营作为一种纵向关系策略的特殊性。

【学习建议】

搜索并研究一些纵向一体化和横向一体化的并购案例，从中领会企业的规模扩张和范围扩张的含义；尽量从营销学的角度去理解企业的渠道策略；通过一些实例学会识别不同种类的中间商；研读教材，尽可能深入地理解特许经营关系的内涵，以及合同等效机制的含义。

【关键词】

企业　交易成本　企业的边界　生产规模　生产范围　横向/纵向一体化　供应链　渠道策略　中间商　纵向约束　双重分销

从特许人的视角来看，特许经营在本质上是对下游企业的一种管理策略。

在现代经济体系当中，任何一个企业都被纳入由各种产业链条所编织的网络当中。企业的一切决策和行动，都会受到这种复杂网络结构的制约；同时，企业的任何行为也都会不同程度地影响到与之相关联的其他企业。如果从产品和价值的流动来审视这种关系，就把这种网络结构称为“供应链”或“（产业层面的）价值链”；如果着眼于单个企业的策略性行为，就把这种关系称为“扩展型企业”（extended enterprise）。

以我们最为熟悉的麦当劳快餐为例，其核心是一家总部位于美国伊利诺伊州橡树溪的跨国企业 McDonald's Corporation，公司于 1955 年 4 月 15 日创立，1965 年在纽约证券交易所上市。截至 2016 年年底，分布在全球 120 个国家的 36 899 个麦当劳餐厅当中，有 31 230 个是特许经营网点，由麦当劳公司直接经营的餐厅仅占 15%。更重要的是，除了那些占 85%的餐厅是由受许人经营的独立企业之外，麦当劳在全球的物流配送体系是由第三方物流（3PLs）承担的，各餐厅内的食品配料、厨房设备，乃至玩具礼品都是由大量的独立供应商提供的。此外，在麦当劳的全球供应链中，还有许多由受许人或合资企业在当地建立的采购合作社（purchasing cooperatives）为各地餐厅提供原材料。所有这些不同地域、不同行业、不同规模、不同形式的企业联系在一起，构成了我们在全世界看到的麦当劳快餐。

作为全书的理论基础，本章将概要介绍与企业特许经营活动密切相关的有关企业理论、供应链和纵向关系方面的一般性知识。

第一节 企业理论概述

企业是现代社会的细胞，是一切社会经济活动的基本单位。对于企业最简单的理论性描述，是我们在微观经济学当中学到的生产函数：$E=T\cdot f(k, l)$，其含义是：企业（E）是把资本（k）和劳动力（l）用一定的技术手段（T）组合起来从事生产的单位。这里的资本和劳动力被称作生产要素①。企业生产所需的生产要素需要从社会上购买，企业生产出来产品需要向社会销售。这样，就产生出最基本的投入—产出的概念。

对于企业的这种高度抽象，使我们能够很清楚地看出企业的边界所在，但忽略了企业的内部结构。按照古典经济学的鼻祖亚当·斯密的观点，企业是建立在劳动分工基础上的。企业经营者从劳动力市场以工资为代价雇佣工人，但在内部管理上则是依靠行政管理的手段开展生产活动。常识告诉我们，一个生产型企业至少会包括原材料采购供应、生产运营、市场营销、财务管理、人力资源管理等多项职能。不同环节与职能之间的协调依靠的是企业管理者的命令，而非市场化交易。这是企业内外最根本的差异。随之而来的一个问题就是，企业必须首先决定哪些工作或产品由服从行政命令的雇佣员工来完成，哪些工作或产品需要从外部市场购买；当企业从外部市场购买现成的产品与服务时（对于企业内部而言这些产品与服务可能是原材料、半成品或某项专业化服务如物流或广告等），与对方之间的经济关系、法律关系是怎样的；企业的产品是直接卖给消费者，还是批发给分销商……所有这些问题，都要靠企业理论（theory of the firm）来解决。

一、企业的内涵

美国学者加雷斯·琼斯（Gareth Jones）在其所编著的《工商导论——公司如何创造价值》一书当中，提出了一种从三个维度审视企业的思路②，对于理解企业的性质很有帮助。按照琼斯的划分，企业既是一种商业交易（commerce），也是一种职业分工（occupation），还是一种具有层次结构的社会组织（organization）。

首先，企业作为一个实体需要从要素市场上获得劳动力（雇佣）和资本（融资）以及其他一切生产所必需的生产要素（原料、技术等），这种获取生产要素的过程本身是一种市场行为、一种交易活动；同时，企业生产出来的产品必须要销售出去才能为顾客和企业自身创造价值，这就是企业之所以存在的根本目的。

其次，企业雇佣的员工要具备特定的技能和能力，才能胜任从事特定生产任务的要求；在企业内部，不同岗位的员工从事不同的工作，并且在管理者的统一协调之下相互合作，共同完成最终产品的生产和销售；从产业和社会的视角来看，每个企业本身都在产业链条当中承担特定角色，实现一定的社会功能。

最后，企业内部具有一定结构。企业是由创业者创办、股东投资，并由全体股东共同

① 当然，资本和劳动力是对生产要素的高度抽象与概括，在后续内容里我们将看到，包括品牌、商业模式、特许权在内的无形资产，都是生产要素的组成部分。

② GARETH JONES. Introduction to business，how companies create value for people. New York：McGraw-Hill/Irwin，2006.

拥有的法律和经济实体。在现代企业制度下，由投资者雇佣职业经理人并赋予其管理企业的权利，管理者代表股东利益经营企业，雇佣员工并从事日常管理。企业内部的各个部门之间由上一级管理者进行协调，每个部门、每个员工的工作任务和绩效考评，由上一级管理者以行政命令的方式来安排。因此，企业内部形成分层的管理结构。

关于商业交易的思想，至少可以回溯到公元前 4 世纪的古希腊时代。亚里士多德在其《伦理学》的第五卷“公正”中这样说道：

……在商业服务的交易中，那种回报的公正，即基于比例的而不是基于平等的回报，的确是把人们联系起来的纽带。城邦就是由成比例的服务回报联系起来的……例如，假定 A 是建筑师，B 是鞋匠，C 是一所房子，D 是一双鞋；现在建筑师必须得到鞋匠的鞋，同时也必须把自己造的房子给鞋匠。如果这两样产品之间先确定好了比例等式关系，并且都相互回报，那么我们刚才提到的结果（指“以善来回报一种美好的恩惠”——引用者注）就可以实现。否则，这种交易就将是不平等和不能持久的……所以，所交易的东西必须是可以以某种方式比较的。正是由于这个原因，人们发明了货币。货币是一种中介物。它是一切事物的尺度，也是衡量较多与较少的尺度：它确定着多少双鞋相当于一所房子或一定数量的食物。①

在这里，我们看到了亚里士多德为商业交易所确定的基本原则，即他所说的“成比例”；还看到了作为交换媒介的“货币”的意义：“中介物”“衡量较多与较少的尺度”。这里的多与少实际上说的是商品的价值，而“多少双鞋相当于一所房子……”说的是“等价交换”的原则。

对于生产活动中专业分工的研究，到 18 世纪才由亚当·斯密完成。他在《国富论》第一篇第一章“论分工”的开头部分，用一个非常简单的例子说明了劳动分工是如何通过工作效率创造财富的：

劳动生产力上最大的增进……似乎都是分工的结果……扣针制造业是极微小的了，但它的分工往往唤起人们的注意。一个劳动者，如果对于这职业（分工的结果，使扣针的制造成为一种专门职业）没有受过相当训练，又不知怎样使用这职业中的机械（使这种机械有被发明的可能的，恐怕也是分工的结果），那么纵使竭力工作，也许一天也制造不出一枚扣针，要做二十枚当然是绝不可能了。但按照现在经营的方法，不但这种作业全部已经成为专门职业，而且这种职业分成若干部门，其中有大多数也同样成为专门职业。一个人抽铁线，一个人拉直，一个人切截，一个人削尖线的一端，一个人磨另一端以便装上圆头……这样，扣针的制造分为十八种操作。像这样一个小工厂的工人虽很穷困，他们的必要机械设备虽很简陋，但他们如果勤勉努力，一日也能成针十二磅。②

尽管这个 18 世纪的小工厂非常原始，但从中我们已经能够看出工厂主必须事先划分

---

① 亚里士多德．尼各马可伦理学．廖申白，译注．北京：商务印书馆，2003.

② 亚当·斯密．国民财富的性质和原因的研究．郭大力，王亚南，译．北京：商务印书馆，1979.

工序，并不断协调不同工序之间的生产这样一种非常“现代”的管理职能。

从今天的观点来看，亚当·斯密没有说明制针用的铁线是从哪里来的，以及制好的扣针是怎样卖出去的，也没有说明扣针厂为何不直接买入已经“拉直”或“切截”的铁线。这些问题要等到20世纪的罗纳德·科斯来回答。

二、企业的建立

科斯在其1937年发表的经典论文《企业的性质》当中这样描述外部市场的商业交易与企业内部组织结构之间的差异：

……经济理论中的价格机制决定生产要素在不同用途之间的配置。生产要素A的价格在X中比在Y中高，结果A从Y流向X，直到X和Y之间的价格差异消失……若一位工人从部门Y转到部门X，其调动并非由于相对价格的变化，而是服从命令……在企业之外，价格变动指导生产，而生产由市场上的一系列交易来协调。在企业之内，消除了这些市场交易，取代充斥交易的复杂市场结构的是企业家——也就是指挥生产的协调者。①

科斯在这里提出了一个现代经济学中的重要问题：在市场经济的汪洋大海之中，“为什么存在着这些‘有意识力的岛屿’?”或者说，在平坦的自由交换市场里，为何存在着以权威指令为核心的特殊结构（即企业)? 这和前述“扣针厂为何不直接买入已经‘拉直’的铁线”实际上是同一个问题。对此科斯给出的解答是——交易成本（transaction cost)：

建立企业……的主要原因似乎是利用价格机制是有成本的。通过价格机制“组织”生产活动的最明显的成本就是发现相关价格的成本……市场中发生的每一笔交易的谈判和签约费用也必须加以考虑……当企业存在时……某一生产要素不必与企业内部同它合作的一些生产要素签订一系列的合约……生产要素通过合约同意在一定限度内听从企业家的指挥。

接着，科斯总结道：

……市场的运行需要成本，而组成组织，并让某些权威人士（如企业家）支配其资源，如此便可节省若干市场成本……这种初步获得的认识将有助于科学解释企业规模扩大或缩小的原因。当企业家组织额外的交易时，企业的规模就会扩大。反之当企业家放弃组织这些交易时，企业的规模就会缩小。

这样，科斯就回答了企业为何存在、企业的边界是如何确定的这些根本性的问题。加雷斯·琼斯在《工商导论——公司如何创造价值》中用一张图描绘了交易成本如何产生以及企业如何降低这些成本，如图1-1所示。

---

① 罗纳德·科斯．企业的性质//奥利弗·E. 威廉姆森，西德尼·G. 温特．企业的性质：起源、演变和发展．姚海鑫，邢源源，译．北京：商务印书馆，2007.

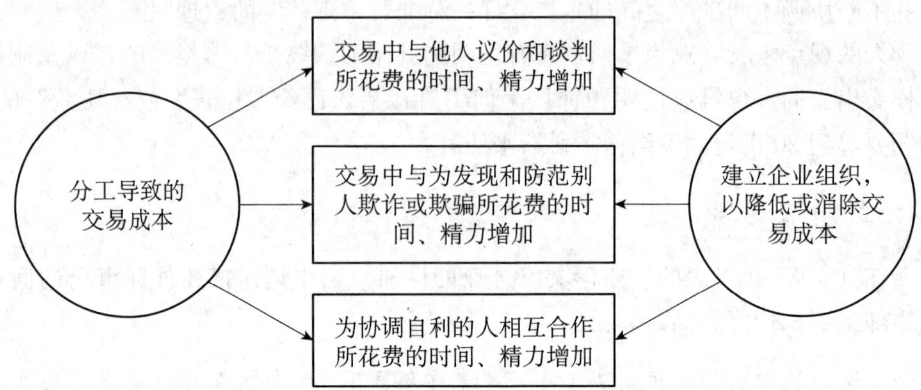

图 1-1　交易成本的来源以及企业产生的原因

由此，任何一道工序或任何一项职能，只要市场采购的成本高于企业自行安排的成本，企业就会将其纳入边界之内，使之成为企业的组成部分；反之，如果内部协调的成本超过了市场采购的成本，企业就会从内部取消这道工序或职能，转向市场采购。前者是企业的扩张，后者则是近些年来西方流行的外包（outsourcing）思想的根源。

三、企业的边界

企业一旦建立起来，其边界就是由生产活动的经济性决定的。所谓企业的边界，有两层含义：一是生产同类产品的数量，称为企业的生产规模（scale）；二是生产产品的种类，称为企业的生产范围（scope）。

企业的利润是销售产品所获得的收入与生产这些产品的成本之间的差异。从经济的视角来看，企业的生产成本由两部分构成：一部分是生产某种产品所需要的原材料、人力等直接投入当期生产过程的要素，这种成本能够随着生产产品的数量随时调整，在一定范围内与生产数量呈比例关系。例如，一家蛋糕坊制作蛋糕时所需要的面粉和奶油，其消耗量完全取决于当日生产蛋糕的数量。

另一部分是生产所需要的设备、厂房等长期使用的生产要素，企业一旦建立起来，这种生产要素在较长一段时间里就不会发生变化。例如，蛋糕坊在建立之初就必须购买或租赁一定的场地，购置烤炉、厨具等。这些长期使用的资产是以折旧的方式摊入日常的生产成本当中的，无论某一天内是否生产蛋糕，或生产多少蛋糕，这种折旧都会发生。

在这种情况下，只要每天生产蛋糕的数量没有超过烤炉、厨具的最大限度，生产的蛋糕越多，平均成本就会越低，也就是说边际成本（MC）小于平均成本（AC）。这时，只要市场需求足够大（意味着多生产的蛋糕很容易销售出去），店主就会尽可能多地生产。经济学上把这种现象称作规模经济性（economies of scale）。反之，如果产量已经达到现有设备的上限，再提高产量就需要购置新的设备或把生产外包。如果增加的产量所带来的收入不足以弥补成本的增加，就叫作规模不经济。用公式来表示就是，在一定生产量 q 的情况下，如果平均成本大于边际成本，即 $S=AC(q)/MC(q)>1$，就意味着存在规模经济性；如果 $S=AC(q)/MC(q)<1$，则是规模不经济的。

同样的道理也适用于不同的蛋糕坊之间的关系。如果一家较大的蛋糕坊收购了一家较小的蛋糕坊，或两家同样大小的蛋糕坊合并，由此可以带来人力、设备、场地等方面的节省，蛋糕坊之间就会有通过兼并收购（mergers & acquisitions）的方式进行扩张的动机。由于并购的双方是同类型企业，因此这种扩张方式就称作横向一体化（horizontal integration），如图 1-2（a）所示。规模经济性是直营连锁企业存在的深层理由，也是自愿连锁的主要动因。例如，在合理的地域范围内，连锁超市可以共享大规模订货以及其他可以共享的商业服务等所带来的优惠，就体现出零售业的某种规模经济性。

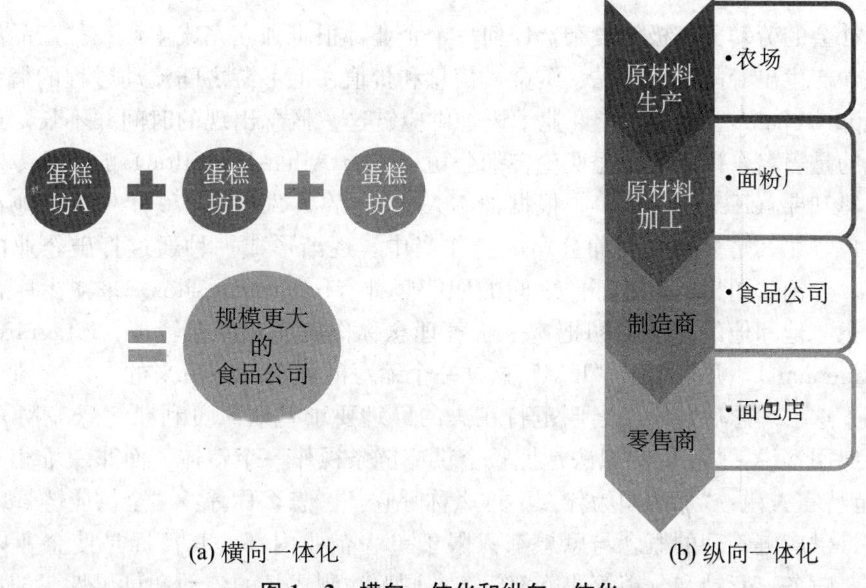

图 1-2　横向一体化和纵向一体化

仍然用上面蛋糕坊的例子。如果店主发现购买蛋糕的顾客同时需要面包，而他原有的设备和原材料可以直接生产面包，只要他的设备利用率没有达到上限，就会在原有的条件下同时生产两种产品，而不是再开一间面包坊。同时生产两种产品的成本，小于两种产品各自单独生产的成本之和，这种现象称作范围经济性（economies of scope）。用公式来表示就是，生产两种产品的成本是 $C(q_1, q_2)$，两种产品各自单独生产的成本分别是 $C(q_1, 0)$和 $C(0, q_2)$，那么，如果 $C(q_1, q_2) < C(q_1, 0) + C(0, q_2)$，就意味着存在范围经济性；如果 $C(q_1, q_2) > C(q_1, 0) + C(0, q_2)$，则是范围不经济的。

如果一个规模较大的食品企业发现，其对面粉的需求大到足以支撑一家面粉厂，这时它就会考虑建立自己的面粉厂或收购一家面粉厂，从而降低面粉的采购成本。或者反过来，如果一家面粉厂有充足的资本，发现在从事面粉加工的同时经营一家连锁的面包坊有利可图，它就有创办食品公司的动力。由于食品公司与面粉厂是上下游关系，这种扩张方式称作纵向一体化（vertical integration）；食品公司并购面粉厂是向上游产业扩张，称作后向一体化（backward integration）；而面粉厂开设自己的食品公司是向下游产业扩张，称作前向一体化（forward integration），如图 1-2（b）所示。

第二节　供应链与分销策略

在讨论了企业的内涵、建立企业的理由以及企业的扩张路径之后，我们来进一步研究企业间的上下游关系和相关的策略问题。

一、供应链的概念

现代社会的劳动分工极为复杂，任何一个企业都很难独立完成生产一种产品的全部流程。由此，产生出专门描述产品、资金、信息和价值在上下游之间流动过程的概念，即供应链（supply chain）。作为一个商业术语，供应链这一概念出现的时间并不长。最先提出这一术语的是著名咨询企业博思艾伦咨询公司（Booz Allen Hamilton）的物流专家和咨询师基斯·奥利弗（Keith Oliver）。根据他本人的回忆①，20 世纪 70 年代末，他在与一系列重要客户，尤其是荷兰飞利浦公司的合作当中，逐渐形成一种通过打破企业内部的生产、营销、分销、销售、财务部门之间的职能竖井（functional silos）来减少库存并改善服务的思想。他和他的团队最初把这一管理理念称作集成式库存管理（integrated inventory management），并采用了“I2M”这样一个缩写的称谓。在后来的一次交流会上，当他们介绍了这一理念后，一位名叫范特霍夫的经理要求基斯·奥利弗解释 I2M 的准确含义。奥利弗回答说：“我们的想法是把整个供应链条视作一个整体，而非一堆相互分割的职能。”范特霍夫说：“那你们为什么不这么称呼它？”“怎么称呼？”“全供应链管理。”

最初，供应链管理的概念与思想都只限于单一企业内部。其目标是使企业内部的生产、销售、财务、营销和分销等职能部门，共同关注制成品的流动和可供性，随后其视野逐渐延伸至顾客。从 20 世纪 90 年代后期，许多企业开始关注供应链的供给端。由此，供应链管理的范围扩展到物料流动以外。今天的供应链管理包含了战略性采购和供应商参与产品开发等一系列新兴范畴。

不同的机构和学者，对供应链管理（supply chain management）给出了许多不同的定义。一种简洁的定义是：管理供应商、企业、分销商以及最终顾客之间的物料、成品和相关信息在上下游之间的增值流动。目前被广泛引用的是由美国供应链管理专业协会（Council of Supply Chain Management Professionals，CSCMP）所做的定义：

供应链管理包括，对获取、采购、转化当中的所有活动的规划和管理，以及全部物流管理活动。重要的是，它还包括与供应商、中介、第三方服务提供商和客户这样的渠道合作伙伴之间的协调与合作。供应链管理将企业内部和跨企业的供给和需求管理整合在一起。供应链管理是一项综合职能，其主要责任是把企业内部和跨企业的主要业务职能和业务流程连接在一起，纳入一个有凝聚力的、高效的业务模式。它包括所有物流管理活动以及制造和运营，并驱动营销、销售、产品设计、财务和信息技术等过程和活动之间的协调。②

---

① TIM LASETER，KEITH OLIVER. When will supply chain management grow up. Strategy+Business，2003（32）.

② http：//cscmp. org/imis0/CSCMP/Educate/SCM _ Definitions _ and _ Glossary _ of _ Terms/CSCMP/Educate/SCM _ Definitions _ and _ Glossary _ of _ Terms. aspx.

需要注意的是，供应链是一个相对的概念。一个具体的供应链的结构，取决于所关注的企业。用上一节中的例子，如果考察目标是食品公司，那么面粉厂就是供应商，也称作上游企业；而如果考察目标是面粉厂，那么它的供应商或上游企业就是生产小麦的农场，而食品公司则是面粉厂的顾客或下游企业。图 1－3 和图 1－4 分别表示供应链的抽象模型和实例。

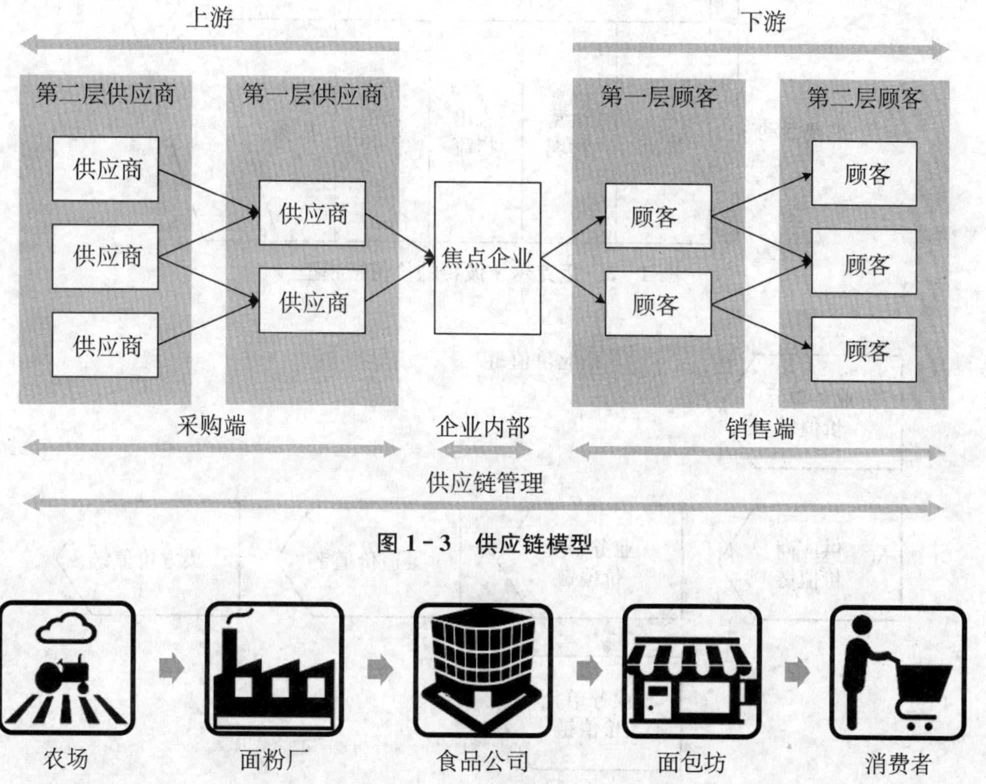

图 1－3　供应链模型

图 1－4　供应链实例

在管理理念上，供应链管理与迈克尔·波特（Michael Porter）提出的价值链思想是相通的。按照迈克尔·波特对价值链的初始描述，他把企业的业务活动划分为两类，如图 1－5 所示①。

波特同时认为，一个企业的价值链嵌入到一个被称作“价值体系”的更大规模的活动流当中，在焦点企业的上下游分别是供应商价值链、渠道价值链和买方价值链，如图 1－6 所示。

近些年来，随着对供应链的研究与实践日趋深入，越来越多的人开始关注价值链的需求侧，从而出现了“顾客驱动供应链”或“需求驱动价值链”的管理理念，由此还衍生出一个新的术语——需求链（demand chain）。有的文献把整个价值链当中分销之前的部分称作供应链，而把从营销一直到最终顾客的部分称为需求链。

① M. E. PORTER. Competitive advantage: creating and sustaining superior performance. New York: The Free Press, 1998.

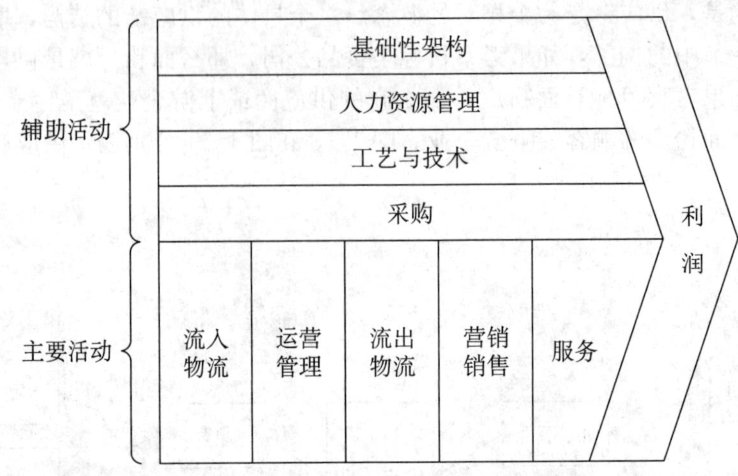

图 1-5　迈克尔·波特的价值链模型

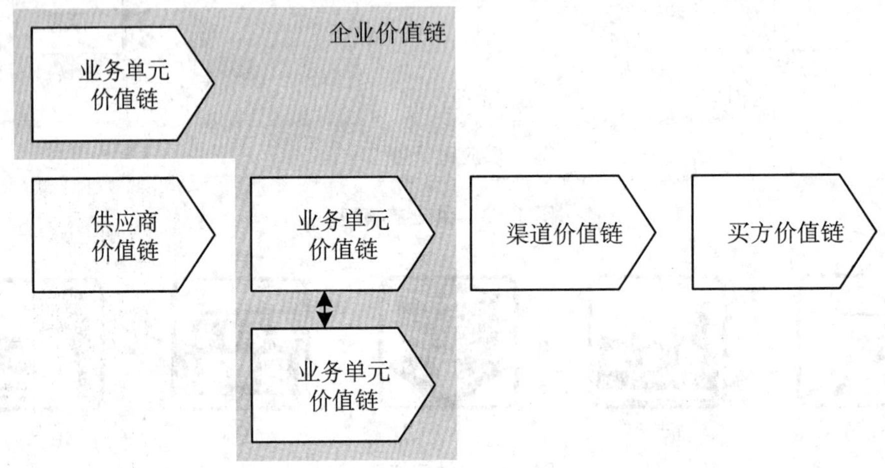

图 1-6　迈克尔·波特的价值体系模型

二、供应链策略

目前，供应链管理已经成为企业运营管理和信息化方面的热门领域。国际上许多知名的咨询服务机构和软件企业都投身于这一领域，并提出了各自的供应链管理思想。不同行业、不同规模、不同管理风格的企业，在供应链管理的策略上存在很大差异，很难归纳出普适性的供应链原则。但无论具体的企业之间有多大差异，在供应链管理的重要性和根本目标上是基本一致的。

供应链管理之所以重要，最根本的原因是供应链成本在企业运营成本当中占有绝对比重。统计数据表明，主要行业的供应链成本占销售额的比例（即采购比例）都超过了五成，如企业行业（67%）、饮料行业（52%）、化学工业（62%）、食品加工行业（60%）、木材加工行业（61%）、金属加工行业（65%）、造纸业（55%）、石油行业（79%）、餐饮业（35%）、运输业（62%）。如此之高的比重，使得供应链管理的重要性从运营层面上升到企业战略层面。从战略管理的视角来看，供应链管理的目标是：通过构建高效率、高效能的供应链，使企业的竞争优势和最终消费者的利益实现最大化。

供应链作为企业运营管理的基础设施，必须首先服从于企业的总体战略。一般而言，供应链规划与设计有四个基本维度：供应商选择、库存容量、配送网络、产品设计特征。按照迈克尔·波特提出的三种通用竞争战略：成本领先、差异化和及时响应，可以将供应链的四个维度与这三种竞争战略结合起来，作为供应链规划设计的指导性原则，如表1-1所示。

表1-1　企业战略与供应链决策

企业竞争战略 / 供应链规划	成本领先	及时响应（聚焦用户）	差异化
供应商选择	成本	容量、速度、灵活性	产品开发能力、开放信息共享、联合快速开发
库存容量	最小库存	用缓冲库存（冗余）确保供给速度	尽量降低库存，避免产品淘汰损失
配送网络	低成本运输，对分销商采取折扣方式销售	快捷运输，顾客分级服务	收集和共享市场数据，知识型销售人才
产品设计特征	最大性能，最低成本	减少整备时间，快速增加生产	采用模块化设计

资料来源：JAY HEIZER，BARRY RENDER，CHUCK MUNSON. Operations management：sustainability and supply chain management. 12th ed. London：Pearson，2017.

规划供应链的首要问题是“自制—外购”决策和外包方式的选择。概括而言，有六种常见的外包策略可供选择：

（1）众多供应商：关注成本、品质和交付时间，不考虑长期伙伴关系；

（2）少数供应商：降低交易成本，帮助供应商和分销商实现规模经济性；

（3）纵向一体化：并购交易伙伴，将其纳入企业内部；

（4）合资经营：通过与商业伙伴建立合资企业为供应链提供保障并提高效率；

（5）企业联盟：通过资本层面的合作，建立长期稳定的伙伴关系；

（6）虚拟企业：将企业运营的基础建立在良好、稳定的供应商关系之上。

对于供应链管理的评价，主要有三种方式：

（1）库存资产占比：平均库存周转率和库存周期；

（2）行业基准：参照权威机构制定的本行业基准（benchmark）；

（3）通用模型：如美国产品与库存控制协会（APICS）制定的供应链运营参照模型（supply chain operations reference model，SCOR），见图1-7。

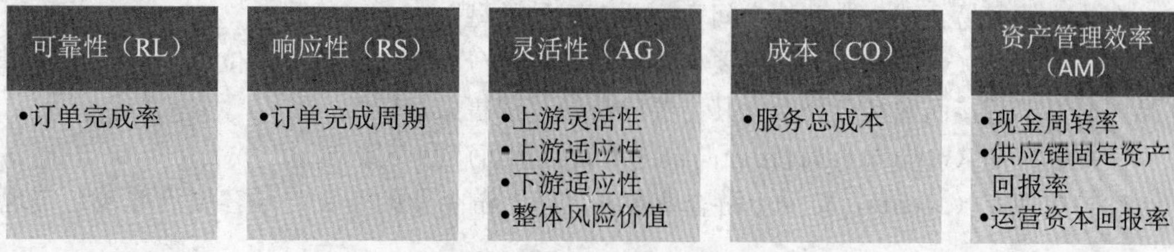

图1-7　供应链运营参照模型（SCOR）框架

三、分销策略

分销策略（distribution strategy），也称为渠道策略（channel strategy），是企业营销策略的四个要素之一①，同时也是供应链或需求链管理的核心部分。

（一）渠道的内涵

从市场营销的角度来看，渠道是一组相互依赖的企业或组织，它们共同帮助生产商把产品和服务提供给最终用户。因此，渠道成员也被称为分销商（distributor）或中间商（intermediary）。

企业在规划和实施渠道策略时，首先要确定渠道的广度和深度。

1. 渠道的广度

渠道的广度是指企业同时面对的分销渠道的数量，这取决于产品种类、产品可存贮性、市场范围及空间布局等因素。概括起来，可以把渠道广度划分为三种基本类型：

（1）密集型渠道（intensive channel）：企业同时向尽可能多的分销商分销产品。

（2）选择性渠道（selective channel）：企业仅向少数经过选择或认证的分销商分销产品。

（3）排他性渠道（exclusive channel）：企业在同一个市场，仅向唯一一家分销商分销产品。这种排他性往往是双向的，即上游企业赋予下游企业排他性授权时，会同时禁止下游企业销售其他厂商的同类商品。

2. 渠道的深度

渠道的深度是指在企业和企业产品的最终用户之间中间商的层次。如果企业直接把产品和服务提供给最终用户，就称作零级渠道；如果企业将产品和服务销售给零售商，再由零售商提供给最终用户，就称作一级渠道；如果产品是销售给批发商，然后再由批发商转售给零售商，最终卖给最终用户，就称作二级渠道，以此类推。

3. 中间商的作用

从整体的经济性角度来看，中间商的存在具有双重性：一方面，中间商会增加渠道层次从而使整体的渠道成本增加，这种成本最终会转嫁给消费者；另一方面，中间商又可以有效地降低交易成本，并承担一系列重要的商业职能，如图 1－8 所示。

在产品分销的过程中，中间商发挥的其他积极作用包括：在上下游企业之间传递供求信息；积极寻找并说服潜在购买者；通过商品组合、搭配、分级、再包装等手段更好地匹配用户需求；实物传递和配送；渠道融资；承担渠道风险，等等。

（二）中间商的类型

在传统的贸易领域，典型的中间商主要有四种类型：

（1）批发商（wholesaler）：主要向零售商和其他分销商、企事业单位或商业用户销售产品，通常不直接面向社会公众。其主要的特征是销售数量较大。

（2）零售商（retailer）：直接面向最终消费者销售产品与服务。

（3）代理商（agent）：接受上游企业委托，以上游企业的名义与顾客接洽并最终实现

① 其他三个要素分别是：产品策略、价格策略和促销策略。

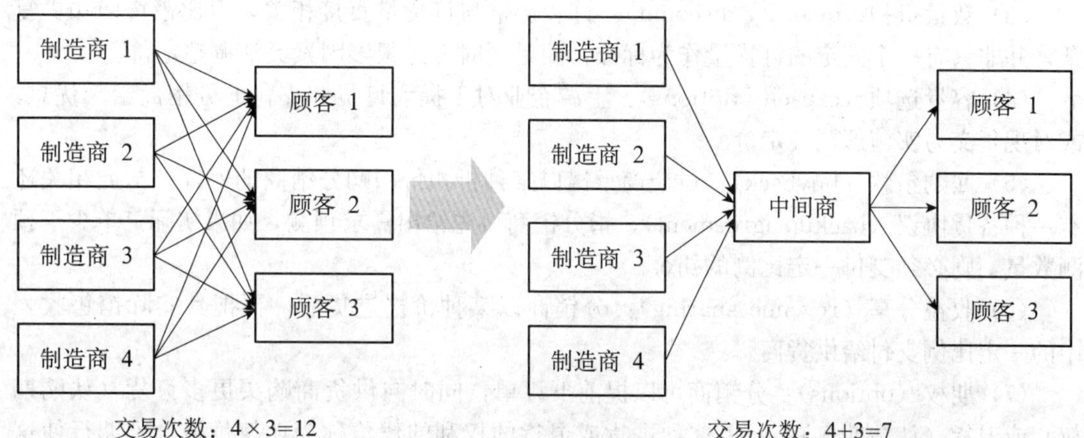

图 1－8　中间商提高渠道效率

销售，但在销售过程中并不取得商品的所有权。

(4) 经纪人（jobber）：一种特殊类型的批发商，通常只在较小的市场范围内经营有限的商品种类，并且只向零售商和机构销售商品。

“代理商”一词在国内使用得比较宽泛，在很多场合人们往往把代理商混同于各种类型的分销商。严格意义上的代理商并不属于分销商，因为它在整个销售过程中并不拥有产品，其商业意义仅限于作为交易双方的信息和交流中介。代理商获得利益的方式主要是靠上游企业支付的佣金（commission）。而真正意义上的分销商如批发商、零售商必须以自有资金取得商品的所有权，然后再行转售（resell），其利益来源是价差。

在分销策略的意义上，特许经营和授权（licensing）属于特殊的渠道类型。尤其是所谓传统特许经营，其本质就是授权分销上游企业的有形产品，其授权的主要内涵是生产商的品牌。与此相类似的还有专利授权生产（license productions）和品牌授权（brand licensing）等模式。

（三）渠道的管理

上游企业对于渠道的管理主要包括四个方面：利益分配、渠道激励、渠道组合、渠道约束。

1. 利益分配与渠道激励

如上所述，销售过程中不取得商品所有权的代理商，其获取利益的机制不同于各种分销商。实际上即使是对那些以自有资金进货的分销商而言，上游企业也会根据自身的需要和目的，采取不同的交易方式与下游企业分享利益，这种差异主要体现在双方购销合同中的价格和支付条款方面。上游企业以此作为激励分销商和攫取渠道利润的主要手段。常见的购销契约形式有以下几种：

(1) 两部定价（two part tariff）：下游企业要首先支付一笔固定的费用才能获得分销产品的资格，这是传统特许经营中的典型做法。这笔费用可以视作是用来补偿上游企业的固定成本。

(2) 销售回扣（sales rebate）：上游企业确定一个数量标准，对于高于这一标准的订单采取更低的价格。

（3）数量折扣（quantity discount）：订货价格与订货量直接相关，但比销售回扣更复杂，并非只有一个固定的订货量作为标准，而是同时考虑很多因素灵活调整定价。

（4）容量选项（capacity options）：上游企业对于提前订货和支付的分销商给予优惠，或对现货交易实施惩罚性定价。

（5）回购条款（buyback）：供应商承诺以某种折扣价回购分销商的库存；与此相关还有一种备货协议（backup agreement），指分销商事先给出需求预测，如果实际订单少于预测数量，则必须支付一定比例的罚金。

（6）收益分享（revenue sharing）：分销商以某种价格进货后，再把其实际销售收入中的一定比例支付给供货商。

（7）期权（options）：分销商可以提前下订单，同时向供货商购买更多订货（认购期权）或退货（认沽期权）。购买这种进货或退货的权利的代价称为期权价格，到期行使这种权利时的交易价格称为行权价格。

（8）卖方管理库存（vender managed inventory，VMI）：供应商在分销商处保持一定库存以防止出现销售短缺现象。

2. 渠道组合

渠道组合（channel mix）是指上游企业同时采取多种不同性质的渠道分销产品。如在商业特许经营当中，特许人在同一个市场里同时拥有直营店和加盟店，或者分属于不同受许人的多个加盟店；再比如企业的产品同时通过线下实体店和电商渠道进行销售。将不同性质的渠道组合在一起，可以提高企业的覆盖率，但也会带来渠道冲突问题（channel conflict），即在同一个市场内多个分销商之间出现内部竞争。有时把同一层级的不同分销商或不同性质的分销渠道之间的冲突称作横向渠道冲突；而把供应链上不同层级的分销商之间的冲突称作纵向渠道冲突，后者相对比较少见。

3. 渠道约束

上游企业对分销商的管理主要包括对分销商的甄选、评价、激励和关系协调等几个方面。上下游企业之间建立起来的系统性、制度性的约束关系就是下面要讨论的纵向关系策略。

第三节　纵向关系策略

分处于供应链上下游的企业往往是相互独立的，因此在相互的交易与协作过程当中不可避免地会出现利益冲突。这一点在制造商和分销商之间表现得尤为突出。例如，制造商把产品销售给批发商时，其批发价格包含了产品的生产成本和制造商的利润；而批发商在把这些产品转售给零售商时，会在进货价格上再加上自己的利润，零售商也是如此。对于多层渠道体系，这个问题就会愈演愈烈。由于最终用户的购买价格远远超过了制造商的边际成本，使得其销售数量小于制造商利益最大化的水平。在经济学理论上把这种缺乏经济效率的现象称作双重边际化（double marginalization）。解决这一问题的极端策略就是纵向一体化，即上游制造商以并购的方式，将整个分销渠道纳入企业内部。但在商业实践中，实际上存在着一系列替代性策略，来适应纷繁多变的市场条件。这些替代性策略，统称为纵向约束（vertical restraints）。纵向约束不同于完全竞争市场上标准销售合同的一切经济交换活动，上游企业以此对下游企业分销其产品的行为进行对自己有利的限制。

一、常见的纵向约束手段

（一）转售限价

转售限价（resale price maintenance，RPM）是一种最为常见的纵向约束手段，指制造商规定其产品最低和/或最高零售（或转售）价格的策略。如果下游企业违反这一限制，上游企业就会公开或隐秘地终止向其供货，或采取其他惩罚性措施。例如，李维斯（Levi's）一直要求零售商必须按照 RPM 协议的限制来制定其产品的零售价格。但这种做法也引发了一些反垄断方面的问题。有一个时期，主要西方国家都曾把 RPM 协议列为非法。

转售限价的积极意义是可以防止经销商之间陷入恶性的价格竞争，从而破坏市场秩序；还可以有效防止本体系内出现市场推广和销售份额的搭便车行为。但也有人担心实行转售限价会导致价格同盟，阻碍市场竞争。

转售限价的具体做法有：固定转售价格、规定最高限价、规定最低限价、固定价格区间、零售价格报批等。

（二）区域限制

区域限制（territorial restrictions）是指上游企业以协议的方式限制下游的独立经销商只能在特定地理范围内，或只能向特定类型的顾客销售其产品。最简单也最常见的区域限制形式是，将下游市场划分为不同的独家垄断区域，每个区域内仅授权一家经销商或零售商。因此，排他性地域就成为一项垄断性权利，可以防止体系内部的渠道成员之间的竞争。大多数特许经营合同都具有这样的条款。当然，由于无法限制某些顾客，特别是最终消费者的流动性，因此不可能完全杜绝体系内的竞争。

（三）排他性经销

排他性经销（exclusive dealing）是指下游企业以合同的方式承诺只销售与之缔约的上游企业提供的同类产品。这种排他性权利往往与区域限制同时采用，即所谓的双向排他性。例如可口可乐和百事可乐普遍与学校、医院和其他公共机构签署了类似协议；而在上游，Nutra Sweet 同时是这两家企业人工甜味剂的独家供应商。国际知名的商业咨询机构尼尔森与连锁超市之间签署了独家购买食杂产品的扫描跟踪数据的协议。排他性经销相当于以合同的方式实现纵向一体化，而不必进行合资或并购。排他性经销对市场效率的影响取决于具体的市场条件。

（四）捆绑销售

捆绑销售（bundling）也称为搭售（tying），指当上游企业在某类产品 X 上具有垄断势力时，以协议的方式强迫下游企业必须购买另一种竞争性产品 Y，以此作为代价换取 X 产品的供货。国际知名的柯达公司和施乐公司以及一些特许经营企业都曾被卷入与搭售有关的诉讼。

纵向约束与纵向一体化是企业经济学领域的一个热门课题，也是反垄断法律的敏感领域，历史上曾经出现过许多知名案例。截至目前，学术界和法律界对其中的许多问题仍然存在不同观点。

二、特许经营作为纵向管理机制

商业特许经营起源于制造业的产品分销，至今仍然有一定比例的制造业企业把特许经营作为分销有形产品的商业模式。根据普华永道和美国国际特许经营协会（International Franchise Association，IFA）的研究结果，当前在美国，产品分销特许经营在几项主要的宏观指标上占据了全部特许经营的20%左右，如表1-2所示。

表1-2　2016年美国两类特许经营的比例

	商业模式特许经营	产品分销特许经营
就业岗位	85.10%	14.90%
薪资总额	76.90%	23.10%
产出	77.70%	22.30%
GDP	74.80%	25.20%
网点数量	91.50%	8.50%

资料来源：IFA & PRICEWATERHOUSE COOPERS. The economic impact of franchised businesses. Vol. 1-4，2016.

由于历史原因，国内对特许经营的研究和分析通常不包括像汽车4S店和加油站这类具有较大经济规模的产品分销特许经营，但可以合理地推断，在中国同样存在着相当数量的制造业企业采用特许经营模式分销其有形产品。

特许经营作为一种商业模式，其独特之处主要有两点：一是在于上游企业在分销渠道方面，往往是同时采取直营和授权两种方式；二是由于特许经营伴随着商标、专利及其他知识产权的授权，因此，上游企业对下游企业的约束和限制更加严格和普遍。目前学术界普遍认为，这种以合同为依据的长期纵向约束，实际上是上游企业所采取的纵向一体化等效机制。通过实行特许经营，上游企业不必采取全直营的渠道策略（即完全纵向一体化），便可以享受到与全直营相当的经济利益。下面从双重分销、合同等效机制等几个方面，对特许经营模式做简要分析①。

（一）双重分销

如前所述，在不完全竞争市场上，分销渠道中普遍存在着双重边际化的低效率现象。因此，上游企业往往会具有实现纵向一体化的动机，即通过直营分销的方式来尽可能地榨取渠道利润。然而完全的纵向一体化，即采用全直营的方式经营分销渠道，会提出很高的资本要求，同时还会带来管理成本的增加。渠道利润、资本要求以及管理成本这三者之间的平衡，促使企业采取直营分销与授权分销并行的策略，这在学术上被称作双重分销（dual distribution），如图1-9所示。

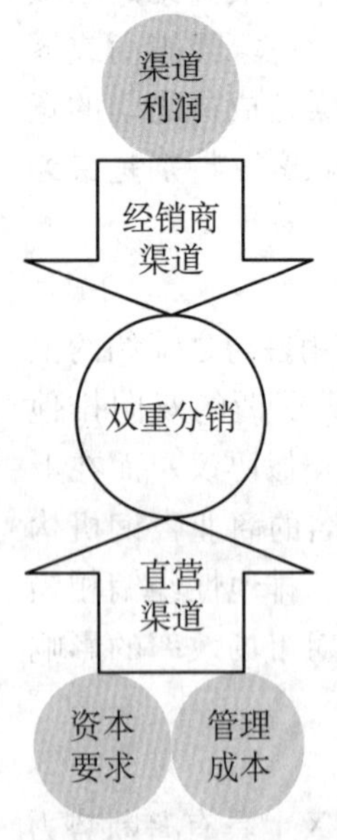

图1-9　上游企业采取双重分销的内在动因

通过分析中国连锁经营协会（CCFA）评选出的2015年度中国特

① 这一小节的内容，主要参考：ROGER BLAIR，FRANCINE LAFONTAINE. The economics of franchising. New York：Cambridge University Press，2005.

许经营100强企业的有关数据，我们可以发现，在17个细分行业里，直营比例最高的是西式快餐业，直营比例高达66.1%；其次是超市，直营比例约为45%。零售业、餐饮业和服务业的行业直营比例分别为18.6%、38.6%和13.6%，如表1-3所示。

表1-3　2015年度中国特许经营100强企业主要细分行业的双重分销现象

行业	细分行业	门店总数	加盟店数	直营比例
零售业	便利店	19 852	15 953	19.6%
	超市	9 463	5 224	44.8%
	非食品零售	33 111	30 579	7.6%
	食品零售	15 595	11 767	24.5%
零售业汇总		78 021	63 523	18.6%
餐饮业	火锅	2 776	1 789	35.6%
	西式快餐	8 171	2 772	66.1%
	中式快餐	3 875	3 075	20.6%
	中式正餐	911	792	13.1%
	休闲饮品	3 904	3 628	7.1%
餐饮业汇总		19 637	12 056	38.6%
服务业	家政服务	1 097	1 025	6.6%
	教育培训	2 801	2 021	27.8%
	经济型酒店	11 613	9 287	20.0%
	美容休闲健身	2 025	1 976	2.4%
	汽车后市场	3 179	3 038	4.4%
	商务服务	1 361	1 346	1.1%
	房屋中介&装修	1 634	1 238	24.2%
	洗衣护理	6 671	6 322	5.2%
服务业汇总		30 381	26 253	13 6%
总计		128 039	101 832	20.5%

再来看美国的情况，根据普华永道和IFA的数据我们可以发现，就业岗位、薪资总额、产出、GDP、网点数量等主要经济指标，直营渠道均占据了将近20%的经济规模，如表1-4所示。

表1-4　2016年美国商业模式特许经营中的双重分销现象

经济指标	直营渠道	加盟渠道	直营比例
就业岗位	1 426 800	6 209 200	18.7%
薪资总额（亿美元）	549.00	2 150.00	20.3%
产出（亿美元）	1 298.00	5 445.00	19.2%
GDP（亿美元）	783.00	3 263.00	19.4%
网点数量	88 487	644 355	12.1%

如果我们回溯此前历年CCFA和IFA的历史数据不难发现，多年来类似的直营比例一直稳定存在。由此证明，在特许经营领域双重分销是一种长期存在的普遍现象，尽管不同细分行业的比例可能有明显差异。

美国学者罗格·布莱尔和弗朗西斯·拉方丹的研究结果还表明，就单个特许经营企业的生命周期而言，普遍存在着新建企业直营比例较高，此后直营比例逐渐下降，当企业趋于成熟后，直营比例则常年保持在一个相对稳定的水平上。

（二）合同等效机制

特许经营作为渠道策略的另一个独特之处在于，由于存在着突出的知识产权授权因素，因此，上下游企业之间的关系比普通的产品分销更加紧密，即特许人企业会通过特许经营合同所建立起来的强大机制，对受许人实施更加严格的约束和管理，纵向约束的色彩更加突出。布莱尔和拉方丹从经济理论的角度分析，论证了特许经营中的纵向约束，实际上是特许人以合同的方式，获取相当于纵向一体化的经济绩效。即把特许经营视作上游企业实现纵向一体化的一种等效机制（contractual equivalents）。这样，特许人既可以回避纵向一体化（全直营）所带来的较高资本要求和管理成本，又可以通过对受许人的制约，尽可能地攫取下游的渠道利润。

布莱尔和拉方丹对这种合同等效现象的研究，是基于特许经营合同的主要条款展开的，因此其结论具有突出的经济意义。他们首先把完全纵向一体化确立为特许经营企业的经济基准，然后从理论和实践两个层面分别论证了特许经营合同中的主要约束性条款，都是这种合同等效的具体表现，如图 1－10 所示。

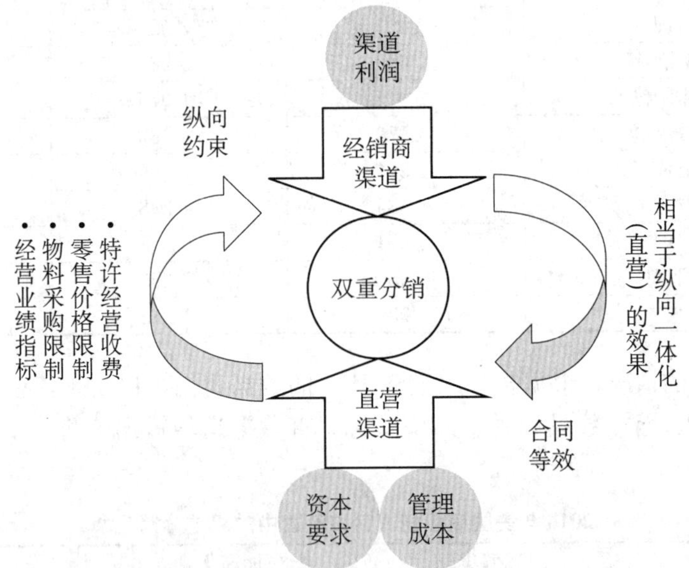

图 1－10　特许经营合同作为纵向一体化的合同等效机制

1. 特许经营收费

作为一种商业授权关系，纯粹的特许经营收费采取两部收费制，即在签约之初一次性收取特许经营费（franchise fee），然后在合同期内定期按网点业绩的一定比例收取权益费（royalty）。通常，初始的固定费用在整个合同期内受许人缴纳全部费用中所占比例很小（5%左右），因此，基于网点销售额或利润一定比例收取的权益费用，很明显是上游榨取渠道利润的主要手段。

2. 零售价格限制

从理论上讲，特许人对受许人网点零售价格的限制，主要是防止双重边际化所带来的低效率。当受许人一方在当地市场上具有垄断势力时（排他性授权强化了这种势力），受许人会因为追求更高的经济利润而提高零售价格，这会对特许人企业的利益造成侵害。因此，特许经营合同中普遍存在着对授权网点零售价格的限制。

3. 物料采购限制

对于分销有形产品的渠道而言，上游企业的首要目标就是以最优价格通过渠道销售最优数量的产品。因此，销售有形产品就是特许人获取收入的主要来源。但对以知识产权授权为特征的商业模式特许经营，特许人要求受许人必须按给定价格向自己采购各种原材料、半成品和其他产品，如营销物料、办公设备、专业服务等。这种做法很有可能被视作一种捆绑销售行为，由此会导致上下游之间的矛盾和冲突，甚至法律纠纷。布莱尔和拉方丹的研究表明，这种方式的经济意义与特许经营收费类似，都是上游企业实现纵向一体化的一种等效机制。

4. 经营业绩指标

特许人在特许经营合同当中规定授权网点的业绩指标也是一种普遍做法。这种做法的经济意义同样是为了确保实现特许人的最佳销量，并由此使特许人的利益最大化。

总之，绝大多数特许经营企业都采取了双重分销模式，即自己直接经营一部分分销网点，然后把其他网点授权给受许人，这种现象也称作部分纵向一体化（partial vertical integration）。特许经营合同是特许人对授权网点进行管理和约束的主要依据。特许人实行这种约束的目标是，实现与纵向一体化相同的经济结果。其具体手段包括特许经营收费、零售价格限制、物料采购限制和经营业绩指标等。这些特殊手段，既是特许经营当中的普遍现象，又是影响特许经营关系的主要因素，甚至是导致双方利益冲突和法律纠纷的主要来源，需要引起特许经营双方的高度重视。

本章案例

福成五丰“吃下”福成肥牛，全产业链终“出炉”

2013 年 4 月 8 日，停牌近 3 个月之久的福成五丰（600965）发布了重大资产重组预案，公司拟以 5.99 元/股向福生投资、滕再生、和辉创投等非公开发行 1.34 亿股股份，购买福成餐饮和福成食品股权。

● **“福成肥牛”进入上市公司**

据重组预案披露，福成餐饮的账面价值为 1.55 亿元，预估价值为 6.48 亿元，预估增值率为 318.06%，福成食品的预估值为 1.55 亿元，两者合计的预估值为 8.03 亿元。本次重组完成后，福成餐饮、福成食品将成为公司全资子公司。

业内人士指出，本次注入的两块资产中福成餐饮是“重头戏”。据了解，福成餐饮以经营“特色肥牛火锅”为主，同时兼营烤肉、自助等餐饮业务。依托“福成肥牛”品牌效应，福成餐饮拥有超过 50 家直营店，主要分布于黄河以北地区。

2012 年，福成五丰全年实现营业收入 5.5 亿元，归属于母公司所有者净利润 1 889.61 万元。对比之下福成餐饮的盈利能力要强许多。近三年来，福成餐饮的营业收入分别为

2.7 亿元、3.6 亿元和 4.1 亿元，净利润分别为 2 415.98 万元、3 995.92 万元和 3 998.55 万元。公司指出，福成餐饮 2011 年净利润较 2010 年增长 66.02%，主要是由于 2010 年福成餐饮陆续大规模扩张门店数量，同时福成餐饮于 2011 年提高了菜品价格，导致 2011 年福成餐饮营业收入和毛利率均明显上升，净利润同比大幅增加。

● **注入后成长性持续看好**

业内人士看好福成餐饮未来的成长性，认为在注入上市公司后其将借力资本市场从而实现更快发展。

业内人士指出，福成餐饮的最大优势在于集中采购、集中配送、集中管理的连锁规模化大众消费模式，市场认知度较高，并在此基础上逐步形成了区域优势和规模优势。根据公司规划，福成餐饮将继续扩充直营店数量，进一步实现规模效应，公司盈利能力将得到进一步提升。

● **实现从养殖到餐桌全产业链**

目前食品行业的发展盛行“全产业链”运营模式，即纵向产业链一体化，包括从最初的原材料到终端产品的“大包干”式生产。这种纵向产业链一体化的模式，将产业链上下游集聚于一家公司内部，可以提高产业效率，增强企业抗风险能力，特别对食品行业而言，能更大限度地保障食品安全。

本次资产收购，有利于福成五丰主营业务产业链向下游餐饮行业延伸。福成五丰的主营业务为禽畜养殖、屠宰、加工及冷藏，以及肉制品、乳制品、速冻食品等的加工和销售。而福成餐饮以肥牛火锅为主要经营特色，本次资产注入完成后，上市公司将形成包含从肉牛养殖、屠宰、冷藏到餐桌的完整产业链。而借助福成五丰在牛肉行业的优势地位，福成餐饮在肉质供应、挑选及加工方面建立了显著的业务优势，本次重组完成后，“福成肥牛”与“品牌牛肉”之间的互补效应和协同效应将得到进一步增强。

此外业内人士指出，福成餐饮主营的“特色肥牛”火锅主要原材料为牛肉，福成五丰则是牛肉制品的主要供应企业，两者不可避免地会发生肉类购销行为，构成关联交易。本次重组后，福成餐饮成为福成五丰全资子公司，福成五丰因向福成餐饮销售肉类、速食品、牛奶、速食品形成的关联交易将消除。同时有利于增强福成五丰的竞争能力和持续盈利能力，有利于改善公司的财务状况和持续发展。

资料来源：王睿．福成五丰“吃下”福成肥牛，全产业链终“出炉”．(2013-04-09)［2018-05-07］．http：//www.infomorning.com/newspaperview.asp?id=11633.

复习与思考

1. 认真阅读教材相关内容后，根据你自己的理解，举例说明为何企业的生产规模和生产范围决定了企业的边界。

2. 尽量用自己的语言来描述直营分销渠道和独立分销渠道之间的区别。

3. 分析本章案例中的企业纵向关系策略。

第二章　商业知识产权

【知识结构】

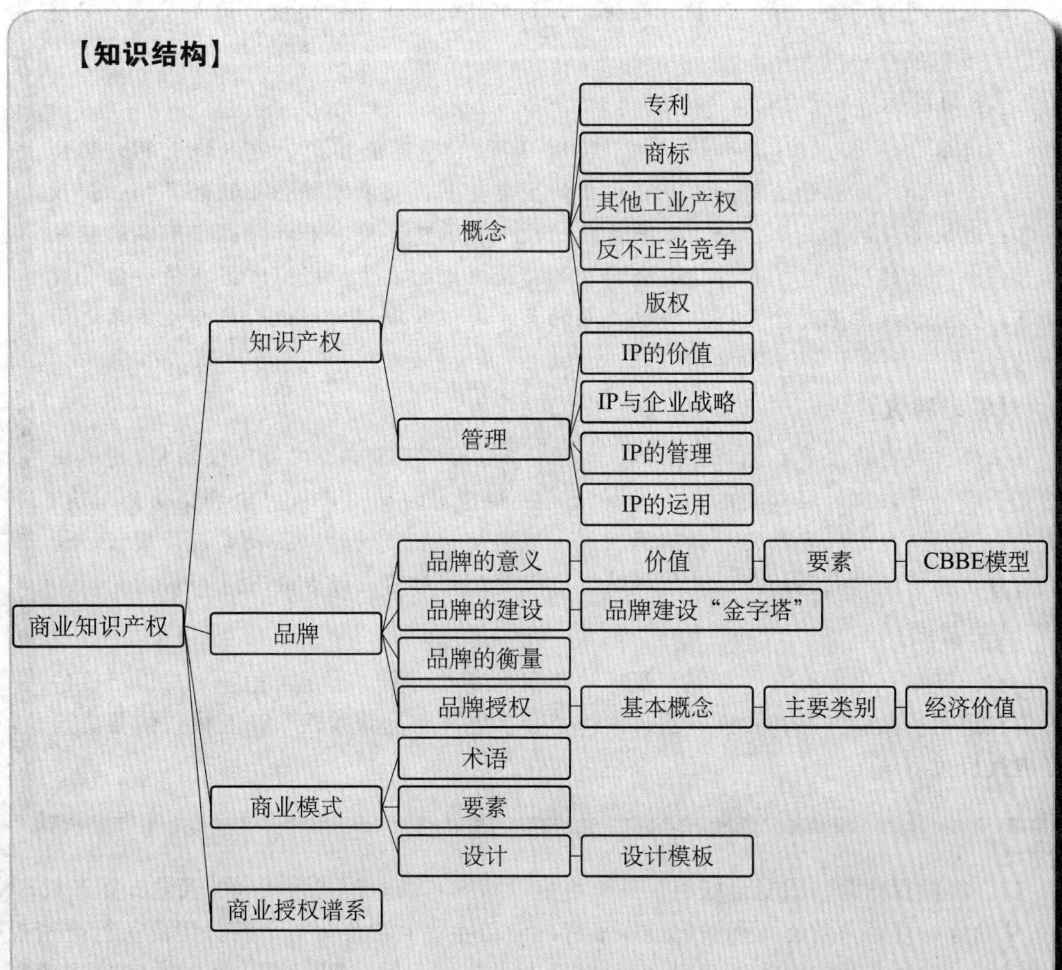

【本章要点】

- 知识产权是运用法律手段保护人类智力活动成果的手段，分为工业产权和版权两大类。
- 工业产权中主要包括：专利、实用新型、工业外观设计、商标、商号。
- 知识产权能够为企业创造价值，属于企业的无形资产，企业的知识产权策略有进攻型策略和防御型策略两大类。
- 品牌的根本意义在于，帮助顾客识别特定企业所提供的产品与服务，品牌是企业的无形资产，但它存在于顾客心中。

- 品牌知识是顾客对品牌的感知，它包括品牌知名度和品牌形象两个维度。
- 品牌授权是一个高度成熟和发达的行业。
- 商业模式是企业战略的高度抽象，其核心是通过产品和服务所体现出来的企业的价值主张，商业模式包括产品、顾客、基础架构、财务四大板块。
- 从一般的产品分销，到特许经营，再到单纯的知识产权授权，构成了一个完整的商业授权谱系。

【学习目标】

通过本章的学习，掌握知识产权、品牌（商标）、商业模式等重点概念的内涵和意义；了解知识产权的分类和工业产权中的主要类别；初步掌握企业的两类知识产权策略；理解品牌的意义和价值，了解品牌的设计、构建、维护和评价；了解品牌授权作为一个行业的经济意义和价值；全面理解商业模式的要素构成；掌握在特许经营背景下，商业模式的不同含义；从授权关系的角度，深入理解特许经营与其他关系之间的对比。

【学习建议】

阅读我国现行主要知识产权法律，如《专利法》《商标法》《著作权法》《反不正当竞争法》等法律的核心文本；搜索并研究一些真实的知识产权纠纷和交易的案例；从营销学的角度进一步深化对品牌的理解；运用教材里提供的商业模式设计模板，尝试着对自己身边所熟悉的企业进行归纳，进一步深化对商业模式的理解和掌握。

【关键词】

知识产权　工业产权　专利　商标　版权　商业秘密　不正当竞争　知识产权的价值和运用　品牌　品牌要素　品牌设计“金字塔”　品牌授权　商业模式的要素　商业授权关系

特许经营权作为一项复合权利，其核心是以品牌和商业模式为代表的商业知识产权。

从商业特许经营的起源和演化过程来看，最初导致上游企业对下游分销商实行严密控制的动因是专利产品的生产和分销。19 世纪上半叶，美国发明家塞勒斯·霍尔·麦考密克（Cyrus Hall McCormick）成功发明了实用的农用收割机之后，在建立起收割机生产企业的最初阶段，他一直是依靠专利授权生产的方式推广其产品的，从 1843 年卖出第一份专利授权起，仅仅一年的时间，他就用这种方式把他的产品推广到美国的 10 个州。当他积累起足够的资本能够扩大自行生产的规模时，他首先采用的是传统的代理销售方式。随着市场的不断扩大，以及对品牌和产品/服务品质的关注，他逐渐强化对渠道商的约束，直至形成稳定的渠道关系。

到了 20 世纪上半叶，市场上出现了一些商业模式授权的先驱者。如豪生酒店创始人霍华德·约翰逊（Howard Johnson），从他 1935 年卖出第一份授权起，在短短的 4 年时间里就开出132家豪生餐厅，其中有92家是授权店。豪生餐厅的授权是豪生的商号和一套完整的网点运营模式，这已经非常接近现代商业模式特许经营了。只是此时的霍华德更加倚重通过向授权店销售供应品来获取收入。有数据表明，1940年霍华德通过授权和销售供应品的方式获得了大约1.32亿美元的利润，占全年总利润的60%以上①。

到了20世纪50年代，当麦当劳在全美市场大举扩张时，许多麦当劳的加盟店在招牌上仍然有着“商标受许人”的字样。图2-1是1955年位于美国伊利诺伊州德斯普兰斯的麦当劳一号店的历史照片，图中的招牌上清晰地显示出“Licensee of McDonald's”的字样。如今这里已经改造成为麦当劳博物馆。

图2-1 位于伊利诺伊州德斯普兰斯的麦当劳一号店（1955年）

本章将首先介绍知识产权的一般概念和基本知识；然后，重点讨论品牌和商业模式这两种在特许经营当中举足轻重的现代商业知识产权，这些是从事特许经营，特别是特许人一方在构建特许经营品牌和体系时所必备的基础性知识，也是本课程的核心重点。在讨论品牌的概念、建设与维护之后，还将概要介绍品牌授权业的概况和行业趋势，以此作为研究商业模式特许经营的参照。最后，将上一章对于分销渠道的讨论与本章关于商业授权的内容结合起来，归纳出商业授权谱系，作为本书第一单元的总结。

第一节 知识产权

知识财产（intellectual property，IP）是指由法律赋予其所有者以垄断权力的智力成果。知识产权（intellectual property rights，IPRs）是对知识财产创造者的保护性权利，

① THOMAS DICKE. Franchising in America：the development of a business method，1840-1940. Chapel Hill：The University of North Carolina Press，1992.

包括商标、版权、专利、工业设计权利和其他法定的商业秘密。西方社会对知识产权的保护可以追溯到17～18世纪英国颁布的《垄断法案》（The Statute of Monopolies，1624）和《安妮法案》（Statute of Anne，1710），这两项法案分别是现代专利法和版权法的雏形。现代意义上的知识财产（IP）一词最早出现在19世纪初。1883年和1886年，一些主要西方国家签署了保护工业产权的《巴黎公约》和保护文学艺术作品的《伯尔尼公约》。1893年这两项公约合并成保护知识产权的联合国际局（United International Bureaux for the Protection of Intellectual Property），它是于1967年成立的世界知识产权组织（World Intellectual Property Organization，WIPO）的前身。

一、知识产权概述

WIPO并未给知识产权下定义，而是用列举的方法说明知识产权的保护对象：

（1）文学、艺术和科学作品；

（2）表演艺术家的表演以及录音制品和广播节目；

（3）人类一切活动领域内的发明；

（4）科学发现；

（5）工业品外观设计；

（6）商标、服务标记以及商业名称和标志；

（7）制止不正当竞争；

（8）在工业、科学、文学或艺术领域内由于智力活动而产生的一切其他权利。①

受到《巴黎公约》和《伯尔尼公约》的影响，现在通常将知识产权划分为工业产权（industrial property）和版权两大类别。工业产权的覆盖范围最早是由《巴黎公约》所规定的。版权及相关权利则是由《伯尔尼公约》所界定。相对于专注于文学、艺术和科学作品的版权，工业产权与企业的商业经营活动更加紧密。在商业特许经营范畴，除了特许经营运营手册适用于版权保护以外，特许经营权中的其他权利要素基本上都属于工业产权。工业产权的形式多种多样，主要包括专利、工业外观设计、商标、集成电路布图设计、地理标志和反不正当竞争保护等。重要的是，工业产权的客体都是那些向消费者传递市场上产品和服务信息的标志，所提供的保护针对的是未经授权使用这些标志可能误导消费者的行为，以及一切误导性做法。

（一）工业产权

1. 专利

专利，又称发明专利（patents for invention），是应用最广的保护技术发明的手段。专利制度旨在促进技术创新和技术转让与推广，使发明者、发明使用者和广大公众共同受益。简单来说，一旦某一国家专利局或代表多个国家的地区专利局授予专利，专利所有人有权在一定期限内禁止任何其他人对其发明进行商业性利用。为获得保护，专利申请人必须公开发明，而且他们只能在专利得到授权的国家境内行使权利。专利一旦失效，即不再受保护，有关发明便进入公有领域。专利权人获得的是制止他人对该发明进行商业性利用

① WIPO. Understanding industrial property，2016.

的法定权利。专利权人可以允许或者授权他人按双方议定的条款利用该发明。专利权人也可以将其专利权出售给他人，之后该人便成为新的专利权人。

专利法一般要求发明必须满足下述条件才能被授予专利，这些条件也被称作可专利性（patentability）条件：

（1）可授予专利的客体。发明必须属于国家法律规定可以授予专利的客体范围。

（2）工业适用性（实用性）。发明必须有实际用途，或能以某种形式在工业上运用。

（3）新颖性。发明必须具有其所在技术领域已有知识总和（亦称“现有技术”）中不为人所知的一些新特征。

（4）创造性（非显而易见性）。发明必须具有同一技术领域中具有中等知识的人所不能演绎出的创造性。

（5）发明的公开。该发明必须以清楚完整的方法在专利申请中公开，足以使本领域技术人员（精通相关技术领域的人）能够实施该项发明。

2. 实用新型

实用新型（utility models），与专利权相似，也可以用来保护发明创新。实用新型通常为技术复杂程度不高，或者商业寿命较短的发明。获得实用新型的要求比专利更宽松，除了对“新颖性”的要求以外，对于“创造性”的要求则可以很低甚至没有。法律对实用新型所规定的最长保护期一般短于发明专利。获取和维持实用新型权利所需的费用一般要低于专利权所需的费用。

3. 工业外观设计

工业外观设计（industrial designs），是指一件物品的装饰性或美学特征，包括给产品或手工艺品带来特殊外观的线条、颜色或任何三维形状的组成。外观设计必须具备审美方面的吸引力，还必须能通过工业方法再生产。外观设计适用于多种多样的工业产品和手工艺品。一般而言，工业外观设计只要具有新颖性或原创性，即可以受到保护。

4. 商标

商标（trademarks）是一个公司的商品或服务区别于其他公司的标志或标志组合。这种标志可以使用文字、字母、数字、图片、形状和颜色，或这些项目的任意组合。很多国家还允许注册一些非传统形式的商标，例如立体标志（three-dimensional signs）、听觉商标（audible signs）或嗅觉商标（olfactory signs）。但许多国家都对哪些种类的商标可以获得注册加以限制，一般仅允许注册视觉上可感知或者能以图形方式表现的标志。商标既可以用在商品上，也可以在该商品或服务的营销中使用。广义上讲，商标主要有以下四大功能：

（1）将一个公司的产品或服务与其他公司的产品或服务区分开来。

（2）商标可以将某一特定来源的产品或服务与其他来源的相同或类似的产品或服务区分开来。

（3）表明标有某商标的产品或服务的具体质量，让消费者得以信赖标有该商标的产品或服务的一贯品质。

（4）为产品的营销和销售以及服务的营销和提供进行宣传。

注册商标的所有者对商标拥有专用权，即有权使用该商标，并制止第三方未经授权使用该商标或使用任何混淆性相似的商标，以防止消费者和广大公众被误导。在商标被使用的条件下，只要缴纳必要的规费，商标可以无限期地续展。

5. 商号

商号（trade names），也称为商业名称或厂商名称，用来识别公司的名称或字号。许多国家都允许企业向政府主管机关进行厂商名称登记。《巴黎公约》第 8 条规定，厂商名称必须受到保护，而且不论其是否为商标的一部分，都没有申请或注册的义务。

6. 集成电路布图设计

集成电路布图设计（layout-designs of integrated circuits）属于人类的智力创作。这种布图设计通常需要在专门知识和财政资源方面做出大量的投资。

7. 地理标志

地理标志（geographical indication）是一种用于具有特定地理来源而且因其原产地而带有一定品质或声誉的商品上的标记。农产品是典型的受特定地方因素（例如气候和土壤）的影响而具有这些品质的产品。地理标志还可以突出地显示某一产品的特殊品质是由于该产品原产地的人的因素（例如特定的生产技术和传统）所致。原产地名称（appellation of origin）是一种特殊类别的地理标志，用于那些完全或主要因产品生产的地理环境而具有特殊品质的产品。

8. 反不正当竞争

《巴黎公约》对反不正当竞争做出了专门的规定。公约中列出的不公平竞争行为包括：

（1）导致其设施、商品、产业或商业活动与某个竞争者之间产生混淆的行为；

（2）在商业活动中，发布旨在诋毁某个竞争者的设施、商品、产业或商业活动的虚假指控；

（3）在商业活动中，发布旨在误导公众对特定产品特点认识的暗示或指控。

对于不公平竞争的防范，有助于保护发明、工业设计、商标和地理标志，特别是对于保护那些无法由专利进行保护的知识、技术或信息，尤为重要。我国的《反不正当竞争法》第二章列出了 11 类不正当竞争行为：假冒他人商标，冒用他人商号、姓名、产品名称、包装、认证标志、产地；合法垄断经营者限定他人购买其指定经营者商品；政府部门滥用行政权力限定他人购买其指定经营者商品或限制外地商品；经营者以贿赂手段刺激销售；虚假广告宣传；侵犯他人商业秘密；以排挤竞争对手为目的的低价倾销行为；经营者强行搭售；虚假有奖销售或奖金过高的有奖销售；捏造并散布虚假事实损害竞争对手声誉；串通投标。该法对商业秘密的定义是：不为公众所知悉、具有商业价值并经权利人采取相应保密措施的技术信息和经营信息。

（二）版权

版权（copyright）涉及文学和艺术创作，例如书籍、音乐、绘画和雕塑、电影以及计算机程序和电子数据库等技术性作品。版权保护的目标是只能由作者或经其允许才能对文学和艺术创作的原创作品进行复制的行为。版权也被称为作者权（authors' rights），作者权一词是指艺术作品的创作者对其创作享有一些只能由他们行使的具体权利，也被称为精神权利（moral rights），如禁止歪曲性复制的权利。

我国的《著作权法》对于版权所保护的对象，即“作品”的规定是：

本法所称的作品，包括以下列形式创作的文学、艺术和自然科学、社会科学、工程技术等作品：（一）文字作品；（二）口述作品；（三）音乐、戏剧、曲艺、舞蹈、杂技艺术作品；（四）美术、建筑作品；（五）摄影作品；（六）电影作品和以类似摄制电影的方法创作的作品；（七）工程设计图、产品设计图、地图、示意图等图形作品和模型作品；（八）计算机软件；（九）法律、行政法规规定的其他作品。

我国的《著作权法》规定著作权包括17项人身权和财产权，其中，前四项“发表权、署名权、修改权、保护作品完整权”为作者的人身权利；其他各项与版权相关的财产权可以部分或全部授权他人使用，或向他人转让并依法取得报酬。

WIPO把版权所保护的权利分为经济权利（economic rights）和精神权利（moral rights）两大类。经济权利包括：

（1）以各种形式复制作品，例如印刷品或录音制品等形式；

（2）发行作品的复制品；

（3）公开表演作品；

（4）向公众广播或以其他形式向公众传播作品；

（5）把作品翻译成其他语言；

（6）改编作品，例如将小说改编成剧本。

《伯尔尼公约》第6条对于作者精神权利的规定是：

（1）表明其为作品的作者的权利（有时被称为确认作者身份权或署名权）；

（2）反对对其作品进行任何有损其声誉的歪曲或其他更改，或其他损害行为的权利（有时被称为保护作品完整权）。

二、知识产权的管理和运用①

知识产权是企业的战略性资产。正确地使用和保护知识产权，能够为企业持续创造可观的收益，提高企业的市场份额和盈利能力，在某些知识型企业，知识产权甚至成为企业的核心竞争力。

（一）知识产权的价值

资产的会计定义是：企业过去的交易或者事项形成的、由企业拥有或者控制的、预期会给企业带来经济利益的资源。无形资产是指企业拥有或者控制的没有实物形态的可辨认非货币性资产。因此在企业中，知识产权的价值主要体现在为企业创造出显著的经济利益。

1. 知识产权为企业带来的利益

受到法律保护的知识产权能够为企业带来以下潜在利益：

（1）排他性使用这些知识资产的权利；

（2）这种排他性权利能够带来市场上的竞争优势和合法的垄断地位；

（3）合法垄断的市场地位使得企业获得更高的投资回报；

① 本小节的内容主要参考WIPO出版的 *Intellectual Property for Business* 和 *Secrets of Intellectual Property: A Guide for Small and Medium-Sized Exporters*。请参阅WIPO官方网站：http://www.wipo.int/sme。

（4）通过授权和出售知识产权的方式获得直接收入；

（5）在资本交易当中，知识产权能够给持有者带来显著的谈判优势；

（6）拥有知识产权，能够提高持有者在合作伙伴、投资人以及市场中的地位和形象。

2. 知识产权的估值

对于知识产权价值的定量化评估，是一项专业性很强的活动，通常由专业的财务机构完成。概括而言，对于知识产权的估值方法主要有四大类：收入法、成本法、市场价值法和期权定价法。

（1）收入法：这是运用最普遍的方法，通过测算知识产权在其生命周期内预期产生的收入流，并合理贴现之后计算出该项知识资产当前的价值。这种方法的一种变形方案是权益金节省（royalty relief）法，即假定企业不拥有该项知识资产，计算为获取相应的授权而必须支付的权益金。

（2）成本法：计算创造该项知识资产所需要的成本。常用的有两种方案：

1）再生成本法（cost of reproduction），即根据历史纪录，按照当前价格计算开发该项知识资产所花费的历史成本。

2）重置成本法（replacement cost），即按照当前的市场价格计算重新购买该项知识资产所需的市场价格。

运用以上两种方法计算知识产权价值时，要注意减去该项知识产权已发生的折旧。

（3）市场价值法：这种方法的基准是，在当前市场条件下第三方为购买或租赁该项知识资产所愿支付的价格。这种方法的主要缺陷是无法体现特定知识财产在特定交易中的特殊性。市场价值法有两种主要变形：

1）销售比较法（comparison of sales），指参照市场上同类知识资产的交易价格。

2）标准权益金率法（standard royalty rates），按照特定行业内通行的权益金比率来计算。

（4）期权定价法（option pricing-based）：运用金融学中著名的 Black-Scholes 期权定价模型估算知识产权的价值。这种方法主要应用于科技和医药行业中的专利价值评估。

（二）知识产权与企业战略

在知识经济时代，越来越多的企业开始把知识资产和知识产权保护纳入企业战略当中，在企业战略规划和商业计划当中辟出专门的篇章，阐述知识资产战略。通常企业在制定知识产权战略或阐述知识财产在企业战略中的地位时，要考虑以下要素：

（1）当前企业所拥有的合法知识财产组合（IP portfolio），如注册商标、保护期内的专利、版权以及其他受保护的知识财产。

（2）现有知识财产组合的完整档案、保护状况、生命周期、审计情况。

（3）现有知识财产保护的详细方案和执行情况。

（4）现有知识财产的使用情况，包括企业内部使用和对外授权或合作。

（5）当前企业经营活动对知识财产的依赖性，以及使用外部知识产权的情况。

（6）是否了解和掌握主要竞争对手的知识产权战略和具体情况。

（7）企业当前知识产权战略的系统阐述和保障措施。

（三）知识产权的管理

1. 知识财产的获取和维护

企业投入资源开发和设计出有价值的知识财产之后，首要问题是获得法律保护。不受法律保护的知识财产，不仅无法给企业带来可靠的经济利益，还有可能造成明显的法律风险。一旦企业的知识产权被他人恶意利用甚至抢注，企业就要被动投入大量资源开展维权行动。

不同类别的知识产权适用于不同的法律，不同国家和地区的知识产权法律也千差万别。因此，在当前这样一个全球化时代里，企业有必要借助专业人员或结构的帮助，系统建立起本企业的知识产权保护体系。在我国现行的法律体系里，工业知识产权主要由《商标法》《专利法》《反不正当竞争法》所保护，商标注册和专利申请隶属于国家知识产权局。版权及相关权利由《著作权法》保护，版权登记隶属于国家版权局。

2. 知识产权审计

相对于知识产权的获取与保护，许多企业往往忽略对现有知识产权的系统管理。管理现有知识产权的一个主要手段就是定期开展知识产权审计。知识产权审计的主要目标是：

（1）明确识别企业现有的知识财产组合，对现有知识资产进行查证、识别、登记、建档。

（2）确认知识产权所有权的完整性和有效性，逐项审查所有知识财产的保护情况。

（3）对企业生产经营活动中使用知识产权的情况开展调查，重点考察自有知识产权的使用情况以及使用外部知识产权的情况，防范主动或被动侵权现象发生。

（4）知识产权授权活动，主要检查企业对外的知识产权授权和合作情况，以及知识产权收益情况。

（5）知识产权的被动保护，调查一切来自外部的侵权行为，包括潜在的侵权可能性，从法律和经济角度评价应采取的对应行动，如诉讼、仲裁、协商等手段。

企业除了定期开展内部的知识产权审计之外，在以下特殊情况也应开展专项的知识产权审计活动：初创企业的阶段性成果检验；并购和资本运营；规模化的知识产权授权；产品出口和境外投资。

（四）知识产权的运用

知识产权在企业经营活动中的运用，主要体现在市场营销、资本运营和资产证券化等方面。

1. 市场营销

在市场营销方面，精心设计并得到良好保护的知识产权，是建立起强大品牌形象和企业形象的重要工具，能够帮助企业获得一系列宝贵的竞争优势：

（1）使本企业的产品和服务实现差异化，更容易被目标消费者辨认和识别。

（2）帮助企业构建忠诚稳定的顾客关系。

（3）帮助企业针对不同的目标群体建立起有针对性的市场策略。

（4）有助于出口产品和服务在外国市场上获得优势。

2. 资本运营

在资本运营方面，知识产权的价值体现为各种形式的货币化（monetized），如用于出售、授权、抵押、担保等。当企业进行战略性融资时，良好的知识产权组合能够显著提高企业的议价能力和财务估值。此外，国家和地方政府也会对知识型企业提供更多的支持性政策。

3. 资产证券化

知识产权资产证券化（assets securitization of intellectual property）是近年来兴起的一个新的趋势。在商业银行和金融机构的大力支持下，越来越多的文化产业和高科技企业开始尝试通过知识财产资产证券化的方式开展证券融资。

（五）知识产权的策略

概括地讲，企业在知识产权方面的策略可以分为进攻型和防御型两大类。

1. 进攻型（offensive）策略

指拥有知识产权的企业，合理使用其知识产权防止竞争者的非法模仿或侵权行为，保护企业的竞争优势和市场势力。常用手段包括：

（1）运用法律赋予的合法垄断地位，通过开发专利产品、打造基于注册商标的品牌，以及合法运用商业秘密等手段获得竞争优势。

（2）在适当的市场条件下出售知识产权，获取直接的经济收益。

（3）在适当的市场条件下，授权他人使用自己的知识产权获得授权收益。

（4）技术转让、联合开发、合资经营等。

除上述策略之外，近年来还出现了一种通过公开和开放知识产权获得产品市场和资本市场优势地位的方式，即所谓基于知识财产捐献（donate）的免费经济，如一些基于互联网的知识性或新闻性网站。

2. 防御型（defensive）策略

指不拥有某些知识产权的企业，合理运用法律和经济手段应对强势企业的挑战。常用手段包括：

（1）通过诉讼等法律手段，向持有知识产权的竞争对手主张自己的合法权利。

（2）开发替代性技术和产品，规避正面挑战。

（3）以市场化手段获得知识产权的合法授权。

（4）与知识产权持有者和解并开展技术合作或市场合作。

（5）快速扩散，即抢在知识产权所有者做出反应之前，尽可能快速和广泛地传播某种技术手段，使其获得广泛应用，从而迫使持有者放弃诉讼或在诉讼中取得优势。这是一种以攻为守的策略。

第二节　品牌和品牌授权

现代商品经济与传统产业经济的一个重要区别就是，随着市场交易的日趋繁荣和市场空间的逐步扩展，消费者越来越青睐于品牌商品。现代经济学理论用“搜寻成本”的概念来解释这一现象。即品牌化的商品可以提供持续稳定的产品品质，从而大大降低消费者选购过程中寻找、对比和筛选产品所消耗的时间与资源。

商业特许经营从诞生之日起，就与企业的产品和品牌紧密地联系在一起。早期的麦考密克收割机和胜家缝纫机之所以逐步放弃传统的批发商，而试图直接进入流通环节，建立公司直营的或授权代理的网点，是由于这些创新的专利产品在销售与服务方面的特殊性和复杂性。然而新的分销体系一旦建立起来，制造商们就会发现，这种直接控制的网点具有建立和强化品牌识别的功能。到了炼油厂普遍设立品牌加油站的年代，这种授权的零售网点本身已经成为制造商最有力的营销手段。比如，消费者完全是通过不同的加油站来识别汽油品牌。

随着麦当劳、达美乐等一大批商业模式特许经营体系在市场上获得巨大成功，有形产品的销售不再是特许人唯一的利润来源。他们开始更多地将授权活动本身作为主要的经营活动。而这种授权之所以能够受到受许人的认可与欢迎，就在于授权当中独特的品牌与商业模式所具有的潜在经济价值。从受许人投资的角度分析，受许人选择购买特许经营权，是由于其中包含的知识产权能够带给他们超出其经济成本的经济利润。

一、品牌的意义

(一) 品牌的含义

品牌（brand）一词，最早起源于古挪威语中的“brandr”一词，意思是“烧灼”，这是农耕经济时代的人们用来标识和识别自己所豢养牲畜的一种手段。到了现代，随着商品经济和服务经济的繁荣，品牌已经成为社会生活中一个不可或缺的商业要素。不同的背景下，人们对品牌做出了各种各样的理解和解释。严格而清晰地对品牌做出定义，并不是一件容易的事情。目前在商业管理教程中引用较多的是美国市场营销协会（American Marketing Association，AMA）对品牌的定义：“一个名称、词语、图案、标志，或任何可用来识别一个销售者的货品与服务，并与其他销售者进行区分的其他特征。与品牌相对应的法律概念是商标（trade mark）。一个品牌可以用来识别某个销售者的一个、一组或全部货品。当用来识别整个企业时，则采用商号（trade name）的概念。”著名营销学者菲利普·科特勒（Philip Kotler）在其营销学系列教材中一直引用这个定义。这个定义当中，很重要的一点在于清晰地区分了品牌、商标和商号这三个概念，即品牌是一个营销概念，而商标和商号则是与品牌相对应的法律概念。

(二) 品牌的价值

品牌作为附着在商品或服务之上的一种附加属性，其作用和价值分别体现在消费者和厂商这两个方面。

1. 品牌对于消费者的价值

对于消费者而言，品牌表明了一种产品或一项服务的来源与出处，使得消费者可以识别出这种产品或服务的制造者和供应者，从而对那些隐含的、不易识别的产品品质和特征进行识别。消费者在选购一种不熟悉的产品时，面对着多种风险：功能风险、价值风险、安全风险、精神（心理）风险、社会风险、时间风险。如果消费者对某个品牌有所了解，那么就可以在一定程度上简化他对产品进行判断和选择的过程，即降低所谓的搜寻成本。搜寻成本体现在内外两个方面：内在方面指消费者要考虑产品品质的哪些方面；外在方面指消费者到哪里找到这些产品。

综合而言，品牌对于消费者的意义和价值体现在以下几个方面：

(1) 识别产品来源。

(2) 明确产品提供者的责任。

(3) 降低消费风险。

（4）构成交易双方的隐形承诺与契约。

（5）对消费者的象征意义。

（6）产品质量或品质的标志。

2. 品牌对于厂商的价值

对于厂商而言，品牌起到了识别的作用，使得产品能够更有效地进入流通环节。在企业内部经营当中，品牌也有助于建立生产、物流、会计和其他方面的管理记录，提高内部运营效率。对外，品牌是厂商最重要的无形资产，使得品牌所有者的知识产权能够更好地得到法律的保护。这种来自法律上的保护，可以有效地保证企业投资的安全，并持久地从中获得经济利益。因此，对厂商而言，品牌是一种价值连城的合法财产。

概括地讲，品牌对于厂商的意义和价值在于：作为一种识别方法，它可以提高经营活动的效率；满足顾客对产品品质的要求；赋予产品独有的特征并对其进行合法的保护；为厂商带来竞争优势和经济利益。

一个成功的品牌，其价值绝不仅仅是企业资产负债表上关于无形资产的一个数值，也不仅仅是媒体发布的品牌排行榜上一个名次。对于企业而言，它所产生的价值体现在许多方面。以下归纳了一个优秀的品牌为企业所带来的核心价值，这也是评价一个品牌成功与否的基准：

（1）目标顾客的品牌忠诚度更高。从消费行为的角度看，持续的品牌建设投入和成功的品牌形象，有助于形成消费者的品牌依赖和消费惯性，使消费者形成重复消费。

（2）能够抵御来自竞争的冲击。具有较高品牌价值的企业，能够更好地适应市场的变化和竞争的冲击，保持相对稳定的发展。

（3）更好地应对来自内部的营销危机。当由于企业内部的问题出现营销危机时，品牌资产能够对这种冲击提供缓冲，使得企业有机会进行修正和恢复。

（4）更高的毛利。较高的品牌价值使得企业能够在市场上获得品牌溢价，以高于经济成本或行业平均水平的价格销售产品。

（5）消费者对价格上升的弹性更低，对价格下降的弹性更高。提高产品价格时，产品销量减少得有限；价格适度降低时，却能大幅度提高销量。

（6）产业链条中合作机会更多、条件更好。品牌资产还能为企业带来议价优势，在与上下游企业合作时获得更多的机会和更好的条件。

（7）提高营销传播的效率。一个拥有知名品牌的企业，其营销推广活动的效率更高，能够以较少的投入获得较好的推广效果。

（8）更多潜在的品牌授权机会。优秀品牌还能获得潜在的对外授权的机会，增加企业主营业务以外的收入。

（9）额外的品牌扩展与延伸机会。成功品牌进入其他行业或地区更加容易。

（三）品牌的要素

AMA 对品牌所下的定义当中，大致列出了构成一个品牌的各种要素。在实践中，最常见的品牌要素有：品牌名称、标识或符号、图形、角色、代言人、音调、招牌、包装等。当然，一个具体的品牌可能由这些要素中的一部分组合而成，也有可能附加其他用于识别的特殊要素。随着通信和网络技术的发展与普及，域名、网址、免费电话等新兴的品牌元素不断出现，极大地拓展了品牌的表现空间，丰富了品牌的表现手法。下面分别简单说明最常见的一些品牌要素。

1. 名称（name）

品牌名称是所有品牌要素中最核心的部分。它可以是人名（麦当劳）或地名（肯德基），也可以是有意义的单词（壳牌）、缩写（SK-Ⅱ、LV），甚至是人为创造的无意义的字母组合（Sony、Lenovo），有时候品牌名称与企业名称一致（英特尔）。

2. 标识（logo）

标识是一种专门设计的图形化标识，它的起源最早可以追溯到中世纪家族的族徽和旗帜。

3. 角色（character）

角色是一种形象化的特殊符号，可以是真实或虚拟的人物（如肯德基的山德士上校或麦当劳门前的小丑），或者是艺术化的卡通形象（如迪斯尼的米老鼠、唐老鸭）。作为品牌要素的角色，与广告传播中的“代言人”之间存在着一定的差异。广告代言往往是一种阶段性的操作手法，有可能随着时间的推移而变化；品牌角色则更加持久、稳定。

4. 口号（slogan）

也叫作广告语，往往是一句简短、响亮、容易记忆的短语。

5. 音调（jinglo）

随着广播和电视的普及，各种音频和视频的手段被广泛应用在品牌推广当中。许多品牌为自己树立起独特的声音标志，如英特尔芯片的简洁、跳跃的四音节音调，就随着英特尔公司覆盖全球的广告传播而深入人心。

6. 包装（package）

产品包装是一个品牌所有视觉元素的综合体，最大限度地表现出产品的独特形象。

在创建一个品牌时，品牌要素的选择是最初的步骤。通常在选择品牌元素时，要遵循这样几个基本原则：容易记忆、内涵丰富、富有亲和力、易于传递、适应性、易于保护。将这些基本原则与品牌的主要元素组合在一起，就可以得出品牌要素设计的基本框架，如表2-1所示。

表2-1　品牌要素设计的基本框架

设计原则		品牌要素				
要求	阐释	名称	标识	角色	口号和音调	包装
容易记忆	易于识别，易于回忆	可以强化品牌认知与回忆	通常更有助于建立品牌认知	通常更有助于建立品牌认知	可以强化品牌认知与回忆	通常更有助于建立品牌认知
内涵丰富	描述性、劝导性	巩固任何形式的品牌联想，尽管可能是间接的	巩固任何形式的品牌联想，尽管可能是间接的	通常更有助于建立超越产品功能以外的品牌形象和品牌个性	可以明确地传递任何形式的品牌联想	可以明确地传递任何形式的品牌联想

续前表

设计原则		品牌要素				
要求	阐释	名称	标识	角色	口号和音调	包装
富有亲和力	丰富的视觉和语言形象	能够唤起更丰富的语言形象	能够激发视觉表现力	能够产生个人魅力	能够唤起更丰富的语言形象	能够将语言形象与视觉形象结合在一起
易于传递	灵活，可更新	有局限性	优秀	有局限性	有局限性	较好
适应性	跨越行业、地域、文化	困难	通常可重新设计	有时可重新设计	可以修改	通常可重新设计
易于保护	合法、兼容	一般而言较好，但有局限	优秀	优秀	优秀	能够被完全复制

（四）以顾客为本的品牌资产模型

从直觉上，我们很自然地把品牌看作是完全属于企业（或者更广义一些的品牌所有者）的一项无形资产。在法律上和经济上，这种认识都没有问题。企业通过持续的投资、建设、维护，建立起属于自己的品牌资产，并在经营活动中运用这种资产，从中获得相应的经济利益。在法律规定的范围内，品牌所有者拥有品牌资产的完整的独占权和处分权，并且这种权利受到知识产权方面相关法律的保护。其他人未经授权，不能使用这些品牌资产。上一章中有关品牌授权方面的讨论，也从一个侧面表明了这一点。

然而，与企业的其他资产有所不同的是，品牌资产不可能在没有消费者参与的情况下形成。一个不被任何人认可的品牌，便不具有商业上的意义和作用，也就不能成为有价值的资产。企业的有形资产如设备、厂房，甚至是专利、商标这样的无形资产都可以独立存在，而品牌则完全不同，它的存在必须依赖于消费者的认同。正是基于这一点，凯文·凯勒（Kevin Keller）提出了一种以顾客为本的品牌资产模型，即 CBBE 模型（customer-based brand equity）①，其定义是：当顾客面对企业的营销活动时，其既有的品牌知识会对其态度和反馈产生怎样的不同影响。这一概念中包含三个基本成分：一是顾客既有的品牌知识，即顾客对特定品牌的品牌印象；二是企业的营销活动，即企业的产品、价格、销售渠道和促销活动；三是顾客的不同反响。

一个品牌是在厂商与顾客的持续互动中形成的，仅有上述各品牌要素的组合，并不能构成一个品牌。设计品牌要素只是厂商的单方面行为，只有这些要素及其组合在市场上得到了顾客一定程度的认知与认可，才能真正形成一个有价值的品牌（也许并不一定是一个知名品牌）。

从受众即产品所面对的潜在顾客的角度来看，品牌价值的实现需要两个步骤：首先这个品牌必须被顾客所熟知；其次必须在市场上树立其独特的形象，使顾客能够产生积极的品牌联想，从而刺激购买。这就是所谓的品牌知名度和品牌形象。前者是建立品牌资产的

---

① KEVIN LANE KELLER. Strategic brand management：building，measuring，and managing brand equity. 4th ed. London：Pearson Education，Inc.，2013.

必要条件，后者是品牌资产形成的充分条件。二者结合在一起，构成完整的顾客品牌知识结构，它既是品牌资产的价值源泉，又是评价品牌资产价值的原则与框架，如图 2-2 所示。

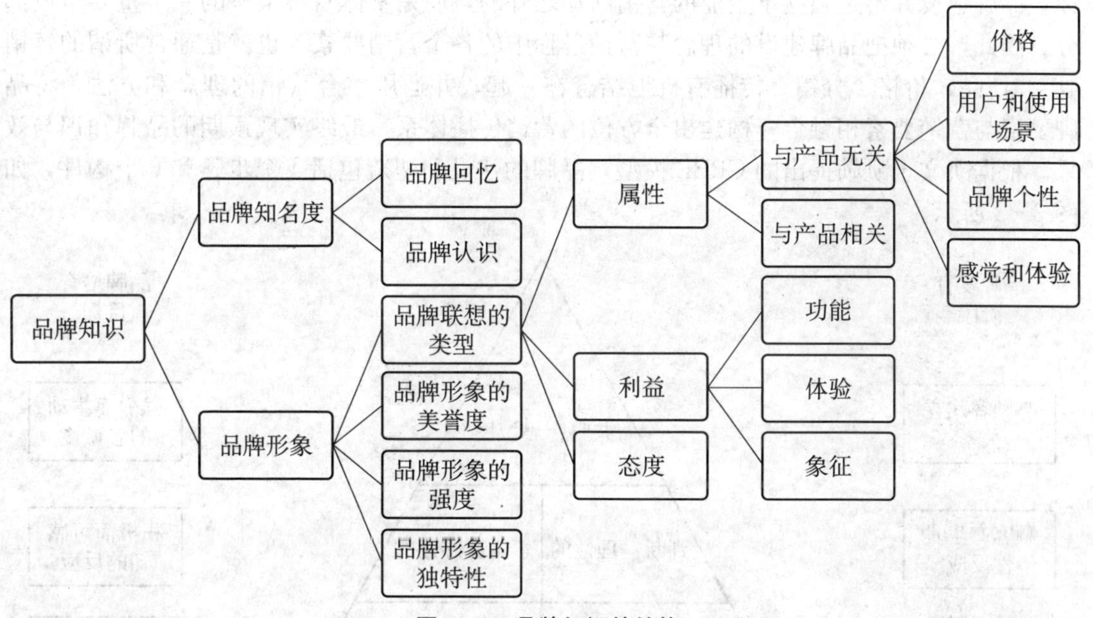

图 2-2　品牌知识的结构

品牌知名度（brand awareness），有人也翻译成“品牌意识”，其含义比较直观，即社会公众及潜在目标顾客对品牌认识、了解和接受的程度。对于品牌知名度，可以从深度和广度两个维度上进行分析：深度是指顾客在面对众多竞争性选择的时候，能够识别出某品牌的独特价值，以及有消费需求的时候，能够迅速地回忆起该品牌；广度是激发顾客的潜在消费欲望的能力。品牌知名度的建立，要通过品牌的不断曝光，逐渐增加顾客对品牌的熟悉程度来实现。

品牌形象（brand image）是指消费者的普遍意识当中所积累的品牌联想，以及由此产生的各种可能的直觉印象。品牌形象会在社会心理层面深刻地影响消费行为和消费习惯。它包括三个方面：产品的功能属性和文化属性、带给顾客的利益或价值，以及顾客对品牌的综合态度与评价。

品牌资产的价值取决于品牌形象的强度、美誉度和独特性。品牌形象的强度依赖于长时间内品牌信息的持续重复出现，这要通过持续的营销活动来实现；品牌形象的美誉度取决于品牌化的商品是否能满足顾客的直接需求和潜在欲望；品牌形象的独特性则是在竞争性环境当中，针对其他品牌而专门设计的差异性特征。所以，创建品牌，就是在市场上构造出消费者的品牌知识结构的过程。选择和设计品牌要素，只是这个过程的起点。只有将品牌理念融入企业的整体营销策略，通过持续的营销传播活动，将这一理念传递给目标受众，才是品牌创建过程的真正开始。

二、品牌的建设与维护

品牌资产的建设，是一个长期持续的过程，并且需要不断地投入、建设、评估、反馈。品牌建设并不是独立于企业的营销活动之外的，而是整体营销策略的一个重要组成部分。因此，必须把品牌建设的理念与营销过程中的各个营销要素，也就是通常所谓的营销4Ps，产品、价格、分销、传播有机地结合在一起，并运用整合营销的理念和方法，将品牌要素与营销要素相融合，构建出全方位的营销传播体系，最终实现预期的品牌知识与效果。根据凯文·凯勒提出的CBBE模型，品牌的建设和塑造包括4个步骤和6个构件，如图2－3所示。

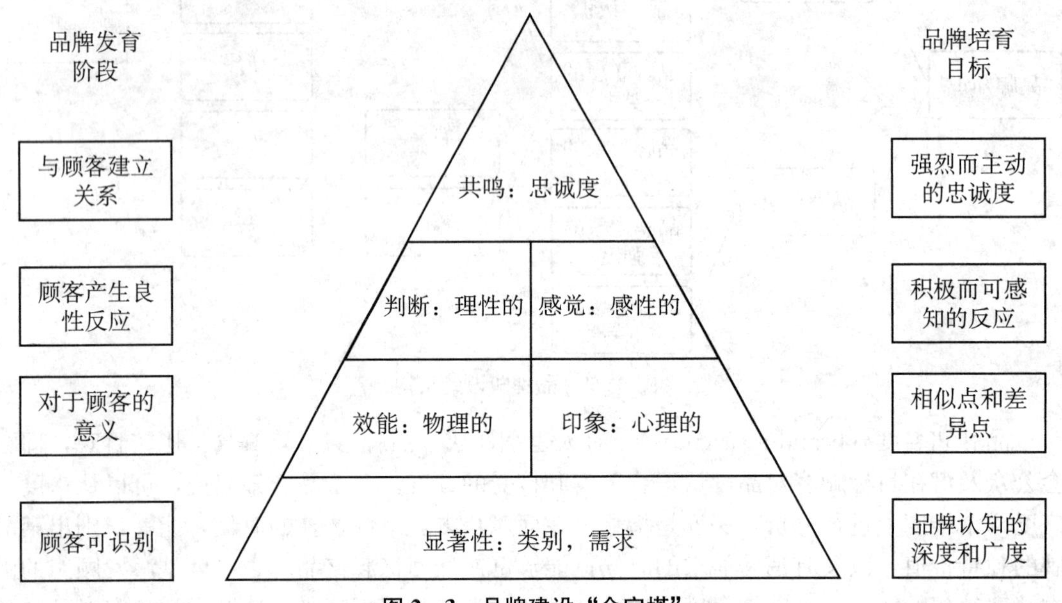

图2－3　品牌建设“金字塔”

（一）品牌建设的步骤

品牌建设的过程是营销者和品牌管理者与顾客建立良好关系的过程，包括：

（1）品牌识别：告诉顾客“你是谁”；

（2）品牌意义：告诉顾客“你是什么”；

（3）品牌反应：告诉顾客“你是怎样的”；

（4）品牌关系：告诉顾客“你和我之间有什么关系”。

（二）品牌塑造的构件

品牌塑造的6个基本构件是对应于上述4个步骤在顾客心目中所激发的反应，包括：

（1）显著性：品牌所代表的产品属于什么类别、满足顾客什么需要；

（2）效能：品牌所代表的产品具有何种性能；

（3）印象：品牌在顾客心目中形成的印象；

（4）判断：顾客心目中品牌所代表产品的价值；

（5）感觉：顾客心理上对品牌的偏好与喜爱；

（6）共鸣：品牌与顾客心理之间产生持久而积极的交互作用。

（三）品牌整合营销

1. 产品

产品本身是品牌资产的核心，因为它对消费者了解、感受、体验该品牌，以及厂商如何在营销传播中向受众介绍该品牌，都至关重要。规划和设计出能够完全满足消费者需要的产品是营销成功的前提，无论它是有形的货品还是无形的服务。要建立顾客对品牌的认可与忠诚，消费者对产品的体验至少要达到他的预期，甚至超过他的预期。这就要求产品在设计、生产和终端销售环节，都能够保证满足其基本功能的质量，并尽可能赋予其更多的内涵与品质，保证消费者从产品中获得的价值，从而形成良好的消费体验。

2. 价格

对厂商而言，产品定价是营销组合中直接影响收入的因素。厂商必须全面理解消费者对产品价格的感受。面对同一类别的多种竞争产品时，消费者往往根据价格阶梯来评价品牌。同时，也能够感知到价格所蕴含的关于产品品质的含义。产品的定价策略可以分为内向型和外向型两种。前者指厂商主要依据成本或预期的收益或利润目标来确定产品价格，这种方法只能应用在卖方市场或垄断市场上。按照现代的营销观点，产品的定价应该是以市场为导向。面向市场的定价策略主要有三种：一是所谓的渗透策略，即通过相对较低的价格换取销量和市场份额的提升；二是"割草"策略，即在权衡价格与销量的基础上，以收益最大化作为定价标准；三是介乎前面两种策略之间，其原则是实现产品质量、成本和价格三者之间的最佳平衡。厂商选择什么样的定价策略，不仅直接影响当期的销售业绩和利润，也会影响到消费者对品牌的感知，从而对品牌的建立和维护产生深远影响。

3. 分销

影响品牌资产和销售业绩的另一个重要的营销元素是产品分销或零售的方式。按照菲利浦·科特勒的定义，营销渠道是指某种货品或劳务从生产者向消费者移动时，取得这种货物或劳务所有权或帮助转移其所有权的所有企业或个人。简单地说，营销渠道就是商品和服务从生产者向消费者转移过程的具体通道或路径。概括地讲，一个企业的营销渠道划分为直接渠道和间接渠道两大类。直接渠道是厂商直接向终端消费者销售产品的方式，其优点在于厂商可以完全控制销售过程，并直接了解市场反馈，问题在于面对一个庞大的市场，如全国乃至全球市场，企业会受到资本、资源以及管理能力的限制，无法快速地建立起覆盖整个市场的营销网络。间接渠道包括各种不同类型的销售中介，如第一章中所介绍的包括特许经营在内的各种分销体系。实际上，从市场营销的角度来看，特许经营本身就是一种渠道策略和渠道模式，也是一种营销手段。

4. 传播

营销传播是营销组合当中的最后一个，也是最灵活的要素。直观地讲，营销传播是企业就自己的品牌和销售的产品，告知、说服并不断提醒消费者的手段。可以说，营销传播就是一个品牌在市场上不断发出的"声音"，是厂商与消费者之间对话和沟通的桥梁。一个营销传播方案的核心往往是广告，但就创建品牌而言，广告并非是唯一的，甚至并非是最重要的手段。一般而言，可供选择的营销传播手段包括：媒体广告（包括网络广告）、直投营销（DM）、场地广告、售点广告、渠道促销、消费者促销、事件营销、公共关系等。

营销策略的制定和营销手段的选择有一个最基本的目的，就是要有助于品牌资产的积累。判断广告或任何其他营销传播手段最简单也最有效的标准，就是其达到预期的品牌知识结构和激发消费者反映的能力。营销传播的灵活性在于有多种不同的方式积累品牌资产。制定一个成功的营销传播方案，必须在营销成本与效果之间达成完美的平衡，从而实现品牌资产价值的最大化。

三、品牌价值的衡量

如前所述，品牌建设是一个长期持续的投入过程，同时也是一个厂商与消费者之间不断沟通与互动的过程。要建设一个成功的品牌，实现品牌资产价值的最大化，必须不断地评估营销活动的效果，衡量品牌资产的价值。对于厂商而言，对品牌资产的价值做出判断，包括两个方面的含义：一是正确地衡量品牌资产的来源，即消费者的品牌知识结构；二是准确地评价品牌资产为企业带来的经济利益。这两个方面的含义，对应着两种互补的衡量品牌价值的最基本的方式。

（一）衡量品牌资产的来源

这是一种所谓的间接的方法，指通过衡量品牌的知识结构，即消费者心目当中的品牌知名度和品牌形象，对品牌资产的潜在来源进行评估。现在已经有大量成熟的调查方法可以用来测定品牌知名度，确认消费者品牌联想的类型、强度和美誉度。其中，定性的方法用来辨别可能的品牌联想和品牌资产来源，如自由联想、心理投射、隐喻推导等专业方法；定量的方法则是对定性调查结果进行更进一步的分级与评定，最终得出量化的结论。

（二）衡量品牌资产的结果

这是一种所谓的直接的方法，指研究企业的营销方案对消费者所产生影响。与所谓间接方法的区别在于，这种方法直接衡量企业在品牌建设方面的投入所产生的效果。通常是通过比较的方法研究消费者对企业实施营销计划的反应，如在相同的市场环境下，将目标品牌与其他竞争品牌或虚拟品牌进行对比，测试消费者对不同品牌的反应；或者针对目标品牌，主动改变某些营销要素，观察消费者对不同营销方案的反应；还可以将这两种方法结合起来，形成所谓的综合分析。

凯文·凯勒参照迈克尔·波特的价值链理论，提出了品牌价值链模型，用以表达企业营销努力与品牌价值增值之间的动态关系，即企业对于品牌建设与维护的投资，最终如何表现为企业的股东价值，如图 2-4 所示。

谈到品牌价值评估，要注意区分评价活动的主体和目的。前面讨论的对品牌资产的来源与结果的衡量，其行为主体都是企业，即品牌的拥有者。其目的是检验企业营销措施的有效性和成果，是企业自身建立和维护品牌完整过程的一个组成部分。与此相对应的，还有一种来自第三方机构的对品牌的研究与评价。来自企业以外的人或机构，对品牌价值进行研究和评估，主要出于两种目的：一种是企业的并购或资产交易，这时需要量化地评价企业的无形资产，包括品牌和商誉的准确价值，这时往往采用会计的方法，对企业所拥有的品牌，对其账面价值或市场价值，进行精确测算。另一种是来自社会上的新闻媒体、行业组织或第三方机构如品牌咨询机构的需要。这些机构往往根据公众的需求或自身的目

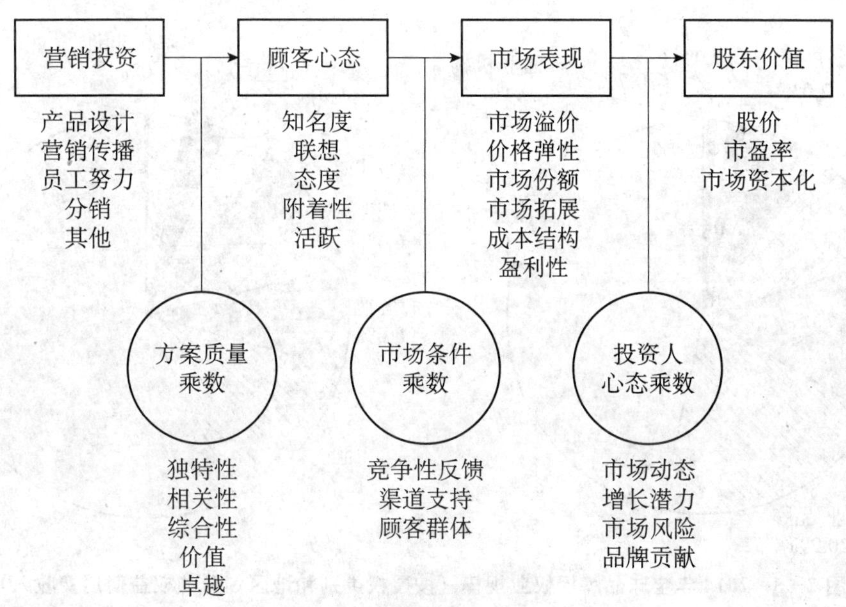

图 2-4　品牌价值链

的，按照自己确定的方法（常常自认为或被认为是“客观的”方法），对品牌价值进行评估。在这一领域，最有名的是奥姆尼康（Omnicom）旗下的品牌咨询公司 Interbrand。该公司每年在《商业周刊》（*Business Week*）发布全球顶级品牌排行榜。此外，WPP 集团旗下的 Millward Brown Optimor 也进入这个领域，采用新的方法统计 Brand Z 全球品牌 100 强排名。

四、品牌授权

在西方国家，品牌授权已有 100 多年的历史，其最初的起源是卡通人物的商品化。但是品牌授权作为一个独立的行业，是近二十年在欧美国家大力发展起来的，如今已经形成了一个庞大的、高附加值的知识经济产业。根据美国的国际品牌授权业协会（International Licensing Industry Merchandiser's Association，LIMA）的年度统计报告，2014 年全球品牌授权产品的销售额已经超过 2 400 亿美元，权益使用费达到 134 亿美元。在《财富》杂志所列的 500 家大型企业中，三分之一以上企业的业务与品牌授权有关，品牌授权已成为跨国公司战略的一个重要组成部分，如图 2-5 所示。

（一）品牌授权的概念

品牌授权（licensing）是指授权者将自己所拥有或代理的商标、品牌、形象等知识产权，以合同的形式授予受许人使用，从而获得许可使用费。无论是大型企业还是中小企业，每个人都可以把品牌授权当作一种实现品牌扩张的营销工具。

品牌授权活动的主体是两类独立的商业实体，即授权者（licensor）和受许人（licensee），他们通过合同的方式建立起授权关系。前者拥有或代理某项知识产权，如姓名、肖像、标识、图形、格言、签名、角色等，或者是这些元素的某种组合，他们是权益的出租方。后者通常是一个制造商或服务提供商，他们认可该项权益的商业价值，希望将自己的

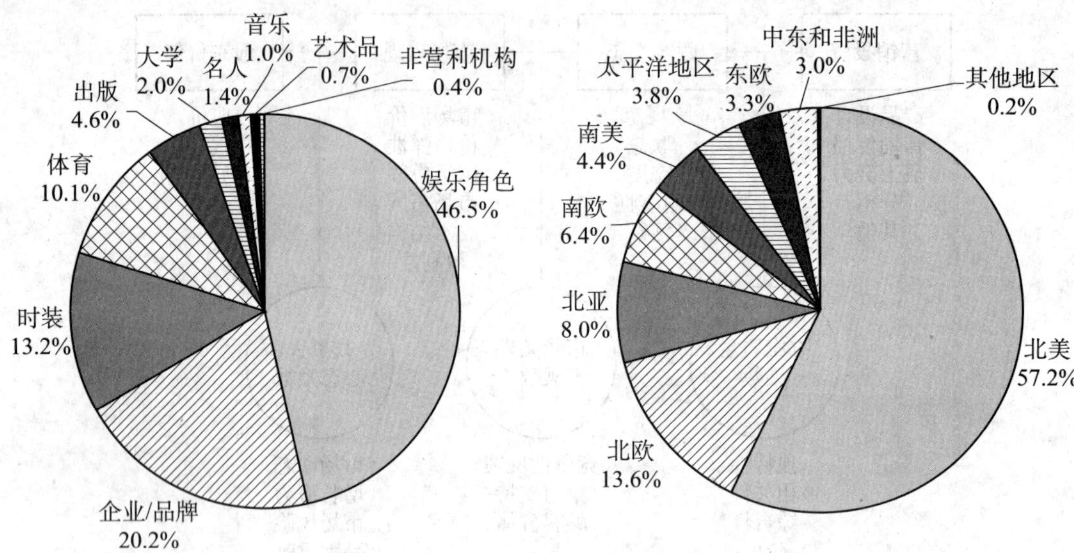

图 2-5　2014 年全球品牌授权业规模（按授权类别和地区划分的权益使用费收入）

资料来源：LIMA Global Licensing Industry Survey 2015 Report.

产品或服务与特定的知识产权联系在一起，以此促进销售，并在消费者中制造某种情感，或树立某种形象。例如，由运动队的标识所产生的自豪感、由一个著名品牌所产生的信任感、一个滑稽角色所产生的幽默与快乐、穿戴著名品牌的服饰所带来的自我认同，以及欣赏艺术品或精美设计所带来的满足感，等等。

品牌授权活动中可供授权的商标、品牌、形象等知识产权被称作授权资产（property），它们既可用于各种商品的生产与销售，也可用于服务和营销活动。按照授权合同，对授权资产的使用必须受各种具体条款或条件的限制。通常，受许人只能在规定的时间和地域，将该项知识产权用于特定的目的与范围。作为授权的交换条件是，受许人必须向授权者支付经济报酬。这种报酬的主要组成部分是许可使用费（royalty），通常按授权所涉及的产品的销售收入一定百分比来计算。此外，绝大多数品牌授权交易中，还规定了所谓的保证金（guarantee）作为最低限度的费用，即使受许人的产品或服务的销售很少，甚至完全没有销售，也必须支付这笔最低费用。而且保证金通常在签约时提前支付，或至少提前支付这项保证金的一定比例。

（二）品牌授权的类别

可以进行授权的知识产权有多种来源。在某种程度上，对品牌授权的划分并不是绝对严格和清晰的，往往会存在交叉。尽管每一项品牌授权都有自己独特的地方，但不同领域的品牌授权活动还是存在着某种共性和规律。

按照 LIMA 的划分，常见的品牌授权活动有 5 种主要类型。

1. 角色形象和娱乐业授权（character and entertainment licensing）

角色形象和娱乐业授权是品牌授权行业中规模最大的分支，公众对此的了解也最多。这种类型的授权活动的授权资产主要来自电影、电视节目、电子游戏和在线娱乐。从全球来看，这一领域一直被少数大型的美国娱乐机构如迪斯尼、时代华纳等所垄断。近年来，越来越多的国家和企业创造出了有全球影响力的角色形象。

2. 企业商标和品牌授权（corporate trademark and brand licensing）

公司名称、标识或品牌的授权是近年来增长最快的授权类别。这种授权活动，在企业战略、市场营销和盈利能力方面，同时为授权者和受许人带来了巨大的经济利益。越来越多的企业把它们的商标和品牌应用于非核心业务，以此提升其品牌在公众当中的呈现；通过品牌授权保护公司的商标，提升品牌形象，扩大品牌的曝光率；创造额外的收入与利润。对于品牌所有者而言，无须在内部的产品研发和生产制造方面进行巨额投资，品牌授权为它们提供了实现上述目标的手段。企业商标和品牌授权活动，可以覆盖从最简单印有品牌标识的 T 恤，直到最复杂的整合营销和产品开发。对于消费者而言，这是一种无缝的品牌扩张手段。

3. 体育品牌授权（sports licensing）

过去十年，体育品牌授权在应用范围和复杂程度上都有了显著增长。其规模在各类品牌授权业务当中占到前四名。在美国，体育品牌授权业务主要由四大体育联盟——国家橄榄球联盟、棒球大联盟、国家篮球协会和全国曲棍球联盟，以及与全美赛车联合会所垄断。这些联赛中的每一个队都以自己的名义开展授权业务。这一领域最为典型的代表就是国际奥委会的奥林匹克品牌授权。据报道，2012 年伦敦奥运会的授权商品销售额超过 16 亿美元，权益使用费收入达到 1.28 亿美元。

4. 时尚品牌授权（fashion licensing）

将时尚设计师的名称和品牌运用到服装服饰、健身美容以及家居用品等行业，也是这一领域当中非常知名的一类业务。某些情况下，一个时尚品牌可能只是以授权的方式存在，即使那些主流的服饰品牌也是通过向第三方授权的方式开展制造、营销和分销业务。通常设计师或品牌所有者负责确定设计方向和营销策略，并规定出品牌的呈现方式。然而在很多时候，设计师或品牌所有者只是在主要业务方面应用他们的品牌，而是以授权的方式把品牌扩张到配饰（如腰带、头饰、手表、箱包和鞋类）、香水和美容产品，或家居装等非核心范畴。

对消费者而言，时尚品牌授权往往是不透明的。许多消费者甚至根本不知道是由第三方受许人在使用设计师的名字制造和销售产品。当然，一个运行良好、管理规范的品牌授权活动中，品牌所有者要对产品设计和质量进行严格的控制，受许人必须遵守授权者制定的各种规则，以保证品牌形象的完整性。

5. 艺术品授权（art licensing）

相对于其他品牌授权门类，艺术品授权的规模相对较小，也比较分散。艺术品授权既包括那些通过授权活动支撑其艺术创作的个体艺术家的活动，也包括成熟企业用艺术作品或专门的设计方案来装饰产品的活动。艺术和设计装饰的产品范围很广，包括印刷品、家居装饰、家用纺织品、礼品、服装服饰等一切可以通过图形、图案和设计来增强其吸引力的产品。艺术品授权具有可针对特定领域专门制作、常年的盈利潜力以及适度的运营成本等特性，在世界范围内成为品牌授权行业的一个重要门类。

（三）品牌授权的经济价值

良好的授权关系为相关各方都带来利益：资产拥有者及其代理人、受许人及其分支机构、零售商，直至顾客。同时，品牌授权关系中的每个参与者都负有相应的责任，也会面对各自的风险。

1. 授权者

品牌授权可以为知识产权的所有者带来多种利益。最主要的是获得许可使用费和保证金收入。但除了经济利益以外还有许多其他价值，在某些情况下，这些“额外的”作用可能比经济收入本身更重要：

（1）对核心业务提供支撑。对于一部电视节目、电影、儿童图书或一支球队，品牌授权带来的市场曝光度的提高、授权产品在市场上的繁荣不仅能产生销售收入，而且还能强化核心资产。

（2）将企业的品牌扩展到新的领域。无须大量投资于新生产工艺和设备，通过品牌授权就可以将原有的品牌导入到新的业务当中。如果授权关系控制得当，授权资产的所有者就可以很好地维护品牌形象，通过合同规定和具体的审核机制控制品牌的呈现过程，在收获额外收入的同时，也提升了品牌曝光度。

（3）保护原创作品。艺术家和设计师可以通过品牌授权使其作品产生经济效益，同时又可以控制这些作品的使用方式。对于品牌拥有者而言，特别是那些面向全球市场的品牌，在多个市场上注册并授权他们的品牌，可以防止其知识产权被非法盗用。

为保证授权的成功，授权者除了向受许人授权以外，还要承担其他相关的责任：

（1）建立及时有效的审核机制，保证产品可以及时地进入市场。

（2）对品牌、角色、标识及其他知识产权在产品、包装、广告和促销品中的应用给予书面指导（印刷品和电子版）。

（3）提供广告支持，协助受许人进入零售市场。

知识产权的所有者还必须了解品牌授权的风险。品牌拥有者必须认真地选择受许人，确保他们能按预定标准，保证那些使用其品牌的产品的质量，并对零售商提供足够的支持，从而建立起一种真正的伙伴关系，使得授权活动实现健康共赢的目标。

2. 受许人

受许人租赁特定的知识产权，并应用到自己的产品当中，尽管他们并不拥有这种资产的所有权，但的确从中获得了许多重要的收益。

（1）借助知名品牌、角色、标识、设计等的消费者认知度。从头开始创建新的品牌需要巨额的投入，通过品牌授权的方式，制造商可以直接获得已经创立起来的品牌和形象。他们需要考虑的问题是，权衡潜在的许可使用费和自行创建新品牌所需的成本。

（2）进入新的分销渠道。采取品牌授权的方式，可以帮助低端产品的制造商进入高端市场。

（3）减少内部成本。家纺、壁纸、家居用品或服饰的制造商等，需要在其产品上采用设计艺术作品。通过授权的方式，这些制造商就可以避免雇佣专业设计人员，从而降低内部成本。

（4）增强真实性和可信度。电子游戏出版商可以获得知名汽车品牌和型号的授权，合法地增强其游戏的权威性。同样，汽车配件的制造商可以获得汽车品牌的授权，使消费者相信，他们的产品能够更好地适用于该品牌的汽车。

要获得品牌授权，受许人不仅要支付相关费用，还要按照协议向授权者提交产品进行审核，按照标准进行生产和营销。授权关系中，受许人面对的风险种类要少于授权者，但风险的程度可能更大。最主要的风险是财务风险——许可使用费、保证金。即使他们的产品进入了市场，品牌授权并不能保证其销售的业绩。

3. 代理人和顾问

授权者通常委托代理人管理他们的授权业务。这些代理人承担了合同谈判和产品审核的责任，作为回报他们收取许可使用费的一定比例。对于授权者而言，可以借助代理人的专业知识和客户资源，他们需要权衡的是建立自己的授权部门所需的成本与资源。

制造商也可能会委托专业顾问，这些顾问的职责是与品牌方的授权代理人相对应的。授权顾问帮助那些没有自己的授权部门的制造商管理这方面业务，这些顾问的责任是代表制造商的利益，处理诸如选择和评估授权资产、制定和执行授权策略等方面的业务。授权顾问获取报酬的方式差异很大，但其主要报酬是来自产品销售的佣金。

第三节　商业模式

在产业经济主导的时代，企业管理的重心在于高效率地生产产品。随着现代服务经济的兴起，完全面向企业的单纯生产导向逐渐被面向顾客的市场导向所取代。所谓的商业模式，就是在这样的大背景下提出来的一个新的管理学概念。一个企业的生存与发展的前提，是能够持续地满足市场的某种需求，为顾客创造价值，这就是商业模式的内涵。20世纪50年代开始，随着战后经济的恢复与繁荣，涌现出一批又一批以商业模式创新而获得成功的著名企业。例如，20世纪50年代的麦当劳和丰田汽车，60年代的沃尔玛，70年代的联邦快递，80年代的家得宝（Home Depot）、英特尔、戴尔电脑，90年代的eBay、亚马逊、星巴克，以及最近十年的谷歌、苹果等。

一、术语辨析

与很多管理学和营销学术语一样，商业模式也是一个典型的多义性语词。不同的学者在不同的背景下，对于这一概念的理解和界定往往有很大差别。通常汉语中的商业模式一词，对应的是英语中的business model/pattern。在这个意义上，商业模式是指一个组织或机构如何创造、获取和传递价值，特别是经济价值。用通俗的语言描述，对于企业而言，商业模式就是一种“做生意的方法”。

在特许经营领域，商业模式一词对应的是另一个英文术语business format。按照IFA的定义，所谓商业模式特许经营是指“不仅仅使用特许人的产品、服务和商标，而是开展业务的一整套方法，如营销计划和运营手册等”。作为一种上下游关系，特许经营区别于商标授权和产品分销的精髓，就在于特许人对受许人实施全方位的控制，并提供持续的深度服务。所以，可以把商业模式的特许经营理解为赋予受许人完整的“做生意的方法”。

商业模式一词的一个歧义之处在于，它是一个多层次的概念。对于一个规模较大的企业来说，商业模式既可能是指整个企业的战略性安排，也可能是指某项业务或某个局部的策略性手段。对于本课程而言，这一点具有特别的重要意义。从产业组织的角度来看，特许经营是一种跨界的“组织”。特许人与受许人之间既是产业链上的上下游关系，又具有同一体系内的典型层级结构。从所有权来看，特许人和受许人在资本层面是相互独立的法律实体；而从经营管理的角度，二者之间又形成了类似上下级的管理结构。

因此，在涉及特许经营企业的时候，如果笼统地说到商业模式，既可能指特许人企业的整体战略模式，也可能是指单个网点的商业模式。在前一个意义上，特许经营作为一种渠道策略或扩张策略，本身就是特许人企业的一种商业模式。只有在后一个意义上，才能说特许人把一种商业模式授权给受许人。在特许经营关系中，商业模式的几种不同含义及相互关系如表 2-2 所示。

表 2-2　　商业模式在特许经营关系中的几种不同含义及相互关系

商业模式的层次		特许人	受许人
体系层面	特许经营作为渠道策略	特许经营是特许人企业商业模式的一个重要组成部分	受许人作为特许人的下游分销商
	特许经营作为独立业务	特许经营本身构成特许人企业的完整商业模式	受许人作为特许权“产品”的顾客
网点层面		网点商业模式是由特许人开发的一系列知识产权，它是特许人藉以获得授权收入的重要无形资产	受许人是网点商业模式的使用者，并且为此承担相应的经济代价

在特许经营领域，还经常用到与商业模式相类似的另一个术语：商业概念（business concept）。具体到特许经营的授权关系，商业概念可以说是商业模式的同义语，两者可以互换使用。如果仔细探究二者之间的细微差别，可以把商业概念的说法理解为是商业模式特许经营的精简与提炼。例如，我们经常可以看到这样的说法：“某某特许人最近开发了一个新的商业概念，正在准备招募新的受许人”，“绩效良好的现有受许人可以优先购买特许人开发的新商业概念的店铺”。

特许经营体系的网点，可以视作由受许人所有、与特许人共同经营的一个微型企业。所谓“麻雀虽小，五脏俱全”，特许人所开发出来并授权给受许人的商业模式或商业概念，是这个微型企业的灵魂。而这正是商业模式特许经营的本质所在，也是特许经营权当中最核心的知识产权。在实践当中，这种网点运营商业模式通常体现为特许人随特许经营合同一起发放给受许人的《运营手册》。在商务部发布的国内贸易行业标准《特许经营管理体系指南》（SB/T 10410-2007）中，分别称之为“单店经营管理模式”和“单店盈利模式”，并将其列为特许经营权的核心要素之一。

二、商业模式的要素

瑞士洛桑大学的高级研究员亚历山大·奥斯特瓦德（Alexander Osterwalder）提出了一个研究商业模式的完整框架。他认为：商业模型是一个理论工具，它包含大量的商业元素及它们之间的相互关系，并且能够描述特定公司的商业模式。它能显示一个公司在一个或多个方面的价值所在：顾客、公司结构，以及以盈利和可持续性盈利为目的，用以生产、销售、传递价值及关系资本的客户网。

按照他的分析，商业模式的设计是商业策略（business strategy）的一个组成部分[①]，而将商业模式实施到公司的组织结构（包括机构设置、工作流和人力资源等）及系统（包括 IT 架构和生产线等）中去则是商业运作（business operations）的一部分。

在此基础上，奥斯特瓦德归纳出商业模式的 4 个板块、9 个要素[②]，如图 2-6 所示。

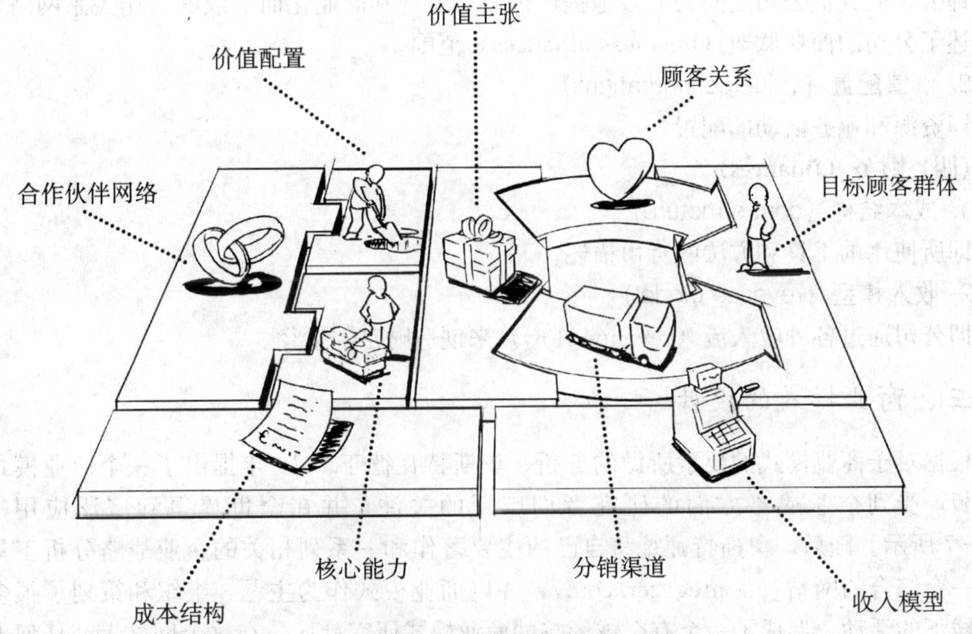

图 2-6　商业模式的要素

（一）产品（offering）

价值主张（value proposition），即公司通过其产品和服务所能向消费者提供的价值。价值主张确认了公司对消费者的实用意义。

（二）顾客（customer）

1. 目标顾客群体（target customer segments）

即公司所瞄准的消费者群体。这些群体具有某些共性，从而使公司能够（针对这些共性）创造价值。定义消费者群体的过程也被称为市场划分（market segmentation）。

2. 分销渠道（distribution channels）

即公司用来接触消费者的各种途径。这里阐述了公司如何开拓市场，它涉及公司的市场和分销策略。

3. 顾客关系（customer relationships）

即公司同其消费者群体之间所建立的联系。通常所说的客户关系管理（customer relationship management）即与此相关。

① ALEXANDER OSTERWALDER. The business model ontology: a proposition in a design science approach. Lausanne: University of Lausanne, 2004.

② ALEXANDER OSTERWALDER. Business model generation. Hoboken: John Wiley & Sons, Inc., 2010.

（三）基础架构（infrastructure）

1. 核心能力（core capabilities）

即公司执行其商业模式所需的能力和资格。

2. 合作伙伴网络（partner network）

即公司同其他公司之间为有效地提供价值并实现其商业化而形成的合作关系网络。这也描述了公司的商业联盟（business alliances）范围。

3. 价值配置（value configurations）

即资源和业务活动的配置。

（四）财务（finances）

1. 成本结构（cost structure）

即所使用的工具和方法的货币描述。

2. 收入模型（revenue model）

即公司通过各种收入流（revenue flow）来创造财富的途径。

三、商业模式的设计

根据对于商业模式的要素所做的分析，奥斯特瓦德于 2010 年提出了一个商业模式设计模板，受到企业战略方面的研究者们广泛的关注，并在全世界得到广泛应用，如图 2－7 所示。随后，奥斯特瓦德将自己的主要著作和一系列相关的企业战略分析工具整合成一个综合的网站（strategyzer.com），并以商业模式作为主题，组织和策划了很多线上、线下的活动，形成了一个有全球影响的商业模式研究社区。在这个网站上，任何人都可以免费下载这个模板。如今，奥斯特瓦德已经出版了一系列企业战略和商业模式方面的书籍，strategyzer.com 也已经成为一个颇具影响力的商业模式设计社区，并且开发了用于移动终端的 App。微软、英特尔、SAP、3M、通用电气、万事达、富士通等国际知名企业，都先后采用这套方法来建立或重组企业战略和商业模式。

在这个模板当中，奥斯特瓦德按照商业模式的 9 个要素，对应地设计了 9 个区域，其中分别列出了设计商业模式所必须回答的一系列关键问题，并给出了一些简单的说明和示例。按照这个模板，设计者只要结合企业的实际情况，按照模板的结构对企业的战略与业务进行梳理，就可以归纳总结出企业特定的商业模式。以下是对这 9 个区域中所提问题的一些提示性、示范性说明，可供设计者在运用这个模板时参考：

（1）如何激励伙伴：通过优化业务流程提高经济性，降低风险和不确定性，帮助他们获得特定的资源与活动。

（2）关键业务活动的可能类别：生产、加工、制造；解决存在的问题，提供平台/网络。

（3）关键资源的可能类别：实物资源、智力资源（品牌、专利、版权、数据）、人力资源、金融资源。

（4）你的价值主张注重的是：创新、绩效、定制、结果、设计、品牌/地位、价格、降低成本或风险、无障碍、便利性。

（5）与目标顾客之间的关系可能是：普遍的个人帮助、专门的个人帮助、顾客自助服

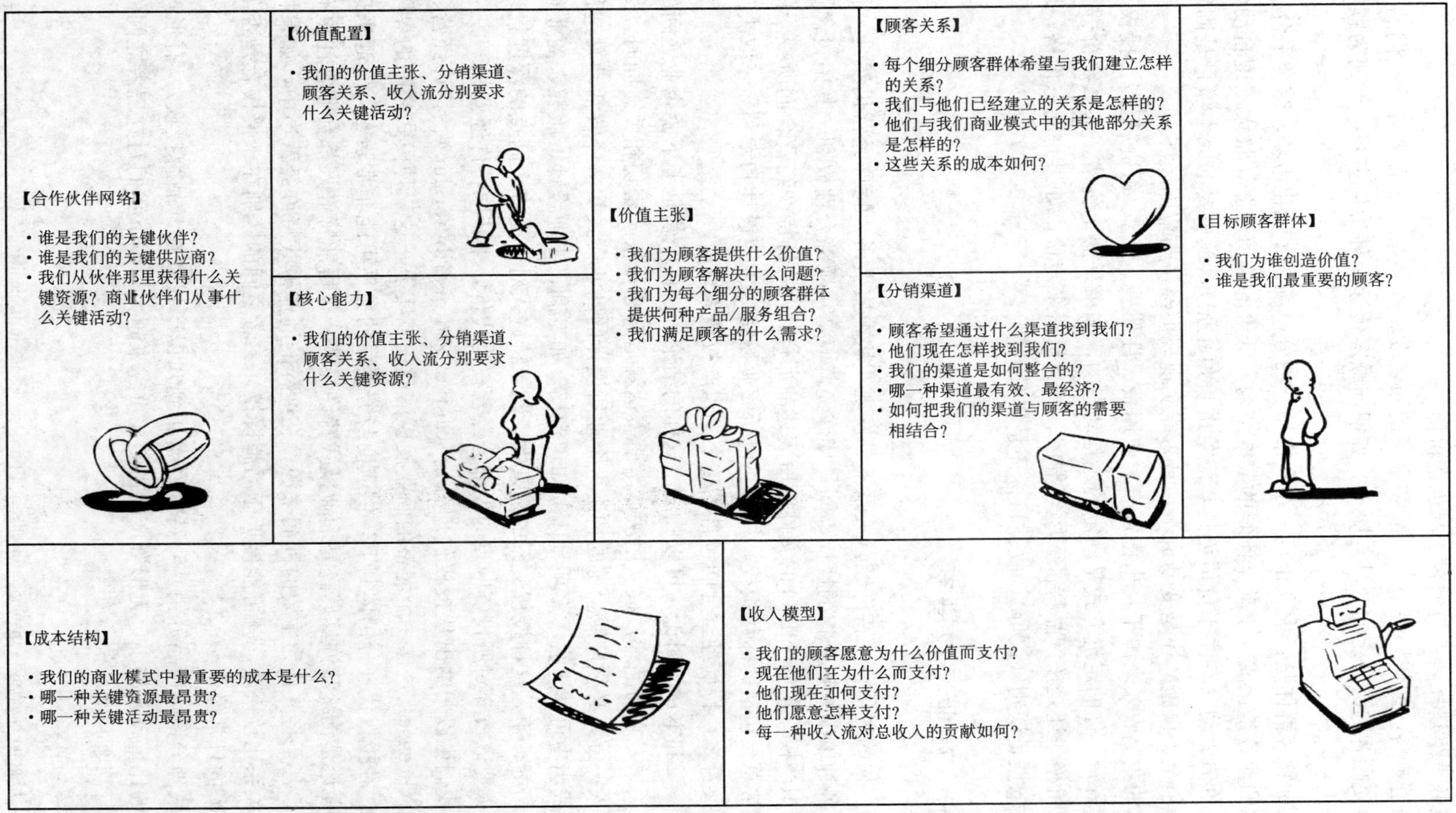

【合作伙伴网络】

- 谁是我们的关键伙伴？
- 谁是我们的关键供应商？
- 我们从伙伴那里获得什么关键资源？商业伙伴们从事什么关键活动？

【价值配置】

- 我们的价值主张、分销渠道、顾客关系、收入流分别要求什么关键活动？

【核心能力】

- 我们的价值主张、分销渠道、顾客关系、收入流分别要求什么关键资源？

【价值主张】

- 我们为顾客提供什么价值？
- 我们为顾客解决什么问题？
- 我们为每个细分的顾客群体提供何种产品/服务组合？
- 我们满足顾客的什么需求？

【顾客关系】

- 每个细分顾客群体希望与我们建立怎样的关系？
- 我们与他们已经建立的关系是怎样的？
- 他们与我们商业模式中的其他部分关系是怎样的？
- 这些关系的成本如何？

【分销渠道】

- 顾客希望通过什么渠道找到我们？
- 他们现在怎样找到我们？
- 我们的渠道是如何整合的？
- 哪一种渠道最有效、最经济？
- 如何把我们的渠道与顾客的需要相结合？

【目标顾客群体】

- 我们为谁创造价值？
- 谁是我们最重要的顾客？

【成本结构】

- 我们的商业模式中最重要的成本是什么？
- 哪一种关键资源最昂贵？
- 哪一种关键活动最昂贵？

【收入模型】

- 我们的顾客愿意为什么价值而支付？
- 现在他们在为什么而支付？
- 他们现在如何支付？
- 他们愿意怎样支付？
- 每一种收入流对总收入的贡献如何？

图2-7　商业模式设计模板

务、自动服务、组建社区、与顾客一起创造价值。

（6）渠道策略：如何提高公司产品和服务的知名度、如何帮助顾客来评价我们的价值主张、如何使顾客购买特定的产品与服务、如何向顾客传递一种价值主张、如何为顾客提供售后支持。

（7）目标顾客群体是：大众市场、小众市场、细分市场、多元化市场、综合平台。

（8）你的业务是：成本驱动（倾斜的成本结构、低价的价值主张、最大限度自动化与外包）还是价值驱动（专注于价值创造，溢价的价值主张），最主要的成本项目是固定成本（工资、租金、设施）还是变动成本，是否能实现规模经济与范围经济。

（9）你的主要收入来源于：出售资产、使用费、注册费、贷款/租赁/租借、授权、经纪佣金、广告费。你的定价方式是固定的还是动态的，如果是固定价格，那么定价方式是固定的目录价格，还是按产品特征、顾客群体、产品价值来定价；如果是动态价格，那么价格调整的依据是谈判（议价）、收益目标还是实时行情。

第四节　商业授权谱系

从知识产权的视角审视特许经营关系不难发现，从本质上讲，特许经营仍然是一种授权关系，与各种单项知识产权的授权不同，特许经营权是一项综合性权利，其中包含了多项具体的知识产权。正如 WIPO 的文件中所表述的那样："一份特许经营合同所授予的知识产权，通常总会包括商标和版权，往往还包括商业秘密、工业设计和专利——取决于业务的性质。换言之，特许经营合同包含了整个知识产权谱系。"①

结合上一章和本章的讨论，可以归纳出这样的结论：特许经营是上下游企业之间的一种特殊渠道关系，它与品牌授权（用法律术语表达就是商标授权）密切相关。同时，处于下游的受许人一方，必须按照上游的特许人企业所设计的商业模式从事经营活动，这种特殊的商业模式当中可能包含了多项具体的知识产权，如专利、工业设计、版权、商业秘密以及技术诀窍等。正是这种授权关系的复杂性，赋予特许人对于受许人网点的深度管理权力，即受许人要以放弃对所投资网点的大部分经营权为代价，来获取特许经营权。

由此，我们可以归纳出从授权代理分销（authorized distributorship）、特许经营、知识产权授权（license）这样一个完整的商业授权谱系。事实上，这三种模式之间的界限并非是绝对的。在授权代理分销体制下，供应商与分销商的关系可能非常紧密，看起来接近特许经营；无论是传统特许经营还是商业模式特许经营，很可能特许人都会非常注重有形产品的销售，甚至将其作为主要的利润来源；在纯粹的商业模式特许经营当中，如果特许人—受许人关系比较松散，就可能接近于品牌授权，二者之间的区别在于授权者是否干预或参与受许人的日常经营。

从授权代理分销（产品分销）到特许经营再到知识产权授权（品牌授权），有形产品的交易所占的比重越来越小，无形资产所占的比重越来越大。以下我们对这三者之间的关系和区别进行简要归纳。

① WIPO. In good company：managing intellectual property issues in franchising，2012.

一、特许经营与产品分销的对比

如前所述，授权的产品分销体制是特许经营的起源。在某种意义上，现在所谓的传统特许经营如汽车销售、汽油零售（加油站）、软饮料灌装（可乐类软饮料）等，仍然可以视作是一种特殊的产品分销体系，它与一般的产品分销之间的区别在于，制造商除了向下游企业授予了产品分销的权利之外，还包含了商标、专利等知识产权的授权，并强化了对受许人的统一管理与控制。

通常，制造商对分销商的经营活动干预较少。尽管为防止体系内竞争，上游企业会对分销商的地域或产品线进行严格限制，但它们较少干预分销商的经营活动，而分销商也无权使用制造商的商标商号等知识产权。

与普通的产品分销体系相比，特许经营具有以下特征：

（1）特许人承担辅助或培训受许人如何从事产品销售的义务，尽管在分销关系中也有这种现象存在，但在特许经营关系中这种服务是特许人“法定”的义务。

（2）受许人只经营一家公司的产品和服务，普通的分销商往往会同时经营多个制造商的产品。

（3）特许经营关系涉及更广泛的利益共同体。

（4）特许人除了获得产品的销售利润以外，还收取特许经营的相关费用。

事实上，某些分销合同可能与特许经营合同相似，分销商有可能受到供应商的强力控制，甚至演变成受许人。反过来，特许经营中的受许人也可能像独立分销商那样拥有很大的自主空间。

二、特许经营与品牌授权的对比

相对于品牌授权而言，可以把特许经营归纳为一种“主动式授权”，即特许人在对受许人进行授权的同时，往往会对受许人的日常经营活动主动地进行深度的参与和控制。与此相对，品牌授权者则只关心收取许可使用费，以及监督受许人正确使用授权资产，以保护自己的知识产权。品牌授权者的授权也可以形象地称为“被动式授权”。

从事品牌授权的知识产权所有人，通常会严格限制受许人对其商标进行任何改动，防止受许人在使用授权资产过程中，做出任何有损授权资产内在价值和品牌商誉的行为。特许人同样会对受许人做出这样的限制，但与此同时，作为特许经营关系的一部分，他们还对受许人在日常经营活动中的其他方面做出限制与约束，如产品价格与质量标准、广告发布与促销活动，甚至是生产工艺、原材料采购、财务管理等各个方面，并通过合同约束和利益激励等正反两个方面的措施深度干预受许人的经营活动。

相对而言，品牌授权者只关心授权资产的现有价值，而特许人则希望通过受许人的参与不断提高品牌和整个体系的价值。

三、特许经营与专利授权和转让的对比

在本章开始部分曾经提到，特许经营作为一种经营模式，本身就起源于专利授权。19世纪中叶的两家典型企业麦考密克收割机公司和胜家缝纫机公司，最初都采取了专利授权

生产的方式进行扩张，这种方式为这两家初创企业积累了宝贵的初始资本。随着业务规模的扩张，它们才适应市场需要，逐渐变革其渠道策略。

到了20世纪后半叶，随着商业模式特许经营的兴起，有形产品的生产与分销在特许经营关系中所占的比重相对减少，而品牌授权和商业模式复制的因素所占比重越来越大。但即使到今天，在全部特许经营当中，以有形产品分销为目的的传统特许经营仍然占据一定的比例（见表1-2）。因此，许多企业在签订特许经营合同时，往往会同时签订专利授权协议。

单纯的专利授权（patent licensing）在费用条款上与特许经营合同相似，但在授权范围条款上有所不同。按照授权关系对受许人数量的限制，可以把单纯的专利授权分为三种类型：

（1）排他性（exclusive）授权：合同期内，只允许唯一的受许人使用该项专利，甚至连专利权人本身也被排除在外。

（2）独家（sole）授权：合同期内，只允许唯一的受许人以及专利权人使用该项专利。

（3）非排他性（non-exclusive）授权：专利权人可以同时授权多个受许人使用该项权利。

需要注意的是，专利授权赋予受许人一方的仅仅是在特定时期和特定地域内使用该项专利的权利（right of use），而非其他权利，更不是专利所有权。

如果专利权人通过交易的方式，一次性转让某项专利的所有权利，则称作专利转让（patent assignment），这是发明人或专利权人将知识产权商品化的另一种方式。一旦交易完成，原专利权人就不再拥有该项专利的任何权益，接收方成为法定的、新的专利权人。在商业实践当中，尤其是在高科技企业当中，有些企业在出售专利时会同时签订一项授权协议，获得新专利权人的授权，以某种方式继续使用该项专利。

四、商业授权关系的谱系

表2-3全方位地归纳了三种主要授权模式的特点，通过对比三种模式的授权内容，并按照有形产品交易和无形资产运用所占的比重进行排列比较，可以看出三种模式构成了一个完整的授权谱系。

表2-3　商业授权关系的谱系

	授权代理分销	特许经营		知识产权授权
		传统特许经营	商业模式特许经营	
授权方	生产商（manufacturer）	特许人（franchisor）		授权者（licensor）
接受方	分销商（distributor）	受许人（franchisee）		受权人（licensee）
利益机制	产品销售利润，少量或没有授权费用	主要产品的销售利润、附加产品的销售利润、初始特许经营费，通常没有特许权使用费	初始特许经营费、定期的特许权使用费、附加产品的销售利润、其他服务性收费	许可使用费、（最低）保证金
授权内容	产品分销权利	产品分销权利	商业模式、知识产权	知识产权

续前表

	授权代理分销	特许经营		知识产权授权
		传统特许经营	商业模式特许经营	
有形产品比重	很大	较大	较小	无
无形资产比重	很小	较小	较大	全部
双方关系	松散	紧密	紧密	松散
对下游的限制	地域限制、竞争限制	通常为排他性	受许人严格按照特许人的模式经营	限于保护授权资产
对下游的支持	很少	较多	很多	很少
监管法律	合同法	合同法、商标法、专利法	专门法律	商标法、专利法、版权法、合同法
备案要求	无	可能有	有	少数国家有
信息披露	无	可能有	有	无

本章案例

商标许可使用合同到期后，被许可人继续使用构成侵权

2011年12月21日，美国爱贝国际教育有限公司（以下简称爱贝公司）申请注册“ABIE·C”商标，2013年2月28日取得注册，核定服务项目为教学等。后爱贝公司许可上海布来斯教育投资有限公司（以下简称布来斯公司）在中国范围内使用并有权许可他人使用“ABIE·C”注册商标，如发生商标侵权行为，布来斯公司有权单独诉讼。2012年8月11日，布来斯公司许可西安逾青商务信息咨询有限公司（以下简称逾青公司）开设爱贝国际少儿英语培训中心，使用“ABIE”标识至2015年10月9日。

2013年12月31日爱贝公司申请注册“ABIE”商标，2016年4月7日取得注册。2015年9月21日布来斯公司致函逾青公司，称合同到期不再授权。2016年3月逾青公司仍在使用“ABIE”标识。布来斯公司诉至法院，请求判令逾青公司停止侵权行为；赔礼道歉，消除影响；赔偿损失6万元。逾青公司辩称，布来斯公司与逾青公司签订合同时虚构商标，欺诈加盟商，合同应撤销；逾青公司使用的“ABIE”与“ABIE·C”是两个独立的商标，不构成侵权，请求驳回布来斯公司的诉讼请求。

陕西省西安市中级人民法院经审理后判决：逾青公司停止侵权行为；赔偿布来斯公司损失（含合理费用）1.5万元。

● **不同观点**

第一种观点认为，由于布来斯公司取得授权的商标许可使用合同签署地不明且未经公证认证，因此布来斯公司诉讼主体不适格；只有经商标局合法注册的商标才可以签订商标许可使用合同，当事人签订合同时“ABIE”标识并未注册，因而布来斯公司存在欺诈行为，应确认商标许可使用合同无效。爱贝公司于2013年12月31日提出“ABIE”商标注册申请，2016年4月7日被核准注册，逾青公司在爱贝公司“ABIE”注册商标申请日之

前，于2012年8月11日已经开始使用“ABIE”标识，享有在先使用权。逾青公司使用的“ABIE”商标是依法取得，既然“ABIE·C”“ABIE”可以通过国家商标局分别获得商标注册，因此二者各自独立，不构成近似；因逾青公司是通过商标许可使用合同使用的“ABIE”标识，不存在商标侵权行为，故不应向布来斯公司赔偿损失。

第二种观点认为，布来斯公司与爱贝公司通过在中国上海签订商标许可使用合同取得使用“ABIE·C”注册商标权，因该合同系在中国内地形成，无须经过公证认证，因而布来斯公司作为本案原告主体适格。布来斯公司作为“ABIE·C”商业标识的使用者，在法律并未禁止未注册商标签订许可使用合同的情形下，有权与逾青公司签订商标许可使用合同。逾青公司是通过布来斯公司的授权使用“ABIE”商业标识，不存在商标在先使用权的问题。逾青公司在商标许可使用合同期限届满后在其经营场所内继续使用“ABIE”标识，与布来斯公司主张的权利基础“ABIE·C”注册商标构成近似，足以引起消费者的混淆、误认，侵害了“ABIE·C”注册商标权，对此应承担相应的责任。

● **法官回应：商标许可使用合同期限届满后继续使用构成侵权**

1. 涉外商标许可使用合同中原告主体资格的确认

依据《最高人民法院关于审理商标民事纠纷案件适用法律若干问题的解释》第四条第二款的规定，在发生注册商标专用权被侵害时，普通使用许可合同的被许可人经商标注册人明确授权，可以提起诉讼，布来斯公司有权提起本案诉讼，因此其作为本案原告诉讼主体适格。

2. 尚未注册的商标可以许可他人使用

在当事人意思表示真实，内容不违反法律、行政法规的前提下，以未注册的商标作为使用客体的商标使用许可合同应确认有效。因此，可以认为尚未注册的商标可以许可他人使用。

3. 未注册商标被许可使用人不享有在先使用权

逾青公司在爱贝公司注册商标“ABIE”申请日之前，已经使用了“ABIE”标识，但其使用系基于布来斯公司的许可。因此，相对于授权人布来斯公司，逾青公司不存在对于未注册商标“ABIE”产生在先使用权的时间和空间条件。

4. 商标许可使用合同到期后被许可人继续使用构成侵权

逾青公司在商标使用许可合同到期后本应停止使用，但其在经营场所内继续使用“ABIE”标识，已无合法化的基础，且“ABIE”与“ABIE·C”注册商标构成近似，足以造成相关公众对逾青公司提供的服务来源产生混淆、误认，因而逾青公司继续使用被授权的商标标识的行为构成侵权，应承担停止侵权、赔偿损失等民事责任。

资料来源：姚建军．未注册商标被许可使用人不享有先用权．(2016-10-13)[2018-05-20]．http://www.legaldaily.com.cn/fxjy/content/2016-10/13/content_6836936.htm?node=70689.

复习与思考

1. 通读本章教材，结合此前课程中学习的知识，归纳并说明特许经营关系中包含哪些具体的知识产权，以及分别采用了什么样的保护措施。

2. 为什么说品牌是企业的资产？为什么说这种资产在于顾客心目当中？

3. 举例说明授权代理分销、商业模式特许经营和知识产权授权这三种不同模式。

第三章　特许经营决策

【知识结构】

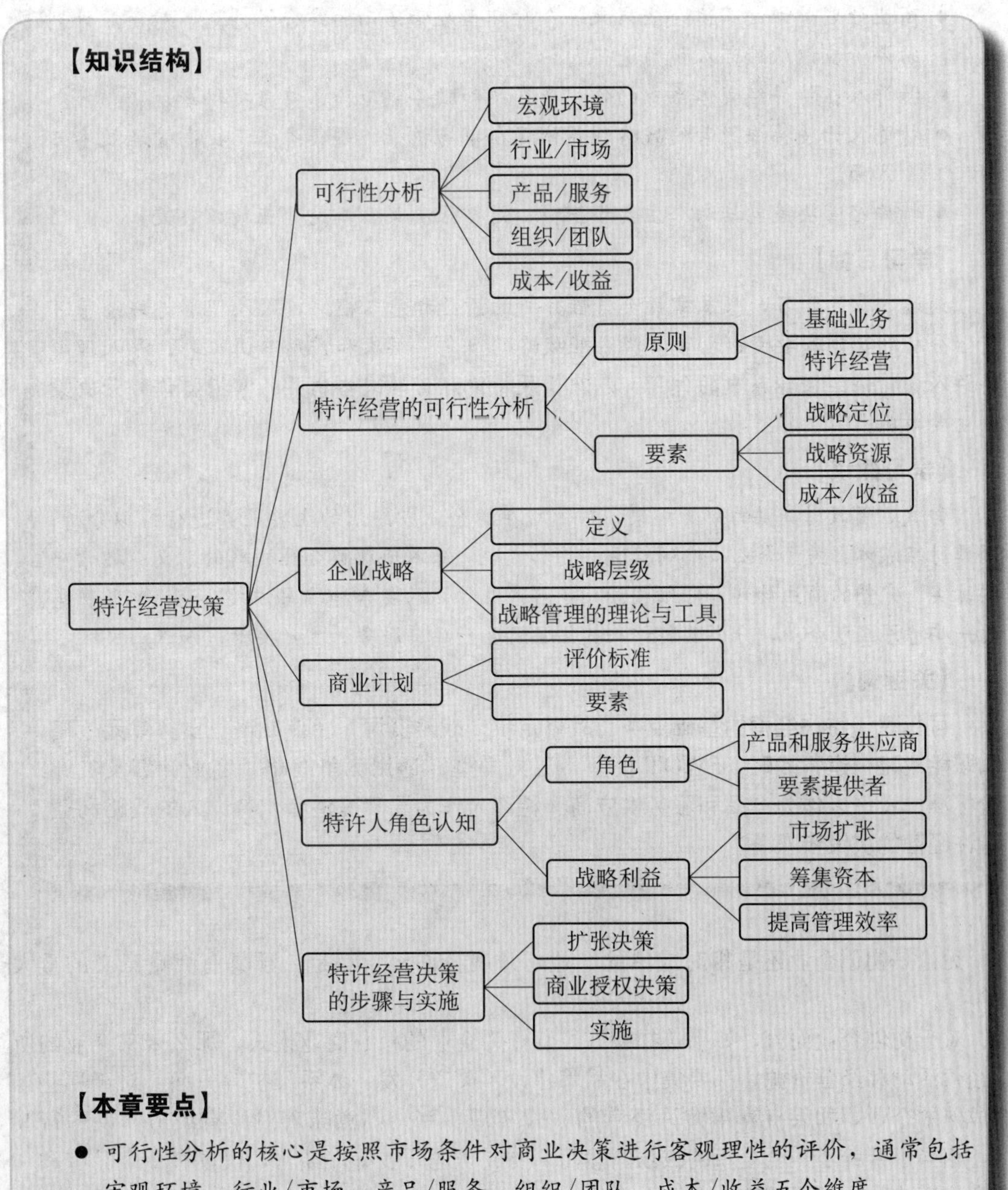

【本章要点】

- 可行性分析的核心是按照市场条件对商业决策进行客观理性的评价，通常包括宏观环境、行业/市场、产品/服务、组织/团队、成本/收益五个维度。

- 特许经营的可行性分析要从基础业务和渠道策略两个方向展开，具体包括企业的战略定位、战略资源、成本/收益分析三个维度。
- 企业战略是对企业中长期目标的概括和归纳，通常分为企业战略、业务单位战略和职能战略、运营战略三个层次。
- 常用的战略分析工具有 SWOT 模型、五力模型和通用竞争战略等。
- 商业计划是详细阐述企业未来一个时期里经营活动的综合性计划，对商业计划的评价应该从外部人视角进行。
- 特许人在特许经营体系中的作用是产品和服务供应商、要素提供者。
- 特许人开展特许经营的战略利益体现在市场扩张、筹集资本、提高管理效率三个方面。
- 特许经营决策包括两个主要步骤：一是扩张决策，二是商业授权决策。

【学习目标】

通过本章的学习，基本掌握可行性分析的意义和基本框架，深入理解特许经营可行性分析的原则和要素；初步掌握企业战略的概念、层次和常用分析工具；深入理解特许人在特许经营体系中的作用，以及开展特许经营的战略利益；掌握特许经营决策的主要步骤。

【学习建议】

尝试运用教材提供的分析框架，对你所在的企业或组织的主要业务进行模拟分析；阅读财经媒体上关于企业战略的报道，更加直观、深入地理解企业战略的意义；搜索一些真实、完整的商业计划并仔细阅读，了解商业计划的要素和编写方式；选择你所熟悉的一些特许经营企业，分析其特许人提供了哪些产品、服务和生产要素（知识产权）。

【关键词】

可行性　特许经营的基础业务　战略定位　战略资源　企业战略　业务单元战略和职能战略　运营战略　SWOT 模型　五力模型　通用竞争战略　商业计划及其评价标准　特许人作为产品和服务供应商　特许人作为要素提供者　特许人的战略利益　特许经营的决策步骤

无论是初创企业还是相对成熟的企业，开展特许经营都是一项具有战略意义的重大决策。

对于初创企业而言，如果选择特许经营作为企业的核心商业模式，那么未来企业的所有经营活动和经营资源，都要集中在品牌建设、渠道开发、体系维护等方面。对于那些相对成熟的企业，如果打算用特许经营的方式实现扩张，则意味着对原有渠道体系进行改造，相当于开辟了一个全新的战场。然而，要成功地开展特许经营，仅仅有一个品牌和一套商业模式是远远不够的。企业在选择特许经营作为渠道策略的时候，必须对企业自身拥有的资源和所处的市场条件进行深入的研究与分析，把渠道策略放到企业战略和市场环境的大背景下，进行全方位的审视。一家企业能否成功地开展特许经营，受到内部和外部诸多因素的制约。最主要的因素包括：企业的整体战略目标、产品/业务类型、所拥有的无形资产、内部管理结构、人力资源、资金状况、企业所处的发展阶段、产业环境、市场环境、上下游企业的成熟度、目标顾客对终端类型和终端服务模式的偏好等。对这些因素进行综合的分析研究，才能对特许经营是否可行做出正确的判断。

第一节　可行性分析的概念与方法

开展特许经营，意味着企业必须重新获取或重新配置资本、人力、有形和无形资产等战略资源，建立一个全新的体系。在商业实践当中，建设一个新的体系或开展一个重大项目，第一步是对新的商业理念的可行性进行审慎分析和评价。

一、可行性分析的概念与要素

可行性分析（feasibility study，viability study），是指基于市场研究的结果，从行业/市场、产品/服务、组织/团队、成本/收益等维度，对拟议中的商业理念进行客观而理性的评价，以此作为重大商业决策的主要依据。可行性分析的基本要素及其在战略决策中的地位如图 3-1 所示。

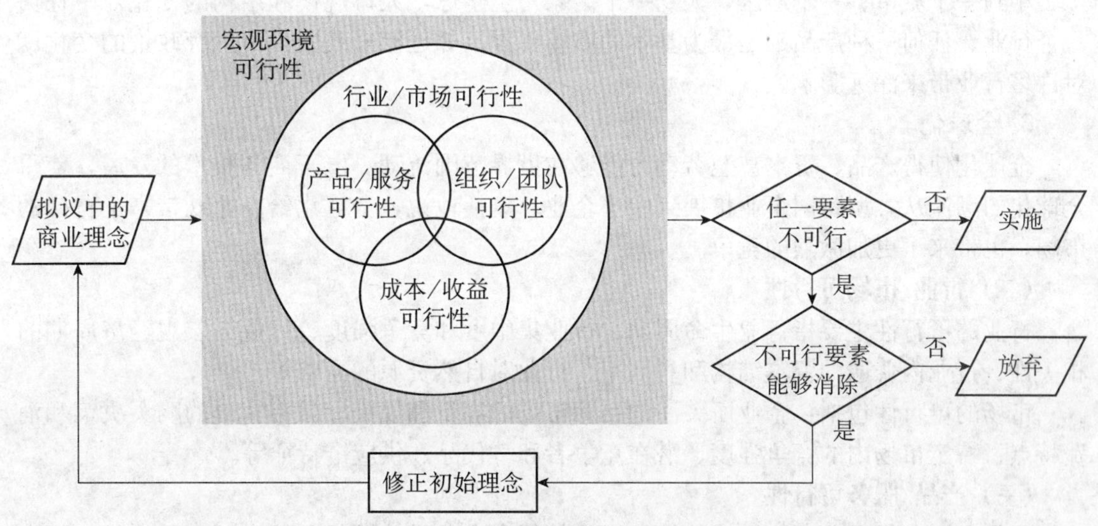

图 3-1　可行性分析的基本元素及其在战略决策中的地位

（一）宏观环境可行性

在商业实践当中，许多企业，尤其是中小企业往往忽略宏观环境的因素。实际上宏观因素的趋势和变化会导致行业兴衰、市场条件、竞争力量、顾客需求的剧烈变化，直接关系到企业的生死存亡。宏观因素的变化，既可以给创业者和企业家提供大量新的机会，也会带来严峻的挑战。

与企业经营密切相关的宏观因素主要有六种：社会文化、政治法律、宏观经济、科技进步、人口结构、全球化。

1. 社会文化

如社会阶层、宗教文化、生育观念、消费潮流、社交方式等。这方面一个典型的例子是：2017 年 4 月，美国广播公司（ABC News）的一条新闻标题是："中国的汽车困境：政府希望电动车，消费者希望 SUV"①，这条新闻突显出当下中国的汽车产业政策与消费潮流之间的剧烈冲突。

2. 政治法律

这方面的影响主要来自国家的产业政策、相关行业的立法监管乃至城市和地区的发展规划等。例如在选择经营地点和场所方面，许多企业会考虑当地的税收政策；也有些企业由于忽视了当地的发展规划，或者由于规划变更，而导致企业被迫迁址甚至关闭。

3. 宏观经济

宏观经济形势会影响到经济景气、资本利率、货币供给、汇率、价格指数、消费者需求等一系列因素，从而直接影响到企业运营成本和收益，甚至关乎企业的生存。

4. 科技进步

技术进步能够显著改变原有的产业结构、行业寿命、产品寿命、竞争态势和消费文化。技术和产品的创新既能够为一部分企业带来发展机遇，也可能导致企业面临新产品、新服务的竞争压力，更为常见的是创新发明导致原有产品和行业被替代甚至颠覆。

5. 人口结构

小到一个城市、一个地区，大到一个国家乃至全球，人口规模和结构的变化对于任何一个行业、任何一种产品都是最为基本的市场要素。如近年来我国人口生育政策的变化就对许多行业带来深远影响。

6. 全球化

全球化使得产品、资本甚至劳动力能够在世界范围流动。电子商务技术的发展，使得全球化的潮流从大型跨国企业扩展到中小企业。概括地说，全球化给企业既带来了宽广的市场，也带来了更加激烈的竞争。

（二）行业/市场可行性

行业的可行性主要指行业生命周期、行业集中度和竞争强度、行业与宏观经济周期的相关性、行业内普遍的资本结构和利润率、行业对自然资源的需求等。

市场的可行性包括：企业所关注的目标市场的容量和规模、目标客户的购买决策和消费特点、特定市场内的竞争强度、潜在竞争者和替代品、供应链特征等。

（三）产品/服务可行性

产品和服务是企业商业模式的核心，也是每个企业最关键的利润来源。无论是创新产品还是成熟产品，最终的评价标准都是市场对某个企业的某种产品的认可，即特定企业所提供的价值主张能够契合、满足甚至超越目标顾客群体的潜在需求。对于产品/服务可行性的验证，通常是通过市场调查、消费行为研究、原型验证、试销等手段来完成。

（四）组织/团队可行性

组织和团队的可行性是指，企业是否（或能否）建立起符合企业战略目标的管理架

---

① ABC News. China car dilemma：Beijing wants electric，buyers want SUVs.（2017 - 04 - 17）[2018 - 05 - 20]. http：//abcnews. go. com/Business/wireStory/china-car-dilemma-beijing-electric-buyers-suvs-46837911.

构，获得高能高效的人力资源，其中包括企业家本人及其核心团队的管理能力和管理风格。对于初创企业和中小企业而言，经营资源往往是制约企业发展的瓶颈问题。企业经营当中最主要的非财务资源包括：合适且能够承受的经营场所；与上下游之间建立起稳定的合作关系；管理团队中的关键人物和关系；运营过程中的关键技术和设备；知识产权和无形资产；与政府、公众、媒体、第三方服务之间的公共关系等。

（五）成本/收益可行性

项目的财务可行性分为两个层次：资本预算和运营预算。

资本预算是指对拟投资项目的定量化投资评价，主要涉及投资规模、投资周期、预期收益和投资风险。运营预算以盈亏平衡为核心，主要关注预期损益、运营资本需求、现金流量预测等。

二、特许经营的可行性分析

概括地讲，一个企业开展特许经营的可行性，取决于企业战略和市场条件。换言之，特许经营的可行性必须放到企业战略的层面上进行分析，不能就事论事，单纯地从开展特许经营活动本身来考虑问题。

例如，一个采用传统特许经营模式分销产品的制造商，开展特许经营的目的在于销售产品。它们往往对受许人只收取较少的初始费用，而不收取持续性的特许权使用费，这时，特许经营本身并不构成企业的主要收入来源。这样的企业对特许经营可行性的判断，基本上是基于渠道策略的考虑，即是否有利于产品的分销；对于商业模式特许人而言，相对于传统特许人，他们更看重特许经营费和特许权使用费的收入，甚至有可能把特许经营的收费当作很重要的收入来源，这时，他们判断特许经营是否可行，就必须考虑构建和维护特许经营体系的成本与收益之比，这种情况下开展特许经营也需要更多的战略资源。

（一）特许经营可行性的分析原则

从企业战略角度来看，特许经营具有两种不同的经济意义。与此相对应，企业开展特许经营的目的也可以区分为两大类。全面地考察企业开展特许经营的可行性，就必须首先区分这两种不同的意义与目的。

一方面，特许经营在企业中不可能是一项完全独立的业务，它一定要依附于某种具体的细分行业，如餐饮、酒店、家居、零售等，我们称之为基础业务。考察特许经营的可行性，不可能完全脱离基础业务，要充分认识特许经营对基础业务的依附性和服务性，即特许经营是服从于基础业务服务的一种辅助手段。另一方面，特许经营本身可以为企业带来持续稳定的收入，而且这种收入很可能并不依赖于向受许人销售基础业务的产品（尤其是在商业模式特许经营当中），而来自特许经营权作为一项知识产权而具备的经济价值。这种收入的具体体现形式就是初始的特许经营费和持续的特许权使用费，甚至也包括相应的服务费用。如果这种收入在企业的全部收入中占到较大的比重，那么就要将特许经营作为一项相对独立的业务来考察，甚至当作主营业务来对待。

基于这样的分析，我们把企业开展特许经营活动的动机和目的，分成策略性的和战略性的。所谓策略性的特许经营，是指那些并不依靠开展特许经营活动本身获得直接的经济收入，而是把特许经营当作一种渠道模式或渠道策略，以此实现对整个分销渠道的全面、直接的控制管理。所有以产品分销为主的传统特许人，以及很多注重通过向受许人销售产品获得收入和利润的商业模式特许人，都可以归入策略性特许经营的范畴。对于那些把特许经营活动本身作为企业的主要收入来源的特许人，特许经营不再只是一种手段和策略，而是一种带有战略性的模式选择，这类特许经营就称作战略性的特许经营。

在现实的商业活动中，很多商业模式特许经营都或多或少地包含产品销售的成分，其战略性和策略性的划分并不是绝对的。区分这两种目的的特许经营，最重要的标志在于特许经营收费在企业总收入中所占的比重。除了收入来源与结构，二者在产品、定价、市场和竞争方面也存在显著差别，表 3－1 列出了它们的联系与区别。

表 3－1　　不同目的的特许经营的比较

要素	策略性特许经营		战略性特许经营
特征	主要依靠基础业务或产品销售获得收入与利润		主要依靠特许经营活动本身获得收入与利润
特许人类型	传统特许人	注重有形产品销售的商业模式特许人	注重知识产权授权的商业模式特许人
主要产品	特许人原来的产品（通常是有形产品）	特许人销售给受许人的产品，包括有偿服务	特许经营权，体现为一个标准化的网点和深度的支持
特许权定价	只收取少量的初始费用，无偿或低于市场价格提供服务	不确定	初始费用与持续费用现值之和为一份特许权的价格，按照（或略低于）市场价格提供服务
顾客	各种分销商及最终顾客	作为产品顾客的受许人	知识产权的受许人
市场	特许人基础业务所面对的传统市场领域（产品）	特许人基础业务所面对的传统市场领域（服务），以及部分地考虑特许权销售的市场	特许权销售所形成的特殊市场，受许人作为需求方成为特许人的顾客
竞争	基础业务领域的竞争者	基础业务的竞争者，同类型业务的其他特许人	特许权销售市场上的竞争

按照这样的思路，一个企业开展特许经营的可行性可以分解为两个问题：一是其原本的主体的可行性，如餐饮、酒店、洗衣店等细分行业，这种基础业务的可行性既包括该业务在单个网点层次上的可行性，也包括该业务在整个特许经营体系内复制推广的可行性，即上升到体系层面来考察。二是开展特许经营活动本身的可行性。如图 3－2 所示。

关于基础业务的可行性，应按照所属的细分行业的特定规律进行分析，原则上不属于本课程的范畴。以下，我们分别从战略定位、战略资源和成本/收益的角度，分析特许经营作为一项独立业务的可行性问题，并在此基础上进行综合，给出一个推荐的可行性分析框架。

（二）特许经营可行性的分析要素

特许经营可行性分析包括三个要素：战略定位分析、战略资源分析、成本/收益分析。

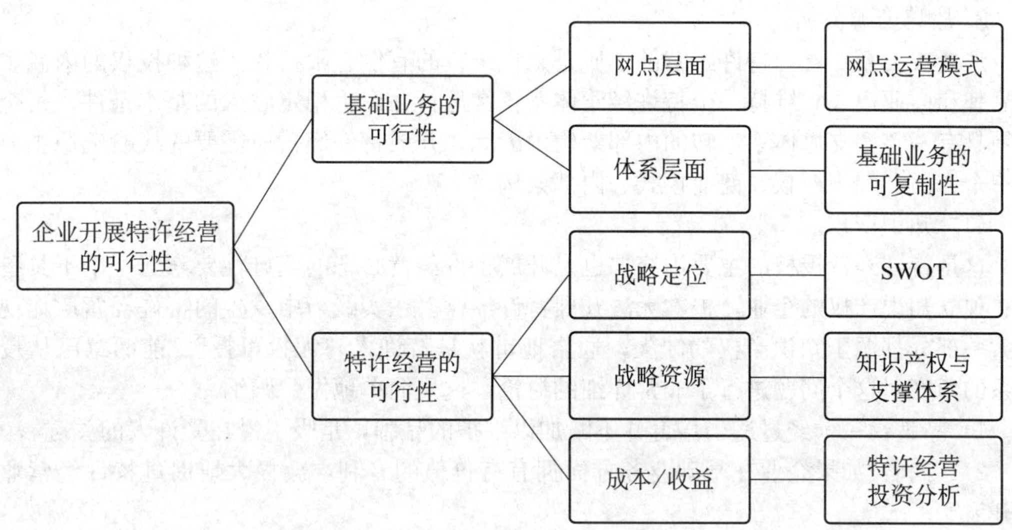

图 3-2　特许经营的可行性分析框架

1. 战略定位分析

对于战略性特许经营，就是说特许人将特许经营业务本身当作其商业模式的核心，以及主要的收入来源，这时的管理者就必须把特许经营视作一项重要的“新业务”。这里的“新”，是指特许经营相对独立于原来的基础业务。由于把特许经营上升到了企业战略层面，所以就必须摆脱基于原来基础业务的旧视角，按照特许经营活动本身的特点来配置企业的资源，并且面对另一个全新的市场环境。在某种意义上，原来的基础业务变成了开展特许经营的一个工具。

在这种新的背景之下，运用 SWOT 模型分析企业的定位，就必须考虑一些不同于基础业务的特殊问题：企业是否具备了构建和运营特许经营体系所需要的战略资源（人力、资金、管理）？企业是否在基础业务和特许权销售两个方面都具有足够的优势？市场上是否有其他有相似基础业务的特许人构成直接竞争者？基础业务能否支撑特许经营体系？当前特许权销售的市场环境是否有利？特许权的营销要素如何设计（特许权的设计、定价、推广、销售模式）？针对企业自身和市场两方面具体情况，企业制定怎样的应对策略？

当企业并未把特许经营本身当作获得直接收入的重要来源，而是将其视作一种分销产品与服务的策略，并且希望在网点和体系两个层面上，都能够通过基础业务的经营来支撑整个体系时，就是所谓的策略性特许经营。一般而言，企业把特许经营作为一种经营策略时，可能有三种考虑：用特许经营作为渠道策略有效地分销产品；用特许经营作为扩张手段扩大渠道规模；通过特许经营阶段性地获得企业扩张所需要的资本。

这时企业在决策之前，就要以基础业务作为出发点，考虑特许经营的可行性问题，例如：对于该项基础业务的产品而言，特许经营是否是最佳的分销模式？构建和管理特许经营体系的成本有多少，是否会冲蚀基础业务的利润？建立完全的代理分销体系，或完全的直营销售体系的可行性如何？开展特许经营需要使用哪些战略资源，这些资源的机会成本有多大？

2. 战略资源分析

从授权关系上看，特许经营的本质是知识产权的有偿有限授权。这种授权的内涵主要是品牌和商业模式。维持一个特许经营体系正常运行并产生稳定收入的基本条件，是企业必须具有一整套支撑体系运转的内部架构。因此，开展特许经营所需要的战略资源主要包括三个方面：知识产权、商业模式、内部架构。

（1）知识产权。

这是特许经营授权的主要内容，也是开展特许经营必备的基础性要素。一个不具备完整、独立知识产权的企业，根本无法开展特许经营。在实践当中发生的特许经营欺诈现象很大一部分都源于知识产权的缺失，通俗地讲就是特许人“无权可授”。前两章已从授权关系的角度对这个问题进行了非常详细的讨论，这里简单地做一归纳。

1）品牌：一个经过适当培育并不断加以维护的品牌，是吸引潜在受许人的关键。

2）专利：如果企业在基础业务方面拥有有价值的专利，会极大地促进特许经营业务的开展。

3）专有技术：在基础业务方面，如果企业没有区别于其他竞争者的诀窍（know-how），整个体系就很难在市场竞争中立足。

（2）商业模式。

可行性分析中的商业模式不是指特许人企业的商业模式，而是针对体系网点而言的，即所谓的网点运营模式。对于网点运营模式的考察，要考虑以下几个方面：

1）基础业务的可行性：对于一些创新型业务和体系，必须重视基础业务的可行性，要求基础业务必须能够支撑一个独立网点的正常运行。

2）网点模式经过验证：在推广一种商业模式之前，必须首先经过市场的验证，这也是国内立法当中“两店一年”的理由。

3）网点模式的可复制性：一种经过验证的、成功的网点运营模式，并非天然地可复制。例如一些中式餐饮企业在推广中就遇到了这样的瓶颈。

（3）内部架构。

有了独立、完整的知识产权，和经过验证的成功商业模式，只是具备了开展特许经营的必要条件。要保证特许经营业务的可行，企业必须构建出完整的、适合特许经营需要的内部架构，才能保证特许经营体系的健康运行和持续稳定发展。

3. 成本/收益分析

经济分析是商业项目可行性研究中非常重要的一个方面。对于潜在特许人而言，如前所述，首先要明确开展特许经营的目的和战略定位。如果是策略性特许经营，主要考虑构建和维护特许经营所产生的成本、对基础业务利润的冲蚀，以及特许经营收费能够在多大程度上补偿这种冲蚀。如果是战略性特许经营，就必须把特许经营本身当作一项独立的业务进行考察，在基础业务之外，分析特许经营体系的成本与收益，这是本书第四章的主要内容。

第二节　战略决策与商业计划

用战略的思想管理企业，是近百年来随着全世界范围的工业化进程而出现的一种趋势。到了20世纪五六十年代，开始逐渐形成系统的战略管理理论，并陆续出现了许多不同的流派和思想。与此同时，社会上也出现了许多企业战略管理的咨询机构。管理学者、成功的企业家、各种顾问咨询机构都纷纷提出了自己的战略管理理念。企业战略管理成为管理学中最"热闹"的领域。

一、战略管理的基本思想

加拿大管理学者亨利·明茨伯格（Henry Mintzberg）1994年出版了《战略规划的沉浮》一书，对当时的战略规划理论与实践提出了系统的批判。在谈到对战略管理的认识程度时，他说："我们对战略的认识就如同盲人摸象，每个人都紧紧抓住战略的一部分，而对认识不到的其他部分一无所知。"明茨伯格在他的著作中提出了战略管理的5P模型，全方位地概括了战略管理的各个侧面。

（一）什么是企业战略

按照明茨伯格的理论，人们在生产经营活动中不同的场合，以不同的方式赋予企业战略不同的内涵，人们可以根据需要接受多样化的战略定义。在这种观点的基础上，明茨伯格提出企业战略是由五种规范的定义阐述的，即计划（plan）、计策（ploy）、模式（pattern）、定位（position）和观念（perspective），这就是企业战略的5Ps模型。这五个定义从不同角度对企业战略这一概念进行了阐述，如图3 3所示。

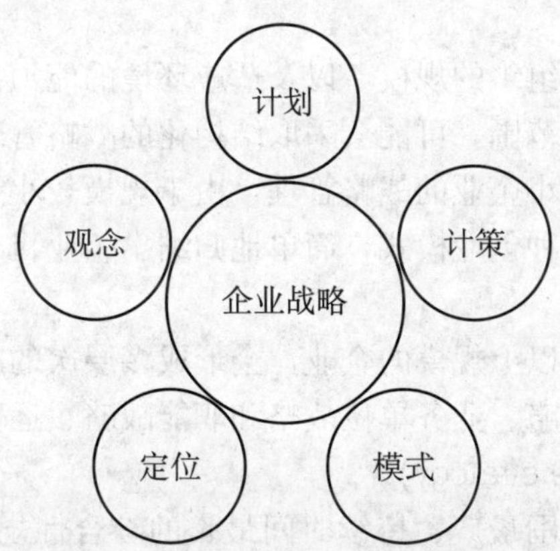

图3-3 明茨伯格对企业战略的定义

1. 战略是一种计划

战略是一种有意识、有预计、有组织的行动程序，是解决一个企业如何从现在的状态达到将来位置的问题。战略为企业提供发展方向和途径，包括一系列处理特定情况的方针政策。因此，战略是在企业发生经营活动之前制定的，一种书面的行动计划。

2. 战略是一种计策

战略不仅仅是行动之前的计划，还可以在特定的环境下成为行动过程中的手段和策略，一种在竞争博弈中威胁和战胜竞争对手的工具。

3. 战略是一种模式

战略可以体现为企业一系列的具体行动和现实结果。无论企业是否事先制定了战略，只要有具体的经营行为，就有事实上的战略。企业行为模式是在历史中形成的，因此，在制定或调整企业战略时就必须了解企业发展史，在选择战略时要充分考虑并尊重企业原有的行为模式。

明茨伯格认为，战略作为计划或模式的两种定义是相互独立的。实践中，计划往往没有实施，而模式却可能在事先并未计划的情况下形成。因此，战略可能是行为的结果，而不是设计的结果。因此，定义为“计划”的战略是设计的战略，而定义为“模式”的战略是已实现的战略，战略实际上是一种从计划向实现流动的结果。

4. 战略是一种定位

战略是一个组织在其所处环境中的位置，对企业而言就是确定自己在市场中的位置。制定战略时应充分考虑到外部环境，尤其是行业竞争结构对企业行为和效益的影响，确定自己在行业中的地位和达到该地位所应采取的各种措施。把战略看成一种定位就是要通过正确地配置企业资源，形成有力的竞争优势。

5. 战略是一种观念

战略表达了企业对客观世界固有的认知方式，体现了企业对环境的价值取向和组织中人们对客观世界固有的看法，进而反映了企业战略决策者的价值观念。因此，战略是主观而不是客观的产物。战略是一种观念的定义，其实质在于，同价值观、文化和理想等精神内容为组织成员所共有一样，战略观念要通过组织成员的期望和行为而形成共享，并在共同一致的基础上采取行动。

（二）企业战略的层级

战略管理的方法取决于组织的规模，以及适应环境的能力。一个大型跨国企业，由于其庞大的规模和宽阔的业务范围，可能会采取结构化的战略管理模式，并且充分考虑各种利益相关者的要求。一个中小企业的战略管理，由于规模较小、业务单一，拥有的资源也较少，因此采用的可能是一种创业模式，简单地归纳出企业目标，以及实现这种目标的路径和手段。

一般而言，在一个中等以上规模的企业，会形成多层次的战略格局。通常将企业的战略划分为三个层次：企业战略、业务单位战略和职能战略、运营战略。

1. 企业战略（corporate strategy）

这是一个企业里覆盖范围最广、持续时间最长的综合性规划。它决定了公司的价值、文化、目标和使命。对于多元化的大型企业而言，在企业战略的层面以下，会包含具体的业务单元和职能单元，它们各自拥有自己的局部战略。

2. 业务单位战略和职能战略（business unit strategy and functional strategy）

在一个多元化企业里，企业层面的总体战略决定开展哪些业务以及多元化的程度与范围。而在企业内部每项具体业务形成相对独立的组织单元，它们要根据所面对的特定市场环境，制定出符合企业战略的业务战略。此外，企业运行过程中，还需要对于一些主要的职能单位制定出相应的战略，如营销战略、研发战略、人力资源战略、财务战略、法律战略、供应链战略、信息管理战略等。

3. 运营战略（operational strategy）

这一概念是根据彼得·德鲁克（Peter Drucker）的目标管理理论提出的。它聚焦于日常的具体经营活动，在预定的业务计划与预算范围之内发挥作用。

从业务的角度来看，任何一个开展特许经营的企业，在业务上都具有一种二元化的特征，在经营其本来的主营业务的同时，也把销售特许权作为企业的另外一项重要业务。正如美国特许经营学者托马斯·迪克所说的那样，“所谓商业模式特许经营，就是指网点本身以及支持网点运营的一揽子服务，作为独立的产品而存在”。

因此，对于一个注重特许经营权销售的企业而言，特许经营本身在整个公司的经营当中占据了相当重要的比重。在这个意义上，特许经营就成为企业战略的一部分。然而，从经济上分析，如果这类企业的收入主要来自向受许人销售产品，那么，特许经营就只是它采用的一种渠道策略，属于一种职能战略（在这里称作策略可能更准确）。毕竟，把制造和贩卖商业概念作为核心业务、完全依靠收取特许经营费和特许权使用费而生存的企业是极少数（目前国内的确存在一批这样的企业），而且，对于这类企业，我们也很难把它们称作是真正的特许经营企业。

二、战略管理的理论与工具

通常认为，完整的战略管理过程包括制定愿景、建立目标体系、制定战略规划、实施战略、评估和调整战略五个环节。具体到制定战略规划的环节，包括三个步骤：

（1）从内部和外部、微观和宏观，进行全面的形势分析、竞争分析和自我评估。

（2）在全方位评估的基础上，制定战略目标，包括短期目标和长期目标。具体表现为愿景（希望中的未来）、使命（赋予自己的社会使命）、企业总体目标（财务上的和战略上的）、战略业务目标（财务上的和战略上的）和战术目标。

（3）这些目标最终表现为基于形势分析而制定的战略规划，并给出实现这些目标的路径。

在短短几十年的发展过程中，战略管理领域出现了众多的流派、思想和模型。这些不同的理论和方法，相互之间有些是互补的，有些则是冲突和矛盾的。下面介绍一些应用较广、影响较大的思想与工具。

（一）基于竞争的战略理论

从20世纪60年代起，战略管理思想的发展大致经历了三个阶段：传统战略理论阶段、竞争战略理论阶段和动态竞争战略理论阶段。目前在国内传播较广、应用较多的是竞争战略理论的一些思想和模型。其中比较典型的几种思想包括：产业组织学派、核心能力学派和战略资源学派。

1. 产业组织学派

产业组织学派的创立者和代表人物是迈克尔·波特。他的贡献在于实现了产业组织理论和企业竞争战略理论的创新性兼容，并把战略制定过程和战略实施过程有机地统一起来。波特认为，构成企业环境的最关键部分就是企业投入竞争的一个或几个行业，产业组织极大地影响着竞争规则以及可供企业选择的竞争战略。产业组织分析是确立竞争战略的基石，理解产业组织是制定战略的起点。为此，波特创造性地建立了五种竞争力量分析模型，他认为一个行业的竞争状态和盈利能力取决于五种基本竞争力量之间的相互作用，即进入威胁、替代威胁、买方议价能力、供应商议价能力和现有竞争对手的竞争，而其中每种竞争力量又受到诸多经济技术因素的影响。在这种指导思想下，波特提出了赢得竞争优势的三种最一般的基本竞争战略：成本领先战略、差异化战略、集中化战略。

2. 核心能力学派

核心能力学派创立于1990年，普拉哈拉德和哈默尔在《哈佛商业评论》上发表了《企业核心能力》一文。其后，越来越多的人开始重视企业核心能力理论的研究。所谓核心能力，就是所有能力中最核心、最根本的部分，它可以通过向外辐射，作用于其他各种能力，影响着其他能力的发挥和效果。一般说来，核心能力具有如下特征：可以使企业进入各种相关市场参与竞争；能够使企业具有一定程度的竞争优势；应当不会轻易地被竞争对手所模仿。核心能力学派认为，现代市场竞争是基于核心能力的竞争。企业能否成功，已经不再取决于企业的产品、市场的结构，而取决于其行为反应能力，即对市场趋势的预测和对变化中的顾客需求的快速反应，因此，企业战略的目标就在于识别和开发竞争对手难以模仿的核心能力。另外，企业要获得和保持持续的竞争优势，就必须在核心能力、核心产品和最终产品三个层面上参与竞争。

3. 战略资源学派

战略资源学派认为，企业战略的主要内容是培育企业独特的战略资源，以及最大限度地优化配置这种战略资源的能力。在企业竞争实践中，每个企业的资源和能力是各不相同的，同一行业中的企业也不一定拥有相同的资源和能力。这样，企业拥有的战略资源和运用这种资源的能力等方面的差异，就成为企业竞争优势的来源。因此，企业战略的选择必须最大限度地有利于培植和发展企业的战略资源，而战略管理的主要工作就是培植和发展企业对自身拥有的战略资源的运用能力，即核心能力。而核心能力的形成需要企业不断地积累所需的各种资源，需要企业不断学习、不断创新、不断超越。只有在核心能力达到一定水平后，企业才能通过一系列整合，形成自己独特的不易被人模仿、替代和占有的战略资源，才能获得和保持持续的竞争优势。

（二）战略分析的常用模型

近几十年来，随着企业战略理论的研究和深入，不同学派的学者以及一些顶级的商业咨询机构，先后提出了许多非常有实用价值的战略分析模型，在社会上广泛传播和应用。

1. SWOT模型

一种广泛流传并被普遍采的战略分析工具是SWOT模型。关于这个工具的起源，说法不一。不同的文献中提到的SWOT模型创始人至少有三种说法：哈佛大学的肯尼思·安德鲁斯（Kenneth R. Andrews）、旧金山大学的海因茨·韦里克（Heinz Weihrich）、斯坦福大学的阿尔伯特·汉弗莱（Albert S. Humphrey），还有人认为是由麦肯锡咨询公司提出的。SWOT模型的思想非常清晰，即分别从组织的内部和外部总结和归纳正反两个方面的因素：优势（strengths）、劣势（weaknesses）、机会（opportunities）、威胁（threats），然后在一个2×2的矩阵中进行对比分析，如图3-4（a）所示。

企业作为一个整体，其竞争优势的来源十分广泛，所以在做优劣势分析时必须从整个价值链的每个环节上，将企业与竞争对手做详细的对比，明确企业在哪个方面具有相对优势，并找出关键要素。衡量一个企业及其产品是否具有竞争优势，必须站在目标用户的角度上，而不是站在企业自身的角度上。

环境状况与趋势分为两大类：一类是环境机会，另一类是环境威胁。环境机会就是对

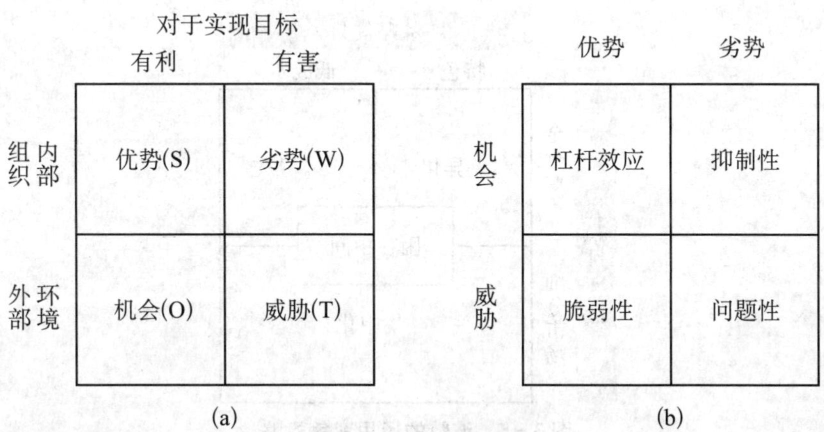

图 3-4 SWOT 模型

公司行为富有吸引力的领域，在这一领域中，该公司将拥有竞争优势。环境威胁指的是环境中一种不利的发展趋势所形成的挑战，如果不采取果断的战略行为，这种不利趋势将威胁到公司的竞争地位。

将 SWOT 模型的四个要素从内外两个方面进行组合，可以得出四种可能的结果，如图 3-4（b）所示：

（1）杠杆效应（优势＋机会）：当内部优势与外部机会相互一致和适应时，企业可以用自身内部优势撬起外部机会，使机会与优势充分结合发挥出来。

（2）抑制性（劣势＋机会）：当环境提供的机会与企业内部资源优势不相适合或不能重合时，企业的优势就得不到发挥。这时企业就需要寻找和追加某种资源，以促进内部资源劣势向优势方面转化，迎合或适应外部机会。

（3）脆弱性（优势＋威胁）：当环境状况对公司优势构成威胁时，优势得不到充分发挥，优势的程度或强度的降低、减少。在这种情形下，企业必须克服威胁，以发挥优势。

（4）问题性（劣势＋威胁）：当内部劣势与外部威胁相遇时，企业就面临着严峻挑战，如果处理不当，可能直接威胁到企业的生存。

在某种意义上，企业战略的制定过程，就是要在这四种可能的情况下寻找最佳的对策。

2. 波特的五力模型和通用竞争战略

五力模型是迈克尔·波特于 20 世纪 80 年代初提出，对企业战略制定产生了全球性的深远影响，用于竞争战略的分析，可以有效分析客户的竞争环境。五种力量的不同组合变化最终影响行业利润潜力的变化。五力模型将大量不同的因素汇集在一个简便的模型中，以此分析一个行业的基本竞争态势。一种可行战略的提出首先应该确认并评价这五种力量，不同力量的特性和重要性因行业和公司的不同而变化。在五力模型的基础上，波特提出了三种通用竞争战略：成本领先战略、差异化战略和集中化战略，如图 3-5 所示。

（1）成本领先战略，是指企业通过有效途径降低成本，使企业的全部成本低于竞争对手的成本，从而获取竞争优势的一种战略。

（2）差异化战略，是指为使企业产品与竞争对手产品有明显的区别，形成与众不同的

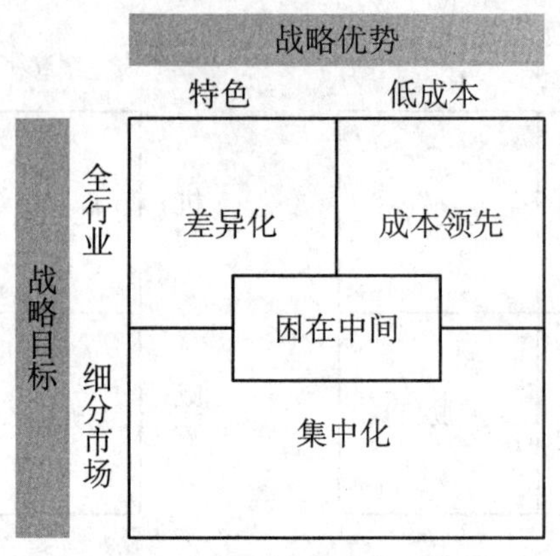

图 3-5　波特的通用竞争战略

特点而采取的一种战略。

（3）集中化战略，也称为聚焦战略，是指企业的经营活动集中于某一特定的顾客群体、产品线的某一部分或某一地域市场上的一种战略。具体来说，集中化战略可以分为产品线集中化战略、顾客集中化战略、区域集中化战略、低占有率集中化战略。

表 3-2 概括了五种力量与三种通用竞争战略之间的对应关系。

表 3-2　　五种力量与通用竞争战略的对应关系

		通用竞争战略		
		成本领先	差异化	集中化
产业组织中的五种力量	直接竞争者	直接的价格竞争	培育品牌忠诚度	确立垄断地位
	上游议价能力	用低价获得的市场规模抑制上游价格	将上游成本转嫁给下游市场	将上游成本转嫁给下游市场
	下游议价能力	可以接受更低的下游市场价格	缩小市场规模，弱化下游议价能力	用垄断价格实现超额利润
	潜在进入者	阻止新的进入者	用差异化产品提高市场进入门槛	用垄断提高市场门槛
	替代品威胁	成本防御	差异化产品有利于降低替代品的威胁	通过集中化建立核心竞争力

三、商业计划

对于一个创业者或创新的企业家来说，提出一个新的商业模式是创新的第一步。这个新的商业模式首先要经过可行性分析的检验，以此来确定创业者的创意具有现实意义。要把一个可行的商业模式投入实际运营，就必须确认外部条件（行业和市场）和内部资源（资本、人力）能够与创业目标（企业的价值主张）相匹配，这就是战略决策的过程。在做出战略决策之后，接下来的任务就是编制企业或项目的商业计划。

(一) 商业计划的含义

所谓商业计划（business plan，BP），是一份由创业者或企业家所撰写的、系统阐述创业项目或现有企业在未来一个时期内经营活动的总体方案。它包含了企业战略目标的描述、企业所处行业的背景和竞争态势、企业所拥有的战略资源与核心能力、企业的主要产品与服务及其价值主张、详细的营销/运营/财务分析、资源（资金）需求、主要风险因素等主要内容。一份精心编制的商业计划主要用于：

(1) 系统而现实地评估项目或企业在市场上取得成功的机会；

(2) 发现和解决项目和企业所面临的主要风险；

(3) 用作指导企业管理者（管理团队）管理活动的战略性指南；

(4) 用作阶段性评估企业运营成果的基准；

(5) 吸引和说服外部资本的主要工具。

现实当中，很多初创企业并不注重商业计划。只有当出现资本需求时，才会根据意向投资人的要求组织编写商业计划。实际上，商业计划对于企业内部的意义，并不亚于其对于投资人的意义。企业管理者客观冷静地编写商业计划的过程，实际上是对企业战略方向、战略资源、风险因素、竞争态势、市场定位、营销和运营、财务状况等一系列重大问题的系统反思。因此，尽管商业计划的主要目标是促使投资人做出投资决策，但正如“商业计划”这个名称所表达的那样，它的确是指导企业经营决策和运营管理的纲领性文件。

(二) 商业计划的评价标准：外部人视角

商业计划之所以重要，关键在于它不同于企业内部的其他管理文档，不仅要全面而准确地概括创业者和企业的主观思想，更要经受来自意向投资人和其他利益相关者的严苛审视。商业计划的编写者不仅要考虑如何有效地陈述自己的理念，更要考虑自己的理念能否被市场（尤其是资本市场）所接受。因此，对于一份商业计划的评价依据应该是外部人视角而非自我评价。

通常，一位意向投资人在审查一份商业计划并据此做出投资决策时，要对投资目标进行三重检验。

1. 现实性检验（reality test）

现实性包括内外两个方面：外部的现实性是指企业所描述的目标市场是否存在、市场规模和趋势如何、消费者的真实需求和消费意愿等；内部现实性是指企业的产品和服务能否真实体现其核心价值主张，能否按照计划控制生产和经营活动的成本，企业现有的人力、资本、技术、供应链及其他战略资源能否支撑稳定有序的生产和运营活动等。

2. 竞争性检验（competitive text）

竞争性体现在外部时，主要表现在外部的市场结构和竞争强度、企业自身的市场定位和目标市场、企业所面临的机会与威胁；决定竞争性的内部因素包括企业的核心竞争力（即相对于主要竞争对手的优势）、企业的成本结构、营销能力，尤其是管理团队的经验、能力和过往业绩。

3. 价值检验（value text）

对于一个创业项目或现有企业的评价，意向投资人与创业者和企业家本人最大的分歧往往体现在对企业价值的评估。由于创业者和企业家在项目或企业中投入资本或资源的同时，还注入了大量的创业激情和自我实现需求，因此，他们在评价自己的项目或企业时会过多地关注那些无形的社会性、心理性价值；而来自外部的投资人则更关注企业的投资回报和风险。

有经验的投资人在审阅商业计划时，往往会忽略那些乐观和充满激情的言辞，而去着意寻找和发现商业计划中隐藏的瑕疵和漏洞。对于这种苛刻的审查方法，创业者应当把它视作是客观冷静的提醒，而非吹毛求疵的刁难。表 3－3 中列出了投资界所归纳的商业计划中的五种危险信号。

表 3－3　　商业计划中的五种危险信号

危险信号	说明
创始人追求自有资本的安全	如果创业者不愿意拿自己的钱冒险，谁会把资金投给他
文本中的关键信息、数据缺乏支撑	一份自说自话、缺乏坚实基础的商业计划书，就如同空中楼阁一般
把目标市场定义得过于宽泛	最常见的例子是“全国（全球）人口的百分之多少”，这说明企业对真正的目标市场缺乏了解，或缺乏获得目标市场的有效措施
财务上过于激进	一份商业计划通常应包含“乐观”“保守”“常态”等情景分析，如果财务预测部分过于乐观而缺乏有效论证，就会失去可信度
任何方面的不严谨	文件装订、文本格式、目录标题、字体字号乃至错别字等任何细小的瑕疵都可能毁掉意向投资人的信任

除此之外，投资界还流行一种被称作“信贷 5Cs”的项目评价标准：

（1）资本（capital）：融资企业自身必须具备一个稳定、健康的资本基础，融资的目的不能是“借鸡生蛋”。许多审慎的商业计划会辟出专门的篇幅陈述没有外部投资的条件下企业的运营状况。

（2）容量（capacity）：企业的经营活动必须能够实现稳定、可靠、可预期的现金流，以及企业如何度过创业初期的投入期（现金流从负转正）。

（3）抵押（collateral）：融资人的抵押担保条件，是投资人能否投资的一个关键性因素，一个完全没有任何担保或抵押的融资人很难获得投资。

（4）人物（character）：融资人的个人特征，如诚实、坚定、审慎、富有激情、商业经验、管理能力、人脉关系等。

（5）条件（conditions）：融资人愿意为融资所付出的代价，如借贷利息、股权比例、退出安排等。

（三）商业计划的内容

市面上和网络里有大量的商业计划模板，稍加检索就能找到一份可资参考的文本依据。但创业者在编制商业计划时，首先应当关注的不是商业计划的格式（这并不意味着格式不重要），而是商业计划的灵魂，这种灵魂体现在文本上就是以适当的方式陈述的若干必备要素。投资界有一种“电梯 60 秒”的说法，用来表达融资人应精心组织关键性内容，以在 1 分钟内吸引和打动意向投资人，还用一个专门的术语“电梯演讲”（pitch/elevator speech）来描述这种交流。当然，这是一种形象的比喻，任何一个投资人都不可能在1分钟内做出审慎的投资决策，但这一比喻的确说明了商业计划的灵魂所在。

1. 商业计划的必备要素

（1）企业及产品和服务的描述：商业计划必须首先回答你的企业是做什么的。

（2）解决什么问题：企业商业模式中的价值主张，即你的产品和服务满足哪些顾客的什么需求。

（3）解决上一个问题的方案：你的产品和服务与竞争者的差异和优势所在。

（4）商业模式：对企业的价值主张、顾客、合作伙伴、成本和收益的系统阐述。

（5）核心竞争力：企业的市场定位、竞争策略、核心资源。

2. 商业计划的构成

一般来说，一份完整型商业计划通常要包括以下部分：

（1）封面和目录：一份美观得体的封面和详略得当的目录，是留给读者的第一印象。

（2）概要：对本商业计划的主要前提和结论进行概括性叙述，要注意突出重点。

（3）企业或项目的基本情况：本企业或本项目的发起过程及现状。

（4）产品与服务：具体说明企业的主要产品，要能够充分体现本企业独特的价值主张。

（5）行业背景分析：用比较规范的方式阐述整个行业的情况，包括行业生命周期和市场容量。

（6）目标顾客需求分析：重点说明企业对细分市场的选择和目标顾客的真实需求。

（7）竞争态势与竞争策略：重点说明主要竞争力量的来源和企业的应对策略。

（8）市场营销方案：未来一个时期内企业的市场营销战略和实施计划。

（9）运营方案：企业运营管理和生产经营方面的详细计划。

（10）财务回顾与预测：历史财务数据和预测财务报表以及相应的分析说明，重点要说明未来一个时期内的资本需求和资本预算方案，以及预期的投资回报结果。

（11）主要风险因素及应对。

（四）商业计划的类型

书面的商业计划可以根据企业的需要和面对的具体情况来采取不同的详略程度。按照篇幅和详略程度，可以把商业计划书分为三种：

1. 概要型商业计划（summary BP）

篇幅为10～20页，适合用于初创企业在早期面对投资人时用来检验外部专业人士对创业理念的态度。

2. 完整型商业计划（full BP）

篇幅在30～40页，适用于企业面对真实融资需求时与意向投资人的沟通和交流，也用作企业内部运营和发展的“蓝图”。

3. 运营型商业计划（operational BP）

篇幅不少于50页，往往会达到100页以上，更多地用作企业内部运营和管理的操作性计划。

第三节　特许人的角色认知

在不同的特许经营体系当中，主要产品和服务不同、网点投资规模和类型不同、特许人的战略选择和管理风格不同，这些差异都会体现在特许经营体系的商业特征与财务关系上。在传统特许经营当中，特许人聚焦在向受许人销售其产品（和附属产品与服务）方面，因此产品和服务的价格、销售数量以及支付方式就成为管理的重心。如果产品价格非常昂贵（如汽车），特许人往往就会提供消费者信贷服务。如果产品寿命周期中要求持续的服务和零配件更换，特许人就会在零配件供应方面投入较大精力。

商业模式特许经营当中，知识产权的授权在交易占有较大比重，因此特许人通常会参照授权业的模式，在向受许人授权之初收取一定金额的初始费用，也称作特许经营费。这种初始费用可能是一揽子的，也可能拆分成特许经营费（国内经常称作加盟费）、培训费、选址服务费、店铺设计和装置费等。按照授权业的通行模式，特许人还会在整个合同期内定期收取持续费用，这种费用经常是按照授权网点的销售额或利润的一定百分比收取，但也可能是按照销售量、业务量、交易量收取，还有少数特许人可能会按照固定金额收取。商业模式特许经营关系中，往往还会要求受许人按照一定的比例缴纳广告费，并承担一定的当地营销义务。许多特许人还会向受许人提供经营场所租赁、融资等服务，并从中获取经济利益。

一、特许人在体系中的角色

（一）特许人作为产品和服务供应商

在特许经营当中，尤其是商业模式特许经营当中，特许人首先是无形资产和服务的供应商。特许经营权本身就是一揽子的知识产权，包括品牌（商标和商号）、经验证的网点运营模式（商业秘密）、网点运营管理的知识和经验（经营诀窍）等。在运营过程当中，特许人要承担整个体系的品牌维护和营销管理责任，通过向受许人征收广告费建立营销基金，策划和实施整体营销方案，开展市场调查，维护公共关系，甚至要向受许人提供（往往是有偿）POS宣传物料，以保证体系整体形象的统一。运营当中特许人的另一个角色是研发和创新，通过持续地收集来自各网点的消费者反馈、跟踪社会趋势变化和技术发展动态，不断地设计和推广新产品、新服务以及新的经营管理方法和手段，经验证后向整个体系推广。

特许人的另一个相对“传统”的角色是有形产品的供应商。特许人向受许人销售的有形产品既可以是关键性生产设备和消耗品，也有可能是中间产品、半成品甚至是最终产品。许多特许人往往会在特许经营合同中，对受许人的采购活动做出严格限制，规定其必须向自己，或者自己指定的第三方供应商采购设备和物料。特许人对受许人的这种采购限制，有着正当的理由，即通过控制设备、原料、消耗品、中间品的来源，确保特许经营网点所提供的最终产品和服务的品质符合体系的统一标准，从而实现整个体系内顾客体验的一致性，维护品牌形象。因此，即使是商业模式特许经营体系，设备、物料和中间品甚至包括营销材料的销售，也会成为特许人的重要利润来源。

此外，许多特许人还会向受许人提供包括财务、营销、人力资源、培训等各种商业服务。这种商业服务的集中采购和统一分配，特许人既可以按照成本价提供，作为体系建设与维护的投入，也可能从中获得显著的商业利润。受许人一方对此应当有清醒的认识。

（二）特许人作为要素提供者

在西方国家，许多特许人，尤其是那些规模较大、体系成熟度较高的特许人，往往会向受许人提供信贷服务，称为加盟者的资本提供者。他们或者直接向受许人提供开店融资服务，或者是协助安排第三方融资服务。特许人为受许人提供信贷服务的方式可能是开店贷款、设备租赁、回购承诺，也可能是为受许人向第三方贷款提供有限担保。特许人提供这种融资服务的代价可能是贷款利息、融资服务费，也有可能要求收购网点资产的期权或其他优先权力。从经济动机上看，为受许人提供融资的特许人，看重的并不是受许人为体系扩张所提供的资本，而是授权网点比直营网点更高的经济效率。

某些特许经营体系中，特许人还有可能成为授权网点经营场所的提供者，向受许人出租或转租经营场所。一般来讲，只有高度成熟和资本充裕的特许人企业才能采取这种模式。例如深受各地购物中心欢迎的知名餐饮品牌，往往会在总部层面与商业地产运营者展开合作，批量收购或租赁合适的店址，再向本体系的新受许人租赁或转租。根据麦当劳公司披露的数据，截至 2016 年，该公司拥有全球 14 763 个餐厅经营场所的使用权。2016 年，该公司从全球所有授权餐厅获得的总收入是 93.27 亿美元，其中特许经营初始费用是 8 940 万美元，特许权使用费是 31.30 亿美元，租金收入则高达 61.07 亿美元，占全部特许经营收入的 65.5%。尽管在特许经营行业中，这种情况不具有普遍性，但特许人通过向受许人出租场地，的确成为特许人获取收益的主要来源之一。

二、特许人的战略利益

在第一章里，我们讨论了特许经营作为纵向管理机制的意义。特许人之所以开展特许经营，或者采取直营与授权相结合的双重分销模式，实际上是对渠道利润、资本要求和管理成本三个要素进行权衡的结果（见图 1-9）。因此，对于特许人而言，开展特许经营的战略利益就体现在三个方面：一是通过当地受许人获得更广泛地域的市场空间；二是以特许经营收费的形式获得渠道建设资本，这也是所谓特许经营的“类金融”属性的根源；三是通过向受许人出让渠道所有权，换取受许人作为渠道商的积极性，消除直营渠道带来的管理成本和低效率。综合起来如图 3-6 所示。

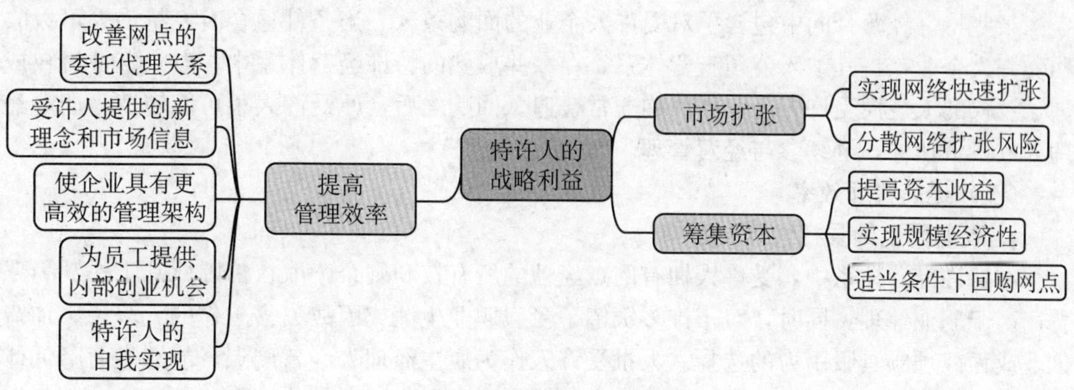

图 3-6 特许人的战略利益

（一）市场扩张

1. 实现网络快速扩张

特许经营可以使企业在相对较短的时间里建立起大量的商业网点。网点的投资、选址、装备在很大程度上由受许人提供。因此，在那些资本密集型网点的行业里，如餐饮、住宿、汽车销售与服务等，特许经营方式都非常普及。在特许经营关系中，把受许人当作重要的资本来源是一个显著特征，这就是特许经营的“类金融”属性。特许经营吸收了分散在社会上的大量小额资本，鼓励大众参与投资创业，因此回避了特许人自有资本和管理能力不足的缺陷，快速地渗透到广大的市场空间，实现分销规模和品牌知名度的快速提高。

2. 分散网络扩张风险

受许人用自有资本或借贷资金建立起特许经营网点的经营场地、装置设备、初始库存以及运营资本。受许人为获得授权所支付的初始费用在一定程度上弥补了特许人的体系扩张成本，如招商、选址、培训等；受许人缴纳的持续性费用，可以部分抵消日常运营中对受许人提供的支持和服务所需开支；由受许人缴纳的广告费建立起来的体系广告基金，则成为特许人品牌推广的主要资金来源。特许经营收费的机制设计，可以使特许人在一定程度上抹平各网点销售收入的波动，个别授权网点的倒闭对特许人造成的影响要远远小于直营网点倒闭。

（二）筹集资本

1. 提高资本收益

由于网点建设和运营资本主要由受许人承担，因此同样规模的网络，采取特许经营或双重分销的体系，其固定成本需求要远远小于全直营体系。因此，尽管特许人从授权网点获得的收入（特许经营收费和产品销售利润）明显低于直营网点，但资本投资比直营体系低得多，因此能够实现更高的投资回报率。

2. 实现规模经济性

由于特许经营合同中通常包含了对授权网点的采购限制条款，因此，特许人可以采用合法强制手段垄断所有授权网点的设备、原料、消耗品、供应品、营销支出和一系列商业服务的供给，从而实现相当于全直营体系的规模经济性。

3. 适当条件下回购网点

某些特许经营合同中包含了对受许人企业的回购条款。当条件适合时，特许人可以收购受许人企业，将其纳入公司直营体系。在一些成熟的特许经营体系中，对于区域授权或国家授权的大规模受许人企业的回购非常普遍。回购之后，原受许人很可能转变为职业经理人或投资伙伴，继续参与经营管理。

（三）提高管理效率

1. 改善网点的委托代理关系

在特许经营体系中，受许人拥有网点经营的所有权和剩余索取权，因此其工作动力要普遍高于职业经理。同时，对于许多厌倦了受雇职业生涯或因故失去工作的人来说，加盟创业成为一项颇具吸引力的选择。大批受许人作为店主经理人经营网点，能够显著降低体系的人力成本，实现运营上的经济性。由于受许人承担了网点的建设和运营成本，其运营效率比直营网点更高，因此能够渗透到更多、更细小的市场区域，从而实现更宽广的市场覆盖。

2. 受许人提供创新理念和市场信息

授权网点的店主作为所有者，往往具有更强烈的创新动力，会更积极地采集市场信息和顾客反馈。受到良好激励的受许人，能够成为产品、服务和运营方法等方面的重要创新来源。只要特许人能够建立起良好的管理机制，就能够充分调动起广大受许人的积极性，增强整个体系的创新能力。

3. 使企业具有更高效的管理架构

特许人是整个体系的管理者和服务提供者，其主要职能是为受许人提供服务。因此，在同等规模的体系当中，采用特许经营方式的管理者能够大大减少在人员管理上所花费的时间，从而能够集中更多的精力从事长期的战略规划。特许人企业的管理层级更少、结构更简单，因此运营效率明显优于全直营体系的总部。由于特许人的收入是基于授权网点的销售额计算的，因此更容易评估和监控网点的盈利能力。

4. 为员工提供内部创业机会

许多特许人企业积极鼓励员工内部创业，为优秀员工提供了另一种上升通道，从而在一定程度上避免了人才流失。由于内部员工对于体系的精髓领会更加深入，因此一旦成为受许人，往往具有更高的服从性和配合程度，生产力也更高。许多特许人企业为员工内部创业提供各种支持，如减免加盟费、提供额外的融资支持等。

5. 特许人的自我实现

除了上述资本和管理层面的优势以外，许多成功的特许经营体系的创建者，普遍感受到由于帮助众多受许人取得商业成功而带来的精神满足感。

第四节　特许经营决策的步骤与实施

基于以上对可行性分析、企业战略，以及开展特许经营的战略意义的讨论，我们可以总结出特许经营决策的一般规律和过程。对于特许人企业而言，特许经营首先是一种渠道扩张的战略性手段，同时具有知识产权授权的典型特征，因此，对于是否需要开展特许经营、如何开展特许经营的决策，主要从这两个维度展开。

一、扩张决策

（一）扩张意愿

一个企业，从单一网点经营或者拥有少数直营网点转向大规模的特许经营，是一项重大的战略转型。这项决策的第一步是用科学的思路判断：是否要扩张？以何种方式扩张？实际上，有很多创业者在个性和素质上并不适合管理多个网点组成的渠道网络；有些人主观上更愿意管理单一企业或少数分支机构，从内部扩展经营规模。

（二）扩张方式

在确定了以商业模式复制的方法进行扩张之后，仍然有很多人倾向于以自有资本或自筹资本的方式建立新的网点。这时，创业者可选择的手段有建立全直营连锁或合资。建立全直营连锁的扩张速度很慢，并且会存在管理能力上的限制；多个网点的合资会导致整个体系的产权关系变得复杂。

（三）替代方案

对于有意开展特许经营的企业，在决策环节最重要的一点是：一定要认识到，特许经营仅仅是所有扩张手段中的一种，而且对于某些具体情况未必是最好的一种，要破除对特许经营的迷信心理。同时还应该明白一点，不同企业在不同条件下所采取的特许经营关系千差万别，从简单的商标授权到长期的深度管理和支持，有无数种具体的策略组合（参阅本书第二章第四节）。特许经营作为渠道扩张策略，其常见的替代方案有如下几种。

1. 全直营连锁

也称纵向一体化连锁，上游企业采取直营渠道，可以避免所谓的双重边际化现象（参阅本书第一章第三节），可以使渠道利润最大化。缺点是与网点经理人之间存在典型的委托代理困境。很多大型零售企业采取全直营连锁方式。

2. 合资渠道

与当地的投资人建立合资企业（有限责任或合伙制）。由于这些投资人拥有合资企业的权益，因此在参与网点经营管理方面更加积极和主动，可以避免直营网点经理人的低效率。缺点是当合资网点较多时，会使总部企业的产权关系和法律结构过于复杂而难于管理。这种方式在连锁酒店和汽车经销方面应用得比较多。

3. 独立经销商

对于许多低成本、低价格、服务因素较弱的消费类产品，更适合通过非排他性的独立经销商进行分销。对于这种类型的生产企业，采取密集型渠道策略往往是最佳选项。这种方式不适合无形的服务产品的分销。

4. 渠道合作社

在某些特定行业，上游生产商与多个零售商共同建立起零售合作社（retailer cooperatives）展开合作，并向这种合作社授予商标或权利的有限使用权。这种方式与最先在日本出现的自由连锁相似，都是由零售商为获得规模经济性而自主发起，然后与供应商洽谈并签约。

5. 电子商务

依托互联网，加入现有电商平台或建立自主运营的电商平台。这种方式的优点是：能够通过电商平台与顾客建立起直接的互动关系，更加有效地获得市场反馈信息；从采购、生产到运营、分销，实现全供应链的信息集成；能够适应市场和顾客群体的快速扩张。

总之，上游企业在选择渠道策略时，有多种可供选择的选项，完全可以根据自己的产品特点、市场条件、经营理念等多个因素，进行全方位综合评价，也可以将多种渠道方式组合使用。

二、商业授权决策

（一）合理的商业概念

判断特许经营决策是否可行，首先是检验其商业概念是否合理，是否适合采用特许经营的方式进行扩张。最重要的是，对于商业概念的评价应该依据市场条件，而非企业家自己的主观意愿。一项商业概念是否合理，要看其价值主张能否得到市场的认可，市场需求的潜力是否大到足以支撑一个庞大的分销体系。这一点是很多以特许人身份进行创业的创业者最终陷入失败的原因所在。实践反复证明，市场上有许多所谓的创新产品都是昙花一现，那些以过度营销的方式进入市场的产品尤其如此。如果以这样的商业概念开展特许经营，初期扩张越快，企业的包袱就越重，甚至会陷入连锁的法律诉讼。

判断商业概念合理性的另一个标准是新颖和独特。一项缺乏特色的产品和服务，如果无法吸引消费者的关注，无法创造出有效需求，自然也就不可能吸引受许人投资加盟。一个优秀的商业概念，至少要在以下要素中的一项或几项当中，具有足以吸引消费者的独到之处：运营系统、产品或服务、交付系统、商标和商业外观、营销手段。

（二）原型验证

原型验证（prototype test）是正式开展特许经营之前最关键的环节。这个环节的核心是，用直营店模拟未来加盟店的运营，全面检验网点商业模式的经营可行性与财务可行性。我国《商业特许经营管理条例》第七条规定，特许人从事特许经营活动应当拥有至少2个直营店，并且经营时间超过1年。这种对特许人主体资格的限制俗称为“两店一年”，其意义就在于验证特许人所提供的网点运营模式的可行性。

许多特许人在建立和运营直营网点时，往往更多的是从营销的角度出发，强调直营店的品牌和宣传效应，而忽视了其验证商业模式的作用。甚至一些直营店长期亏损，完全靠总部补贴维持运营。这样做，不仅失去了其验证作用，而且很容易陷入特许经营欺诈。

通常在原型验证过程中，至少要包括以下要素的可行性检验：

（1）店铺外观、招牌和内部装饰的设计；

（2）产品和服务；

（3）顾客的反应与满意度；

（4）生产和服务的设备与设施；

（5）员工培训方案；

（6）广告与营销；

（7）岗位分工和职责描述；

（8）工作载荷与员工数量；

（9）员工的素质和技能；

（10）员工的工资福利；

（11）运营成本和利润。

（三）财务指标

一般而言，由于受许人直接投资于网点资产，并且拥有网点经营的剩余所有权，因此具有比直营店的职业经理更强烈的努力动机。由此可以合理地预期授权网点的经营效率会优于直营店。但受许人无法改变网点的商业模式，因此，一个特许经营体系能否成功建立并健康发展，从根本上取决于网点的平均投资回报。特许人在验证网点商业模式时，就不仅仅是保证典型网点的现金流和毛利率，还必须确保未来的受许人能够获得合理的投资收益。

三、特许经营决策的实施

（一）商业计划

如前所述，商业计划是系统阐述创业项目或现有企业在未来一个时期内经营活动的总体方案。特许经营作为企业战略层面的决策，就需要专门制订相应的商业计划，作为企业开展特许经营的纲领性文件。需要注意的是，特许经营的商业计划不同于原有产品和服务的商业计划。企业一旦进入特许经营领域，其产品就从初始的产品和服务转化为特许经营权，或者说特许经营网点。人们常说，麦当劳店的产品是薯条和汉堡，而麦当劳公司的产品是麦当劳店。因此在编制特许经营的商业计划时，无论是市场条件、竞争分析，还是人力资源、财务资源的配置，都要服从于招募和管理受许人这样一个新的战略目标。

（二）资本和人力需求

尽管早期的特许经营具有显著的“类金融”属性，即特许人以授权的方式换取众多受许人对渠道网点的投资，而开展特许经营本身，仍然要求企业具备相应的财务资源和人力资源。许多采用特许经营模式的企业，都会设立专门的招商部和渠道管理部；还有些高度依赖授权获取经营收益的特许人，甚至采取全员招商的管理架构，这意味着企业把全部战略资源都配置在特许经营方向上。关于开展特许经营的资本要求，将在下一章关于特许经营投资的内容里详细讨论。

（三）管理能力与架构设计

一旦企业把特许经营作为发展战略，就要求企业针对特许经营业务的特殊性，建立起相应的管理体系和企业架构。通常来讲，特许经营企业对于管理能力和架构设计方面提出的特殊要求体现在以下方面：

（1）特许权销售（招商）；

（2）受许人培训；

（3）网点选址和建设；

（4）开店辅助；

（5）监管合规；

（6）受许人监控；

（7）受许人服务；

（8）冲突的防范与解决；

（9）体系营销和广告；

（10）技术支持。

本书第十章将进一步探讨特许人企业的管理架构和管理策略问题。

本章案例

挫折与成长——达美乐比萨的特许经营之路

1960 年年底，莫纳汉兄弟支付了 500 美元现金并承担了 8 000 美元债务，购买了位于密歇根州的一家小型比萨店，创建了达美乐。到1965年，达美乐拥有3家直营店。这时，莫纳汉意识到通过直营方式扩张的潜力是有限的，单纯经营比萨业务，最多只能带来常规的收入。受到麦当劳通过特许经营成功上市的激励，莫纳汉决定从餐饮服务转向具有更大扩展空间的特许经营行业。1967年，莫纳汉首次售出了三份特许经营权，将现有的直营网点卖给受许人，这些受许人都是达美乐原来的内部员工。这样就回避了选址、改造、设备、供应和培训等难题。然而，这种方法显然不适合大规模扩张。在此后的特许权销售中，达美乐承担了选址、租赁、改造和装备以及受许人培训的责任。达美乐承诺，一旦网点开业就向店主提供生产和包装比萨饼的所有供应品、提供广告、帮助记录所有财务数据。达美乐为此收取4 475美元的特许经营费，每月收取销售额2.5%的特许权使用费和2%的广告费、1%的记账费，此外从设备和供应品销售中获取利润。达美乐打算一方面继续开设公司直营店，同时向网点受许人销售特许权，并发展少量区域受许人，授予他们在指定区域发展达美乐店铺的排他性权利。

1969年年初，莫纳汉发起了一轮把达美乐建成"比萨行业的麦当劳"的宏大战役。上半年，公司每周都开出一家新店，到了6月底已经开出了22家店。莫纳汉充满信心地预期"到圣诞季到来之前，将达到100家店"。实际上，当圣诞节到来时，达美乐只开出了44家店，同时背上了难以承受的150万美元的债务。而这一年，公司的营业额只有400万美元，并且网点的平均销售额比上一年下降了45%。此后的三年里，公司一直在破产的边缘挣扎。

尽管莫纳汉意识到自己进入了一个新的商业领域，受许人构成了新的市场，然而他没有认识到建立一种新的组织和流程的必要性。他犯下了很多商业模式特许人都会犯的致命错误，陷入了过度扩张的陷阱。他向受许人承诺过多的服务，而没能建立起提供他所承诺服务所需要的内部架构。与许多新特许人一样，他没有完全认识到他所从事的全新的业务对他提出了完全不同的要求，不能用生产比萨的方式生产比萨店。他以一种粗放的模式从事特许经营，他的特许经营合同中，条款各不相同，店铺选址没有经过任何严肃的市场调查和科学量化的统计分析。不规范的培训体系，使得受许人们误以为经过几周非正式的指导就可以展开经营。特许经营企业要想获得成功，必须能够以相对较低的成本、规模化地为受许人提供标准的服务。这就要求其组织结构能够以规模经济和范围经济的方式，提供统一的服务产品。当时的达美乐一直没有发展起这套体系，公司直到濒临破产，才意识到要改组其特许经营生产体系。

1972年，达美乐恢复了稳定，莫纳汉着手建立规模化提供特许经营服务的内部架构。此后，他专注于三个领域：培训、网点标准化与供给，这些领域的标准化过程持续了几乎整个20世纪70年代。1979年达美乐重新开始大规模扩张，这次努力获得了巨大成功。1979至1985年期间，达美乐开设了超过3 500家网点。这一次公司在极大扩展了的客户群体方面没有出现严重问题。公司开设、装备和供应这些店铺以及招募与培训受许人的能力得到了验证。其成功的秘诀在于，20世纪70年代后期公司建立起一套合理而完整的内部架构，从而可以高效率地制造出特许经营行业的特殊产品，即作为特许经营网点的比萨店。

资料来源：THOMAS S. DICKE. Franchising in America：the development of a business method，1840－1980. Chapel Hill：The University of North Caroline Press，1992.

复习与思考

1. 你认为一家企业是否能够完全依赖特许经营获得的收入而生存和发展？即在满足“两店一年”的法律规定前提下，完全依靠销售特许经营权，而放弃公司直营店铺的经营。哪种行业出现这种模式的可能性最大？这种模式的利益和风险各是什么？

2. 很多商业模式特许人在收取特许经营费和特许权使用费的同时，也通过向受许人销售设备、原料配料、包装用品等有形产品，获得相应的收入和利润。你认为这种方式对特许人和受许人各自意味着什么？对双方各有什么利弊？

3. 仔细研究本章案例，从中归纳出你对特许经营可行性的理解。尝试运用本章介绍的某个战略管理的理论或分析工具，对这个案例进行深入研究。

第四章　特许经营投融资

【知识结构】

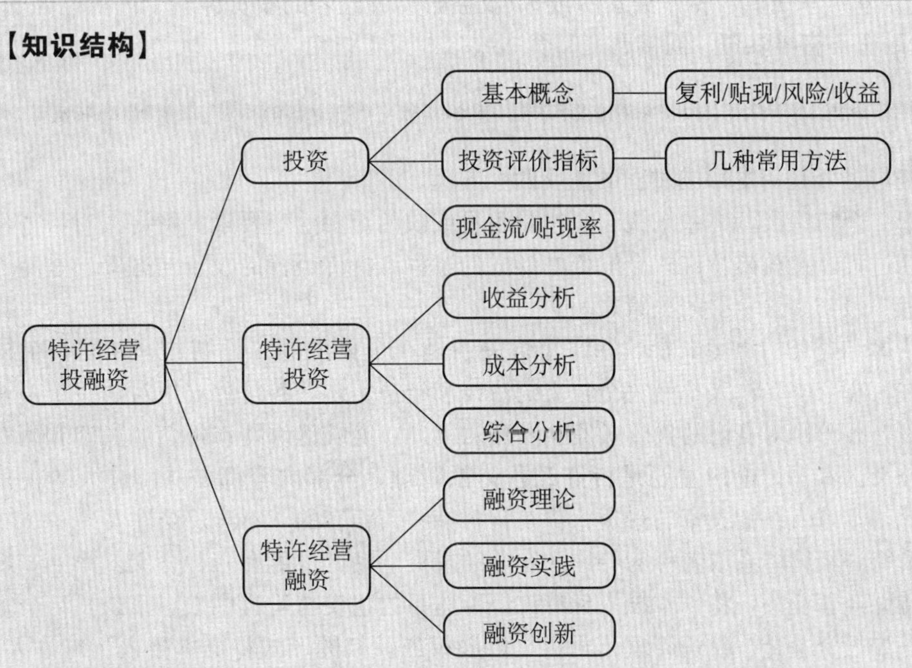

【本章要点】

- 投资活动的本质是将资源在当前与未来之间进行分配，即所谓跨期选择。
- 投资分析的要素是对当前投入与未来收益进行比较，分析获得收益的风险。
- 复利与贴现是货币时间价值的两种体现，二者原理相同、方向相反。
- 投资风险是指获得未来收益的不确定性。
- 常用的投资评价指标有：平均收益率、投资回收期、净现值、内部收益率。
- 特许经营的直接收益等于初始收益与持续收益贴现值之和。
- 特许经营的投入包括体系建设和体系维护两大部分。
- 特许经营活动的投资评价取决于企业开展特许经营的目标。

【学习目标】

通过本章的学习，建立清晰的投资与投资分析概念，深刻领会复利与贴现的意义及二者的关系，熟悉常用的投资评价方法，了解现金流量的预测和贴现率的含义，掌握特许经营活动的投入与产出要素，理解特许经营活动投资评价的精神，了解企业融资的原理、类别和渠道。

【学习建议】

阅读一些金融和投资方面的普及读物，进一步掌握投融资常识。

【关键词】

投资 投资分析 货币的时间价值 复利 贴现 风险 平均收益率 回收期 内部收益率 净现值 特许经营的成本/收益 特许经营的投资评价 内源性融资 外源性融资 直接融资 间接融资 资本成本 资本结构 税盾

投资与融资是资本形成过程的正反两个方面。

对于一个特许经营体系来说，资本是不可或缺的重要生产要素。特许人对特许经营体系投资的过程，也就是特许人企业资本形成的过程。特许经营的投资与融资，是特许经营体系管理中最初和最重要的决策之一。

从法律和财务的角度来看，特许经营关系是一个典型的二元结构。在同一个体系内部，特许人和众多受许人都是完全独立的法律和经济实体，各自独立地对同一个商业项目进行投资，并分别对自己的投资负完全责任。因此，笼统地讲特许经营的投资和融资，就会产生歧义。本书讨论的主题是特许经营体系管理，全部内容都是从特许人的视角展开的。因此，本章所讲的投资与融资，都是针对特许人而言的，不涉及受许人。

涉及特许经营体系或者称为特许人企业的投资活动，可能有三种含义：第一，特许人为开展特许经营业务，将资本投入到特许经营体系的建设与运营中去；第二，社会上的投资机构，如投资基金、投资管理公司等，以股权或债权的形式将资本投入到特许人企业，分享特许经营带来的收益；第三，特许人企业为提高资金使用效率，将手中的闲置资金投资于某种金融资产或特许经营以外的实体资产，也可能被笼统地说成是特许经营投资。显然，从投资主体和投资对象来看，这三种含义之间有着本质上的区别。本书将特许经营投资限定在第一种意义上，即特许人将资本投入到特许经营体系中。而特许人筹集这些资本的过程，就是特许经营融资。

本章共分四个部分：先简单地归纳和梳理一组投融资方面的基本概念与术语，介绍最基本的价值理念，如时间与利息、风险与收益；然后介绍商业上开展投资分析与评价的一般性方法，包括平均收益率、投资回收期、净现值和内部收益率等；再详细讨论特许经营的投资活动；最后讨论特许经营企业的融资活动。

第一节 投资分析的概念

“投资”是一个多义词，在微观经济学、宏观经济学、金融学、投资学、会计学等不同的领域，都有着不同的含义。在日常生活中，经常会把投资的概念与投机混淆。同样，资产、资本、资金等概念，也存在着一定程度的误用和误解。下面，先厘清和界定与投融资相关的一些术语，再介绍两组有关商业价值的基本概念：复利与贴现、风险与收益。

一、术语辨析

投资（invest，investment），从字面上看，就是指投入资金的行为，或者指已经投入的资金，前者是一个动作，后者是一笔资金。我们这里考察的是作为一种商业行为的投资活动。如前所述，投资在不同的学科和领域有着不同的含义，了解这些含义，对深刻而全面地理解投资活动的本质有很大帮助。

无论是个人还是企业，把原本可以用来消费的资金投入到各种形态的资产上，其共同的本质就是：放弃当前的利益，以期获得未来的利益，而且往往是希望获得未来更大的利益。理论上把这种现象称为跨期选择（intertemporal choice），即通过把资金在当前和未来之间进行分配，实现效用或收益的最大化。放弃当前消费，而用资金去购买不能直接用于消费的各种资产，这就是经济学上的投资概念。

我们在日常生活中口头上说的投资，更接近于金融学或投资学上的投资概念，即投资于股票、债券等金融资产或其他形态的广义资产，如不动产投资。这种投资活动的目的，是获得持有该项资产期间以及最终卖出该项资产所产生的收益。此外，在会计学上，对投资有更加严格的界定，这里不详细介绍。

与投资相关的另一个概念是投机（speculation）。通常，理性的投资行为都是建立在对投资对象透彻而审慎的分析与研究基础之上的，要求在一定程度上保证收回本金和获得收益的安全性。相反，如果没有经过理性的投资分析，为追求收益的最大化，放弃了对本金和投资收益的保障，这样的投资行为就称作投机。在某种意义上，投机就是赌博的代名词。在证券市场上，也常把那些投资于高风险的短线产品的投资行为称为投机，与追求长期价值增长的长线投资相对应。

投资的目的是最终获得超过最初投入资金的那部分利益。这里，最初投入的资金称为本金（principal），最终获得的超出本金的部分称作投资回报或投资收益（return）。概括地讲，投资产生的收益有两个来源：持有资产期间该项资产产生的收益和最终出售或处置该项资产产生的收益。前者表现为股票的股息（dividend）、债权的利息（interest）等；后者是出售或处置资产获得的价格与最初购买该项资产价格的差额，如果这个差额是正的，就形成所谓的资本利得（capital gain），如果是负的，就意味着本金的亏损（capital loss）。

无论是从事商业投资的企业家（他们投资于实体资产），还是从事金融投资的投资者（他们投资于金融资产），在进行投资决策之前，都要对投资对象进行透彻而审慎的调查和研究，这个过程就称为投资分析（investment analysis）或投资评价。其主要内涵就是通过各种手段收集相关信息和资料，按照一定的原则对投资活动可能产生的收益，以及获得这种收益的不确定性进行量化的测算。在西方，这个环节也称为资本预算（capital budget）。

另外一组相关的概念是：资金、资本、资产。在这三者中，资金是覆盖范围最宽的一个概念。无论是个人还是组织，是商业还是其他社会生活范畴，凡是体现为货币形态的财富，都可以称为资金（funds）。具体到商业领域，资金是指货币形态的资本或资产。资本（capital）是一个广义的经济概念，在理论经济学中是指用于生产的一种基本生产要素，如厂房、设备等，也包括企业持有的现金形态的资金。在会计上，把企业获得经营所需资产的资金来源称为资本，指投资人对企业的投入，它体现在资产负债表的右侧，分为债务资本和权益资本，分别归债权人和股东所有，企业对资本不拥有所有权，企业拥有的是用这些资本购置的资产。资产（asset）更多的是一个会计上的概念，它指企业用于从事生产经营活动，在未来能给投资者带来利益的经济资源，企业作为法人，对其控制的资产拥有所有权，即所谓的法人财产权。在企业的资产负债表上，资产体现在左侧，按照流动性依次划分为流动资产、固定资产、长期资产（也称为投资）和无形资产，如图 4－1 所示。

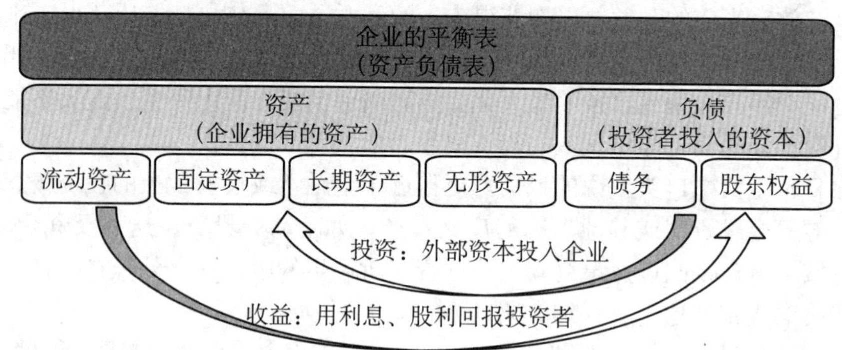

图 4－1　企业的外部投资和内部资产、投资与收益之间的关系

二、复利与贴现

投资活动的本质是资金使用的跨期选择问题，因此，时间就成为衡量价值的一个重要因素。如果同一笔资金在不同的时期使用产生的价值是一样的，那么就没有理由放弃当前的消费而换取未来的效用。由于资本作为生产要素，会参与到社会生产过程中，并与技术和劳动力等其他要素一道生产出更多的产品。所以，将当前的资金转化为资本投入生产过程，就可以预期在未来产生更多的收益。这一过程中，体现了两个重要的经济原理：一个是资本积累的过程；另一个是跨期配置资源产生的货币时间价值（time value of money）。

货币时间价值是一切金融活动的基础。无论是个人理财，还是企业的财务管理，乃至一个国家和政府的金融和财政问题，都是建立在这一基本概念之上的。货币的时间价值有两种表示方式：一种是绝对方式，指一定量货币（本金）在一定时间内产生增值的绝对数额，即利息；另一种是相对方式，是用百分比表示的货币随时间推移所产生的增值与本金之间的比率，即利率。

利息＝期末价值－期初价值

利率＝利息/本金＝（期末价值－期初价值）/期初价值

以上的计算公式表示基于一个完整时期的时间价值。如果跨越多个时期，每个时期都会产生利息，而每个时期产生的利息取决于该时期期初的价值。这就引出一个本金是否累积的问题。如果每个时期产生的利息都加在本金之中，使下一期的期初价值增加，则下一期产生的利息也会相应增加，这种方法称为复利（compound interest）。复利的概念在人类经济史上是一个非常重要的发现，也是现代经济的重要理论基石。相反，如果把各期产生的利息都拿出来，保持本金不变，则每个时期产生的利息也固定不变，这种方法就称为单利。单利的方法在现代经济中已经很少出现。

通过利息的计算过程，就引出金融计算方面一对非常重要的概念：现值与终值。所谓跨期选择，最重要的一点就是比较同一笔财富（资金）在期初和期末的不同价值。由于有利息的存在，一笔资金在两个不同时点上的价值肯定是不一样的。对于单期的情况，将上面的公式进行变换，就可以得出：

期末价值＝期初价值（1＋利率）

期初价值＝期末价值/（1＋利率）

通过简单的推导可以得知，对于多期的情况，只需要按照期数 n，将上面公式中的（1＋利率）乘 n 次方即可：

n 期末价值＝最初价值 $(1+利率)^n$

最初价值＝n 期末价值/ $(1+利率)^n$

这两个公式体现了一组刚好相反的计算过程，前者是从当前的视角计算未来的价值，这就是上面讲的所谓复利的计算过程；后者则是反过来，用未来的价值倒推出当前的价值，这个过程称为贴现（discount）。在复利的计算中，利率也就是投入资金的收益率或回报率（rate of return）；而在贴现的过程中，利率是终值折算成现值的贴现率（discount rate），也称折现率。

通常，对于一笔跨越若干期限的资金来说，我们称其最初的价值为现值（present value，PV），而称其经过 n 期之后的价值为终值（future value，FV）。用符号 r 代表利率，就得到：

$$FV=PV\ (1+r)^n$$

终值与现值、复利与贴现，作为相对而又相反的概念，构成了全部金融活动最底层的基石。投资分析的核心理念就在于用当前投入的资金计算经过复利后未来的终值，或者用预估的未来收益的价值计算经过贴现后的现值，并对这二者进行比较和评估。

三、风险与收益

跨期选择造成的一个问题是，随着时间的推移而带来了价值的不确定性。

在上面的讨论中，我们默认整个计算过程中利率保持不变，也就是说，如果期初的价值相同，则每期产生的利息或收益都是一样的。由于经济活动的复杂性，在整个考察期间，内部外部都可能出现各种干扰，投资收益往往存在着不确定性，这种收益的不确定性就称为投资的风险（risk）。有些学者将“风险”和“不确定性”区分开，认为风险是“已知概率条件下的随机性”，而不确定性是“无法计量的随机性”。不过，在一般的金融计算中，并不做如此严格的区分，而是将二者等同考虑。

由于有不确定性，或者说风险的存在，必然对投资收益的评价打折扣。例如，如果用抛硬币的方法决定收益，假定出现正面收益为 1，而出现反面收益为 0，那么预期的收益一定会介于 1 和 0 之间。如果已知出现硬币正反面的概率各为 50%，则预期的收益就是 0.5。再用一个稍复杂的例子：如果收益有三种可能，分别是 1、2、3，出现这三种情况的概率分别是 0.2、0.3、0.5，那么，预期的收益就是：1×0.2＋2×0.3＋3×0.5＝2.3。这个结果介乎最低和最高收益之间，并且偏向概率最大的收益 3。请注意这个计算中的一个重要原则，三种收益出现的概率之和一定等于 1，也就是说，要覆盖全部的可能性。

上面的分析只是给出了存在风险的条件下，预期的收益是多少，这只解决了问题的一半。实际上，我们不仅关心预期收益的绝对值，还要考虑风险的大小。对于风险的度量是投资分析中非常重要的一个方面。再用一个简单的例子来说明：假定有两个投资项目，项目一有 75%的概率盈利 100，25%的概率亏损 100；项目二盈利 100 和 0 的概率各为 50%。二者的预期收益都是 50，然而，这两个项目的风险程度是不同的，项目一的风险要大于项目二，如图 4－2 所示。在数学上，用概率加权的平均值计算预期收益，用方差衡量风险的大小。二者结合在一起，就是金融计算中最常见的所谓“均值—方差”分析法。通过这种方法，可以综合评价投资的收益与风险。

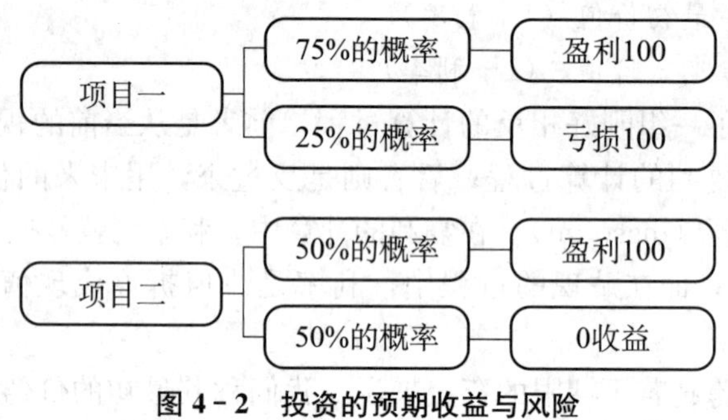

图 4－2　投资的预期收益与风险

第二节　投资分析的一般性方法

上一节讨论了投资和投资分析的概念和基本理念，下面具体介绍投资分析的主要指标和一般性方法。

一、投资决策与评价

投资分析的过程也称为资本预算。这里的“资本”表示投资的对象是企业经营所需的资产，这种资产可以是“有形”的，如厂房、设备和销售设施等，也可能是“无形”的，如商标、专利等知识产权或某一项专有技术，乃至销售渠道等，也可以是某种金融工具。“预算”一词表示对投资项目未来预期产生的现金流量进行详细的量化分析。

资本预算在企业的财务管理中占有十分重要的地位。首先，投资方案的评价以及投资决策的制定，将会直接影响企业的经营战略，尤其是那些投资规模很大的项目，可能会完全改变企业在未来的发展走向，决定公司的生存与发展。其次，投资决策一旦确定，大笔资金的投放和使用就会在一个较长的时间里确定下来，很难再做改变。最后，错误的资本预算将会导致企业财务状况的恶化：如果企业在某一时期内投资过度，就会造成折旧等项开支过高，影响盈利能力；如果投资规模不够，就可能导致企业的生产效率和竞争能力下降，使企业丧失市场份额，而要重新获取已失去的市场份额，将要花费更高的成本。因此，资本预算在企业财务管理乃至整个经营管理中占有举足轻重的地位，而资本预算的最终决策往往也是由企业的最高管理层制定的。资本预算所涉及的范围不能局限于财务管理人员，而要求由企业各个层次、各个部门的管理人员共同参与。

企业的生存和发展，要依靠不断地发现并实施新的投资方案。一个重大的投资项目在决策之前，必须进行科学、审慎的量化评估；或者在多个可选的投资方案之间进行评价和选择，这是投资分析所要解决的核心问题。

二、投资评价的指标

任何类型的投资分析过程都包括三个基本要素：选定评价指标、设置评价标准，以及根据对项目的预测进行具体计算。一般而言，在进行投资分析时常用的评价指标按复杂程度排列有以下四种：平均收益率、回收期、净现值和内部收益率。以这四个指标进行投资分析，侧重各有不同，计算的复杂程度以及应用范围也不同，不过其立足点都是项目预期所能产生的现金流量。通常，一个投资方案一旦确定，一般都会延续比较长的时间，所以贴现的因素，或者说货币时间价值的因素就显得十分重要。一些简单的分析方法如平均收益率或回收期，只是简单地计算现金流量的金额，而不考虑它们的贴现。这种方法只适用于对小规模项目的粗略的非正式分析，而对那些投资额度比较大、延续时间比较长、对企业经营有重要影响的投资项目，或者在比较正式的投资分析场合，就必须使用贴现现金流量（discounted cash flow，DCF）的方法进行分析。

（一）平均收益率

所谓平均收益率，是用项目预期的年平均净收益与初始投资额相比。这是一种非常简单，也非常粗糙的分析方法。计算公式如下：

平均收益率＝年平均净收益/初始投资额

例如：投资100，此后三年内的收益分别为10、20、15，则这三年中的平均收益率为15%。

平均收益率可以粗略地理解为每投入1元的投资在每年内所能产生的收益。使用平均收益率对投资项目进行分析，其评价准则是要求计算出的平均收益率必须高于预先设定的收益率标准，否则项目将不被接受。不过这个预先设定的标准，往往有很大的主观色彩，从而使评价过程具有不确定性。如果是对多个备选方案进行比较，显然应选择平均收益率高的方案。由于平均收益率既不考虑货币的时间价值，又忽略了项目预期现金流量的时间分布因素，难以准确反映投资方案的实际价值，因此，只能在非正式场合作为一种辅助性的手段来使用。

（二）回收期

另一个对投资方案进行简单评价的指标是所谓投资回收周期，或者简单地称为回收期（payback period)。它是指投资项目累计产生的净现金流量正好与初始投资相抵所需的时间。多数情况下，累计现金流量不会正好在某一年年末与初始投资完全相抵，因此，计算的回收期会有小数部分。这时，其小数部分等于上一年年末累计现金流量与初始投资之间的差额与本年度预期现金流量的比值。其实，只要列出项目预期的现金流量，就可以用心算的方法大致估计出回收期。

例如：投资100，第一年收益10，第二年收益15，此后每年收益20。则项目的回收期为5年多。

与上面介绍的平均收益率相似，在使用回收期对投资项目进行评价时也是要将计算出的结果与预先设定的回收期标准相比较。如果回收期在给定的限度之内，则可以接受该方案；否则就不能接受。当多个方案进行比较时，从直觉上似乎回收期越短越好，但是事实往往并非如此。

用这种方法计算出的回收期，与平均收益率一样，也没有考虑贴现因素。不过，通过简单的修正很容易弥补这个缺点。如果给定了贴现率，就可以计算出各年份净现金流量贴现后的现值。根据贴现现金流量计算出的回收率就称为贴现回收期（discounted payback period）。

（三）净现值

净现值（net present value，NPV）是资本预算中最常用的评价指标，也是最完善的投资评价方法。它等于项目在未来的整个经济年限内，各年份预期产生的净现金流量贴现后累计的和与其初始投资的差额。之所以说它是最完善的投资评价方法，是因为它不仅考虑了贴现的因素以及整个项目经济年限内的全部现金流量，而且它的计算结果正好直接体现了项目预期能为企业带来的价值。投资项目的价值在于其未来预期产生的现金流量，而净现值恰好反映了某一投资项目扣除初始投资以后的全部净现金流量的贴现结果。计算公式如下：

净现值＝各期现金流量贴现值之和－初始投资

在上面的公式中，各期现金流量可正可负，既可以是盈余，也可以是亏损。实际上，我们把初始投资当作期限为零的一个负现金流量，也可以理解为净现值就等于全部现金流量的贴现值之和。

使用净现值进行投资评价分析，其基本原则是要求方案的净现值必须大于或等于零。如果项目的净现值小于零，则说明项目未来产生的现金流量将不足以抵消初始投资的金额，不能给企业带来价值，所以不应接受这种方案。如果净现值恰好等于零，意味着该项目刚好满足给定贴现率的要求，而贴现率代表着投资者对项目收益的最低要求，或者是项目投资的资金成本，一般认为应该接受该方案。

在甄选方案时，除了要考虑净现值外，还要考虑投资规模。如果两个方案的净现值相等或接近，这时应该优先考虑投资规模较小的方案。为此在净现值的基础上特别引进了盈利指数（profitability index，PI）的概念，它等于项目净现值与初始投资的比。计算公式如下：

盈利指数＝净现值/初始投资

（四）内部收益率

在给定各期现金流量的条件下，每期现金流量的贴现值都取决于选定的贴现率。因此，净现值的计算结果也取决于贴现率。上面提到，当项目的净现值为零时，该项目产生的收益刚好满足给定的贴现率的要求，而贴现率代表了投资者对项目收益的最低要求。与净现值的方法相辅相成的另一个方法就是在给定了各期现金流量的条件下，反过来计算净现值为零时的贴现率，这时候的贴现率称为内部收益率（internal rate of return，IRR）。

用内部收益率进行投资分析时，要把根据各期现金流量计算出的内部收益率与投资者预期的收益水平相比较，如果内部收益率高于预期，则项目可以接受；否则，就要拒绝该项目。

三、现金流与贴现率[①]

用贴现现金流的方法进行投资分析，其中有两个关键要素：一个是项目各期预期的现金流量，另一个是贴现率。

（一）现金流

预测项目的现金流量是一件十分困难的工作，特别是对大型项目或持续时间较长的项目更是如此。项目的规模越大、持续的时间越长，预测中的不确定因素越多，风险也就越大。此外，测算预期现金流量的依据是财务预测报表，而现金流量与会计报表中体现的收益之间存在着一些差别。因此，在预测项目现金流量时要注意以下几点。

1. 准确识别相关现金流量

所谓相关现金流量，是指由于实施投资项目而给公司未来的总体现金流量所带来的变化，这种变化通常应该体现为增量。一般来讲，测算公司未来的总体现金流量，并从中分析出那些变化是由哪些项目带来的是十分困难的，甚至是不可能的。在资本预算分析中，采取所谓独立性原则，将一个项目独立出来，单独考虑项目本身的成本和收益，这样就可以把项目视作一个“小型公司”，它具有自己独立的资产、负债和权益，具有独立的损益和现金流量。例如，要考察企业开展特许经营项目产生的收益，只有把特许经营视作一项独立的业务，将其成本和收益独立出来，才能进行准确的分析。

项目的相关现金流量分成初始投资、运营期间每年的现金流量以及项目终止时的现金流量。在计算运营期间的现金流量时，要注意区分会计收益与现金流量的不同。

2. 固定资产成本及其折旧

多数项目在项目启动之前或启动的初期要求有一定规模的固定资产投入，它们通常作为项目初始投资，以负值列入项目现金流量。在会计上，固定资产是以折旧的方式分摊在项目的经济年限内。由于折旧是非现金项目，所以根据现金流量的定义，在项目经济年限内计算每年的现金流量时，必须在损益表的净收益上加折旧才能得到正确结果。此外，还要考虑固定资产到期后的残值，这一价值要在到期年份按照该项固定资产的市场价值计入。

3. 经营性营运资本

一方面，几乎所有的项目都要求在项目经营期间保持一定水平的营运资本，它们可能以现金、应收账款、库存等形式存在于经营过程当中，这笔费用也要计入项目的初始投资中。另一方面，在项目经营过程中，如果应付账款等流动负债增加，则相应地会减少营运资本对现金的需求。在每个会计期内，要计算净营运资本的变化，也就是用于该项目的流动资产的变动减去项目流动负债的变动，这一项必须从损益表的净收益中减去。同样，到项目终止时，项目初始投资投入的作为营运资本的现金，仍然会按照原来的价值返回，库存会转化为现金，应收账款会收回。总之，在项目终止时，营运资本将会作为项目的现金流入量计入。

---

① 对于没有会计基础的学员，可以略去这一小节的内容。

4. 财务费用

对于资本预算而言，财务费用是指由于接受项目而产生的债务所引起的利息支出。一般在计算现金流量时要把利息支出从总的现金流量中扣除，因为它是作为项目的资本成本而计算的。

5. 沉没成本

所谓沉没成本，是指在进行资本预算分析时已经发生的费用或支付责任，无论是否接受投资项目都不能影响它的支付。显然，它不应包括在项目的现金流量之内。例如，在做项目评价时聘请了财务顾问进行咨询，这时的服务费用就属于沉没成本，因为无论评价结果如何，项目咨询的费用都已经发生。

6. 机会成本

当考察项目的成本时，那些需要以现金支付的成本是比较容易识别的，但是在计算项目现金流量时，要注意那些不是以现金方式出现的成本。例如，在进行投资决策分析之前，企业已经拥有某项固定资产，如土地、厂房、设备或其他类型的资产，如果接受正在考察的项目，将占用该项资产，这时就不能忽略该项资产的成本。

7. 所得税

在计算项目现金流量时，一个重要的影响因素是企业的所得税。因为所得税按照法律规定必须按期以现金支付，所以它对项目而言是一项必需的现金流出，必须从经营收益中扣除。

8. 通货膨胀

在计算项目现金流量时，必须考虑到一个来自外部的宏观经济因素，这就是通货膨胀。通货膨胀的存在，使各种预期现金流量会偏离原来的估计值。

9. 计息期

通常的项目现金流量分析是基于以年为单位的预测财务报表而进行的，所以认为所有的现金流量都是发生在每个财务年度的年末。但是对于某些项目而言，必须把计息期缩短为半年甚至是季度，这时在计算年度现金流量时就要考虑计息期不同而带来的利息问题。

（二）贴现率

用净现值评价投资方案的准则是净现值要大于等于零，这意味着如果净现值等于零，则项目为企业创造的价值刚好可以抵偿项目的投资，此时的贴现率等于内部收益率，也就是投资者所要求的最低收益率。因此，可以把贴现率理解为企业投入项目的资本成本，这就是所谓的资本成本概念。理解资本成本的概念，有助于在投资分析中设定合理的贴现率。

第三节　特许经营的投资分析

在讨论了投资决策与评价的一般性原理之后，我们要对特许经营的投资活动进行具体分析。从投资的角度来看，企业开展特许经营活动，与其他商业上的决策一样，也要基于项目的投入和产出来分析成本与收益。特许经营投资分析的复杂性与特殊性体现在两个方面：一方面，企业开展特许经营的目的不尽相同。对于那些以产品分销为主要目的的企业而言，特许经营是一种渠道策略，企业看中的是通过渠道模式的改变，使产品分销的规模和效率大幅度提高，从而提高企业的总体效益。这时，就不能单纯衡量特许经营本身产出的效益。相反，对那些依赖特许经营的收入作为重要收入来源的企业，就必须着重衡量特许经营活动本身的投入产出比。另一方面，企业在开展特许经营活动中，其投入部分主要体现在特许经营体系的构建与维护方面，如打造品牌、特许权推广销售、渠道管理等。这些“软性”支出不太容易与企业其他方面的管理成本区分开，增加了特许经营投资分析的难度。

本节的讨论，把考察的范围界定在企业开展特许经营活动本身。这样做的目的是，通过分析特许经营活动的成本与收益，树立一种理念：无论是把特许经营当作企业的核心战略，还是一种策略性的手段，都应该努力去判别这项活动（或者称为一项业务）本身的直接效益，这种判断是对企业总体效益进行研究的重要基础。

一、特许经营的收益分析

（一）特许经营的直接收入

特许经营作为一种特殊的授权关系，在诞生后的100多年里，逐渐形成了相对成熟的收费模式。通常，任何一种有偿授权的收费，都包括两种形态：一种是一次性的授权费；另一种是整个授权期间的权益使用费。对于特许经营而言，对应的就是初始的特许经营费和合同期内的特许权使用费。这两种费用构成了特许人开展特许经营的直接收入。

以分销产品为主要目的的传统特许经营，在收费方面与后来出现的商业模式特许经营有本质差别。它们通常只收取固定的授权费，即在签约之初，收取一次性的特许经营费。而在特许经营关系存续期内，主要是通过分销产品获得销售利润，而不收取特许权使用费。特许权使用费是随着授权内容的进化，即知识产权在授权中的比重越来越大而逐步出现的。

特许经营费（franchise fee）本质上就是授权费，它是在签订授权合同时一次性收取的一笔固定费用，是受许人进入特许经营体系的“入门费用”，国内也常称作“加盟金”。在实践中，特许人对同一体系内的不同受许人往往收取不同的特许经营费。某些特许人会用一个公式来设定特许经营费，基于受许人获得授权的区域内潜在市场大小来计算。某些特许人对不同类型的特许经营网点要求不同的费用，即不同的特许经营权选项，如同一种快餐是选择独立式的还是开在饮食街内。此外，特许人可能会对现有特许人购买新的网点或者区域发展商收取不同的费用，还可能向原来从事类似业务而要求加入连锁的人收取不同的改造费。

根据布莱尔和拉方丹的研究①，21世纪初，美国特许人收取的特许经营费基本都介于5 000～20 000美元，大约有1%的特许人不收取特许经营费。但放弃特许经营费的特许人比例越来越小，现在几乎所有特许人都收取这笔费用。

特许权使用费（royalty）是在合同期内持续收取的费用，国内也经常称作“管理费”。

---

① ROGER BLAIR，FRANCINE LAFONTAINE. The economics of franchising. New York：Cambridge University Press，2005.

特许权使用费通常是按照受许人销售额或利润的一定比率收取，也有一些按其他方式计算，或定期收取固定费用。美国特许经营研究机构 FranData 的调查表明，在其全部调查样本中，有 82%的美国特许人收取一定比率的特许权使用费，5%的特许人定期收取固定费用，还有 2%是按照每单位销售或每一笔交易收费。按比例收取特许权使用费的特许人中间，大多数是按照销售额收取，少数是按照毛利计算，还有一些特许人收取费用的比例随着销售额的不同而调整。特许人在按比例收费时，往往同时规定使用费的下限。特许权使用费的费率通常介于 3%～6%。但有些商业模式特许人完全不收取特许权使用费，而通过向受许人销售产品获得收入，就像传统特许经营的特许人那样。①

（二）特许经营的服务收入

如前所述，作为一种授权关系，授权双方之间的经济关系主要体现为授权费用和权益使用费用。然而，除了特许权的授受以外，特许经营关系的另外一个主要特征就是特许人对受许人的持续性服务与支持，同时伴随着严格的控制与管理。特许人在向受许人提供服务方面所收取的费用，是特许经营收费中最复杂的部分。

我国《商业特许经营管理条例》及其实施办法中，只是笼统地规定了必须披露“特许人及代第三方收取费用的种类、金额、标准和支付方式”。美国联邦贸易委员会（FTC）2008 年修订的《特许经营准则》中，在初始特许经营费之外，将特许权使用费、广告费、培训费、服务费、转让费、审计费、续约费等项目，一并列入“其他费用”项目。

美国学者罗伯特·贾斯蒂斯在分析特许经营收费时，在基本的特许经营费、特许权使用费和广告费之外，列出的可能收费项目包括：基本培训费、员工培训费、持续培训费、咨询费、选址服务费、租赁服务费、审计费、保证金、店面设计费、开业仪式费、会计记账费、现场支持服务费。此外，在签约前，还可能收取申请费、保证金、排他利益费、续约费。

国内学者李维华列出的其他费用项目有：履约保证金、品牌保证金、培训费、转让费、续约费、设备费、原料费、产品费。②

广告费是特许经营关系中一项比较特殊的费用。如果我们把特许经营关系界定为知识产权的有偿授权，那么广告费可以理解为对知识产权的一种维护费用。根据美国 FranData 的研究，在其调查的样本中，大约有一半以上的特许人按照受许人销售收入的比例收取广告费，约 30%完全不收取广告费，其他特许人或者组织受许人广告基金，或者用其他方式收取广告费。由于广告费和培训费在特许经营体系中普遍存在，所以也被列为基本的特许经营收费种类。

（三）特许经营的产品销售收入

上述的各种收费项目，都属于特许经营关系中作为授权和服务的代价而收取的。事实上，无论是传统的产品特许经营，还是现代流行的商业模式特许经营，很多特许人在收取授权和服务费用之外，都会通过向受许人销售产品而获得利益。一部分商业模式特许人，

---

① ROGER BLAIR，FRANCINE LAFONTAINE. The economics of franchising. New York：Cambridge University Press，2005.

② 李维华．特许经营学．北京：中国发展出版社，2009.

为此放弃了特许权使用费，但有很多特许人，既收取特许权使用费，也用合同规定的方式，强行向受许人销售指定产品，从中获得销售利润。在美国，大约30%的特许人对受许人的采购做出了限制性的规定。

在美国，商业模式特许人在特许经营合同中对受许人的采购做出限制，规定受许人必须从特许人或者特许人指定的供应商那里采购某些设备、原辅料，甚至包装和广告用品，这种做法在司法和学术上都引起了争议。某些受许人认为，特许人将规定这些产品的采购来源，构成了与特许权的“搭售”行为，违反了反垄断法，向法院提起了诉讼。然而，现在普遍认为，特许人通过合同约定向受许人销售某些产品的做法本身，并不违背反垄断法，是否构成违法搭售，要取决于双方之间的合同约定以及相关产品的市场情况。

综上所述，特许人开展特许经营所获得的经济收入，可以概括为如图 4-3 所示的主要成分。

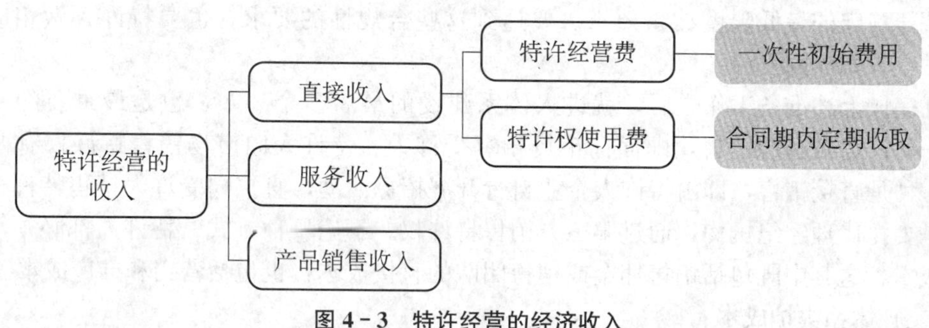

图 4-3 特许经营的经济收入

二、特许经营的成本分析

尽管特许人通过特许经营所收取的费用名目繁多，但相对比较容易界定。然而，正如前文所讲，特许人在构建和维护特许经营体系方面的投入，大都属于模糊的软性成本，很难从整个特许人企业的全部管理开支中清晰地分离出来。以下按照特许经营体系构建和运营过程中的主要方面，对特许经营活动的成本进行初步的归纳。

（一）体系建设成本

特许经营体系的建设包括两个部分：一部分是作为授权内涵的知识产权的建立；另一部分是为建立和推广特许经营体系而做的准备工作。

特许经营授权中的知识产权要素包括商标、商号、专利和专有技术，以及特许人所开发出来的、经过验证的一整套网点运营模式。因此，开发和设计这些知识产权的投入，就应该按照特许经营体系中特许经营网点所占的比例，分摊到全部特许经营的网点之中，如商标、商号、企业识别系统的设计、注册和推广方面的投入等。

特许人的知识产权最终体现为一整套特许经营手册。根据具体项目和商业模式的不同，特许经营手册可能包括多种不同的形式，比较典型的有：受许人加盟指南、受许人招募手册、特许经营督导手册、网点开店指南、网点运营手册、网点营业手册、网点店长手册、网点员工（岗位）手册、体系管理手册（可划分为财务、行政、人力等具体职能）。这些手册的编制，工作量很庞大，期间发生的各项成本是特许经营体系建设中很重要的一项投入。

此外，特许人开发和验证一套成功的网点运营模式是一个很长的过程，期间会进行大量的投入，这些开支也应该视为开展特许经营的初期成本。例如，按照我国法律规定，特许人开展特许经营的前提是“两店一年”，这里的两店，既有验证商业模式的作用，也起到面向潜在受许人的示范作用。特许人在这种具有样板作用的旗舰店的建设中，为了突出示范作用，往往会投入超出一般直营店铺的投入，这种额外的投资，应计入体系建设的成本中。

特许人正式开展特许经营活动之前，要通过详细周密的市场调查，研究潜在的受许人市场，并据此制定开展特许经营的规划和实施计划；然后针对自己的发展战略和商业模式，设计合理的特许权要素组合，并在法律服务的帮助下，最终形成特许经营合同。同时，按照法律的规定，特许人在开展特许经营活动之前，必须向政府商务主管部门备案，满足法律规定的最低限度披露要求。要达到这些合规性的要求，也要特许人做相应的工作，并投入相应的资源。

在完成上述准备工作之后，就进入体系建设的最后一个环节，也是最重要的一个环节——特许经营权的销售，即面向市场招募受许人。特许人向市场销售特许权有两种方式：一种是直接销售，即由特许人企业自行开展招募活动，直接向受许人销售特许权；另一种是委托代理经纪机构，通过第三方销售特许权。不论哪种方式，特许人都必须承担相应的成本，这其中既包括销售佣金或销售团队的直接成本，也包括营销和推广成本。

（二）体系维护成本

特许经营体系是由一群在法律上完全独立的受许人实体所组成的，他们与特许人之间的关系，从根本上讲是一种授权关系。但与其他授权方式不同的是，特许经营关系中很重要的一个方面是特许人必须对受许人的日常经营活动实施持续的、实质性的控制，并且不断为受许人提供各种服务。因此，对特许经营体系的维护，是特许人企业最主要的日常工作，要求特许人企业必须建立相应的管理制度和管理架构，保证这种管理体系覆盖到全部受许人。这种管理体系包括：对受许人的培训与督导，对特许经营网点的日常巡查和管理，管理的范围包括产品质量、价格、服务以及对特许人知识产权的保护等。由于特许人和受许人之间在法律和经济上是相互独立的实体，双方的关系完全靠特许经营合同来维持和制约，因此，双方形成了一种利益上的博弈关系，受许人在产品质量、价格、原料采购、广告宣传等很多方面，都有可能出于利己的动机，做出不利于特许人的机会主义行为（当然，特许人也会有自己的机会主义动机和行为，后文会讨论这个问题）。特许人在管理和维护特许经营体系过程中，要花费大量的精力防范这种情况的出现。有时甚至要通过法律手段（发起诉讼或应对诉讼）解决与受许人之间的利益纠纷。

维护特许经营体系的另一个重要方面，就是对知识产权持续性的维护与更新。包括对品牌、商标、商号等的宣传、推广和更新，以及对商业模式的不断完善和改进，如不断研发新的产品和服务，为受许人提供新的服务等。

三、特许经营投资的综合分析

投资分析的一般性原理是，测算项目存续期内各期的净现金流量，并按照预定的贴现率贴现，然后将全部的贴现现金流之和与初始投资相比较，从而做出判断；或者按照各期现金流量计算内部收益率，与投资者要求的资本成本相比较，得出评价结果。为了说明特许经营投资分析的基本思路和方法，必须对特许经营活动中出现的各种收益和成本进行梳理、归纳。

（一）特许经营活动中的现金流量

现金流量是一个会计概念，它是现金流入和流出的总称。流入和流出的现金流量之间的差额，称为净现金流量。我们在前面的讨论中，一直笼统地把净现金流量与当期收益同等使用。实际上，在严格的测算中，要注意区分会计收益和现金流量之间的差别。

特许经营活动中可能的现金流入因素分为直接收费、服务收费、产品销售三个方面。其中服务收费和产品销售两个部分，都可以比较容易地单独计算其成本与收入。下面重点讨论特许经营的直接收费。

尽管特许经营关系中，特许人可能向受许人收取的费用名目繁多，计费方法也千差万别，但从投资分析的角度，我们可以将其归纳为初始费用和持续费用两大类。或者把双方签约前后，特许人向受许人收取的各种一次性、不可偿还的费用，都合并到初始授权费用即特许经营费中，而把合同存续期内收取的各种费用或从受许人身上赚取的利润，都与特许权使用费合并，这样就可以大大简化特许经营的现金流测算。例如，按照贾斯蒂斯罗列的收费项目，我们可以把签约和开业前后一次性收取的基本培训费、员工培训费、选址服务费、租赁服务费、店面设计费、开业仪式费、申请费、排他利益费等与初始特许经营费合并；而把开业后定期或不定期出现的持续培训费、审计费、会计记账费、现场支持服务费、咨询费以及其他可能的服务费用与当期的特许权使用费合并。需要注意的是，特许人收取的各种保证金，在理论上最终应该偿还给受许人，不应计入特许人的直接收入。如果因受许人的过错扣留保证金，则应视作营业外收入。此外，对于各项服务收费，如果能够识别出服务项目的直接成本，也应扣除，只计算净收入；不能识别的服务成本，则列入企业管理费用，作为特许经营体系的维护成本。对于特许人按照合同约定强制受许人从总部采购的设备、原料等货品，根据销售价格扣除直接成本后所得的利润，也可以按照发生的时间和频率，分别合并到初始或持续费用中去。

通过上面的合并过程，就可以简化特许经营现金流量与综合收益的测算。用 I 代表合并后的全部一次性的初始项目，用 G 代表合并的全部持续性项目，则特许经营产生的全部收入可以表示为：

$$I+\sum_{i=1}^{n}\frac{G_i}{(1+r)^i}$$

其中，r 代表贴现率；n 代表特许经营合同年限，或测算期的长度；G_i 代表第 i 年份的持续性收入。该式的含义就是初始费用与各年份持续费用现值的总和，表示特许人销售一份特许权产生的价值。如果要测算特许人开展特许经营活动所产生的全部直接收益，也可以参照这一思路进行分析，只需要把特许权销售过程持续的时间因素考虑进来即可。

需要说明的是，上面的公式中，只扣除了各项服务和产品销售的直接成本。至于整个特许经营体系建设的投入与维护的成本，都作为整个企业的管理成本另外考虑。如果按照独立性原则进行投资评价，就要综合考虑前文所讨论的各项开支，按照初始投资和运营成本的划分，分别进行计算。

补充说明一点，某些特许经营企业会在特许经营业务中开发出一些新的收入模式，如麦当劳的店铺地产经营模式、某些特许人通过为受许人提供融资或租赁服务获取收入等。如果这种因特许经营而产生的衍生收益达到一定规模并且可持续，也应在投资分析中予以考虑。

（二）特许经营活动的投资评价

依据投资分析的独立性原则，按照上面的方法，可以对企业开展特许经营活动的成本收益进行一定程度的定量测算，并计算出开展特许经营活动产生的直接收益。然而，对那些以分销产品为主要目标的特许人，就不能完全以现金流量的测算结果作为评价标准。当企业把特许经营当作一种渠道策略时，特许经营活动本身的直接收入就退到次要位置。这时评价特许经营活动的价值就必须考虑由于开展特许经营活动而带来间接效应，即企业分销渠道规模的扩张和效率的提高。

另外，作为企业战略规划与决策的一部分，在考虑开展特许经营活动的投入产出时，还应该考虑到所投入资源的机会成本。也就是说，无论把特许经营当作企业战略还是一种策略性的手段，都应该适当考虑特许经营模式以外的、其他可能的备选方案，并与特许经营方案的测算结果进行详细对比，保证企业决策的科学与全面。

第四节　特许经营企业的融资

融资活动是贯穿于企业成长整个生命周期的一项重要战略行为。创业者从最初提出创业建议时就面临着筹集资本的问题。随着企业不断成长，规模不断扩大，对资本的需求也随之增大，需要不断补充资本。在某种意义上，企业的成长就体现为企业资产规模的不断扩张，支持这种扩张的核心动力就是企业持续不断的融资活动。

在现代，企业融资是资本运营理论和实践中一个非常重要的组成部分。以下我们概括说明企业融资相关的基本概念，并结合中国的经济环境，对作为典型中小企业的特许经营企业在融资方面所面临的问题，以及近年出现的一些融资创新，进行简单的分析与说明。

一、融资理论

企业在进行融资时，要确定从什么渠道、以什么方式进行融资，以及融资的规模和成本，并在此基础上分析融资活动对企业总体价值的影响。

（一）融资模式

从资本来源上区分，企业获取资本的方式分为内源性融资和外源性融资。

1. 内源性融资

内源性融资是企业不断将自身的留存收益和折旧转化为投资的过程，也是企业挖掘内部资金潜力、提高内部资金使用效率的过程。内源性融资自主性强，是成本最低、风险最小的融资渠道，为各种类型、不同发展阶段（初创期除外）的企业所重视和采用。其不足是需要有一定的积累期，不能适应大规模融资的需要。内源性融资的特点如下：

（1）具有内生性。内源性融资取得的资金是企业产权所有者的自有资本，是企业承担民事责任和自主经营、自负盈亏的基础，也是企业进行外源性融资的保证。

（2）融资成本较低。内源性融资不需要支付利息或股利，不会减少企业的现金流量，也不需支付融资费用，因而融资成本相对较低。

（3）具有产权控制权。内源性融资既可以避免因债权融资使债权人对企业进行相机控制，也可避免因股权融资使原股东对企业控制权稀释，增加原股东的剩余索取权，使原股东享有更多的实际利益。

（4）有利于企业降低财务风险。财务风险是指企业由于举债而给企业财务成果带来的不确定性。企业进行内源性融资，不存在偿付风险，不会产生到期还本付息或支付股利的压力。企业内源性融资取得的资金在资本结构中所占比例越大，企业的财务风险越小。

2. 外源性融资

外源性融资是指吸收其他经济主体的闲散资金，使之转化为自己资本的过程，包括直接融资（在股市、债市的融资）和间接融资（来自银行的贷款）两种模式。

直接融资是指资金供求双方之间直接融通资金的方式，是资金盈余部门在金融市场购买资金短缺部门的直接证券，如商业期票、商业汇票、债券和股票等。另外，政府拨款、占用其他企业资金、民间借贷和内部集资也属于直接融资范畴。间接融资是指企业通过金融中介机构间接向资金供给者融通资金的方式，由金融机构充当信用媒介来实现资金在盈余部门和短缺部门之间的流动，具体的交易媒介包括货币和银行券、存款、银行汇票等。另外，像“融资租赁”“票据贴现”都属于间接融资。

直接融资具有直接性、长期性、不可逆性（即股票融资无须还本）和流通性（指股票与债券可在证券二级市场上流通）。利用直接融资的方式，企业处于主动的地位，对融资的时间、数量、成本等均可主动做出选择，在总量上不受资金来源的限制。但也存在局限性，主要表现为易受融资双方资信的限制，受融资的时间、地点、范围的限制，同时其成本高于间接融资。

间接融资具有与直接融资截然相反的特性——间接性、集中性、安全性、周转性。即资金的初始供应者和资金的需求者不直接发生借贷关系，由中介机构把众多供应者的资金集中起来贷给需求者。由于银行或非银行金融机构资金实力雄厚，内部管理严格，可有效分散、管理风险，因此融资风险较小，信誉度高，稳定性强。

在直接融资中，由于信息不对称，一方面，投资者要求资金使用者的经营活动具有较高的透明度，不管规模大小，企业为达到较高的透明度所需支付的信息披露、社会公证等费用差别不大，因而创业企业筹集单位资金的费用相对很高；另一方面，信息不透明程度越高，资金提供者所要求的风险补偿就越高，除了高科技企业外，大量劳动密集型的创业企业也难以达到投资者的收益要求。

图 4-4 是各种融资模式的汇总与分类。

（二）资本结构

对于融资而言，区分各种融资模式的重要意义在于，不同的资本来源和融资方式下，企业获取和使用资本的成本不同，资本成本的差别又进一步影响到企业的利润和价值。从企业资本构成的角度区分，企业的资本来源划分为股权资本和债权资本。这两种资本在企业的资产负债表上分别体现为负债与所有者权益。前者要求还本付息，利息的支付优先于

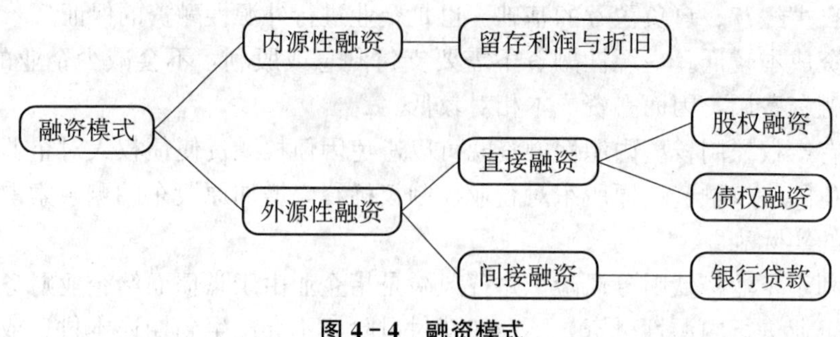

图 4-4　融资模式

企业所得税和股东的股利，且利率固定；后者的投资回报体现为股息和资本增值。通常，债权资本具有优先的固定回报，且到期偿还本金，所以债权资本的融资成本要低于股权资本。

由于两种资本在成本和回报方式上存在差异，所以企业就面临资本结构的选择问题。狭义的资本结构是指企业资本构成中，债权资本和股权资本各自所占的比例。在西方现代资本理论中，资本结构是一个重要的研究领域。

资本结构中不同的资本成分性质不同，对企业产生的影响也不同。这种影响主要通过下述三个方面体现，进而成为衡量企业资本结构是否优化的标准。

1. 成本

资本成本包括企业筹集资金和使用资金的成本。资金成本的高低是确定资本结构是否优化的基本依据，一个优化的资本结构首先是成本最低的结构。

2. 风险

资金成本的大小通常取决于风险的程度，两者是此消彼长的关系。对融资者来说，股权资本的风险低于债权资本。

3. 弹性

指企业资本结构内部各项目的可调整、可转换性。一般来说，企业资本结构一旦形成就具有相对的稳定性，但过强的稳定结构难以适应瞬息万变的市场环境。

上述三种因素对资本结构的影响在作用方面上并不一致。通常风险小、弹性大的资本结构，资金成本高。企业无法使每一种融资都兼顾三者最优的特点。因此，企业只能通过合理的方式使各种融资得以优化组合，使资本结构在整体上实现优化配置。

传统资本结构理论最重要的结果是：由于债权资本的利息在所得税之前支付，因此形成了所谓的税盾（tax shield）效应。随着债权资本所占比例的提高，企业的价值也会相应提高。但债权资本比例过高时，企业破产的风险增大，因此企业在选择资本结构时，必须权衡税盾效应带来的增值效应和债务过高造成的破产风险。

二、融资实践

大部分处于成长早期阶段的企业，都会面临资金紧缺的问题。然而，现实环境却给这些企业的融资提出了挑战。

（一）中小企业融资的现实问题

现实当中，大量的特许经营企业都是从事商业、服务业的中小企业。而中小企业融资问题是一个全球性的难题。例如，美国联邦政府为促进中小企业发展，于1953年成立了独立的小企业局（Small Business Administration，SBA），该机构的使命阐述中，把帮助小企业获得资金放在首位，其他方面包括企业发展的咨询、培训服务，政府采购，宣传等。我国于2002年6月正式通过《中华人民共和国中小企业促进法》，也把资金支持列在首位，其次才是创业扶持、技术创新、市场开拓和社会服务。2009年，国务院发布《关于进一步促进中小企业发展的若干意见》，提出8项措施：进一步营造有利于中小企业发展的良好环境，切实缓解中小企业融资困难，加大对中小企业的财税扶持力度，加快中小企业技术进步和结构调整，支持中小企业开拓市场，努力改进对中小企业的服务，提高中小企业经营管理水平，加强对中小企业工作的领导。其中缓解中小企业融资难仍然放在最重要的位置上。

造成中小企业融资难的根源有很多：第一，中小企业由于规模较小、发展不稳定、前景不明确，难以吸引各种社会资本。第二，国内的金融市场和金融环境不够完善，企业融资渠道较少，大都集中于通过银行的间接融资。而中小企业由于规模限制，可抵押资产匮乏，难以获得间接融资。据统计，我国中小企业已超过4 000万户（包括个体工商户），占企业总数的99%以上；中小企业创造的最终产品和服务价值相当于国内生产总值的60%，上缴税收为国家税收总额的50%左右；中小企业提供了75%以上的城镇就业岗位，完成了68%的外贸出口、65%的发明专利和80%以上的新产品开发。我国中小企业获得银行信贷支持的仅占全部中小企业的10%左右。全国乡镇企业、个体私营企业、“三资”企业的短期贷款仅占银行短期贷款的14.4%。

综合来看，目前国内中小企业的融资问题具体表现为内源性和外源性两个方面：

(1) 在内源性融资方面，中小企业分配中留存利润不足，自我积累意识差；新税制使中小企业失去税负优势；折旧费过低，无法满足企业固定资产更新改造的需要；自有资金来源有限，难以支持企业快速发展。

(2) 在外源性融资方面，中小企业的间接融资过分依靠银行贷款，而中小企业的“国民待遇”问题有待解决，同时缺乏行之有效的信用担保制度；股票融资方面，中小企业难以进入公开的证券市场；债券融资方面，严格的发债条件和风险控制措施，使中小企业难以进入公开的资本市场。

总之，目前国内的中小企业融资存在着“三高三低”现象：外源性融资比例高，内源性融资比例低；间接融资比例高，直接融资比例低；债务性融资比例高，资本性融资比例低。

(二) 特许经营的“类金融”属性

回顾特许经营的发展历史，特许经营本身就一直被企业家当作一种融资手段来使用。在19世纪中叶的美国市场上，胜家缝纫机公司乃至整个缝纫机行业，都把排他性分销权利的销售当作一种投机机会，而非建立统一分销体系的认真尝试。胜家依赖于销售排他性权利获取公司运营必要的资金。销售胜家产品的区域授权卖到几百美元，大多数购买这种权利的投资人都寄希望于公司经营良好，以使自己获得的排他性权利能够因此增加价值。

1851—1856年，胜家售出了几十份排他性权利，授权范围从一个县到整个州。某些年份，从授权获得的利润甚至超过了销售缝纫机的利润。对生产商而言，使用区域授权的方法的确有吸引力，它可以满足企业最重要的两个需求：短期内的营运资本和长期的全国市场。受许人不仅作为一个可靠的现金收入来源，还把其机器推向市场，并消化了几乎全部的销售和赊销成本。

1969 年，美国学者奥克森菲尔德和凯利在一篇著名的文章中提出①，特许人采用特许经营的潜在原因是获得资本。尽管另一些学者从实证的角度提出了反对意见，但从历史上看，在很多企业发展的某些阶段，特许经营的确起到了融资手段的重要作用。

表 4－1 是国外学者提出的一个特许经营企业从创业之初到 IPO 全过程中的资本扩张假想模型。其中，特许经营的创业者从很少的自有资本起步，吸收朋友、家人的资本，然后两次运用特许经营的手段进行扩张，用体系的扩张使企业价值不断成长，并吸收私人投资者和机构投资者，甚至在 IPO 之后，仍然再次使用特许经营的手段，提升企业价值，实现资本增值。

表 4－1　　特许经营企业的资本扩张假想模型

阶段	资本（美元）	企业价值（美元）	资本来源	创业者所占比例
种子期	5 万	5 万	创业者	100%
启动期	10 万	50 万	朋友、家人	83%
特许经营	200 万（8×25 万）	100 万	受许人	83%（稀释前）
早期	50 万	200 万	私人投资者	66%
特许经营	1 000 万（40×25 万）	500 万	受许人	66%（稀释前）
扩张	200 万	800 万	风险投资	52%
IPO	1 000 万	2 500 万	资本市场	37%
特许经营	2 500 万（100×25 万）	5 000 万	受许人	37%（稀释前）
IPO 时的股权价值 1 300 万，股价翻倍的股权价值 2 600 万				

需要说明的是，在表 4－1 中，受许人与特许人在法律和财务上是相互独立的实体，受许人的投资不能直接增加企业的资本规模，但由于渠道的扩张，间接地使企业的总体价值实现增长。

三、融资创新

针对长期存在的中小企业融资问题，除了政府在政策方面给予倾斜和支持，最终还是要依靠整个社会共同改善中小企业的生存环境，特别是改善金融环境，通过金融创新的途径，从根本上解决问题。

知识产权抵押贷款（intellectual property mortgage）是近年来出现的一种金融创新，指企业用自己拥有的商标、专利、版权等无形资产向银行做抵押，然后向银行借得款项。

① ALFRED R. OXENFELD，ANTHONY O. KELLY. Will successful franchise systems ultimately become wholly-owned chains? //FRANK HOY，JOHN STANWORTH. Franchising：an international perspective. London：Routledge，2003.

面对金融危机的严峻形势，中小企业需要资金以度过时艰，特别是一些高科技型中小企业，缺乏厂房、地产等固定资产抵押，而知识产权抵押贷款无疑为企业提供了一条可行之路。目前，国内多家银行都推出了知识产权抵押贷款的服务。

对于特许经营企业而言，通过销售特许经营权而获得持续稳定的收入已经成为一种成熟的商业模式。因此，未来有可能出现特许人企业通过特许权收益“贴现”或“抵押”获得资金的方式，即所谓收益抵押贷款（income mortgage），尽管目前这种方式还仅限于理论上的探讨。

这里要区分一对概念：所谓的特许权收益抵押，在机制和主体方面不同于上面提到的知识产权抵押贷款。通常的知识产权抵押贷款是指知识产权持有人将所持有的、具有显著经济价值的知识产权作为抵押物，从金融机构获得资金。而特许经营本身是一种授权方式，特许人将特许权有条件地授予受许人，受许人是权利持有者，特许人在授权关系中获得了持续稳定的收入。因此，在未来可能出现的特许权收益抵押融资模式中，特许人企业抵押的是销售特许权的收益，而非特许权本身。至于受许人是否有可能将特许人授予的特许经营权进行抵押获得融资，这已经是另外一种融资主体的课题。

例如，国内某些地区出现过政府特许经营权的抵押和质押，这时，抵押和质押的主体是接受政府特许经营权的一方，即受许人以相关权利进行抵押或质押。我们这里讨论的是特许人以销售出的特许权未来的收益（具体表现为一份或多份特许经营合同）进行抵押或质押，要注意区分这两者之间的区别。

随着互联网金融的快速发展，一些新兴的融资模式为中小企业的融资开辟了新的空间。

（一）众筹

众筹（crowdfunding）是一种融资者基于互联网，特别是社交媒体向非限定人群募集资金的方式。据统计，2015 年全球范围内的众筹资金总额超过 340 亿美元。在西方社会里，众筹模式的基本思想有着很悠远的历史根源。18 世纪的一些德国作家曾经以一种称作“赞助”的方式，在图书出版之前，甚至是写作完成之前预先向意向读者收取预订费用。后来期刊出版普遍采用的订阅方式就来源于此。基于互联网的现代众筹模式最先出现在音乐、美术作品的创作和出版领域。1997 年，英国摇滚乐队 Marillion 赴美国巡演，其粉丝群体在互联网上预先认购了全部门票。他们随后采取同样的方式为其专辑募集出版资金。同年，独立编剧兼导演马克·塔皮奥·吉恩斯（Mark Tapio Kines）为他拍摄中的故事片《驻外记者》建立网站，在不到两年的时间内，从粉丝手中募集到125 000 美元。进入 21 世纪后，先后建立起一批有影响力的众筹平台，如 ArtistShare、IndieGoGo、Kickstarter、Microventures 等。如今，众筹模式已经走向成熟并分化出多种不同类型。这些众筹类型基本上可以分为两大类：

（1）报偿式众筹（rewards crowdfunding）：创业者以预售产品或服务的方式募集资金，从而避免在创业初期背负债务或牺牲股权。

（2）权益性众筹（equity crowdfunding）：赞助者获得初创企业一定股份，作为提供资金的回报。

（二）P2P

点对点借贷（peer-to-peer lending），是指通过专门的互联网平台为借贷双方提供对接服务，利用信息技术带来的优势，降低融资成本，提高融资效率。因此这种方式也被称作债务众筹（debt-base crowdfunding）或众贷（crowdlending）。世界上最早出现的P2P平台是2005年英国的Zopa，截至2016年，该平台提供的贷款总额已经超过19.9亿英镑。2006年美国诞生出Prosper和Lending Club等众贷平台。2010年英国出现了专门为初创企业服务的P2B（peer-to-business）网贷平台Funding Circle，到2017年初，其募资总额达到19.3亿英镑。

如上所述，基于网络平台的P2P或P2B可以最大限度地降低融资成本，提高融资效率，而且能够通过社交网络充分调动社会性投资意识（socially-conscious investment），是一种具有良好前景的金融创新（alternative financing）。然而，由于这种基于互联网的草根性金融活动在初期未能得到政府监管部门的重视，也存在着信用调查和法律保障不充分、违约风险高、责任追偿难度大等缺陷。随着各国政府部门对互联网金融的日益重视，以及传统金融机构越来越多地应用网络技术，相信在不远的未来，上述这些基于信息技术的创新金融手段，能够为众多处于初创期的中小企业提供更高效的融资渠道。

本章案例

上好便利店——靠融资实现商业模式转型

上好便利店是广东东莞的一家连锁便利店企业。总部东莞星瀚商贸有限公司于2002年注册成立，次年开始在东莞地区用特许经营的方式进行拓展。到2008年年底，共有594家门店，其中总部直营店6家、加盟店394家，此外，先后成功托管了东莞当地的两家连锁便利店体系“百川”“好友”的门店194家。2009年下半年，东莞星瀚商贸有限公司与专注于特许经营投资的私募股权基金FDS中国资本正式达成风险投资协议。这是国内首例向便利店行业注入风险投资资金的案例。根据协议内容，2009年8月15日前，FDS中国资本将向上好便利店注入第一笔资金（具体资金数额未予透露），10月20日左右再注入第二笔资金，上好便利店则向投资方释放35%左右的股权，并借助风险投资金加速扩张，提升单店的盈利水平。到2010年年初，上好便利店已拥有1 089家门店，其中直营店5家、加盟店836家、托管店248家。加盟店占到门店总数75%以上。2010年4月，上好便利店再度获得深圳泛亚创投等投资人的二轮投资。

上好便利店在发展初期的商业模式是与供应商合作，由指定供应商负责向门店配送商品，自己从中获取返点。在初创期和成长期，这种合作模式最大限度地帮助上好便利店实现了轻资产、低投入的快速扩张。伴随门店数量不断增加，配货个性化要求不断提高，供应商的配送服务已经很难满足所有门店要求，这种模式渐渐成为上好便利店继续发展的掣肘因素。

2008年之前，上好便利店每年账面上都保持着比较可观的盈利。然而，此时其管理层已经意识到，建立自己的配送系统是决定上好便利店未来发展的一个拐点。如果没有自己的采购和物流配送体系，门店管理将会日益松散，服务和商品质量将受到严重挑战，从而影响自己的品牌形象。商品犹如门店的血液，只有保证高效、健康流转，门店才具有竞争力，企业才能提高效益、永续发展。因此，自 2008 年起，上好便利店开始逐步越过中间商，直接与生产厂家接触，构建自己的物流配送体系，在整个体系内部逐步实行统采统配。同时，投资建设覆盖整个体系的信息管理系统。2009—2010 年，上好便利店的先后两次融资就是在这样的背景下展开的。

资料来源：李利珍．上好，做中国城镇便利店的领头羊．连锁时代，2010（5－6）；赵丽萍，邢旭瑶．上好便利店与 FDS 达成风投协议．东莞日报，2009－07－28.

复习与思考

1. 分别找出你在日常生活中遇到的复利与贴现的例子，分析其中的现金流量和利率/贴现率。

2. 结合你对净现值和内部收益率的理解，讨论净现值计算中的贴现率、内部收益率和企业融资的资本成本这三者之间的关系。

3. 结合你所能找到的特许经营企业实例，提出你认为该企业可行的融资渠道和融资方式，并从企业生命周期和行业特征等方面进行分析，说明你的理由。

第五章　特许经营授权

【知识结构】

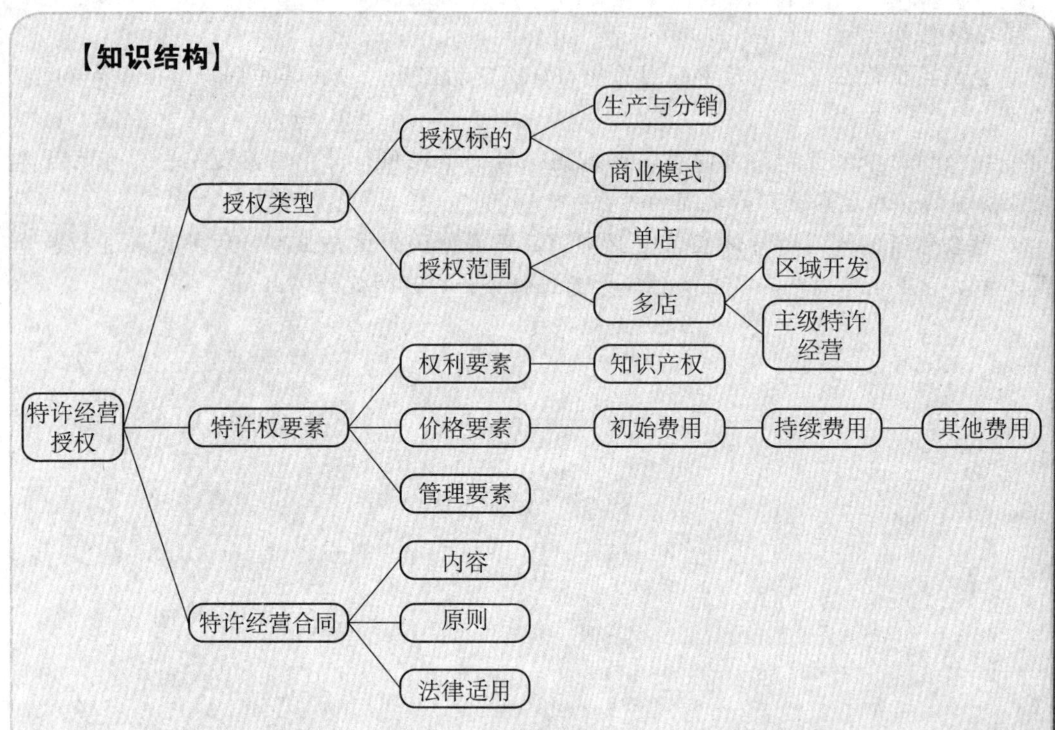

【本章要点】

- 特许经营的分类有多种方法，最常用的是按照授权标的和授权范围区分。
- 按照授权标的，可以分为传统特许经营（也称为产品与商标特许经营）和商业模式特许经营，这是对特许经营类型最基本的划分。
- 按照授权范围，可以分为单店特许经营、区域开发特许经营、主级特许经营、区域代表特许经营。
- 特许经营权的要素包括三大类：权利要素、价格要素和管理要素。
- 特许经营权的定价，要综合考虑内在价值、体系建设与维护成本、市场供需情况和企业的经营策略。
- 特许经营合同是对授权双方权利义务的具体规定，全面体现特许权的各个要素。
- 特许经营合同是一种民事经济合同，适用于相应的一系列法律和规章。

【学习目标】

通过本章的学习，了解特许经营授权的分类方法，熟练掌握特许经营的主要类型，全面掌握特许经营权的各种要素，熟悉特许权定价的方法与策略，熟悉特许经营合同的主要内容、一般性原则，了解特许经营合同区别于其他经济合同的特殊性，熟悉特许经营合同相关的法律和规章。

【学习建议】

如果可能，找一些真实的特许经营合同仔细阅读，从中识别出特许权的各个要素。

【关键词】

授权标的　授权范围　单店特许经营　区域开发特许经营　主级特许经营　权利要素　价格要素　管理要素　特许权的定价　特许经营合同　特许人资格　信息披露　冷静期

特许经营权绝不仅是若干知识产权的简单汇总。

在英文中，特许经营（franchise）一词兼有名词和动词的词性。作为名词时，既可以指抽象的特许经营活动，也可以指具体的特许经营交易中的标的，即特许人授予受许人的权利。在这个意义上，我们可以说，特许人向某个受许人卖出了一份特许经营权。

特许经营在本质上是一种有偿授权的契约关系。按照 FTC 的标准，判断一种关系是否属于特许经营，有三个必备的要件：授权使用商标或其他商业符号，对下游实施显著的控制并提供支持，在开业的半年内至少收取 500 美元的费用。显著的控制并提供支持，是特许经营区别于单纯的品牌授权和其他商业关系的重要标志，这既是特许权的重要组成部分，也是特许经营合同的核心内容。特许经营合同既体现了授权关系的主要内涵，也是对某项特许经营权的具体界定。

本章讨论特许经营授权的类型，以及构成特许经营权的各项要素，详细说明特许经营合同的内容，以及法律对特许经营合同的相关规定。

第一节　特许经营的授权类型

特许经营是一种涉及许多行业的商业现象。不同的行业里，产品和商业模式存在着巨大差异，甚至在同一个行业内的不同特许经营体系之间，授权的方式、内容和具体条款也千差万别。通过分类研究的方法来认识特许经营关系，对深入理解特许经营的共性与个性具有举足轻重的作用。确定特许经营的授权类型与方式也是特许人构建特许经营体系的首要决策。

特许经营关系的分类主要有两种方法：一种是按授权标的分类；另一种是按授权范围分类。

一、按授权标的分类

我国的《商业特许经营管理条例》中，对特许经营关系的描述是：特许人“以合同形式将其拥有的经营资源许可其他经营者（受许人）使用，受许人按照合同约定在统一的经营模式下开展经营”。这里，受许人按照统一经营模式所开展的经营活动，就是授权关系的标的。具体而言，就是受许人在特许人的授权之下从事何种业务。根据授权标的来划分特许经营关系，有多种分类方法。其中最常见、最典型，也最简单的分类方法来自美国商务部（Department of Commerce，DOC），如图 5-1 所示。

图 5-1　传统特许经营和商业模式特许经营

DOC 从 20 世纪 70 年代初开始对全美的特许经营活动进行官方统计，首先确立了将全部特许经营划分为传统和商业模式两大类别的方法。按照 DOC 的描述，传统特许经营（traditional franchising）表现为“专注于一家公司的产品线并在一定程度上认同于这家公司”的特许经营经销商。例如，福特公司的受许人，就是作为福特汽车的分销商而存在。这种方式也被称为“产品和商标特许经营”（product and trade name franchising）。商业模式特许经营（business format franchising）是“不仅包括产品、服务、商标，也包括整个商业模式本身——营销策略与计划、运营手册与标准、质量控制，以及持续的双向沟通与交流”。DOC 的这种划分方法，至今仍然是美国商界、司法界和学术界普遍采用的主流方法。例如，IFA 一直遵循这种分类方法。

按照 DOC 的统计，传统特许经营主要分布在三大行业：汽车经销、汽油零售（加油站）和饮料灌装（如可口可乐灌装厂）；而商业模式特许经营则分布在 14 个部门：汽车产品与服务，商业辅助与服务，建筑家居维护与保洁，便利店，教育产品与服务，酒店、汽车旅馆、营地，洗衣与干洗服务，游艺、娱乐与旅行，汽车出租服务，设备与装备出租服务，餐馆，食品零售，非食品零售，其他。其中，从销售额和网点数量来看，餐饮、零售和服务业所占的比重最大。2001 年以来，IFA 教育基金会先后三次委托普华永道编制了《特许经营的经济影响》的研究报告。其中，对传统特许经营的划分沿用了 DOC 的方法，把商业模式特许经营划分为 10 个部门：汽车相关产品、商业地产和住宅服务、快餐餐厅、正餐餐厅、食品零售、住宿服务、房地产服务、零售、商业服务、个人服务。

实际上，正如布莱尔和拉方丹分析的那样，传统特许经营与商业模式特许经营之间的差别，基本上是一个程度上的问题。无论是从特许经营合同的类型，还是特许人对受许人所提供的支持和施加的控制，两者在经济上的差别很小。我们在第一章讨论授权关系谱系时也提到，特许经营中有形产品和服务产品以及知识产权的比重，是一个渐变的过渡过程。

WIPO 将特许经营分为三类[①]：

（1）产品或分销特许经营（product or distribution franchise）：特许人将自己生产或委托他人生产的产品销售给受许人，受许人用特许人的商标将这些产品转售给消费者。例如在美国，很多汽车和汽油的生产商如福特、通用汽车和艾克森石油公司都采用了这种方式。

（2）制造、生产或加工特许经营（manufacturing，production or processing franchise）：特许人向受许人出售产品的核心成分，或提供一些特定的技术诀窍，受许人严格按照特许人的质量标准生产或加工最终产品，并向零售商销售。例如可口可乐公司在世界上许多地区向受许人出售可乐原浆（受保护的商业秘密），再由受许人按标准稀释、灌装、包装，向零售商出售。

（3）商业模式特许经营（business format franchising）：特许人授权受许人使用其商业模式，以及与这种商业模式相关的知识产权，如商标等。一些国际知名品牌如麦当劳、希尔顿酒店和 7-Eleven 便利店都采用了这种方式。

不难看出，WIPO 的分类是将 DOC 所划分的传统特许经营，根据分销产品的完成程度细分成两类，由特许人完成产品全过程、受许人只负责分销和转售的称为产品或分销型特许经营；由受许人参与生产过程的后半部分的，称作生产或加工型特许经营。

在国内，唯一的全国性特许经营行业组织是 CCFA 下属的特许经营专业委员会。但在中国连锁协会的各项材料中，并没有针对特许经营的统一行业划分方法。在 2016 年发布的 2015 年度中国特许经营 100 强名单中，划分了 17 个行业类别，分别是：超市、便利店、食品零售、非食品零售、中式正餐、中式快餐、火锅、西式快餐、休闲饮品、经济型酒店、教育培训、洗衣护理、房屋中介与装修、汽车后市场、美容休闲健身、家政服务、商务服务。对比美国的行业资料不难发现，CCFA 对特许经营的界定仅限于商业模式特许经营，而不包含像汽车 4S 店和石油公司的加油站这样的传统特许经营模式。尽管它们的经营模式完全具备特许经营的基本特征，但基于各种原因，一直没有进入特许经营的研究视野。此外，国内服装业的特许经营占据了较大的比重，这实际上是一种比较典型的传统特许经营模式。

除了上面这种源自 DOC 的分类方法以外，国内还有一些其他的分类方法。如有人将商业特许经营划分为商品商标特许经营、生产特许经营、专利及商业秘密特许经营和商业模式特许经营[②]；有人按照有形产品与服务产品的比重，将商业特许经营划分为六大类：有形产品的分销、伴有服务的有形产品分销、服务与有形产品混合的分销、伴有有形产品的服务分销、纯粹服务产品的分销、知识产品的分销[③]。

二、按授权范围分类

（一）单店特许经营（single unit or direct unit franchise）

特许人授权受许人开设和经营一家特许经营网点。这是最简单和最常见的特许经营授

---

① WIPO. In good company：managing intellectual property issues in franchising，2012.

② 李维华．特许经营学．北京：中国发展出版社，2009.

③ 石元蒙，王学思．特许经营导论．北京：北京师范大学出版社，2009.

权。但是很多情况下，如果单店受许人的网点经营良好，往往会有继续增开新店的动力。这时，特许人很可能会允许甚至鼓励优秀的单店受许人再次购买新的单店授权，价格还有可能优惠。这样就会出现拥有多个网点的受许人（multiple-unitfranchisee）。

（二）区域开发特许经营（area development franchise）

区域开发特许经营是指特许人授权受许人在指定地区、规定时间内开设多个网点。例如，特许人可能授权某受许人三年内在某个城市开设五个以内的网点。这意味着特许人授予受许人在一定时间内拥有某个地区的排他性权利。

（三）主级特许经营（master franchise）

主级特许经营的受许人同样拥有在固定时间和指定区域内开设多家网点的权利和义务。与区域开发特许经营的区别是，主级受许人有权在指定区域内向其他人销售特许权，即从事再授权业务，这种受许人被称作主级受许人（master franchisee）。在某种程度上，主级受许人在规定区域内承担了特许人的责任和义务，如对次级受许人（sub-franchisee）提供服务与支持，同时也分享次级受许人缴纳的特许经营费和特许权使用费。

（四）区域代表特许经营（area representative franchise）

除此之外，还有一种混合型的区域开发模式，即区域代表特许经营。在这种模式下，网点受许人直接与特许人签约，但获得区域授权的区域代表负责管理区域内的受许人，向他们销售产品和提供服务，同时分享一定比例的特许经营费和特许权使用费。

在商业实践中，有一定规模或市场覆盖较广的特许人，往往会针对不同地区的不同市场情况，混合采取这几种方式。一个典型的混合型特许经营体系的结构，很可能如图 5－2 所示，由多个层级、享有不同权限的受许人组成。

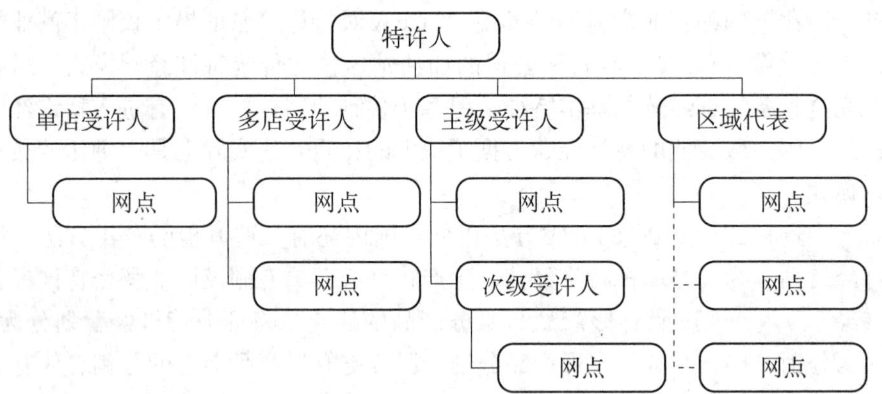

图 5－2　混合型特许经营体系

通常认为，受许人都是一些经营一两个店铺、服务范围仅限于社区的小业主，很多是夫妻店。实际上，在美国拥有一个以上网点的受许人非常普遍；某些多店受许人的规模可能非常大，甚至接近或超过特许人的规模。美国学者布拉达吉（Bradach）把这种现象称为特许经营体系内部的迷你连锁（mini chains）。美国特许经营学者考夫曼（Kaufmann）和拉方丹早在 1994 年就调查发现，麦当劳的受许人平均每人拥有 3 个麦当劳餐厅。另外，根据 2002 年 IFA 教育基金会的统计结果，有 20％的受许人平均每人拥有 4.3 个网点，占据了 145 家接受调查的特许经营体系全部网点的 53％，其他 47％的网点由剩余的 80％受许人拥有，这些人每人只拥有一个网点。

美国《特许经营时代》的资料表明，2001 年，美国最大的 200 个餐饮受许人经营着 16 544 家餐厅，每人平均拥有超过 80 个餐厅。排在前 100 位的受许人又占据了其中的 12 472 家餐厅，平均每个人拥有超过 120 个店。这些受许人中有很多本身已经成为上市公司。这些大规模的受许人往往同时与多个特许人合作，以不同的品牌经营不同类型的餐厅，甚至他们当中的几位本身已经成为其他商业概念的特许人。①

多店特许经营是最近一二十年发展起来的，而且发展速度很快。随着特许经营企业规模不断成长，跨区域经营逐渐成为普遍趋势。另外，特许经营的国际化现象日益突出。这种潮流既包括原来在本国经营的一些成功特许人开始逐步走向全球市场，也包括一些原来并未采用特许经营模式的企业在实行国际化扩张过程中，开始导入特许经营模式。在这股潮流下，陆续发展出多种区域授权与合作模式，如合资、区域发展代理、区域代表等，在一定程度上丰富了特许经营授权关系的表现形态。

第二节 特许经营权的要素

特许经营作为一种商业授权关系，主体是授受双方，即特许人和受许人；客体是由一组知识产权组合而成的特许经营权，简称特许权。从表面上看，特许权是商标、商号、专利、著作权和专有技术等权利的总称，但实际上，特许权并不是这些单项知识产权的简单加总。在前文讨论过，使特许经营区别于其他授权关系的核心，在于特许人对受许人的经营活动实施显著的控制，提供充分的支持。因此，一份完整的特许权，除了包括各单项知识产权之外，很重要的一个组成部分就是其中的管理要素，这是构成一个特许经营体系的灵魂。

一份完整的特许经营权包括权利要素、价格要素和管理要素（或称非货币要素），如图 5-3 所示。

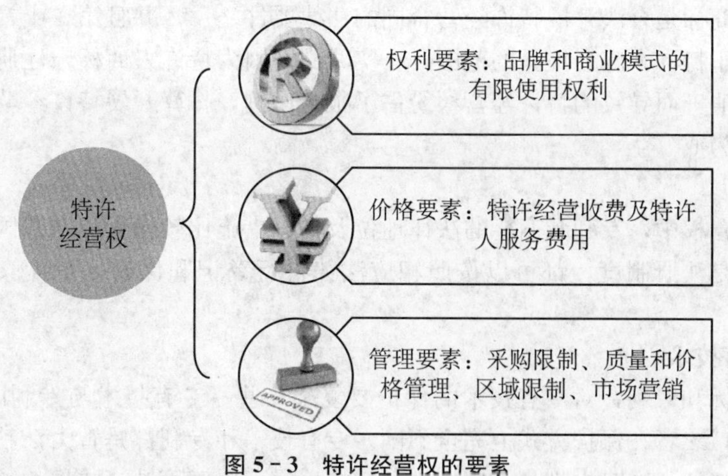

图 5-3 特许经营权的要素

① ROGER BLAIR，FRANCINE LAFONTAINE. The economics of franchising. New York：Cambridge University Press，2005.

一、权利要素

特许经营权的权利要素是指由特许人拥有产权或使用权的各项知识产权，具体包括商标、专利、专有技术和著作权。这些知识产权是特许经营权的核心和主体，是赋予特许经营以经济价值的基本要素，它们既是特许人开展特许经营并获得经济利益的主要资源，也是受许人开展经营活动的重要（无形）资产。

特许人在规划和建设特许经营体系时，对这些权利要素的运用，要综合考虑授权和保护两个方面的问题：一方面，要使受许人通过正确运用这种授权开展商业经营活动，为受许人自身、特许人以及整个特许经营体系创造价值；另一方面，要防范受许人在运用这些知识产权过程中出于利己的动机而损害这些无形资产。

特许人在开展特许经营活动之前，必须保证相关知识产权权属的真实可靠，避免因知识产权方面的瑕疵导致出现特许经营纠纷。很重要但也容易被忽视的一个方面是，特许人在开展特许经营活动之前，必须对所持有的知识产权所蕴含的商业价值有一个清晰而理性的判断。在法律上，权属的真实可靠只是开展特许经营活动的最低限度，并不能保证特许经营体系的安全与成功。特别是对体现为专利权、著作权和专有技术的一整套商业模式，如果未经验证，或经验证之后商业价值不充分，在这种情况下盲目销售特许权，即使主观上没有欺诈的故意，也会导致特许经营活动的失败，受许人可能提起诉讼。

在特许经营合同中，通常只是概括性地规定了商标、专利、专有技术、著作权等的授权与使用原则。要实现对知识产权的全面保护，可以考虑在特许经营主合同之外，另行签署单项知识产权授权使用协议，如商标授权协议、专利授权协议、著作权授权协议、商业秘密保护协议等。并且在开展特许经营活动之前，尽量完善对知识产权的法律保护机制。

（一）商标

我国对商标实行的是注册登记制度。按照《商业特许经营管理条例》第三条的规定，企业拥有注册商标是合法开展特许经营合同的法律要件之一，并且第二十二条规定，商标注册的情况属于特许人应当披露的范围。在实践中，因为特许人商标未注册或者商标所有权及使用权有瑕疵而导致的特许经营纠纷占了很大比例，打算开展特许经营业务的潜在特许人应该引以为戒。

（二）专利

在特许经营权中，专利和商标的法律地位及保护措施比较接近。在我国，这两种知识产权都实行的是注册制度，都可以按照相应法律进行登记和保护，并且依法进行转让或授权。

（三）专有技术

相对于商标和专利，对专有技术的保护要复杂一些。专有技术与专利既有相同之处，又有本质区别，二者在保护方式上完全不同。专有技术和专利都是智力活动的产物，具有知识性的共同特征，同时也都具有实用性和经济价值，属于可转让或授权的工业产权。二者的区别在于，专利是公开的，并且受到法律的保护；而专有技术是保密的，一旦公开就会丧失其经济价值。对专有技术的保护，更多的要靠权利所有者自身采取相关措施。在特许经营关系中，对关键性的专有技术，建议特许人制定和签署相关的保密协议，同时运用

《民法通则》《反不正当竞争法》等相关法律来保护知识产权。

(四) 著作权

我国对著作权实行的是自动保护原则。按照《著作权法》的规定，作品创作完成就自动获得了著作权。为进一步保障著作权人权益，便于在必要时对著作权进行认定，我国还建立了著作权自愿登记制度。特许权人可以考虑委托相关的知识产权代理机构对特许经营手册、培训教材等内部资料进行著作权登记。这样有利于在出现可能的著作权纠纷时帮助认定著作权的权属。

二、价格要素

特许人针对特许经营授权向受许人收取的费用是特许经营权经济价值的直接体现。制定特许经营收费标准和收费策略的过程，实际上就是特许经营权的定价过程。关于特许经营权的直接费用，在前文已经做了详细讨论，这里着重分析特许权定价的方法与策略问题。

在特许权的定价环节，重点需要考虑四个方面的因素：价值因素、成本因素、市场因素和策略因素，同时也对应着四种不同的定价思路与方法。在讨论特许权定价的具体策略之前，我们先简单说明一下经济利润或经济租的概念，这个概念涉及特许经营权所具有的内涵经济价值，对从经济上理解特许经营权非常重要。

(一) 经济成本与经济利润

通常我们所讲的成本与利润，多是从会计学的角度来理解，即收入减去直接成本和分摊的间接成本等于利润。但在经济学上，对成本的理解有所不同。所谓经济成本，主要是指资源的机会成本。用一个通俗的例子来说明，如果一个人拥有一笔资金，只能用来炒股或买房，那么，他炒股的经济成本就是他用这笔钱买房可能产生的收益，他最终选择了炒股，说明他认为股票对他来说是最优选择，而买房是次优选择。抽象地讲，经济利润(economic profit)是超出次优选择可能获得利润的那一部分收益，也称为经济租(economic rent)。

在特许经营关系中，特许人和受许人买卖特许经营权，双方对特许权的价值分别按照自己的标准进行判断。对受许人一方而言，他投资于特许经营，其经济成本就是将同样的资源（包括购买特许权的直接费用和其他资源，如开店投资、运营成本和投入个人精力的成本）投入其他非特许经营的商业机会的可能收入。换言之，受许人之所以购买特许经营权，是因为他认定在合同期内经营特许经营网点能够给他带来超过其他活动的超额收益。对特许人一方而言，相对于开展特许经营——销售特许权，其次优选择就是开设直营店。因此，特许人卖出特许经营权的经济成本就是开设直营店的最高收入。通俗地讲，只有在总体上授权网点能给特许人带来比直营店更高的收益，他才会选择卖出特许权。当然，这里为简化起见，忽略了二者在管理成本上的差异，这并不影响我们理解特许权的价值与价格。

实际上，从经济角度分析，特许权的价格最终取决于授权双方在市场条件下的博弈，也就是双方各自对自己的经济利润进行判断，最终达成一种均衡。

(二) 特许权的定价思路

特许权的成交价格，最终取决于授权市场的均衡状态。作为特许人一方，在制定价格策略时，要从价值、成本、市场和策略四个方面进行考虑。

1. 价值

在前文我们分析过，销售一份特许经营权能够带给特许人的直接经济价值，等于初始费用（特许经营费等一次性费用）和持续费用（特许权管理费和其他持续性收费的毛利）的贴现值之和。如果不考虑将特许经营作为渠道策略的因素，即特许人完全依靠特许经营收费获得经济利益，那么，特许人通过特许经营收费获得的利益，不仅要超过构造和维护特许经营体系的成本，也要高于特许人用同样的资源打造直营网点和直营体系的收益。

2. 成本

特许权销售的直接成本包括构造特许经营体系（其中含特许权开发）的成本和运营与维护特许经营体系的成本两部分。

3. 市场

如前所述，特许权的定价是特许人和受许人双方博弈的结果，也就是说，特许人必须根据当前市场上对同类特许权的需求和供给状况来确定可能的最高价格。

4. 策略

特许人还必须考虑企业销售特许权时的具体经营策略，根据企业自身的战略目标和阶段性策略，最终确定特许权的价格。如果特许人将特许经营作为渠道策略，就不能单独考虑特许经营的直接收益，而要同时考虑特许经营带来的渠道规模的扩大和效率的提升，以及由此而产生的产品分销收益的提高。

三、管理要素

前面一再讲到，特许经营权是一系列知识产权的组合，但其蕴涵的内在价值并非各个单项产权价值的简单加总。特许经营权的真正价值，除了单项权利的价值之外，还包括其中的管理要素，这是特许经营区别于其他授权方式的关键所在。在讨论这些具体的管理要素之前，我们必须先说明特许人与受许人之间的利益冲突，以此作为理解管理要素和体系管理必要性的基础，并认识在管理中可能出现的问题。

特许经营关系意味着法律上独立经营的企业之间的一种共生关系。受许人只有在整个体系获得成功时才能成功；同时，特许人的利润来自受许人的成功。双方的这种相互依存关系是显而易见的。然而，二者之间的利益并不总是协调一致的。

一方面，统一性对一个特许经营体系来说至关重要，失去了统一性，也就失去了体系存在的理由。因此，特许人一方总是希望尽可能多地控制受许人的各个方面，最大限度地保持体系的一致性。但特许人与受许人在所有权上是分离的，这是产生冲突的最主要的根源。另一方面，作为经济人，双方的目标都是利益最大化。然而二者的利益并不完全一致。特许人追求的是整个体系的利益最大化，而特许人的利益分别来自卖出特许权收取的初始费用和持续费用，以及特许人向受许人销售货品与服务产生的收益。具体到网点管理方面，特许人希望全体受许人的销售收入最大化，而受许人则追求自己的网点利润最大化，这就会在产品的质量和价格等方面出现分歧。由于整个体系是在共同的品牌或商号名义下经营，所以每个受许人的行为都会出现外部性，即个别受许人的行为既可能给整个体系带来利益，也可能损害整个体系，而单个受许人并不完全享受这种利益或承担这种成本。

因此，特许人对整个体系的管理要从两个方面来理解：从积极方面讲，特许人为实现整个体系的利益最大化，必须保证所有受许人在经营活动，特别是产品质量、价格和促销活动等方面的一致性；从消极方面讲，特许人由于拥有管理上的特权，相对于那些经济上完全独立的受许人处在一种优势地位，所以，存在着机会主义的动机和条件，即通过不公平或不正当的手段，从受许人那里榨取额外的利益。

从经济价值的角度分析，特许权的管理要素，体现在四个方面：物品采购、产品质量与价格、时间和地域、广告与促销。

（一）物品采购

特许人往往会要求受许人必须从自己这里，或者从自己指定的企业（很可能是特许人关联企业）采购设备、原料、辅料、包装用品或促销用品。尽管这种做法有可能违背反垄断法，但普遍认为这种所谓的搭售行为（tying）本身并不构成违法，而是特许经营体系管理的一种必要措施。在实践中，这也是多数特许人重要的收入和利润来源。

（二）产品质量与价格

特许人的目标是整个体系内的所有网点，在产品质量和价格上保持一致。然而，受许人出于扩大自身利益的动机，有可能会降低产品质量以提高利润，或者在需求旺盛的条件下抬高价格。而受许人的这种做法，会产生不利于整个体系的外部效应。这就是特许人必须实施质量和价格控制的理由。

（三）时间和地域

一份特许经营权的价值，部分取决于授权的时间和地域范围。

一方面，对特许经营合同而言，有一个特殊的时间问题，就是续约。对受许人而言，合同到期后，能够继续在一个成熟的体系内经营一个成熟的网点，其蕴涵的经济价值是不言而喻的。特别是对受许人前期已经投入的资源和精力而言，续约意味着更大的额外回报。因此，特许权的价值不仅取决于授权范围的大小，也取决于到期续约的条件和双方的利益。

另一方面，在合同期内，特许人和受许人在授权区域的管理上也可能产生冲突。特许人希望最大限度地提高网点密度，而受许人则希望在自己的授权区域之内或周边，不要再开设新的网点，无论是直营网点还是卖给其他人的授权网点。这就会产生所谓的地域侵蚀（encroachment）冲突。这也是特许权在管理方面的一个重要元素。

（四）广告与促销

特许经营体系在广告促销方面的管理，其机制与质量和价格的管理有些类似。

一方面，鉴于广告促销活动的外部效应明显，即一个网点宣传活动的传播效应可能惠及整个体系，至少是惠及相邻的其他网点，而网点自身却要承担大部分成本。因此，受许人有可能会产生搭车动机，减少体系所要求的广告和促销投入。

另一方面，特许人一方也有可能利用自己的优势地位，迫使受许人支付过高的广告与促销开支（包括缴纳广告费和当地的宣传投入），为自己谋取额外利益。

第三节　特许经营合同

特许经营是两个独立的法律主体之间的一种契约关系，双方的行为都要受到合同约定和法律规定的约束。因此，特许经营合同就成为具体界定授权关系中双方权利义务的基础，特许权的全部要素，都要在特许经营合同中以清晰、规范的方式规定下来。

特许经营法律关系是一种平等主体间的民事法律关系，特许人和被特许人的权利与义务由特许经营合同约定。作为相互独立的经济实体，特许人和受许人对外分别独立享有权利和承担义务。从法律角度来看，特许人与受许人之间没有投资或控股关系，也不是同一经营主体之中的雇佣关系，而是一种附有很强约束条件的授权许可关系。特许经营合同是确立特许经营双方这种复杂的法律关系的依据。

特许经营法律关系具有多元化和复杂化的特点。多元化表现在它包含多种法律关系，如商标使用许可、专利使用许可、技术秘密使用许可、商业模式的许可、培训指导、产品配送等多种法律关系。复杂化体现在特许人对众多独立的法律主体所实施的控制。

一、特许经营合同的主要内容

特许经营合同作为一种典型的经济合同，必须具备相应的法律要件。

（一）合同主体

笼统地讲，特许经营合同的主体是授权的双方，即特许人和受许人。在特许经营关系中，特许人与受许人双方，无论是规模、实力，还是所掌握的信息以及市场地位，都是不对称的；在授权关系成立之后，特许人也是以体系管理者的身份出现的。因此，在立法上，重点放在对特许人的约束方面。具体到合同主体，就体现为对特许人资格的确认。

我国的《商业特许经营管理条例》对特许人的资格做了具体限制：

第三条：特许人必须是拥有注册商标、企业标志、专利、专有技术等经营资源的企业，企业以外的其他单位和个人不得作为特许人从事特许经营活动。而同一条款中，对受许人则笼统地称为“其他经营者”。这一条对特许人资格的规定包括两个方面：一是必须是企业，其他组织或个人不能开展商业特许经营；二是特许人企业必须拥有开展特许经营的经营资源，相关的知识产权权属真实可靠。

第七条：特许人从事特许经营活动应当拥有成熟的经营模式，并具备为被特许人持续提供经营指导、技术支持和业务培训等服务的能力。这里面包括两个要素：一个是有“成熟的经营模式”，另一个是有持续地指导和支持受许人经营活动的“能力”。成熟经营模式是建设体系的基础，而对受许人的支持与服务是管理体系的核心。这一条中把这种“模式”和“能力”的最低限度，具体规定为“特许人从事特许经营活动应当拥有至少 2 个直营店，并且经营时间超过 1 年”，也就是通常所说的“两店一年”。

在特许经营合同中，除了特许人和受许人以外，还有一个重要的合同主体，即网点的经营管理机构。在实践中，特许经营合同的受许人可能是自然人。作为自然人的受许人，通常在获得特许经营授权后，开设网点的营业机构，该营业机构可能是个体工商户、个人独资企业、有限公司或者其他的经营实体。在这种情况下，特许权的直接使用者是加盟店的经营机构，而非被特许人。在特许经营合同中，特许人可能需要对受许人网点的经营管理机构、网点的投资人和管理人，以及网点名称的变更等做出规定。

区域特许经营合同的主体是总特许人（特许权的所有人）和区域特许人（特许权的区域推广人，即有权再授权的主级受许人）。通过区域特许经营合同的约定，它们之间建立了以区域特许经营权的授权和运作为中心的权利义务关系。通过总特许人的区域特许授权，区域特许人获得区域内特许经营权的使用权和再许可权。区域特许人将特许经营权授予次级受许人，并行使区域总部的权利，履行区域总部的义务。

（二）合同客体

特许经营合同的客体指授权关系中的授权标的，即特许人授予受许人的权利。

特许经营是一种契约关系，符合条件的当事人开展特许经营活动是双方的民事权利。在制度设计上要遵循当事人意思自治的基本民事法律原则。所以，相关立法着重于对特许人资格和开展特许经营活动的一些程序上的限制与规定，而不涉及特许经营授权的具体内容。《商业特许经营管理条例》第三条规定了受许人“按照合同约定在统一的经营模式下开展经营，并向特许人支付特许经营费用的经营活动”。这一规定，实际上体现了特许经营权中的管理要素和费用要素，也就是特许人拥有统一管理受许人经营活动的权利和义务，受许人应当向特许人支付相关费用。

在双方具体签订特许经营合同时，合同客体——特许经营授权的内容，是整份合同的核心。合同中必须对授权范围、授权内容、授权标的做出具体的明确规定。

1. 授权范围

授权范围包括时间、地域、权属等要素。时间范围是指授权期限，通常授权期间与合同有效期限相同，但针对特许经营活动的特殊性，合同中应当事先规定好续约方面的具体条款，如是否自动续约、续约时的相关费用、续约的条件等。合同中应明确规定授权的地域范围，并且明确规定受许人在该地域内的权利，即独占、排他还是普通授权。在独占的情况下，将限制特许人自身进入开设直营店，并且不得再授权其他受许人进入该地区。排他条件是限制其他受许人进入，但特许人可以自己进入开设直营店。受许人的权属范围指特许人授权受许人在规定的时间和地域内开设网点的数量，以及是否可再授权、是否可转让等。

2. 授权内容

授权内容是指特许人授权受许人从事何种业务，或者限制受许人从事的其他业务。这项内容的目的是防止受许人滥用授权，保护特许人的知识产权。

3. 授权标的

合同中还应对具体的知识产权如商标、商号、专利、专有技术、著作权等的内容、权属和使用范围做出规定，需要时应签署附加的具体授权协议。如果某项知识产权的权属有时间、地域或权利上的限制，如特许人只拥有部分产权时，要明确权属的到期期限和使用地域范围，并证明特许人可以合法地对拥有使用权的权利进行授权等。

（三）合同内容

在明确合同双方当事人的资格以及授权内容之后，合同的主要内容就是明确而具体地规定双方的权利与义务。国内的特许经营法律学者张国元对特许经营合同中双方的权利义务做出了全面的归纳①。

1. 特许人的权利

为保证特许经营体系的统一性和产品、服务质量的一致性，按照合同约定对受许人的经营活动进行监督和管理；对违反合同规定、侵犯特许人合法权益、破坏特许经营体系的受许人，按照合同约定终止其受许人资格；按照合同约定收取特许经营费和特许权使用费，以及合同中约定的其他费用，包括保证金。

2. 特许人的义务

特许人必须保证自己作为特许人的资格及相应的知识产权真实可靠；必须依照法律法规的要求向受许人披露信息；向受许人授予相应的知识产权，以及开展经营活动所必需的手册；为受许人提供开展业务所必须的销售、业务或技术上的指导、培训及其他服务；按照合同约定向受许人提供货品，包括设备、原材料、包装促销材料等，在这方面特许人要注意不得违反《反不正当竞争法》的相关规定；特许人对其指定供应商提供产品的质量承担连带责任；按照合同约定开展广告宣传活动。

3. 受许人的权利

获得特许人授权使用的商标、商号、专利等知识产权，以及体现为特许经营手册的整套商业模式；获得特许人提供的培训和业务指导，包括开业前的培训以及开业后的持续培训和指导；按照合同约定获得特许人提供的物料供应；获得特许人统一开展的广告宣传与促销方面的支持。

4. 受许人的义务

严格按照合同约定即特许经营手册的具体规定开展经营活动；按照合同约定及时支付特许经营的各项相关费用；维护特许经营体系的统一性；向特许人提供真实的经营状况、财务状况等合同中约定的信息；接受特许人的监督和管理；按照合同和附加的授权或保密协议保护特许人的知识产权，保守特许人商业秘密。

（四）合同形式

按照《商业特许经营管理条例》第十一条的规定，特许人和被特许人应当采用书面形式订立特许经营合同。《北京市高级人民法院关于审理商业特许经营合同纠纷案件适用法律若干问题的指导意见》在第三条、第六条、第十四条中分别规定，合同名称及合同中有关“本合同不属于特许经营合同”等类似约定一般不影响对特许经营合同性质的认定；特许人许可被特许人从事特许经营业务，但未采用书面形式的，一般不影响特许经营合同的效力；特许人在推广宣传特许经营业务过程中使用的广告或者宣传手册等资料通常应视为要约邀请，但特许人就特许经营所做的说明和承诺对特许经营合同的订立有重大影响的，亦可视为合同内容。

在实践中，大多数特许人都在合同中采用了格式条款，或者完全采用格式合同。这类合同在某种程度上会强化特许人的优势地位，因此，我国的合同法对格式条款做出了相应的具体规定。特许人在制定和签署特许经营合同时，必须注意遵守这些规定。《合同法》与格式条款相关的内容有：

① 张国元．特许经营法律与实务问题研究．北京：法律出版社，2009.

第三十九条　采用格式条款订立合同的，提供格式条款的一方应当遵循公平原则确定当事人之间的权利和义务，并采取合理的方式提请对方注意免除或者限制其责任的条款，按照对方的要求，对该条款予以说明。

格式条款是当事人为了重复使用而预先拟定，并在订立合同时未与对方协商的条款。

第四十条　格式条款具有本法第五十二条和第五十三条规定情形的，或者提供格式条款一方免除其责任、加重对方责任、排除对方主要权利的，该条款无效。

第四十一条　对格式条款的理解发生争议的，应当按照通常理解予以解释。对格式条款有两种以上解释的，应当作出不利于提供格式条款一方的解释。格式条款和非格式条款不一致的，应当采用非格式条款。

第五十二条　有下列情形之一的，合同无效：

（一）一方以欺诈、胁迫的手段订立合同，损害国家利益；

（二）恶意串通，损害国家、集体或者第三人利益；

（三）以合法形式掩盖非法目的；

（四）损害社会公共利益；

（五）违反法律、行政法规的强制性规定。

第五十三条　合同中的下列免责条款无效：

（一）造成对方人身伤害的；

（二）因故意或者重大过失造成对方财产损失的。

《最高人民法院关于适用〈中华人民共和国合同法〉若干问题的解释（二）》中第六条规定："提供格式条款的一方对格式条款中免除或者限制其责任的内容，在合同订立时采用足以引起对方注意的文字、符号、字体等特别标识，并按照对方的要求对该格式条款予以说明的，人民法院应当认定符合合同法第三十九条所称'采取合理的方式'。提供格式条款一方对已尽合理提示及说明义务承担举证责任。"

特许经营作为一种新型的经营业态，处于不断规范和发展之中，特许经营的不规范运作以及由此引发的法律纠纷和经营风险，很大程度上源于特许经营合同的不够规范和完善。实践当中，特许经营合同存在的主要问题包括以下四个方面：

（1）特许人和受许人权利义务不平等。特许经营合同一般由特许人自行制作并提供，往往采用格式条款的形式，特许人一般处于优势地位，在特许经营合同中往往会扩大自己的权利并增加受许人的义务，相应地又会减少特许人应承担的义务和限制受许人的权利。而受许人则很少有修改的余地，致使双方的权利义务不完全对等。

（2）合同约定不明确，用语不专业，这很可能导致受许人合法权益受到损害。如合同中约定特许人有义务向受许人提供培训和指导，但如果不约定特许人每年提供培训和指导的次数、形式等具体条款，这样的约定很可能会流于形式而没有约束力。

（3）合同条款不完备，包容性不够。有些特许人提供的特许经营合同简化到只有一两页纸，根本不能包括特许经营合同的必备条款，导致合同双方执行时缺乏依据，极易引发纠纷，造成特许经营项目失败。

（4）合同未对信息披露以及商业秘密的保护做出明确约定。由于特许经营合同中没有对信息披露以及商业秘密的保护做出明确约定，容易导致特许人逃避披露义务，也容易使掌握了特许人商业秘密的受许人失去约束。

2005 年，上海市工商行政管理局、上海市经济委员会、上海连锁经营协会联合发布了《上海市商业特许经营合同示范文本》。这是首次由地方政府和行业组织联合制定特许经营的合同范本。该范本共 67 条，分 14 个部分：总则，信息披露及商业秘密保护，加盟店的开业，特许产品的提供和配送，监督、培训与指导，知识产权的授予与使用，加盟店的统一运营，消费者投诉的处理，广告宣传与促销，合同的变更和解除，违约责任，合同终止后双方的权利义务，不可抗力，其他约定。此外，范本中还推荐了 6 个附件：补充条款，特许区域附图，甲方企业法人营业执照或营业执照复印件，乙方企业法人营业执照或营业执照复印件，甲方商标注册证复印件，甲方专利证或其他权利证明复印件。

二、特许经营合同的基本原则和特殊性

（一）特许经营合同的基本原则

特许经营合同作为一种民事经济合同，必须遵守《民法通则》《合同法》等基本法律对合同的规定，符合公平、自愿、诚信等基本原则，应当遵守法律、行政法规，尊重社会公德，不得扰乱社会经济秩序，损害社会公共利益。《商业特许经营管理条例》第四条规定："从事特许经营活动，应当遵循自愿、公平、诚实信用的原则。"与《合同法》第四、五、六条的规定完全一致。

CCFA 曾对特许经营合同提出了以下三项基本原则①：

1. 无形资产受法律保护的原则

特许经营的本质是一种权利集中许可，因此在制定合同时，应把特许人无形资产受法律保护作为第一原则。无形资产包括了商标、专利、专有技术、经营诀窍、经营理念、经营模式、经营规范、形象设计、广告设计、技术标准以及企业商誉等多项内容。对上述无形资产的保护是特许经营合同的首要任务，特许经营合同应该针对各项无形资产的特性，结合特许体系的特点，设计不同的无形资产保护方案并将其落实到特许经营合同之中，确保无形资产得到有效的保护。

2. 管理制度契约化原则

特许体系包含许多特有的管理制度，如营运管理制度、督导制度、培训教育制度、配送制度等。有效执行这些管理制度是特许体系正常运行的保障。从法律的角度讲，特许人的管理制度并不能当然约束被特许人和加盟店。为了使管理制度得到有效执行，必须将管理制度融入合同之中，即管理制度契约化。只有这样，特许体系的内部管理制度才变成具有法律约束力的合同条款，对被特许人才具有法律的约束力。

3. 持续性和灵活性相结合原则

频繁变换合同内容会导致特许体系的混乱。为了保持特许体系的稳定性，特许经营合同应该具有一定的持续性。在制定特许经营合同时，一定要有前瞻性的考虑，不要频繁地更换和修改合同。同时，特许经营合同应不断发展和完善。这要求特许经营合同有一定的灵活性。在制定特许经营合同时，应该借鉴同行业其他企业的经验，尽可能考虑周全，保

① 王贵斌．制定特许经营合同应注意的问题．连锁月刊，2010（7）．

证特许经营合同一定的延续性。对一些条件不成熟、没有考虑清楚或者有较多变数的问题，最好不要写进合同，待条件成熟后，再以补充合同的方式进行完善。

（二）特许经营合同的特殊性

在制定和签署特许经营合同时，除了遵循以上基本原则外，还要着重考虑一些特许经营合同特有的问题。

1. 特许人的先合同义务

特许经营合同的先合同义务，是指当事人为建立特许经营关系而进行洽商阶段，特许人基于诚信原则而负有的告知、说明、忠实及保护等义务。

（1）特许人资格。特许人在开展特许经营活动之前，必须符合相关法律规定的基本条件。详见前文。

（2）信息披露。特许经营关系中，受许人接受的是特许人的一整套商业模式，并且按照合同约定，严格遵守相关手册、指南等开展经营活动，以保证整个体系的一致性。换言之，在一个特许经营网点存续期间，受许人在经营上并不具有完全的自主权。因此，在双方建立特许经营关系之前，特许人有义务按照相关法律规定，向提出申请的受许人披露其商业模式和体系运营的具体情况，包括特许人企业的经营状况。根据我国《商业特许经营管理条例》第二十条、二十一条、二十三条的规定，特许人应当依照国务院商务主管部门的规定，建立并实行完备的信息披露制度。特许人应当在订立特许经营合同之日前至少30日，以书面形式向被特许人提供本条例第二十二条规定的信息，并提供特许经营合同文本。特许人向被特许人提供的信息应当真实、准确、完整，不得隐瞒有关信息，或者提供虚假信息。特许人向被特许人提供的信息发生重大变更的，应当及时通知被特许人。特许人隐瞒有关信息或者提供虚假信息的，被特许人可以解除特许经营合同。根据条例精神，商务部制定了《商业特许经营信息披露管理办法》，详细规定了特许人应向受许人披露信息的具体内容和相关规定。

（3）特许权销售中的广告宣传。特许人为销售特许权而开展的营销活动，也就是特许人的招商活动，在一定程度上对潜在受许人起着告知和劝说作用。鉴于特许经营的特殊性，必须保证其宣传推广中信息的真实性。《北京市高级人民法院关于审理商业特许经营合同纠纷案件适用法律若干问题的指导意见》第十四条规定，特许人在推广宣传特许经营业务过程中使用的广告或者宣传手册等资料通常应视为要约邀请，但特许人就特许经营所做的说明和承诺对特许经营合同的订立有重大影响的，亦可视为合同内容。

《商业特许经营信息披露管理办法》第六条规定，特许人在推广、宣传活动中，不得有欺骗、误导的行为，其发布的广告中不得含有宣传单个被特许人从事特许经营活动收益的内容。在美国，FTC 制定的《特许经营准则》中，对于特许人信息披露中的收益条款做出了比较严格的限制，尽管美国的法律并不限制或强制特许人披露收益方面的信息，但如果特许人选择披露相关信息，就必须严格遵守法律做出的专门规定。

2. 特许经营合同的冷静期

冷静期（cooling-off period）是指购买产品或签订合同后的一定时期内退还商品或放弃合同的权利，也称为买方后悔权（buyers remorse）。具体到特许经营方面，冷静期是指特许经营合同签订或支付特许经营费以后，可以暂时冻结协议，受许人在此期间可以经过冷静思考重新做出判断，选择是否放弃已签署的特许经营合同，而无须承担任何法律责任。《商业特许经营管理条例》第十二条规定："特许人和被特许人应当在特许经营合同中约定，被特许人在特许经营合同订立后一定期限内，可以单方解除合同。"《北京市高级人民法院关于审理商业特许经营合同纠纷案件适用法律若干问题的指导意见》第十八条对此做出了具体的规定："特许人和被特许人在特许经营合同中约定或者通过其他形式约定被特许人在特许经营合同订立后一定期限内可以单方解除合同的，从其约定。特许人和被特许人未约定被特许人在特许经营合同订立后一定期限内可以单方解除合同的，被特许人在特许经营合同订立后的合理期限内仍可以单方解除合同，但被特许人已经实际利用经营资源的除外。"

三、特许经营合同的法律适用

我国的特许经营活动开展时间不长，有些材料把 1987 年肯德基在北京开设第一家炸鸡店当作我国特许经营的起点，实际上受我国法律和政策的限制，肯德基、麦当劳等国际特许经营巨头在进入中国市场后的很长时间里，并未开展特许经营业务。直到 2000 年，肯德基才在江苏溧阳开出国内第一家特许经营授权店。国内较早开始特许经营业务的是 20 世纪 90 年代初期的李宁服装和全聚德烤鸭。在二十余年的发展过程中，我国的特许经营立法大致经历了三个阶段：1997 年，国内贸易部颁布了国内首个专门规范特许经营活动的部门规章《商业特许经营管理办法（试行)》，其中确定了中国连锁企业作为权威的行业管理机构；2004 年年底，为适应中国加入世界贸易组织的相关要求，商务部颁布了《商业特许经营管理办法》；2006 年，国务院正式颁布《商业特许经营管理条例》，自 2007 年 5 月 1 日起实行。

根据我国目前的立法现状，并没有专门规定特许经营的基本法律，对特许经营关系的调整规范，体现在其他的基本民商事法律中。其中最主要的是《民法通则》《合同法》《商标法》《专利法》《著作权法》《反不正当竞争法》。《商业特许经营管理条例》是我国规范和调整特许经营关系和特许经营合同最重要的专门法律。

按照《商业特许经营管理条例》第三条、第十一条的规定，双方签订书面的特许经营合同是构成特许经营关系的必备法律要件。第八条、第十九条规定，特许人应当自首次订立特许经营合同之日起 15 日内，依照《商业特许经营管理条例》的规定向商务主管部门备案；特许人应当在每年第一季度将其上一年度订立特许经营合同的情况向商务主管部门报告。《商业特许经营管理条例》第十一条中，具体规定了特许经营合同的主要内容：

（一）特许人、被特许人的基本情况；
（二）特许经营的内容、期限；
（三）特许经营费用的种类、金额及其支付方式；
（四）经营指导、技术支持以及业务培训等服务的具体内容和提供方式；
（五）产品或者服务的质量、标准要求和保证措施；
（六）产品或者服务的促销与广告宣传；
（七）特许经营中的消费者权益保护和赔偿责任的承担；
（八）特许经营合同的变更、解除和终止；

（九）违约责任；

（十）争议的解决方式；

（十一）特许人与被特许人约定的其他事项。

2008 年 4 月最高人民法院施行的《民事案件案由规定》，将特许经营合同纠纷案件列为知识产权纠纷案件，因此适用各项知识产权的基本法律和专门立法。

2011 年 2 月，北京市高级人民法院在进行专题调研的基础上，制定下发了《北京市高级人民法院关于审理商业特许经营合同纠纷案件适用法律若干问题的指导意见》，这是首次由地方法院针对特许经营合同纠纷案件制定的规范性意见，共 25 条，对特许经营资源的认定、特许经营合同效力的认定、特许人欺诈的认定、特许经营合同纠纷的法律责任等内容进行了规定。其实施对确保相关案件司法标准的统一，进一步提高案件审判质量发挥重要的指导作用。

该意见规定，被特许人在特许经营合同签订后的合理期限内可以单方解除合同，且特许人不得完全限制被特许人的单方解除权，但被特许人已经实际利用经营资源后不得再行使单方解除权。特许人在签订特许经营合同后隐瞒重大变更信息或者提供虚假信息、夸大经营资源，给被特许人从事特许经营业务造成实质影响的，被特许人可以请求撤销或者依法解除该特许经营合同；特许人在推广宣传特许经营业务过程中使用的广告或者宣传手册等资料通常应视为要约邀请，但特许人就特许经营所做的说明和承诺对特许经营合同的订立有重大影响的，亦可视为合同内容，当事人违反该说明和承诺的，应当承担违约责任。此外，该意见还对司法实践中争议较大的一些法律适用问题做出了明确规定。如关于非企业的单位、个人作为特许人签订的特许经营合同的效力如何认定，如何认定直营店，以及特许人不具备拥有至少 2 个经营时间超过 1 年的直营店时，如何认定其签订的特许经营合同的效力等。

本章案例

从一起特许经营合同纠纷看特许人的义务

原告为重庆某知名餐饮连锁管理公司，名下有知名的餐饮连锁品牌。被告系深圳本地个体经营户。被告于 20×4 年与原告签订加盟合作协议。双方约定，被告加盟经营原告的餐饮连锁品牌，在深圳市开设加盟店。被告一次性支付加盟费 11 万元，每年还应向原告缴纳 3 万元的权益金。原告许可被告使用其餐饮品牌并提供饭店整体装修方案，统一提供带有原告标志的餐具及其他用具，提供所有菜式及向被告的加盟店派驻所有厨师。同时合同还约定，原告应向被告派出培训人员对被告的管理人员及收银等重要人员进行培训，原告还应对其派出的厨师进行不定期的培训及考核，原告免费为被告配送货物。合同期限为五年。合同签订后，被告依约全额支付了 11 万元的加盟费及第一年的权益金 3 万元，共计 14 万元。原告向被告派出了二十余名厨师及工作人员，向被告提供菜牌样本及一些餐厅用具，但未派出培训人员对被告的管理人员等进行培训。在合同履行的一年中也未对其派出的厨师进行考核或培训，并在配送过程中谋取了高额利润。20×5 年年底，被告针对上述原告的不足之处要求原告予以改进，并要求降低按年支付的权益金。但双方几经协商未果，被告遂更换饭店名称，改变菜牌样式及饭店用具，拒绝继续履行合同。原告于20×6年9月提起诉讼，要求被告支付拖欠的权益金、滞纳金、违约金共计15万余元。

被告方代理律师认为：原告主张我方当事人没有按期缴纳权益金并拒绝继续履行合同是违约行为，应承担违约赔偿责任。特许经营相关的法律法规规定，特许人必须具备提供长期经营指导服务的能力并实际提供了服务，而且合同中对此也做了约定，而本案原告没有履行该相关义务，因此主要针对该点对原告的诉讼请求提出抗辩，主张原告违反法定及约定义务在先，才导致合同无法继续履行，不应由被告承担违约责任。

受理法院认为，原告虽然许可被告使用其品牌并向被告派出了厨师等工作人员，完成了主要的合同义务，但其没有尽到培训义务是导致本合同解除的原因，被告拒付权益金的行为不是本合同解除的原因。因此原告要求被告赔偿违约金及滞纳金的要求不予支持，但被告在合同解除后仍实际使用了原告品牌六个月，根据双方确定的权益金标准，酌情判决被告支付使用费15 000元。

复习与思考

1. 结合本章第一节和第三节的内容，讨论单店特许、区域发展特许和主级特许三种情况下，特许人与受许人双方的权利和义务有哪些异同点。

2. 传统特许经营和商业模式特许经营中，特许权定价的方法与策略有何区别?

3. 具体分析本章案例，特许人一方的违约行为导致了特许权的哪些要素出现缺失?对受许人的经营活动造成了哪些影响?

第六章　特许经营合规

【知识结构】

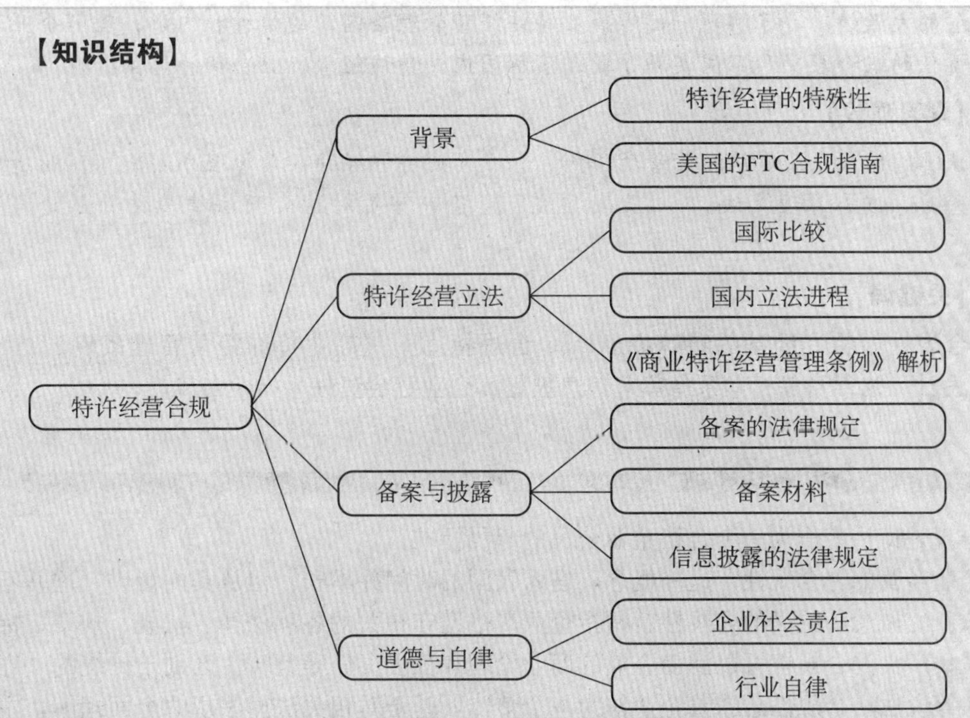

【本章要点】

- 企业经营的合规性包括四个层次：遵守各项法律、法规、规章、标准（最核心也是最基本的要求），遵守商业道德和企业的内部规范，遵守社会道德和公共秩序，履行企业作为社会公民的义务及承担企业的社会责任。
- 特许经营的特殊性，不仅要求政府部门进行专门的监管，而且对企业自身的自律及合规性也提出了要求。
- 各国对特许经营的立法和监管机制不尽相同，但基本都把规范信息披露的内容和格式作为最主要的措施。
- 我国对特许经营的立法，经过了监管空白、部门规章和行政法规三个发展阶段。
- 按照我国现行法律，特许人强制备案以及规范的信息披露，是对特许人最基本的法律要求。
- 企业社会责任不仅是企业自律的一种形式，也会给企业带来竞争优势。

- 特许经营的行业自律，主要通过行业协会等组织制定相关的道德准则和具体实施措施来实现。

【学习目标】

通过本章的学习，应该对企业经营的合规性有全面的了解，并能够结合特许经营行业的特殊性，深入理解特许人的各项义务和责任；了解国内外对特许经营进行立法和监管的大致情况，了解现行的《商业特许经营管理条例》的精神和内涵；理解企业社会责任的四个层次和不同实施手段；了解国内外特许经营行业自律的具体措施。

【学习建议】

认真阅读《商业特许经营管理条例》和《商业特许经营备案管理办法》、《商业特许经营信息披露管理办法》，以及国务院、商务部官员对这几项法律文件的解读与说明。

【关键词】

合规性　特许经营的特殊性　FTC 合规指南　《商业特许经营管理条例》　制度设计　法律责任　体系备案　信息披露　企业社会责任　行业自律

合规是特许人作为一个合格企业公民的起码标准。

企业经营的“合规性”这一概念，进入我国的时间并不长，但从其内涵讲，这并不是一个全新的概念。狭义的合规性就是指企业严格遵守相关的各项法律、法规、规章、标准和政策；广义的合规性可以涵盖企业的商业伦理和社会责任等范畴。区别于传统的“守法经营”等说法，合规性意味着企业作为一个整体，基于对相关法律法规的全面理解，主动地、有组织地实施一系列整体协调措施，在保证遵守相关法律法规的同时，最大限度地提高企业资源的使用效率。

目前国内对合规性管理的认识和应用，还主要局限在金融领域，特别是银行业和证券业。基于特许经营体系在治理和产权方面的复杂性，以及特许经营具有的类金融属性，我们将这个概念引入到特许经营体系管理的范畴，以此突出特许人作为企业公民的社会责任与道德责任。

本章将分析特许经营中其他重要法律问题，重点讲解特许经营体系的信息披露和备案。按照我国法律规定，这是特许人必须履行的两项法律义务。在此基础上，我们将扩展到企业的社会责任和商业伦理，并简单介绍特许经营行业的自律问题。

第一节　概念与背景

将合规性管理的思想和理念导入特许经营体系管理是一种新的尝试。为此，我们先讨论普遍意义上的合规性概念，以及相关的行业背景。

一、基本概念

按照我国学者杨超琦的观点①，合规性（compliance）的概念可以从宏观和微观两个角度理解。从宏观上讲，如从国家立法部门或监管部门方面，通常指合乎国家的各类法律、法规和其他强制性规范的行为；从微观上讲，在企业的公司治理方面，指合乎企业外部的各项相关法律法规的规定，以及内部各类相关规章制度的行为。与之相对应，合规性管理的概念是：有效识别合规风险，主动避免违规事件发生，主动采取各项纠正措施和适当的惩戒措施，持续制定相关制度及详尽描述做法的岗位手册，确保组合各个机构和人员的各项业务行为符合外部法律法规及其他强制性规范以及内部各项规章制度，以有效满足组织合规性目标的周而复始的循环过程。

合规性的“规”，指行为规范，是调整和约束人们行为的各种法律、规章、公共秩序、社会道德等准则。对企业而言，广义的合规性包括四个层面（见图 6－1）：国家制定的强制性法律规范（最核心）、商业伦理与企业的内部管理制度、社会公认的道德规范、企业的社会责任。

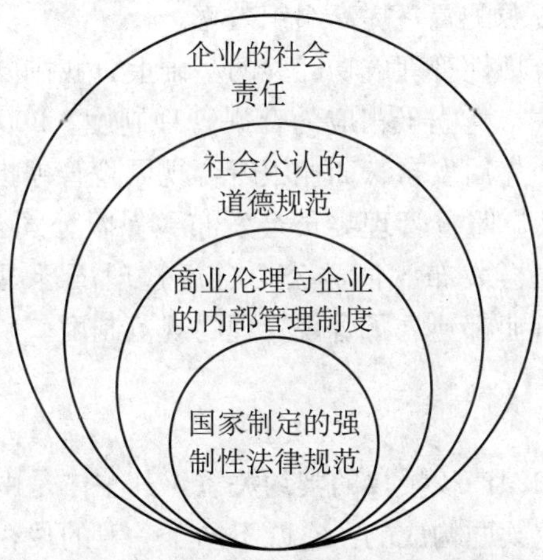

图 6－1　企业经营合规性的四个层面

合规性管理的概念是与企业经营活动中可能存在的合规风险联系在一起的。由于现代社会中经济活动的复杂性，企业的利益相关者范围日益广泛，一家企业出现违规违法现象，往往会造成较大的社会影响，甚至引发大规模社会事件。如 21 世纪初的安然、世通等重大案件，直到《世界新闻报》窃听丑闻等，其影响力都远远超出了企业内部管理的范畴，最终的结果往往是致命的。

国际上，越来越多的企业和组织逐步认识到，应该将治理、风险管理和合规性（governance，risk management，compliance，GRC）视作企业经营过程中一个综合的整体。三个基本要素的含义如下：

（1）治理是高级管理团队的责任，它关注创建组织内部的透明度，采用某种机制来保

① 杨超琦．《合规理论与实务》辅导讲义．北京：对外经济贸易大学内部资料．

证组织内所有成员都遵守确定的流程和方针。恰当的治理策略能够监测和记录当前的商业活动，采取措施和步骤来保证符合确定的方针，并且能够在误解、曲解或违背这些原则时提供矫正措施。

（2）风险管理是组织识别潜在的风险，根据组织的商业目标区分风险的优先级，判断其抗风险度，并通过组织的内部控制来管理和减轻风险。它涉及企业经营活动中的多个方面，如运营管理、财务、策略与监管风险。

（3）合规性通过记录和监测控制指标，确保企业的各项活动符合法律规定、行业规范以及组织的内部政策，并且与管理层和监管部门保持沟通，监督和纠正违规行为。

通过实施统一的 GRC 管理策略，可以显著提高企业的综合实力，保护和增加股东利益。具体体现在如下几个方面：

第一，通过对相关风险与机会的清晰判断，改善企业的战略决策。

第二，通过积极有效的监测活动，最大限度地减少运营中意外的发生。

第三，减少出现负面事件的概率，保护和增强企业的商誉和品牌。

第四，避免司法部门和政府监管机构的处罚，维护企业声誉。

第五，改善企业内部资源配置，提高组织效率。

在借鉴和引进国际上合规性管理成功经验的基础上，我国陆续在银行、证券、保险等行业引进了合规管理的模式，建立了相应的合规管理制度。2006 年 10 月和 2007 年 1 月，中国银行业监督管理委员会先后发布《商业银行合规风险管理指引》和《信托公司治理指引》；2007 年 9 月，中国保险监督管理委员会发布《保险公司合规管理指引》；2008 年 7 月，中国证券监督管理委员会发布《证券公司合规管理试行规定》。至此，我国在银行、保险、证券三大主要金融行业都建立了合规管理的规范制度。

二、特许经营的特殊性

特许经营是一种基于知识产权授权的契约关系，其主体是由产业组织内具有独立的法律和经济地位的上下游企业共同构成的。它既不同于一般的授权关系，也有别于传统意义上的商业合作伙伴，更不是企业内部的上下级关系或雇佣关系。其特殊性主要体现在以下几个方面：

（1）产权独立。特许人和受许人分别是相互独立的法律主体，各自拥有对自己企业的所有权，自主地对自己的投资负完全责任。从这个角度看，特许经营是同一个体系内不同企业之间的关系。

（2）中央控制。整个特许经营体系的经营活动，完全由特许人控制，特许人具有绝对权威，在经营管理上形成绝对的不对称关系。这一特征使特许人拥有了类似于雇佣者的权利，受许人履行的是类似网点经理的职责。

（3）一对多格局。由一个掌握核心资源（通常体现为无形的知识产权）的特许人同时授权众多相互独立的受许人，并对其施行统一管理。这样，特许人的任何举措，都会影响一大批处于弱势地位的独立小企业，产生较大的社会影响。

（4）类金融属性。特许人出售特许权，从目标和效果上看，都具有面向产业链下游的非定向融资的特性，使对特许经营的监管变得更加复杂。

经济上的独立性和体系管理的统一性之间的矛盾，必然导致特许人与受许人在利益上的不一致，使双方都有可能在合同框架之外采取机会主义的做法，损害对方的利益。由于双方的不对称关系，这种冲突更多地体现为特许人对受许人利益的侵蚀与侵害，造成的社会影响也更大。

从对特许人的监管来看，特许经营关系的这种特殊性会引发两类问题：特许经营欺诈和特许人机会主义。这两者之间在动机和行为方面存在着差异，但都会直接侵害受许人的利益。

（一）特许经营欺诈

根据《民法通则》及相关司法解释，民事欺诈行为是指在设立、变更、终止民事权利和民事义务的过程中，故意告知对方虚假情况，或者故意隐瞒真实情况，诱使对方做出错误的表示的行为。民事欺诈行为导致的法律后果是民事行为无效，从行为开始就没有法律约束力。《合同法》第五十二条、第五十四条规定，一方以欺诈、胁迫的手段订立合同，合同无效，受损害方有权请求人民法院或者仲裁机构变更或者撤销。

我国学者肖朝阳认为，构成特许经营欺诈的条件包括：（1）特许人主观上具有欺诈的故意，即特许人明知自己告知受许人的情况是虚假的，会使受许人对自己购买特许权的行为形成错误认识，而希望或放任这种结果的发生；（2）特许人实施了欺诈行为，特许人在实践中故意告知受许人虚假情况，或故意隐瞒真实情况，诱使受许人做出错误的意思表示；（3）受许人因特许人的欺诈行为而陷入错误，因此做出了购买特许权的意思表示。①

在实践中，特许经营欺诈可能表现在多个方面，如合同主体欺诈、知识产权欺诈、商业模式欺诈、预期盈利欺诈、产品质量欺诈、价格欺诈等。在某些案例中，可能同时存在上述多种元素。美国受许人和经销商协会理事会主席罗伯特·珀文（Robert L. Purvin）曾经对市场上流行的一些有关特许经营的虚假宣传进行归纳②，其中每一条的背后都隐含着特许人实行欺诈的危险：（1）特许经营是一种安全的投资方式。（2）受许人在特许人支持下为自己工作。（3）受许人完全拥有自己的店铺。（4）受许人有偿获得了特许人授予的有显著商业价值的知识产权。（5）受许人获得了一个经过验证的成功商业模式。

尽管在严格的限制条件下，上面的说法是正确的，但其中存在的漏洞使特许人有可能对受许人实施欺诈。而特许经营关系中的信息不对称，使受许人很有可能因此而陷入特许经营欺诈的陷阱，蒙受经济损失。

在美国特许经营发展的初期，也经历了一个特许经营欺诈盛行的阶段。出现了一批靠特许经营获得成功的企业，最典型的是1965年上市的麦当劳。20世纪60年代末到70年代，美国出现了特许经营泛滥的情况，很多并不具有真正的知识产权，或者其知识产权并不具有真实商业价值的特许人大肆招募受许人，导致为数众多的中小投资者上当受骗，蒙受巨大的经济损失。实际上，美国的州和联邦两级政府对特许经营的立法和监管，正是为了应对这种市场乱象而出台的。

---

① 肖朝阳．预防特许经营欺诈的法律机制．广州：首届中国特许经营国际学术峰会，2006.

② ROBERT PURVIN. The franchise fraud：how to protect yourself before and after you invest. Hoboken：John Wiley & Sons，Inc.，2008.

我国的特许经营欺诈现象是在20世纪90年代中期开始出现的。2005年，国务院办公厅发布了《关于开展打击商业欺诈专项行动的通知》，其中专门提出要“打击商贸活动中的欺诈行为。重点是：打击企业不规范促销、虚构或者夸大特许经营品牌效应、骗取加盟费的行为”。

（二）特许人机会主义

典型的特许经营欺诈行为违背了相关的民事法律，严重时还可能触犯刑事法律，演变为刑事上的诈骗行为。绝大多数特许经营欺诈案例中，特许人的欺诈故意，往往是在特许经营合同签订之前就已经存在。

但在实践中，还有很多特许人可能在签订特许经营合同时，并没有欺诈的故意，但在签约后，为了保护和增加自己的利益，利用法律或合同中可能存在的漏洞，抓住一切可以利用的机会，损人利己，这就是所谓的特许人机会主义（franchisor opportunism）。当然，作为特许经营关系中的另一方，受许人也有做出机会主义行为的动机和可能性，但这里我们把讨论的焦点集中在特许人一方。

新制度经济学强调经济制度对人类行为的约束和影响。在信息不完全或存在不确定性的条件下，交易双方都有可能出现机会主义行为。这种行为分为两类：一类是在追求私利的时候，藐视公共规则，“附带地”损害了他人的利益；另一类则纯粹是以不正当手段为自己谋利，损害他人利益。

美国学者布莱尔和拉方丹从特许权的不同要素中体现出来的利益冲突，对特许经营活动中存在的机会主义进行了研究。尽管从经济学原理和实证分析的角度，论证特许经营行业作为一个整体，特许人实行机会主义的可能性不大，但所提出的那些被指责为机会主义的特许人的行为，的确存在着机会主义的动机和可能性。

交易双方的机会主义划分为合同前机会主义和合同后机会主义。合同前机会主义主要是指交易一方利用信息不对称的现实，欺骗潜在受许人，使其做出错误的投资决定。多数特许经营欺诈都是这种合同前机会主义的表现。而那些签约前并没有欺骗受许人主观故意的特许人，在签约后整个合同期内，却有可能出于利己的动机，采取合同后机会主义的做法，侵害受许人的利益。

另外，受许人在签约后，对新开网点所做的投资，往往限定了受许人与特许人之间的合作关系。如果受许人放弃特许权，即使不考虑合同中可能有的法则，这些初始投资也很难收回或转作他用，这种投资被称作专用性资产（specific assets）。受许人因专用性资产的限制而被绑定在特许人身上，这也是导致特许人出现合同后机会主义的原因之一。

典型的合同后机会主义有以下几种常见的形式：

（1）由于签约时收取了较高的一次性费用，即特许经营费，使特许人失去了维护和提升特许经营体系的动机，减少了在产品研发、质量控制、广告促销和受许人服务方面投入的资源和精力，使受许人购买的特许权贬值。

（2）为维护体系的一致性，特许经营活动中普遍存在着对受许人物品采购的指定性或认定性限制，如主要加工设备、原辅料、包装用品、广告促销用品等，这有可能成为特许人获得收入和利润的一个重要来源。但在实践中，特许人有可能利用合同的限制，滥用其控制优势，以超出市场的竞争性价格销售供应品，获取超额利润。

(3) 特许经营中，特许人的合同后利益来自持续的特许权使用费，而这种费用往往是按照受许人销售额的一定比例收取的。特许人往往会为了实现自己利益的最大化，限制或压低受许人的零售价格，以实现整个体系销售收入的最大化。这时特许人收入的提高是建立在受许人利润降低的基础上的。

(4) 特许人有可能为了收取更多的特许经营费，甚至是特许权使用费，而在受许人网点周边合理的市场空间内，卖出更多的授权，开设更多的网点，甚至可能是开设直营网点，由此侵蚀受许人的市场空间，损害受许人的利益。

(5) 特许人可能会利用一些借口，不正当地中止对一些市场状况良好的网点的授权，收回网点改成直营，或者再次以更高的价格销售特许权，从而获得额外利益。与此相类似的还有特许经营合同到期后的续约问题。

三、美国的 FTC 合规指南

早在 1979 年，美国联邦贸易委员会（FTC）就颁布了联邦的《特许经营准则》(Franchise Rule)。该准则一直是美国司法实践中，协调和监管特许经营关系最基本的法律依据。2007 年，FTC 对该准则进行了修正，并于 2007 年 3 月 30 日颁布了新的《特许经营准则》，全称是《与特许经营和商业机会有关的信息披露要求和禁止行为》(16 CFR Parts 436 and 437，Disclosure Requirements and Prohibitions Concerning Franchising and Business Opportunities; Final Rule)，如图 6－2 所示。

图 6－2 FTC 颁布的《特许经营准则》封面

在《特许经营准则》的基础上，FTC随后发布了长达150多页的《特许经营合规指南》(Franchise Rule Compliance Guide)。这是一份对修订后的《特许经营准则》进行具体阐释的文件，同时也是特许人合规性的基本框架。该指南将重点放在特许人的信息披露方面，要求特许人在签约前必须向潜在受许人披露：特许人的背景情况，开设网点的进入成本，双方的法律义务，体系内授权网点和直营网点的统计情况，审计后的财务信息。如果特许人选择做出预期收益的披露，那么披露的资料必须符合特定规则。该指南共分九个部分：对特许经营关系的界定、特许人的披露义务、披露文本的内容与格式、初始披露文件指南、更新披露文件指南、财务绩效的陈述、财务绩效陈述的合理性、附加的禁止条款、公平监管中的特许人权利。

FTC的《特许经营准则》和《特许经营合规指南》中关于受许人义务（见表6－1）和特许经营关系（见表6－2）这两个部分的内容非常有特色，对于起草和签署特许经营合同具有很高的参考价值。其中，关于特许经营关系的描述，使双方在签约之初就能够对未来的长期合作关系有一个清醒的认识；对于受许人义务的描述，更是值得特许人在起草特许经营合同时借鉴、参考。因为，一份有效的特许经营合同是约束特许经营关系、界定双方权利义务的最主要且具有法律效力的依据。

表6－1　　美国FTC的《特许经营准则》中对受许人义务的描述

义务	特许经营合同的对应章节	信息披露文档的对应项目
a. 经营场所的选择、获取或租赁		
b. 开业前的采购和租赁项目		
c. 场所准备和开业前的其他要求		
d. 初始培训和持续性培训		
e. 开业		
f. 费用		
g. 遵守特许经营体系的标准、政策和运营手册		
h. 商标和产权信息		
i. 产品和服务采购的限制		
j. 品质保障与客户服务		
k. 区域开发与销售指标		
l. 持续性的产品和服务采购		
m. 网点维护、装饰和改造要求		
n. 保险		
o. 广告		
p. 赔偿条款		
q. 店主参与管理和人员招聘		
r. 业务活动的记录与报告		
s. 检查与审计		
t. 网点转让		
u. 续约		
v. 终止后的义务		
w. 竞业禁止条款		
x. 争议解决防范		
y. 其他（详细说明）		

表 6-2　　美国 FTC 的《特许经营准则》中对特许经营关系的描述

条款	特许经营合同的对应章节	说明
a. 合同期限		
b. 续约和延期		
c. 续约和延期对受许人的要求		
d. 受许人一方中止		
e. 特许人一方的无理由中止		
f. 特许人一方的有理由中止		
g. "中止理由"的定义——可恢复		
h. "中止理由"的定义——不可恢复		
i. 中止和不续约时受许人的义务		
j. 特许人转让合同		
k. 受许人"转让合同"的定义		
l. 特许人对受许人转让的批准程序		
m. 特许人对受许人转让的批准条件		
n. 特许人收购受许人网点的优先权		
o. 特许人收购受许人网点的选择权		
p. 受许人身故或残疾		
q. 合同期内的竞业禁止条款		
r. 合同中止或到期后的竞业禁止条款		
s. 合同的修订		
t. 合并与收购条款		
u. 仲裁或调节方式解决争议		
v. 诉讼法院的选择		
w. 法律的选择		

第二节　特许经营立法

特许经营是从西方引进的一种新型商业模式。现代商业特许经营发源于美国，对特许经营的监管和立法，也往往需要借鉴和参照欧美一些发达国家的做法。2007 年，北京师范大学（珠海）特许经营学院接受商务部的委托，由多位中外特许经营专家组成课题组，开展了专项课题研究《国内外特许经营监管与促进体系研究》。以下简单介绍该项研究的主要成果。

一、国际比较

《国内外特许经营监管与促进体系研究》以中国、美国、澳大利亚和越南为例，从法律对特许经营监管与促进的影响、特许经营的商法环境、特许经营法的主要内容、特许经营的监管主体和程序等几个方面，对四国的特许经营立法、监管和产业促进政策进行了全面的比较研究，并且对特许经营产业促进政策提出了具体建议。

研究报告首先针对四国商法和特许经营专门法的立法现状，分析了特许经营的特征以及专门立法的必要性。四个国家均有预先信息披露的要求，美国和澳大利亚的信息披露要求最多、最复杂，越南和中国具有相似性。这些相似性包括：都对特许人的资格做了一定的限制，都有特别规定外资企业遵守其他法律关于经营范围的问题，都确定了注册/备案制度。四个国家的立法都从不同方面和不同程度调整特许双方关系，监管的关键是以受许人保护为侧重点，以特许人的信息披露为核心，以事后备案为监管手段。

尽管四国的历史、文化和政治背景各不相同，但对作为特许经营基础的合同关系的一些基本原则却具有基本一致的符合市场交易的规定，如平等、合同自由、诚实信用等。同时，四国之间在某些方面存在细微（也可能是重大的）差别。美国和澳大利亚从法律的角度分析一项商业活动时，先假设它的合法性，除非有专门的法律或规章制度规定它是非法的。在商业主体的法律规定方面，同属于英美法系的美国和澳大利亚，一般不要求公司注册时登记经营范围，而中国公司登记时却要求公司登记经营范围，但在司法实践中已经不把公司超越经营范围作为认定合同无效的根据。

在研究四国特许经营立法的历史后，课题组从特许经营的定义、特许人的条件、信息披露以及跨国特许等方面进行了比较。各国特许经营立法的主要内容都是信息披露和确定特许人与受许人关系，其中前者尤为各国普遍重视。各国均尽可能详尽列出信息披露的具体要求，作为具体监管的措施。

该项研究还比较了四国特许监管的主体和程序以及法律责任。中国特许经营监管的主体主要是各省、自治区、直辖市商务主管部门和设区的市级商务主管部门依照本条例规定，负责对本行政区域内的特许经营活动实施监督管理；澳大利亚的特许监管部门为竞争与消费者委员会；越南为贸易部；美国最为复杂，联邦贸易委员会、州司法部门、证券登记部门、消费者保护部门或者商务部门都可能成为特许经营监管的主体。

基于以上对比分析，课题组分析了特许经营监管和产业促进之间的关系，指出良好的特许经营的法律和监管就是对特许经营的最好促进措施。最后得出如下结论：特许人与受许人之间信息不对称，而市场并不能有效解决这一问题，需要政府的监管来解决。但是政府监管应该有自己的范围，应努力鼓励当事人自力救济，避免过多使用公权力介入合同关系。监管是手段，不是目的，政府的目的应当是服务。特许监管本身不能也不应当保证所有的特许经营活动都是良好的。要防止特许经营中的负面行为发生，最好的、代价最小的办法是通过健全有效的监管防止此类现象的发生。

二、国内立法的演进过程

我国的商业特许经营活动始于 20 世纪 90 年代初期，特许经营监管与立法经历了三个阶段。

（一）监管空白阶段（1997 年以前）

1997 年以前，我国政府机构对特许经营的监管处于空白状态，在各种法律法规和行政规章内也没有对特许经营的明确界定。

直到 1997 年 3 月，国内贸易部发布了《连锁店经营管理规范意见》。这是我国政府第一次对连锁和特许经营做出的政策性规定，但其中并没有具体区别连锁经营与特许经营。该意见第四条定义了三种连锁形式，包括直营连锁、自愿连锁和特许连锁（或称加盟连锁)。受许人虽然和总部(特许人)使用同一商标或商号，但在财务上是完全独立的。为了解决这一问题，1997 年 9 月，财政部发布了《企业连锁经营有关财务管理问题的暂行规定》。该规定第十五条规定，总部对加盟店拥有经营权和管理权，加盟店拥有对门店的所有权和收益权。加盟店具备法人资格，实行独立核算。1997 年 11 月，财政部、国家税务总局联合发布了《关于连锁经营企业增值税纳税地点问题的通知》，规定每个受许人应向其所在地主管税务机关申报缴纳增值税。至此，总部与网点在财务上的相互独立地位完全确定。

(二)部门规章阶段(1997—2007 年)

为了更好规范特许经营，国内贸易部于 1997 年 11 月 14 日发布《商业特许经营管理办法(试行)》(以下简称试行办法)。这是我国关于特许经营的第一部法律，也使我国成为世界上第 10 个有专门特许经营立法的国家。

该试行办法第一次正式确定了“特许经营”这一概念，并做出定义：特许经营是指特许者将自己所拥有的商标(包括服务商标)、商号、产品、专利和专有技术、经营模式等以特许经营合同的形式授予被特许者使用，被特许者按合同的规定，在特许者统一的业务模式下从事经营活动，并向特许者支付相应的费用。试行办法第十七条明确了中国连锁经营协会(CCFA)作为特许经营行业组织和自律机构的法律地位，规定特许者开展经营活动时，应向 CCFA 备案。协会的工作是制定特许经营的行规行约，开展行业自律，为特许双方提供相关服务，促进行业发展。为了进一步规范特许加盟这种新型营销模式，制止当时出现的一些以骗取加盟金为目的的欺诈行为，国内贸易部于 1999 年发布了《关于进一步规范特许加盟活动的通知》。为了配合试行办法和通知的执行，CCFA 于 2000 年 1 月发布了《特许经营企业备案管理办法(试行)》，2003 年发布了《特许经营道德规范》。由于 CCFA 作为行业组织，不具备行政管理方面的约束力。因此，由该协会主管的特许经营企业备案只能是一种自愿行为，在行业监管方面作用有限。

2004 年 12 月，为适应中国加入世界贸易组织的相关要求，商务部颁布了《商业特许经营管理办法》。从立法层级上讲，这个管理办法仍然处在与国内贸易部试行办法相同的级别。

(三)行政法规阶段(2007 年至今)

2007 年 2 月 6 日，国务院总理温家宝签署 485 号国务院令，正式公布《商业特许经营管理条例》。该条例将我国的特许经营立法提高到了行政法规的层面。同年 4 月，商务部颁布了与条例配套的《商业特许经营备案管理办法》和《商业特许经营信息披露管理办法》。

条例共五章、三十四条，除了总则和附则外，分别规范特许经营活动、信息披露和法律责任。条例在借鉴此前的两个管理办法经验的基础上，对特许经营活动的界定和基本原则都做了新的规定。按照国务院法制办和商务部参与制定条例的官员的说明，特许经营有四个基本要素：

(1)特许人必须是拥有注册商标、企业标志、专利、专有技术等经营资源的企业。

(2)特许人和受许人之间是一种合同关系，本质上是一种民事行为。

(3)受许人应当在统一的经营模式下开展经营。统一的经营模式是特许经营核心要求之一，也是保证服务的规范性、一致性以及维护品牌形象的需要。

(4) 受许人应当向特许人支付相应的费用。支付费用的种类、数额以及支付方式，由双方当事人在合同中约定。

从行业监管的角度看，条例的现实意义主要体现在以下几个方面：首先，加强了对特许经营主体资格的限制，明确规定只有拥有相应经营资源的企业才能开展特许经营，明确禁止个人和其他组织从事商业特许经营活动；其次，进一步明确了特许人信息披露的法定义务，具体规定了信息披露的对象、内容和形式，并且规定了强制性的特许人备案制度；再次，条例中借鉴了国外的实践经验，引入了冷静期制度，规定在特许经营合同订立后一定期限内，受许人可以单方解除合同；最后，条例首次明确了特许经营的法律责任，增强了法律的可操作性。

尽管在条例发布后，社会上也出现了一些异议，但这份法律文件仍不失为现阶段对我国的特许经营活动进行管理的一项有效措施。

2011 年 12 月和 2012 年 2 月，商务部先后对《商业特许经营备案管理办法》和《商业特许经营信息披露管理办法》进行了修订。主要的修订内容包括：

新的《商业特许经营备案管理办法》规定，商务部可以将跨省经营的特许人企业委托给省级商务主管部门备案；外商投资企业应提交《外商投资企业批准证书》且其中应包括“以特许经营方式从事商业活动”；境外形成的备案资料需经所在国公证机关公证，并经中国住所在国使领馆认证；特许人备案信息发生变化时应向备案机关申请变更，增加了对变化具体内容的规定：包括工商登记信息、经营资源信息、全部受许人店铺分布情况。

《商业特许经营信息披露管理办法》的修订体现在：特许人与现有受许人以相同条件续约时，可不再重复披露；在特许人为受许人提供的技术支持和经营指导方面，明确了规定支持和指导的具体内容、提供方式和计划。技术支持方面，包括经营资源的名称、类别及产品、设施设备的种类等；经营指导方面，包括店铺选址、装修装潢、店面管理、广告促销、产品配置等；增加了（潜在）受许人保密义务的条款，规定无论特许经营合同是否成立，受许人都有保守特许人商业秘密的义务；合同终止后，受许人也应承担保密义务；违反上述规定的，受许人一方应承担损害赔偿责任。

2017 年 3 月，在 CCFA 举办的“2017 中国特许加盟大会”上，商务部流通发展司官员透露，已颁布实施十周年的《商业特许经营管理条例》正在加快修订，进一步的完善法制环境。此次修订以简政放权、放管结合和优化服务为原则，简化备案流程，强化信息披露和社会监督，为特许经营企业和广大的投资者营造更加公开、透明的良好的法制环境。

三、《商业特许经营管理条例》解析

以下分别从立法思想、制度设计和法律责任等方面分析《商业特许经营管理条例》的意义。①

① 以下内容参考国务院法制办、商务部负责人就《商业特许经营管理条例》有关问题答中国政府网问。参见：http：//www.mofcen.gov.cn/article/zhengcejd/bp/200705/20070504648478.shtml.

（一）立法思想

特许经营在性质上属于合同行为，适用合同法和其他有关民事法律，从事特许经营活动是当事人的民事权利。如何通过行政法规对特许经营活动进行规范和管理是制定《商业特许经营管理条例》时首要考虑的问题。立法者确立了两方面的总体思路：

（1）必须把握好行政权力介入民事法律关系的程度，处理好当事人意思自治与行政干预的关系。相关制度设计既要切实加强对特许经营活动的规范和管理，促进特许经营健康、有序发展，维护市场秩序，又要符合当事人意思自治的基本民事法律原则，不限制当事人从事特许经营活动的民事权利，避免因行政干预过度而妨碍特许经营的发展。

（2）根据国外的有益经验和我国的实际情况，只要特许人的行为规范了，就基本上可以达到维护市场秩序的目的。因此，规范特许经营活动，关键在于规范特许人的行为。

按照上述总体思路，条例主要规定了规范和管理特许经营活动所必需的具有管理性质的一些制度、措施和要求，并通过严格、明确的法律责任保证其落实；对属于民事法律关系、可以由当事人通过合同约定或者事后协商解决的问题，仅做了必要的重申、强调。同时，条例所规定的制度、措施和要求，主要是针对特许人的行为所做出的规范。

（二）制度设计

由于特许经营的核心是无形资产的输出，一个特许人往往有为数较多的受许人，特许人和受许人之间信息不对称，潜藏着较大的风险，容易成为欺诈等违法犯罪活动的手段，加上我国市场发育尚不成熟，社会公众对特许经营的了解不够充分，特许经营在快速发展中也存在一些突出问题。比如，一些从事特许经营活动的特许人不具备相应的条件；特许经营活动不规范，市场秩序较为混乱；特许经营活动当事人，特别是受许人的合法权益得不到有效保障；以特许经营名义进行欺诈等违法犯罪活动时有发生等。针对这些问题，借鉴国外的做法，条例主要确立了五个方面的制度。

1. 明确了特许人从事特许经营活动应当具备的条件

具体包括三个方面：（1）只有企业可以作为特许人从事特许经营活动，其他单位和个人不得作为特许人从事特许经营活动；（2）要求特许人从事特许经营活动应当拥有成熟的经营模式，并具备为受许人持续提供经营指导、技术支持和业务培训等服务的能力；（3）规定特许人从事特许经营活动应当拥有至少 2 个直营店，并且经营时间超过 1 年。这也就是通常所说的“两店一年”要求，主要目的是防止一些企业利用特许经营进行欺诈。同时，直营店具有一定的示范作用，便于其他经营者从直营店的经营中较为直观地了解特许人的品牌、经营模式、经营状况等。

2. 规定了特许人的信息披露制度

特许人的信息披露，对保证受许人及时、全面、准确地了解、掌握有关情况，在充分占有信息的基础上做出适当的投资决策，防止上当受骗，非常关键。因此，有特许经营立法的国家，都把信息披露作为核心制度。条例借鉴国际通行做法，专设“信息披露”一章，明确规定特许人应当建立并实行完备的信息披露制度，在订立特许经营合同之日前至少 30 日，以书面形式向受许人提供有关信息和特许经营合同文本，并明确规定了特许人应当提供的信息内容。条例还对特许人提供的信息应当真实、完整、准确，不得隐瞒有关信息或者提供虚假信息做出了明确规定。

3. 确立了特许人备案制度

由于从事特许经营活动是当事人的民事权利，政府不宜对其实行行政许可，但又需要对其经营活动进行监督管理，以维护市场秩序。为了便于商务主管部门及时了解、掌握特许人的数量等有关情况，有针对性地对特许经营活动进行规范、监督，也为了潜在的投资者了解特许人的基本情况，做出恰当的投资决策，并形成对特许人的社会监督，条例确立了特许人备案制度。明确规定特许人应当自首次订立特许经营合同之日起15日内，向商务主管部门备案，并规定了备案的程序以及备案时应当提交的文件、资料。商务主管部门收到特许人提交的符合规定的文件、资料后，应当予以备案，通知特许人，并将备案的特许人名单在政府网站上公布和及时更新。

4. 对规范特许经营合同做出了规定

特许经营合同是明确特许人和受许人之间权利义务的依据。特许经营活动在实践中出现的不少问题和纠纷，与特许经营合同不够规范有直接关系。为此，条例从三个方面做了规定：(1) 特许人和受许人应当采用书面形式订立特许经营合同，并明确了特许经营合同应当包括的主要内容；(2) 借鉴其他国家的做法，规定特许人和受许人应当在特许经营合同中约定，受许人在合同订立后一定期限内，可以单方解除合同；(3) 除受许人同意的情况外，特许经营合同约定的特许经营期限应当不少于3年。

5. 规定了特许人和受许人的行为规范

条例针对特许经营活动本身的特点以及实践中存在的主要问题，重点对特许人的行为规范做了规定。比如，特许人应当向受许人提供特许经营操作手册；特许人应当按照合同约定的用途使用向受许人收取的推广、宣传费用；特许人在推广、宣传活动中不得有欺骗、误导的行为等。对受许人的行为规范，条例也做了相应规定，主要是受许人未经特许人同意，不得向他人转让特许经营权；受许人不得向他人泄露或者允许他人使用其所掌握的特许人的商业秘密。

（三）法律责任

为了保证各项制度切实落实，《商业特许经营管理条例》对特许人不具备相应条件从事特许经营活动、特许人未依照规定向商务主管部门备案、特许人违反有关行为规范以及违反信息披露要求等违法行为，均规定了明确、严格的法律责任。从《商业特许经营管理条例》规定的法律责任的种类看，除没收违法所得、罚款等行政处罚外，对构成犯罪的，还要依法追究刑事责任。特别值得注意的是，《商业特许经营管理条例》针对特许经营活动的特点，规定对特许人的违法行为可以予以公告，通过社会舆论和市场的压力，促使特许人依法办事，改正违法行为。

此外，特许经营活动经常会涉及违约责任或者侵权责任等民事责任，而《商业特许经营管理条例》所规定的法律责任则主要是违反管理性要求所应当承担的行政责任。这主要是考虑到《民法通则》《合同法》等有关民事法律对民事责任的承担都有规定，特许经营活动中的民事责任问题应当通过民事法律来解决。因此，《商业特许经营管理条例》作为行政法规，对当事人应当承担的民事责任没有做出规定。

第三节　体系备案与信息披露

商务部配合条例颁布的两个办法，主要是根据《商业特许经营管理条例》有关特许人备案制度和特许人信息披露制度的有关规定，对特许人备案的程序和商务部门的管理权限以及对特许人信息披露的内容做出了规定。从法律层次上讲，《商业特许经营管理条例》作为行政法规，是两个办法的上位法，是制定两个办法的依据；两个办法作为部门规章，是对《商业特许经营管理条例》有关规定的进一步细化，从而增强行政法规的可操作性，便于特许经营者遵守和行政管理部门执行。

一、体系备案的法律规定

《商业特许经营管理条例》确立的特许人备案制度，主要有三个作用：一是便于商务主管部门及时了解、掌握特许人的有关情况，有针对性地对特许经营活动进行规范、监督；二是有助于潜在的投资者了解特许人的基本情况，做出恰当的投资决策，防止欺诈和不实宣传；三是有利于形成对特许人的社会监督。

在备案制度方面，条例的具体规定如下：

第八条　特许人应当自首次订立特许经营合同之日起15日内，依照本条例的规定向商务主管部门备案。在省、自治区、直辖市范围内从事特许经营活动的，应当向所在地省、自治区、直辖市人民政府商务主管部门备案；跨省、自治区、直辖市范围从事特许经营活动的，应当向国务院商务主管部门备案。

特许人向商务主管部门备案，应当提交下列文件、资料：

（一）营业执照复印件或者企业登记（注册）证书复印件；

（二）特许经营合同样本；

（三）特许经营操作手册；

（四）市场计划书；

（五）表明其符合本条例第七条规定的书面承诺及相关证明材料；

（六）国务院商务主管部门规定的其他文件、资料。

特许经营的产品或者服务，依法应当经批准方可经营的，特许人还应当提交有关批准文件。

第九条　商务主管部门应当自收到特许人提交的符合本条例第八条规定的文件、资料之日起10日内予以备案，并通知特许人。特许人提交的文件、资料不完备的，商务主管部门可以要求其在7日内补充提交文件、资料。

第十条　商务主管部门应当将备案的特许人名单在政府网站上公布，并及时更新。

条例和备案管理办法实施以来，截至2017年3月底，备案企业总数为3 371家。其中，跨省经营企业2 450家，省内经营企业921家。

此外，目前商务部特许经营信息系统中，对公众开放的信息比较有限。潜在受许人在投资决策过程中，无法根据该网站披露的信息对备案企业做深入的判断。商务部特许经营信息系统中特许人备案公告的内容和格式见表6－3。

表6－3　　　　　　　　　　　　**特许人备案公告**

<table>
<tr><td colspan="7">×××有限公司</td></tr>
<tr><td colspan="7">● 特许人基本信息</td></tr>
<tr><td>备案公告时间</td><td colspan="3">××××-××-××</td><td>备案号</td><td colspan="2">×××××××××××</td></tr>
<tr><td>住所</td><td colspan="6">××省××市××区×××街道</td></tr>
<tr><td>法人代表</td><td colspan="3">×××</td><td>成立日期</td><td colspan="2">××××-××-××</td></tr>
<tr><td>公司网站</td><td colspan="6"></td></tr>
<tr><td colspan="7">● 特许人联系方式</td></tr>
<tr><td colspan="2">电话</td><td colspan="2">传真</td><td colspan="3">电子邮箱</td></tr>
<tr><td colspan="2"></td><td colspan="2"></td><td colspan="3"></td></tr>
<tr><td colspan="7">更改信息</td></tr>
<tr><td colspan="2">新特许人名称</td><td colspan="2"></td><td colspan="2">更改前特许人名称</td><td></td></tr>
<tr><td colspan="7">● 电子材料</td></tr>
<tr><td colspan="3">企业法人营业制造或其他主体资格证明</td><td colspan="4"></td></tr>
<tr><td colspan="3">与特许经营活动相关的商标权、专利权及其他区经营资源的注册证书</td><td colspan="4"></td></tr>
<tr><td colspan="7">● 经营资源信息</td></tr>
<tr><td>特许品牌</td><td>权利类型</td><td>权利性质</td><td>权利号</td><td>注册类别</td><td>权利日期</td><td>权利期限</td></tr>
<tr><td></td><td></td><td></td><td></td><td></td><td></td><td></td></tr>
<tr><td></td><td></td><td></td><td></td><td></td><td></td><td></td></tr>
<tr><td colspan="7">● 加盟店信息</td></tr>
<tr><td>被特许人名称</td><td>特许方式</td><td colspan="4">营业地址</td><td>联系方式</td></tr>
<tr><td></td><td></td><td colspan="4"></td><td></td></tr>
<tr><td></td><td></td><td colspan="4"></td><td></td></tr>
<tr><td></td><td></td><td colspan="4"></td><td></td></tr>
</table>

二、备案材料与程序

商务部依照《商业特许经营管理条例》发布的《商业特许经营备案管理办法》，将企业备案提交的资料扩充为十二项，具体如下：

（一）商业特许经营基本情况。

（二）中国境内全部被特许人的店铺分布情况。

（三）特许人的市场计划书。

（四）企业法人营业执照或其他主体资格证明。

（五）与特许经营活动相关的商标权、专利权及其他经营资源的注册证书。

（六）符合《条例》第七条第二款规定的证明文件。

在2007年5月1日前已经从事特许经营活动的特许人在提交申请商业特许经营备案材料时不适用于上款的规定。

（七）与中国境内的被特许人订立的第一份特许经营合同。

（八）特许经营合同样本。

（九）特许经营操作手册的目录（须注明每一章节的页数和手册的总页数，对于在特许系统内部网络上提供此类手册的，须提供估计的打印页数）。

（十）国家法律法规规定经批准方可开展特许经营的产品和服务，须提交相关主管部门的批准文件。

外商投资企业应当提交《外商投资企业批准证书》，《外商投资企业批准证书》经营范围中应当包括“以特许经营方式从事商业活动”项目。

（十一）经法定代表人签字盖章的特许人承诺。

（十二）备案机关认为应当提交的其他资料。

以上文件在中华人民共和国境外形成的，需经所在国公证机关公证（附中文译本），并经中华人民共和国驻所在国使领馆认证，或者履行中华人民共和国与所在国订立的有关条约中规定的证明手续。在香港、澳门、台湾地区形成的，应当履行相关的证明手续。

在备案程序方面，《商业特许经营备案管理办法》明确规定了网上备案的原则，即所有符合《商业特许经营管理条例》规定的特许人都应当通过网上备案。为此，商务部开通了“商业特许经营信息管理”（http：//txjy. syggs. mofcom. gov. cn）。特许人可以通过商务部网站提交所有备案材料，商务主管部门将通过该系统进行备案管理。此外，《商业特许经营备案管理办法》还对备案时间、信息变更、年报制度、备案监管、罚则等内容做了明确规定，便于商业特许经营者遵守和执行。

根据《商业特许经营管理条例》确定的原则，商务主管部门是商业特许经营活动的备案管理机关。《商业特许经营备案管理办法》根据《商业特许经营管理条例》的规定，明确了两级备案机关，即在省、自治区、直辖市范围内从事商业特许经营活动的，向特许人所在地省、自治区、直辖市人民政府商务主管部门备案；跨省、自治区、直辖市范围从事特许经营活动的，向国务院商务主管部门备案。

根据《商业特许经营备案管理办法》，商务主管部门将对有关备案材料进行审核，并在网上予以公开，接受社会监督。商务主管部门有权对违反《商业特许经营管理条例》和《商业特许经营备案管理办法》的违法行为依法予以处罚。《商业特许经营备案管理办法》同时明确了备案的方法与程序，便于行政部门高效规范地履行职能，加强对商业特许经营活动的引导和监督。

三、信息披露的法律规定

信息披露制度是指特许人根据《商业特许经营管理条例》的要求，将有关信息在规定的时间内向受许人进行披露。特许人的信息披露，对保证受许人及时、全面、准确地了解、掌握有关情况，在充分占有信息的基础上做出适当的投资决策，防止上当受骗非常关键。《商业特许经营管理条例》在借鉴国际通行做法的基础上，对信息披露的内容做了专门的规定：

第二十一条　特许人应当在订立特许经营合同之日前至少 30 日，以书面形式向被特许人提供本条例第二十二条规定的信息，并提供特许经营合同文本。

第二十二条　特许人应当向被特许人提供以下信息：

（一）特许人的名称、住所、法定代表人、注册资本额、经营范围以及从事特许经营活动的基本情况；

（二）特许人的注册商标、企业标志、专利、专有技术和经营模式的基本情况；

（三）特许经营费用的种类、金额和支付方式（包括是否收取保证金以及保证金的返还条件和返还方式）；

（四）向被特许人提供产品、服务、设备的价格和条件；

（五）为被特许人持续提供经营指导、技术支持、业务培训等服务的具体内容、提供方式和实施计划；

（六）对被特许人的经营活动进行指导、监督的具体办法；

（七）特许经营网点投资预算；

（八）在中国境内现有的被特许人的数量、分布地域以及经营状况评估；

（九）最近2年的经会计师事务所审计的财务会计报告摘要和审计报告摘要；

（十）最近5年内与特许经营相关的诉讼和仲裁情况；

（十一）特许人及其法定代表人是否有重大违法经营记录；

（十二）国务院商务主管部门规定的其他信息。

第二十三条　特许人向被特许人提供的信息应当真实、准确、完整，不得隐瞒有关信息，或者提供虚假信息。

特许人向被特许人提供的信息发生重大变更的，应当及时通知被特许人。

特许人隐瞒有关信息或者提供虚假信息的，被特许人可以解除特许经营合同。

《商业特许经营信息披露管理办法》在此规定的基础上，对有关问题进行了细化，对《商业特许经营管理条例》中规定的12项信息披露的每一项内容都进行了分解，形成28个小项，对所包含内容进行了详细说明，如规定了有些信息必须用文字说明，所有数据要提供测算依据等，提高了信息披露的可操作性。同时，借鉴国际通行的做法，出于对特许人的保护，《商业特许经营信息披露管理办法》增加了有关特许人关联公司的信息披露的内容和对特许人商业秘密保护的内容。此外，《商业特许经营信息披露管理办法》还重申了条例中对违反信息披露规定的法律责任。

四、美国的特许人信息披露

在美国，特许人按照法律规定所做的信息披露，原来称为“统一特许经营发售公告”（uniform franchise offering circular，UFOC）。2007年，FTC颁布了修订的《特许经营准则》，其中将特许人的披露文件改称“特许经营披露文件”（franchise disclosure document，FDD）。FTC新的《特许经营准则》和《特许经营合规指南》中规定的披露内容有23项：

（1）特许人及其母公司、前身、子公司；

（2）商业经验；

（3）诉讼；

（4）破产；

（5）初始费用；

（6）其他费用；

(7) 预估初始投资；
(8) 对产品与服务来源的限制；
(9) 受许人义务；
(10) 融资；
(11) 特许人的支持、广告、计算机系统和培训；
(12) 区域；
(13) 商标；
(14) 专利、版权和所有权信息；
(15) 参与特许经营业务实际运营的义务；
(16) 对受许人出售产品和服务的限制；
(17) 续约、终止、转让和争议解决；
(18) 公共形象；
(19) 财务绩效陈述；
(20) 网点和受许人信息；
(21) 财务报告；
(22) 合同；
(23) 收据。

《特许经营合规指南》中详细列出了每个项目的具体条款，并且给出了大量的表格和示例；用两章的篇幅，对披露财务绩效的特许人做出了专门的规定；针对 FDD 的陈述做了一系列限制性规定：禁止相互矛盾的信息，禁止使用“托儿”，禁止不进行早期披露，禁止不对披露进行更新，禁止未经说明单方面修改，禁止的免责声明及豁免，禁止扣留承诺返还的款项。

对比 FTC 的《特许经营准则》和《特许经营合规指南》，我国对特许经营的立法监管尚存在一定的差距。

第四节　道德与自律

狭义的合规性只是特许人作为合格企业公民的起码条件。一个严肃、负责任的特许人，不能满足于按照《商业特许经营管理条例》规定披露信息、登记备案、起草和履行合同，而应该全面承担作为企业公民的社会责任，遵守公认的商业伦理准则，积极实行企业内部和行业内的自我约束。

一、企业社会责任

企业社会责任（corporate social responsibility，CSR），也称为企业良心、企业公民、社会绩效、可持续负责任企业等，是将企业的自律与企业的商业模式整合在一起的一种理念。通过这样一种内在的自律机制，可以确保企业能够主动地遵从法律精神、道德准则和国际标准。企业社会责任的目标是使企业对其行为负责，并鼓励企业通过其行动，对环境、消费者、员工、社区、利益相关者和其他所有社会成员产生积极影响。关注社会责任的企业，会通过帮助社区的成长和发展，主动消除那些损害公共领域的做法，无论是否受到法律的约束。企业社会责任是主动地将公共利益纳入企业决策过程，并使之成为企业核心业务的重要组成部分，它有三个最基本的准则：人、地球、利润。

企业社会责任的概念，是20世纪60年代末至70年代初，随着许多跨国公司陆续出现而推广开来的。爱德华·弗里德曼在其1984年出版的《战略管理：利益相关者的方法》中用利益相关者（stake holder）的概念，即一个组织的活动可能会影响到的那些人，来描述股东以外的企业所有者。支持者们认为，这种观点可以使企业获得更长久的利益，但批评者则认为它分散了企业对其经济角色的关注。还有些人认为企业社会责任是那些强大的跨国企业试图提前规避政府的"看门狗"，或者就是一些装点门面的东西。一个典型企业可能的利益相关者如图6-3所示。

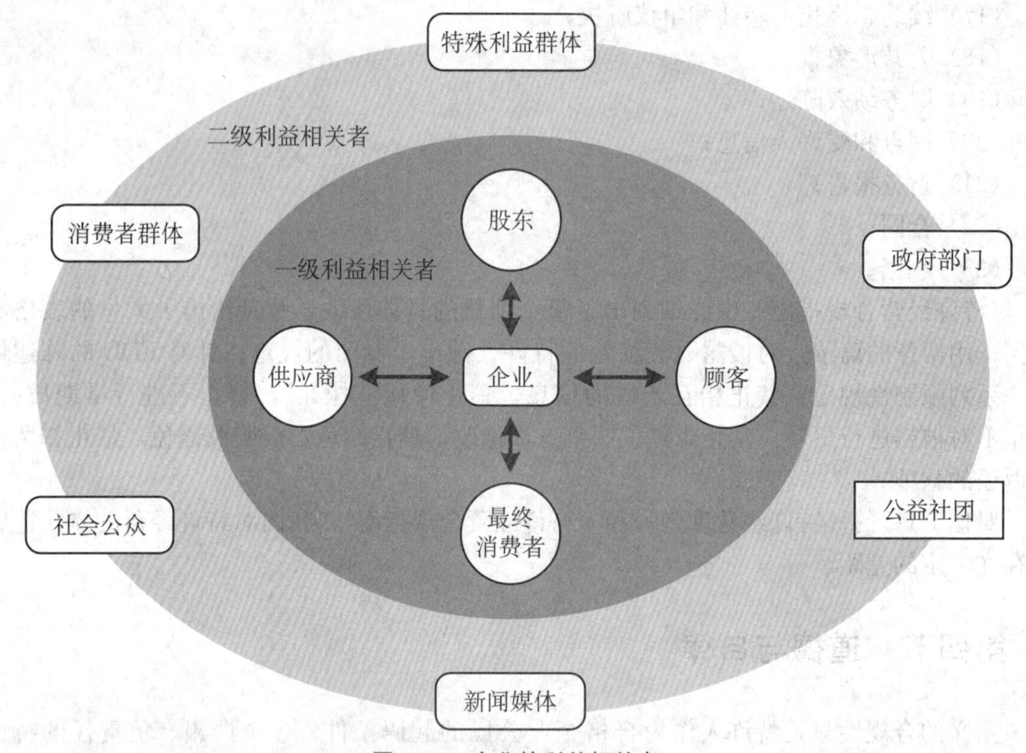

图6-3　企业的利益相关者

企业社会责任可以帮助实现企业的使命，指导企业提升社会形象，维护消费者利益。由此形成了应用伦理学的一个分支——商业发展伦理学，这一学科专门研究商业环境下的道德准则，以及可能出现的道德和伦理问题。2010年1月，国际标准化组织发布了企业社会责任的国际标准ISO26000，这是目前得到世界公认的一项关于企业社会责任的国际标准。联合国也制定了"负责任的投资准则"（principles for responsible investment），作为投资主体的行为指南。

目前，在实施企业社会责任方面，存在着很多具体的方法。北美、英国和欧洲大陆，甚至欧洲内部的做法都不太一样。一种方法是参与到企业所在的社区发展中，资助社区的公益事业、教育事业和健康卫生设施建设等。另一种方法是主动开展慈善事业，如在发展中国家资助当地组织和贫困社区。还有一种方法是将企业的社会责任整合到企业的总体战略之中，其中一种典型的方法就是所谓的创造共享价值（creating shared value，CSV）。共享价值模型的基本思想是，企业的成功和社会福利是相互依存的。企业要有效地参与市场竞争，就需要健康的、受过良好教育的劳动力，可持续的自然资源和成熟的政府；社会的繁荣发展也依赖于有竞争力的企业创造的收入和税收，以及对慈善事业的支持。2006年，著名的企业战略权威、哈佛商学院战略与竞争力学院负责人迈克尔·波特与哈佛大学肯尼迪学院的高级研究员马克·克雷默（Mark R. Kramer），在《哈佛商业评论》上联合发表了一篇文章《战略与社会：竞争优势与企业社会责任之间的关系》，引起了世界的广泛关注。这篇文章深入考察了一些将企业战略与社会责任紧密地联系在一起的企业案例。某些 CSR 方法强调遵守社会与环境标准对企业所带来的成本与限制。CSV 方法承认社会和环境目标与短期利益之间的对立，但更关注将社会价值融入企业战略所带来的竞争优势。

许多企业采用一种计量评估的策略，对所在行业内的竞争者的社会责任政策、执行和效率进行分析，全面地考察竞争者的社会责任计划，计量和评估这些计划对社会和环境产生的影响，以及消费者对竞争者的 CSR 政策如何反应。通过对竞争对手的全面深入的考察，企业可以制订出自己的社会责任计划，积极地参与市场竞争。

对于企业而言，重视自己的社会责任也会给企业自身带来直接的利益。具体体现在人力资源、风险管理和品牌识别等方面。一个对社会负责的企业，更能吸引和留出大批优秀人才；通过在企业内部建立起“做正确的事”的企业文化，也可以消除因腐败丑闻或破坏环境事件而带来的风险；在激烈的市场竞争中，树立起负责任的企业形象，有助于得到市场和消费者的广泛认可，提高品牌忠诚度。

表 6-4 归纳了企业社会责任的价值观、目标和影响。

表 6-4　　企业社会责任的价值观、目标和影响

价值观	目标	影响	效果与评价
企业社会责任作为一种价值创造活动	创造一种可持续的商业模式	直接影响总体战略与运营	商业机构与社区共享价值； 提高竞争力，促进创新； 可持续商业模式； 参与社区建设； 开发人力资本； 与企业战略实现整合。
企业社会责任作为一种风险管理手段	合规性	对战略与运营产生一定影响	缓解对企业运营的不利影响； 降低经营风险； 改善外部关系。
企业社会责任作为一种慈善事业	提供资金和技术	对战略和运营的影响较小	从事慈善事业； 获得短期利益； 有限的资金支持； 受预算的限制，影响力有限； 公司的能力和资产没有充分利用； 企业社会责任与业务职能产生错位； 企业开展的社会活动产生的作用有限。

资料来源：维基百科，“corporate social responsibility”.

与企业社会责任密切相关的另一个概念是商业伦理（business ethics）。在某些场合，这两个概念可以视为一体。从理论上讲，商业伦理既可以指企业在处理与利益相关者之间关系的一种态度和结果，又可以指企业应当遵守的一套行为规范。我们倾向于认为，商业伦理是企业为履行其社会责任，对其利益相关者和整个社会负责而应当遵循的一种规范性行为准则，其中包括企业家和管理者自身对社会道德价值的理解和判断。

二、特许经营的行业自律

特许人与受许人产权独立、特许人对整个体系的绝对控制权、体系内部的一对多关系格局以及特许经营活动所具有的类金融属性，都使特许经营具有一种超乎其他商业活动的复杂性。事实上，受许人成为特许人企业的一种特殊的利益相关者，这种特殊性具体体现在以下几个方面：

（1）受许人并不完全独立。受许人在投资购买特许权的同时，还要投资于所谓的专用性资产，即受许人投资开设的店铺，其资产的使用受制于特许人一方。这笔投资带来的巨大的转移成本，使受许人在签约后，无法轻易离开特许经营体系。

（2）特许经营关系的不对称。与产业组织中其他形态的纵向关系不同，特许经营双方不是上下游企业之间平等的合作关系。特许经营的精髓在于以契约的方式维持体系的统一性。特许经营合同会以法定的形式规定受许人必须接受特许人的统一管理。

（3）特许经营利益的不一致。特许人关注的是整个特许经营体系的效益，这种效益体现在多个方面：体系的规模（网点数量）影响特许人初始费用的收入，全体系的销售收入影响特许人的持续费用的收入，此外，特许人还会通过向受许人销售产品获得利益。而受许人一方关注的是网点自身的利润。二者之间不能保持一致。

（4）特许人的机会主义风险。特许人可能会利用其在信息和控制方面的优势，在签订合同后实施机会主义行为，为维护和提高自身利益而侵害受许人利益。

正是基于这样一些特殊性，世界各国都试图通过立法对特许经营活动进行监管和协调。同时，一些行业组织也积极开展行业自律活动，约束和鼓励行业内的企业。美国的IFA制定的《特许经营道德准则》中列出了四项基本原则：

第一，信任、真实、诚信：是特许经营的基础；

第二，相互尊重和鼓励：作为一个整体，实现共赢；

第三，保持开放和沟通：是特许经营体系繁荣和成功的保障；

第四，遵守法律：坚守特许经营的承诺。

为了贯彻和实施这一准则，IFA还采取了一系列具体措施，包括：建立执行机制和申诉机制，引入第三方机构协调特许经营关系，经常开展专项的教育培训活动，以及定期召开法律座谈会等。

CCFA作为我国唯一的半官方特许经营行业组织，于2003年发布《特许经营道德规范》，其中，分别列出了特许人、受许人和第三方机构在从事与特许经营相关的业务活动时，应该遵守的规范和必须履行的义务。尽管这份文件并没有强制效力，其影响力也仅限于协会的会员，但毕竟是我国特许经营行业自律最初的，也是目前唯一的一项成果。

本章案例

从上岛咖啡案看特许经营信息披露制度

目前，中国已经成为特许经营体系最多和特许经营发展潜力最大的市场。相对于特许经营的迅猛发展，我国的有关法律法规明显滞后，导致商业特许经营加盟纠纷案件不断发生。上岛咖啡就是典型的一例。

张先生想从事餐饮业，苦于自己没有经验，一直没有做出投资决定。2006 年 2 月 8 日，他与青岛上岛公司签订了《上岛咖啡加盟合同》《上岛注册商标使用许可合同》《上岛咖啡加盟连锁物料供应合同》《上岛装修设计合同》，特许人一栏中填写的是上海上岛咖啡食品有限公司（以下简称上海上岛公司），青岛上岛公司作为上海上岛公司的授权人进行了盖章，张先生向青岛上岛公司支付了全部加盟费、保证金，并承租了一套年租金 80 万元的网点房。在合同签订之前，上海上岛公司和青岛上岛公司均没有为张先生提供有关特许经营的基本信息资料、特许经营合同文本以及上岛商标和字号的涉诉情况。

2006 年 5 月初，张先生偶然看到了某律师事务所刊登在 2006 年 3 月 14 日《齐鲁晚报》上的律师函，该律师函称：

> 一、根据北京市高级人民法院〔2005〕高行终字的 111 号行政判决书，上海上岛咖啡食品有限公司拥有的第 1207183 号“上岛及图”注册商标（第 30 类商品商标）已于 2005 年 7 月 2 日被依法撤销。
>
> 二、根据国家工商行政管理总局商标评审委员会商评字〔2005〕4137 号裁定书，上海上岛咖啡食品有限公司拥有的第 1385773 号“上岛及图”注册商标（第 43 类服务商标）已于 2005 年 12 月 5 日被依法撤销。
>
> 三、以上判决书和裁定均认定陈××先生拥有“上岛及图”美术作品的著作权和杭州上岛咖啡食品有限公司拥有该美术作品的独占许可使用权。

律师函中严正告诫所有“上岛咖啡”的加盟业主，如继续使用“上岛及图”商标，将侵犯陈××先生和杭州上岛咖啡食品有限公司的合法权益，希望立即停止侵权行为；否则，陈××先生和杭州上岛咖啡食品有限公司将采取法律手段，追究侵犯人的法律责任。

看到该消息，张先生大吃一惊，自己加盟的上岛咖啡，其商标居然被撤销了，如果继续使用还可能造成对他人的侵权。随即张先生委托律师进行了调查，确认上述律师函内容属实，并得知陈××先生和杭州上岛咖啡食品有限公司已经以侵犯著作权为由在山东起诉了上海上岛公司的两个加盟店。张先生立即委托律师向上海上岛公司和青岛上岛公司发出律师函，要求解释关于商标被撤销的问题，并解除合同。

青岛上岛公司对张先生发出的律师函进行了书面回复，声称上岛商标的注册没有问题，让张先生放心使用，对商标现状和涉及的诉讼问题没有做任何解释。

张先生对该回复非常不满意，2006 年 6 月 14 日，张先生作为原告依法提起诉讼，第一被告为上海上岛公司，第二被告为青岛上岛公司。诉讼请求为：解除加盟合同，退还全部加盟费、保证金，赔偿给自己造成的租房损失 80 万元。其诉讼理由为，上海上岛公司和青岛上岛公司许可给原告的上岛商标由于侵犯他人的权利在先，已经分别被司法撤销和行政撤销，商标权处于消灭和不稳定状态。而且由于连年诉讼和媒体的报道，“上岛”这一商业标识的商誉已经严重受损。原告的加盟目的不能实现，前期准备付诸东流。并且在整个加盟过程中，两上岛公司完全没有按照《商业特许经营管理条例》进行信息披露，违反商业惯例，构成对原告的欺诈。

针对张先生的诉讼，两被告给予答辩，内容主要集中在以下几点：(1) 张先生加盟的是青岛上岛公司，而非上海上岛公司，青岛上岛公司是上海上岛公司在山东地区的上岛商标独占受许人，此外两者之间不存在其他关系；(2) 青岛上岛公司已经进行了信息披露(但是在整个庭审过程中没有提交任何有效证据)；(3) 青岛上岛公司许可给张先生的是第1385773号“上岛及图”注册商标（第43类服务商标），尽管该商标被商标复审委员会做出了行政撤销裁定，但是上海上岛公司已经在法定期限内提起了行政诉讼，该行政撤销裁定书没有生效，因此该商标继续有效；(4) 第1207183号“上岛及图”注册商标（第30类商品商标）没有许可给张先生，该商标尽管已经被北京市高级人民法院二审撤销，但是上海上岛公司已经向最高人民法院提起了申诉，最高人民法院已经立案，并马上就要审理；(5) 关于上岛咖啡商标纠纷案件在互联网和报纸上已经有大量的报道，张先生在加盟以前理应看到，所以不能说其加盟是违背真实意思的。因此要求张先生继续履行加盟合同。

这一典型的商业特许经营加盟信息披露纠纷案有两大焦点问题：(1) 特许加盟中商标许可情况和商标涉诉情况的信息披露问题；(2) 特许人的基本情况和关联公司基本情况的信息披露问题。这些情况的披露（或应当披露而没有披露）能否对张先生加盟行为起到决定性影响。

国务院于2007年2月6日公布、2007年5月1日实施了《商业特许经营管理条例》将特许经营中信息披露制度的法律效力提高到行政法规的高度，第二十三条第三款规定，特许人隐瞒有关信息或者提供虚假信息的，被特许人可以解除特许经营合同。第十二条规定，特许人和被特许人应当在特许经营合同中约定，被特许人在特许经营合同订立后一定期限内，可以单方解除合同。共同构成了特许经营中被特许人的合同法定解除权。第二十二条还将信息披露的内容做了更详尽和更合理的规定，这里不做赘述。

此外，为配合条例所确定的信息披露制度的完善，商务部于2007年4月30日出台了《商业特许经营信息披露管理办法》和《商业特许经营备案管理办法》，自2007年5月1日实施。《商业特许经营信息披露管理办法》中对特许人的关联公司以及其信息披露内容首次做出规定，并对《商业特许经营管理条例》第二十二条的条款分别进行了详细解释。对《商业特许经营管理条例》第二十一条中应当披露的特许经营合同文本扩大到了被特许人与特许人（或关联公司）签订其他有关特许经营的合同。《商业特许经营备案管理办法》对特许经营企业所要备案的内容、备案方式做了详细的规定，并第一次在部门规章中确立了特许信息网络备案制，方便社会公众对特许经营企业信息的查询。从立法角度讲，这是一个很大的提高。

按照《商业特许经营管理条例》的规定，张先生诉上海上岛公司、青岛上岛公司案中的法律争议问题都将不复存在。法院可以直接依据《商业特许经营管理条例》判决解除合同，返还加盟费和保证金，并赔偿有关损失。由于该案件审理的时候《商业特许经营管理条例》还没有颁布，因此在法官的主持下，双方都做出了一定的让步，达成了和解协议。双方解除特许经营加盟合同，上岛公司公司返还加盟费和保证金，张先生放弃对损失的诉讼主张，案件得到了一个较为圆满的结局。

但是我们也能看到《商业特许经营管理条例》与配套的《商业特许经营信息披露管理办法》《商业特许经营备案管理办法》仍然存在一些问题：

第一，这三部法规规章之中通篇没有出现“知识产权”这一术语，而特许经营中特许内容的核心就是知识产权。知识产权是目前一个为社会广泛认知、高度概括化的概念，在这三部法规规章中使用这一概念，有助于社会公众对其法律属性的理解应用，并使立法用语更加严谨。

第二，某些规定对特许人的信息披露义务不尽合理，如《商业特许经营信息披露管理办法》中将应当披露的重大诉讼和仲裁限定在涉及标的额 50 万元人民币以上的诉讼和仲裁。有些案件可能没有标的额，但是会对加盟人的加盟决定有重大影响，本案例中引用的两个判决，根本没有标的额，但这绝对是一个应当披露的重大诉讼。并且，尽管特许加盟中有些投资很大的项目，可是大部分特许项目都是些小项目，这些项目的特许人根本就不会涉及 50 万元以上的诉讼。所以这里笼统地做一个数字方面的限制，有很大的不合理性。

第三，对特许经营和其他经营模式没有做更为严格的区分。特许经营和代理经营之间有一些相似之处，现实中有些实际上是特许经营的企业表面上宣称是代理经营。对于代理经营法律没有做特别的规定，随着特许经营信息披露制度的建立和实施，特许人的义务将进一步加大，我们能够预测到某些企业会采用名为代理经营、实为特许经营的方式发展加盟商，以逃避法律义务。

验证一部法律的优劣，很大程度是要看能不能解决现实中的问题。尽管《商业特许经营管理条例》还有不足的地方，但是该条例解决了目前急需的特许人违反信息披露义务，实施商业欺诈后被特许人应该怎么做的问题，这是一个巨大的进步。

相信中国的特许经营信息披露制度会在实践中不断完善，更好地平衡特许人与被特许人的权益，减少纠纷，促进中国经济的更快发展。

资料来源：董秀生．从上岛咖啡案看特许经营信息披露制度．连锁与特许，2007(8).

复习与思考

1. 在网络上搜索国内金融业（银行、保险、证券）合规性管理的相关制度，将其与特许经营行业进行对比，由此论述你对特许经营企业合规性的理解。

2. 找一些正在招募受许人的特许经营企业，研究其招募广告和宣传资料，对照《商业特许经营管理条例》规定的披露内容，分析招商宣传与特许人信息披露之间的关系。

3. 对照商务部颁发的《商业特许经营管理条例》，分析本章案例中双方的责任。

第七章　特许经营权销售

【知识结构】

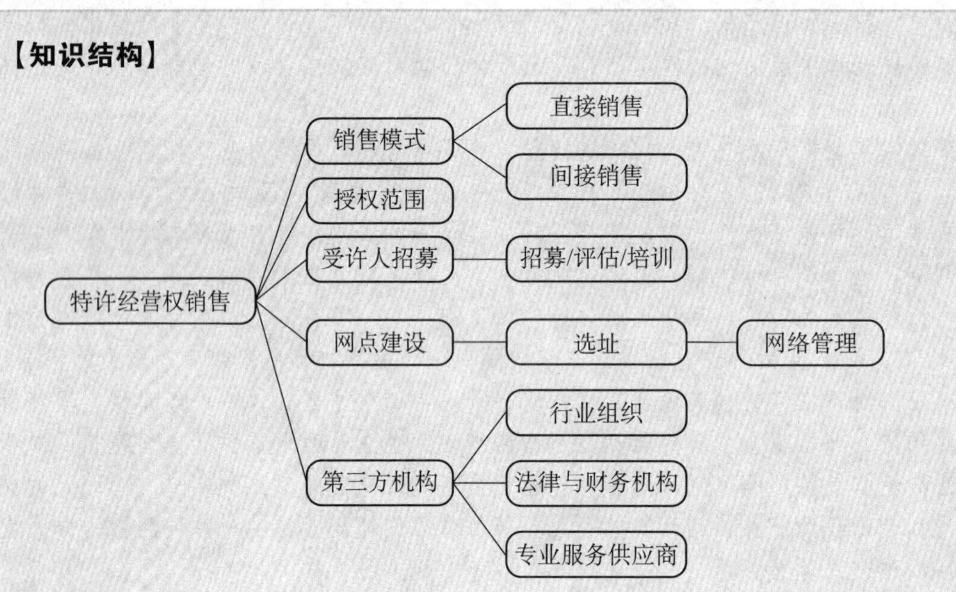

【本章要点】

- 特许权的销售有两种模式：一种是特许人直接向受许人授权的直接销售模式，另一种是通过第三方经纪人招募、筛选受许人的间接销售模式。
- 把特许权视作特许人的一种特殊产品，由此可以界定特许权的各营销要素。
- 特许经营经纪人是独立于特许人与受许人之外的第三方机构，在特许经营权交易中发挥中介作用。
- 特许经营经纪人也被称为潜在受许人的顾问，但并不向受许人收取任何费用。
- 特许人通常要运用各种常规的营销手段向社会公开招募受许人。
- 对受许人的评估，要从两个方面考察：从事普通商业活动的一般性要求，以及从事特许经营活动的特殊要求。
- 受许人的初始培训是特许经营关系中非常重要的一个环节。
- 一个负责任的特许人，一定要在某种程度上参与到网点的选址决策当中。
- 特许经营关系中的第三方机构，包括官方和民间的行业组织、法律和财务的专业服务机构，以及其他专业服务供应商。

【学习目标】

通过本章的学习，了解特许经营权销售的两种模式，掌握多店授权的两种类型及其要素，掌握特许权销售的各个营销要素；理解特许经营经纪人和特许经营顾问的概念；熟悉受许人招募的三个主要环节：招募、评估、培训；掌握网点选址的三个主要因素：业务性质、市场需求和网点成本的概念；初步了解商圈理论的内涵和作用；了解特许经营关系中几种主要的第三方机构。

【学习建议】

通过网络或特许经营展，搜集一些企业的招商资料，注意分析其中特许人对受许人的要求和所承诺的服务。

【关键词】

直接销售　间接销售　特许权集中交易平台　特许经营经纪人　特许经营顾问　网点选址　商圈理论　特许经营的第三方机构

特许权销售的完整过程，包括对受许人的遴选与评估，以及协助受许人开店两个环节。

作为特许人的主要产品，特许人向受许人提供的是从开店到持续经营的一揽子服务，这是特许经营授权区别于其他商业授权的关键所在。一方面，受许人以支付初始费用和合同期内的持续费用为代价，获得使用特许人商标等无形资产的授权，并且享有持续得到特许人支持与服务的权利。另一方面，特许人收益中的绝大部分，都依赖于受许人网点的经营绩效。因此，无论是从合同义务来讲，还是从保护和提高特许人自身利益的角度来讲，特许人都有责任尽可能提高每个网点的经营绩效。尽管双方在法律和财务上相互独立，但从经营管理的角度来看，特许人是在委托受许人管理网点，而受许人则享有网点收益的剩余索取权。

基于这样一种委托代理关系，特许人必须对提出申请的受许人进行全面的评估和考察，以确定其能够适应体系管理的要求，并且有义务协助签约的受许人开店运营，这是特许权销售区别于其他交易的主要特征。本章主要从两个方面来讨论特许权的销售问题。鉴于这种授权涉及独立的经济实体之间的契约关系，因此，在规模化的特许经营授权活动中，专业化的第三方机构将会发挥重要的作用，这是本章的一个主题。

第一节　销售模式与授权范围

根据在授权关系中是否有第三方的实质性介入，可以将特许权的销售划分为两种基本模式：由特许人直接授权受许人的，称作直接销售模式；由特许人委托第三方代理机构招募、评估受许人并与其进行谈判的，称作间接销售模式。一个特许经营体系选择哪一种销售模式，有多种影响因素，其中最主要的因素有两个：一个是销售活动本身的经济性，即哪一种模式的销售成本最低、效率最高；另一个是特许人对潜在受许人的评价与控制。特许人必须综合权衡这两个因素。

一、直接销售

在特许经营诞生以来百余年的发展进程中，很长时间以来都是由特许人直接与潜在受许人接洽、商谈，并最终直接与其签订授权合同。这是由于特许经营起源于产品分销，而生产商与分销商之间，通常都是以一种一对一的方式建立起合作关系的。到目前为止，世界上大多数的特许经营体系仍然是以特许人自主销售为主，特许权的直接销售模式占据了相当大的比例。

（一）特许权的营销要素

许多刚刚开始从事特许经营的新特许人，往往是凭着一种商业本能开始最初的招商活动的。他们像销售其他产品那样，组建销售团队，制定并分配指标；选择有影响力的媒体发布招商广告，参加行业内的展览会；逐个与潜在受许人展开谈判，直至签约等。这样一些传统的，或者说是原始的招商策略，对早期的特许人而言，也许是行之有效的。然而，这种方法忽略了特许经营招商的两个特殊性：一方面，特许权是一种前所未有的复杂商品，它不仅包含知识产权的授权，而且蕴涵跨越整个合同期内的管理冲突和利益冲突。随着社会大众投资意识的成熟，对有意购买特许权的潜在投资者来说，必须全面评估作为一种投资机会的特许经营，因此，特许人在招商过程中必须清楚地了解投资者的真正需求。另一方面，特许经营市场上开始出现竞争。按照CCFA统计，2010年中国已有超过4 500个特许经营体系，事实上，相对于中国庞大的招商市场而言，这是一个相当保守的数字。即使在同一个细分行业里，也往往存在着多个商业概念相似或相近的特许经营体系。因此，今天的特许人必须以一种更职业化、更有组织的方式开展招商业务。如果说传统的招商模式对应的是一种产品主导思路，那么，新的条件下的招商必须全面采用市场导向的营销思路。

前文讨论特许经营可行性时，系统介绍了企业战略规划和营销方案的思路与方法。将这种理念应用到特许权的销售，很容易梳理出特许经营营销的基本要素：

（1）市场：特许人面对的市场是由社会上众多的中小投资人组成的加盟市场。

（2）顾客：特许人的顾客是潜在受许人，而不是网点里的终端消费者。

（3）竞争：特许人面对的最主要的竞争是其他投资机会对潜在受许人的竞争。

（4）产品：特许人的产品是特许权，其最终表现形态是网点（以及对网点的服务）。

（5）价格：特许权的价格是特许人收取的初始费用和持续费用的贴现值之和。

（6）渠道：特许人面对的渠道是各种可能的招商路径。

（7）促销：特许人的各种招商宣传活动，目的都是促进特许权的销售。

在考虑特许经营营销活动时，必须注意把特许权的销售与特许人的基础业务区分开。用一个通俗的例子来说明，麦当劳店的产品是汉堡包，而麦当劳公司的产品是麦当劳店，这两种产品的营销属于完全不同的两个范畴。

（二）特许权的销售方案

美国特许经营专家安德鲁·J. 谢尔曼提出了一个基于营销理论的特许权销售计划和销

售方案的框架。①

- 前提
  - ◇ 对目标受许人的准确描述
  - ◇ 最大限度地开发潜在受许人的方法与步骤
  - ◇ 与潜在受许人从接触、洽商、信息披露直到成交的完整程序
  - ◇ 签约后的步骤：培训、开店、物流配送
- 基础性分析
  - ◇ 为什么人们会购买特许权？
  - ◇ 为什么人们会买你的特许权？
- 受许人招募与评估
  - ◇ 选择有效的媒体和手段：全国性或区域性报刊、直邮广告、专业展览会、公共关系、互联网网站、内部营销（来自内部员工的资源）、其他资源
  - ◇ 洽商过程：选择合适的洽商场地和方式，选择合格的特许经营销售人员，收集和整理受许人的详细资料，准备好销售人员必备的资料与工具
- 成交环节
  - ◇ 在十天的考虑期内与受许人保持接触，避免受许人因重大决策而产生情绪波动
  - ◇ 在签约前，确保双方都清楚地理解各自的权利和义务
  - ◇ 鉴于受许人的投资可能是有生以来最重大的一个决定，应该设计一个隆重的签约仪式
  - ◇ 在签约后、正式的培训开始之前，与受许人保持接触
- 销售团队的管理
  - ◇ 确定销售团队和个人的销售目标
  - ◇ 制定特许经营销售的日程和时间表
  - ◇ 事先编制销售团队的推广和差旅预算
  - ◇ 对销售人员的行为、道德和仪表做出详细规定：着装正式，诚实守信，禁止随意做出承诺
  - ◇ 制定详细的业务报告和业务档案制度
  - ◇ 重视对受许人的全面评估：完整填写数据表格，定期由审核委员会评估，科学的测评手段
  - ◇ 对销售团队开展持续的培训：销售技巧与方法，法律文件
  - ◇ 与其他部门的协调与合作：运营、培训、财务、法律

上面这个大纲，基本上概括了特许权销售环节的各个主要方面。选择直接销售模式的特许人，可以按照这样的框架来安排特许权的销售业务。

二、间接销售

当特许权的销售形成规模时，就会出现职业化的销售队伍和销售模式。商业模式特许

① ANDREW J. SHERMAN. Franchising & licensing. 3rd ed. New York: American Management Association, 2004.

经营本身，就是为受许人提供规模化服务而产生的。特许经营体系通过批量生产网点和对网点的服务，实现了规模经济和范围经济带来的经济效益。同样，在特许权销售领域，一旦形成规模，必然会出现销售环节的专业分工。这种分工最初体现为专业化的特许经营经纪人，在此基础上形成有组织的经纪机构和专业化的特许权销售代理公司。随着特许经营的日益繁荣，一个广泛的特许权交易市场正在出现。特许权销售的专业化和职业化，其高级阶段就是跨体系的集中交易平台的出现。

（一）特许经营经纪人（顾问）

在美国，从 20 世纪 70 年代起，随着特许经营的繁荣，逐渐产生了一个新的行业：特许经营经纪人（franchise broker）。这些专门的机构和人员，在特许权交易中充当特许人和受许人之间的中介，他们并非受雇于特定的特许人，而是同时代理多个特许人（甚至是数百个）的销售业务，他们从成交的特许权交易中按特许经营费的一定比例收取佣金。这些经纪人在面对有意投资购买特许权的潜在受许人时，往往以特许经营顾问（franchise consultant）的身份出现的，他们根据受许人的意向和兴趣向受许人推荐合适的特许经营项目，但他们并不向受许人一方收取费用。

按照美国 FTC 的《特许经营准则》，特许人无论采取什么样的销售方式，都必须严格按照披露文档中说明的标准，向受许人收取特许经营费。因此，在美国，特许人不能将经纪人的佣金直接转嫁给受许人，也就是说，无论是否通过经纪人，受许人支付的特许经营费必须是完全一样的。经纪人从特许人那里获得的佣金，往往高达特许经营费的 50%，甚至更高。而特许经营经纪人这个行业存在的理由是，对那些态度严肃的特许人而言，初始的特许经营费在其特许经营的全部直接收入中所占比重很小。按照布莱尔和拉方丹的研究，在整个合同期内，特许经营费通常只占到特许人向受许人征收的全部费用的 5%～10%，因此，大约相当于特许经营费一半的佣金成本是可以承受的。更重要的是，称职的经纪人，可以从大量的申请者中筛选出符合特许人需要的候选人。同时，由于经纪人的存在，在一定程度上扩大了特许经营营销的深度和广度，对特许权的销售起到了实质性的辅助作用。当然，还有一些专注于特许权销售初始收入的特许人（这种特许人涉嫌欺诈的可能性更大）也愿意通过经纪人的推广，快速扩大销售规模。

美国 FTC 原来的《特许经营准则》中，要求特许经营经纪人作为特许人的销售代理，必须披露自身的个人信息和职业经历。在 2007 年的修订中，FTC 放弃了这一做法。这一举措大大鼓励了这一行业的发展。目前，在美国 IFA 的官方网站上，以“经纪人”名义列入供应商名录的有 23 家机构，而以“顾问”名义列入的机构超过了 100 家。某些中介机构以培训经纪人的方式开展业务。某些机构面向全国公开招募经纪人，开设专门的特许经营经纪人培训课程，并且向其提供特许人和受许人的信息资源，旨在扩大其经纪业务的规模。其中一些机构，“采用特许经营的方式从事特许经营经纪业务”，通过签约授权和一定的培训，开设特许经营经纪业务的分支机构。

特许经营经纪人，作为特许权交易的中介方，其业务模式相对简单而清晰。其义务是为特许人和受许人双方建立起共赢的合作关系。但其利益机制决定了其在本质上是特许人一方的代言人。尽管特许经营经纪人在潜在受许人面前是以顾问的身份出现，但受许人必须明白对方最终代表的是特许人的利益。

此外，国内在习惯上也把那些帮助特许人构建特许经营体系的人员和机构称为特许经营顾问。但在使用时要注意，避免与前面的用法相混淆。

（二）特许权的集中交易

过去，有意于购买特许权进行个人投资的潜在受许人，获取特许经营信息的主要来源是正在招商的特许人在主流商业媒体上发布的广告，定期举办的专业展会，以及一些专门的特许经营名录。在美国，比较知名的这类媒体和出版物有《创业者》杂志及其旗下的《特许经营500强》，《特许经营世界》旗下的《邦德特许经营指南》，《华尔街日报》特许经营专版，《今日美国》特许经营专版等。

近年来，国内陆续出现了一些服务于特许人的专业化第三方机构。除了CCFA作为半官方的行业组织，定期举办特许经营展会、出版专业杂志、发布行业研究报告以外，一些民间机构积极地介入到特许经营推广业务中来。尽管国内还很少用到特许经营经纪人这一概念和称呼，但已经有一些专门的招商服务机构从事特许权销售的代理业务。这些机构往往以整合的媒体资源和营销服务作为切入点，依靠专业化的营销传播及其规模经济吸引受许人，逐渐形成了将营销服务与特许权销售相结合的特色。

随着互联网的普及和电子商务的发展，一些专业化的特许经营经纪机构开始尝试将特许权销售与电子商务结合起来。通过建立专门的特许权销售门户网站，为正在招商的特许人提供集中的挂牌服务，以及附加的线上或线下推广服务。通过这种专业网站，潜在受许人可以按照多种指标实时搜索特定行业、特定规模和特定区域内的特许人。这些网络交易平台，也可以对挂牌的特许人进行评估或给出独立的推介意见，供潜在受许人参考。

三、授权范围

在特许权销售管理中，特许人面临着一个重大决策，即对受许人的授权范围。这个决策，从根本上决定了特许经营体系的管理结构。对授权范围不同的受许人，不仅合同条款不同，而且在后续的管理中也有显著的区别。

前文对特许经营合同的讨论，并未考虑不同的授权范围对合同条款的影响，其中提出的一些原则，普遍适用于不同范围的授权。然而，在特许权销售过程中，如何规划企业所面对的整个市场，如何根据不同的地域特征、市场特征，授予受许人不同的权利范围，对体系的开发和维护具有非常重要的意义。

特许经营中典型的授权是单店授权，也称作直接授权。而所谓的多店受许人的概念，多少有点模糊。通常，特许人作为一种奖励或激励措施，会允许绩效良好、遵守体系规范的受许人在原有网点之外购买新的网点授权，这种拥有多个网点的受许人仍然是一种直接授权关系。与这种情况不同，另外两种拥有多个网点授权的受许人是区域开发受许人和主级受许人，二者都获得了同时开发多个网点的授权。区别在于，区域开发受许人只能通过自己投资，在指定区域和指定时间内建设多个网点；而主级受许人（master franchisee）可以作为次级特许人（sub-franchisor）向次级受许人（sub franchisee）进行再授权。要注意的是，这里的主级和次级的概念是相对的，第一个层次上的受许人直接从特许人那里获得授权，被称作主级受许人，这种授权称为主级特许经营；当其向下一级受许人进行再授权时，就成为次级特许人，下一级是次级受许人，这种再授权的关系称为次级特许经营。上述各个概念之间的相互关系，如图 7－1 所示。

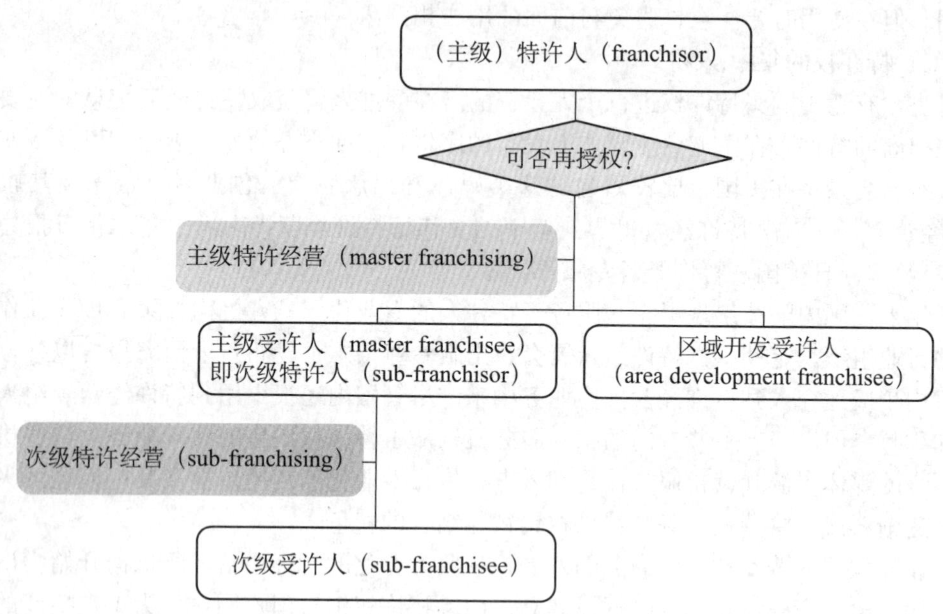

图 7－1　主级特许经营与区域开发的区别和联系

（一）区域开发特许经营

在授权区域开发受许人时，主要考虑区域限制、时间限制和网点所有权。在授权区域开发受许人时，特许人通常会保留一些权利，以便受许人不能胜任区域开发责任时，及时补救。作为特许人放弃在区域内授权其他受许人的代价，区域受许人必须向特许人支付一笔区域开发费（development fee），并在区域内每开设一家网点，还要再支付相应的特许经营费。

通常，区域开发受许人必须拥有旗下每个网点的控股权，但允许这些网点有其他小股东进入。每当开出一个新的网点时，就要签署一份新的单店授权协议，同时，从该网点的初始特许经营费中减去区域开发费的一定比例。区域开发受许人按照协议完成了区域内网点的开发，有可能获得新的区域授权，或终止原区域开发协议时，对区域内的网点都按照单店的授权协议进行管理。

选择区域开发的方式，如果受许人选择得当，就可以大大加快特许经营体系的建设速度，减轻后续的管理负担，由一个合格的受许人拥有区域内的所有网点，特许人的管理效率大大提高。然而，区域开发特许经营给特许人带来新的挑战，由于过分依赖少数实力雄厚的受许人，特许人的市场势力和管理势力都会被削弱。因此，许多特许人在早期利用这种手段实现快速扩张和市场渗透，一旦体系成熟，就会回购区域开发权或授权网点。

（二）主级特许经营

主级特许经营由于有再授权（sub-licensing）的关系存在，所以在管理上要复杂一些。

通常主级受许人与区域开发受许人一样，在一定的时间和地域范围内，拥有排他性的权利，同样也拥有自己直接开设网点的权利。与区域开发受许人不同，他们还获得以下一些特别的权利和义务：将特许人的商标和商业模式再授权给第三方（次级受许人），并向对方收取初始特许经营费和持续的特许权使用费以及广告费等；为次级受许人提供培训、开店方面的支持和持续的服务；负责管理次级受许人网点的质量和规范。主级受许人要按照约定的比例，上缴其向次级受许人收取的各项费用。

在主级特许经营中，存在着两种授权关系，分别是特许人对主级受许人的关系和主级受许人（也就是次级特许人）对次级受许人的关系。通常，特许人不能直接控制和管理次级受许人，但会保留对次级受许人及其网点的最终审核权。在对次级受许人的授权中，有可能是由次级特许人和次级受许人直接签署合同，也可能是由特许人、次级特许人和次级受许人共同签署三方协议。

通常情况下，主级特许经营的方式主要应用在国际特许经营中，特许人在国内市场上很少使用这种方式。最大的风险在于特许人有可能会失去对体系的控制，同时，由于存在着再授权关系，在合规性管理，如备案登记和信息披露方面也会更加复杂。

在开展主级特许经营时，通常要考虑以下一些特殊问题：

（1）谁负责向次级受许人收取特许经营的相关费用？收取的费用如何在特许人和次级特许人之间分配？

（2）对次级受许人授权的协议是两方（次级特许人、次级受许人）还是三方（特许人、次级特许人、次级受许人）？

（3）对次级受许人的招募、评估、选址、培训、支持、管理等义务如何划分？

（4）有关行业监管的合规性义务（备案登记、信息披露等）如何划分？

（5）如果次级特许人经营状况恶化甚至破产，区域的网点如何处置和管理？

（6）对次级特许人在市场开发和绩效方面的强制性限制是怎样的？

（7）是否允许次级特许人在区域内自行投资开设网点？如果可以，如何定价？

（8）次级特许人是否需要向特许人支付区域开发的费用？如果需要，如何定价？

（9）特许人保留哪些对区域内网点最终的审核与批准权利？

（10）特许人保留哪些修改区域条款或回购区域特权的权利？

主级特许经营中，相关各方的关系如图 7－2 所示。

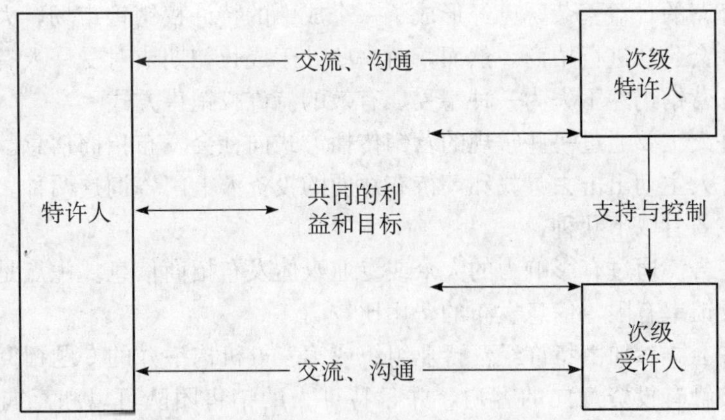

图 7－2　主级特许经营中相关各方的关系

资料来源：ANDREW J. SHERMAN. Franchising & licensing. 3rd ed. New York：American Management Association，2004.

第二节 受许人招募概述

受许人的招募是特许经营全部运作中最关键的环节。众多在法律和财务上独立的实体，在同一个商标之下，按照统一的管理模式，经营完全相同的业务，特许人和受许人既有共同的价值，也有利益上的冲突和矛盾，并且要维系相当长的合作时间，这样一种关系必然要求双方在签约前，对彼此做深入、全面的考察、研究和评估。这一节从招募、评估和培训三个方面，讨论在特许权销售过程中如何遴选合格的受许人。

一、受许人招募

特许权的销售是一个持续的营销过程。对特许人而言，未来的受许人具有顾客与合作者的双重身份。一方面，作为产品（特许人的产品就是网点）和服务的提供者，特许人需要了解潜在受许人的真实需求，在对网点运营模式和持续性支持服务的规划，以及特许权各要素的设计当中，要尽可能满足受许人的深层次需要。另一方面，特许人作为体系的管理者，在选择网点经营管理时，要全面考察受许人的个人素质、能力和必要的资源，要综合考虑对受许人进行管理、控制、培训等方面所产生的成本，并与特许经营网点预期产生的收益进行权衡。

（一）潜在受许人的来源

早期的商业模式特许经营体系，在发展初期往往会采取内部营销的方式，从特许人企业的内部员工中间招募受许人。这样做的好处非常明显，由于企业内部的员工对商业模式和经营理念都有比较深刻的理解，不仅比外人更容易下决心投资，而且签约后也很容易进入角色，从而大大减轻公司在受许人培训方面的负担和压力。然而，它的局限性也显而易见：一方面，完全依靠有限的内部员工无法实现快速的扩张；另一方面，当特许人企业内部运营管理出现问题时，由于受许人与特许人企业内部有着千丝万缕的联系，所以危机很容易传导到受许人那里，造成整个体系的不稳定。

随着特许经营的日益繁荣，已经形成了一个成熟的特许权销售市场，大多数成熟的特许人，都面向社会公众进行招商。然而，对一些处于成长初期或对受许人有特别要求的特许人来说，内部营销仍然不失为一种稳妥、有效的特许权销售方式。

目前，特许人主要通过一些常规的营销传播方式向社会发布招商信息。潜在受许人的来源无非是特许人主动出击去寻找和等待有意向的投资人上门咨询这两种。特许人发布招商信息的方式主要有以下几种：

（1）媒体广告。通过有影响力的大众或专业媒体发布招商信息。优点是覆盖面广；缺点是成本高、反馈率有限，信息发布的费用比较高。

（2）行业展会。参加由特许经营行业组织或第三方机构举办的专题招商展会，可以在短时间内大量接触有投资意向的客户，并且特许人的销售团队可以和意向投资者现场互动，沟通效率高，信息广；缺点是特许人要同时面对众多特许人的激烈竞争，潜在受许人选择空间非常大，招商的营销难度提高。

（3）招商说明会。这是一种深度的营销方式，通过对媒体广告和展会等手段形成的客户数据库进行整理和筛选，对选出的优质候选人直接发出邀请，或者提前在各种媒介发布信息，邀请公众参与。这种方法的好处是既有展会现场互动的优势，又避免了多家特许人同场招商的竞争压力，并且可以有针对性地邀请参会者，沟通效率高；缺点是运营成本较高。

（4）企业网站。近年来，越来越多的特许人都开设了专门的招商网站，或者在企业网站中设置专门的招商入口。通过自己的网站进行招商，可以充分地调动文字、图像、视频等多媒体手段，详细介绍特许人企业的情况，阐释招商理念、目标和条件，并且实现双方的在线互动，便于特许人及时发现有针对性的意向投资者。这种方法的局限性是企业自身及其网站的知名度直接制约网站的访问量，对初创期的企业难以实现大面积的信息传播，推广效率较低。

（5）综合招商平台。目前，很多业内的第三方机构，除了与特许人建立起传统的线下合作模式以外，还依托网络或其他有影响力的媒体，如电视栏目、报纸专刊等，搭建起综合的招商平台，并且凭借规模化的媒体运营或媒体采购，降低了利用第三方媒体的成本，吸引了许多特许人，被称作不落幕的展会。这种方式除了可以长期持续发布招商信息以外，兼具行业展会的优点与缺点，可以吸引有投资意向的客户关注，信息发布针对性强，传播效率高；但由于众多特许人同时招商，个别特许人的信息很容易淹没其中，竞争压力大。

（二）潜在受许人的需求

前面提到过，特许人作为特许权产品的生产者，必须充分考虑作为客户的受许人的深层需求，这是开展特许权营销的基本前提。受许人的需求不仅影响特许权的设计、定价，也影响特许人对目标客户即意向投资者的营销渠道和营销传播的方式。

一个理性的受许人会清楚地意识到，由于投入了大笔的资金和资源，并且这种投入在某种程度上是被锁定的专用性资产，这意味着一笔巨大的机会成本。同时，受许人必须承担特许人企业及整个体系所带来的风险。能够控制或降低这种风险的因素包括：面对竞争选择合适的市场定位，主动应对经济周期的冲击，保证特许人的产品和服务拥有一个垄断的市场，提高特许人的经营效率，减轻受许人的经济和经营压力。

在这样的背景下，受许人选择购买特许权，必然要满足其深层的需要。谢尔曼从需求方面将受许人划分为五种类型，如表 7-1 所示。

表 7-1　根据深层需求划分的受许人的五种类型

买一份职业（投资较少的夫妻店）	销售与分销产品（产品驱动）	零售店（强调商业模式）	管理较大区域（如授权区域内有多个网点、售货车、售货亭等，管理驱动）	财务投资（大型项目，如酒店等）
对受许人资源和商业能力的需求：从左到右，从低到高				

资料来源：ANDREW J. SHERMAN. Franchising&licensing. 3rd ed. New York：American Management Association，2004.

特许人不仅要识别和筛选出符合自己商业模式的受许人，还要结合自己的产品与服务，对那些符合项目特点的受许人设计出满足其深层需求的营销沟通方式。

二、受许人评估

特许经营关系的特殊性决定了特许人对受许人的选择必须有一套特殊的标准。

（一）受许人的角色与素质要求

此前，我们多次讨论过，特许经营区别于其他商业关系最主要的特征是：特许人与受许人在法律和财务上相互独立，但在运营管理方面要求高度统一。这种特殊性影响了特许经营关系中几乎每一个方面。

（1）受许人独立的法律地位，一方面，要求受许人必须自行承担对网点的大部分投资，并对网点的经营效益和风险承担责任；另一方面，由于受许人是独立于特许人的经济主体，所以享有对网点经营的剩余索取权，也就是说，在向特许人支付了约定的各项费用和成本之后，受许人将占有全部的剩余利润。从这个角度来看，受许人的地位类似于处于产业链下游的独立厂商。

（2）由于双方之间以合同的方式建立起长期的授权关系，受许人在享有使用特许人知识产权的同时，必须在日常运营中完全服从特许人的统一管理。换言之，受许人在合同期内，拥有对网点资产的所有权和收益权，但却部分地放弃了自主管理权。受许人必须按照合同约定和手册中的具体规定从事日常的经营活动，而不能完全按照个人意志或单一网点收益最大化的原则自行其是。从这个角度来看，受许人的地位又像是特许人雇用的网点经理，必须接受特许人的各种指令。

因此，特许人在选择受许人时，必须同时考虑受许人的这两种不同的角色，以及这两种角色对受许人的能力、素质、资源等方面的不同要求，并且每一方面的能力或素质都会带有一定的副作用，特许人在选择时必须综合权衡。表 7－2 中对受许人的两种角色及其要求进行了归纳。

表 7－2　　受许人的两种角色与素质要求

角色	经济依据	素质、能力、资源	副作用
下游独立厂商	独立产权	承担网点投资的能力	独立意识太强，不满足于网点的从属地位
		独立运营网点的能力	
职业网点经理	放弃自主权	服从总部的统一管理	消极、服从，缺乏对网点的积极掌控
		善于学习和适应环境	

（二）特许人的需求

前文讨论了潜在受许人购买特许权的深层需求，并且提出特许人必须清楚地认识这种需求，以建立起有效的营销沟通模式。事实上，特许人销售特许权所蕴涵的需求也是多方面的。不同的特许人在不同的阶段，其需求的侧重点也会有所不同，特许人在选择受许人时，必然会受到自身需求变化的影响。谢尔曼将特许人的需求归纳为以下几个方面：

（1）通过扩大规模，提高运营效率，实现生产过程的规模经济性。

（2）扩大市场份额，创建品牌资产。

（3）通过特许经营的方法，建立顾客对自己产品和品牌的忠诚度。

（4）以较低的资本成本实现快速的市场渗透。

(5) 通过整个体系在广告和促销方面的合作，更有效地到达目标客户。

(6) 通过一个专业化的分销网络销售产品与服务。

(7) 用那些部分地拥有网点所有权的受许人取代直营的网点经理。

(8) 将网点选址、员工培训与管理、当地广告和其他管理方面的职责转移给当地受许人。

通过分析谢尔曼所提出几项特许人需求，我们可以进一步进行归纳。我们认为，特许人发展特许经营的需求大致体现为以下几个方面：

(1) 生产需求：通过建立特许经营网络，扩大生产规模，实现规模经济性。

(2) 销售需求：通过建立特许经营网络，更有效地分销自己的产品与服务。

(3) 市场需求：通过受许人间接地获得当地的市场资源。

(4) 营销需求：通过建立特许经营网络，提高品牌知名度和顾客的忠诚度。

(5) 管理需求：用授权的受许人取代直营网点的职业经理，以及用利益分享机制建立的授权网点取代直接运营管理的直营网点，最大限度地提高管理效率。

(6) 资本需求：谢尔曼提出了企业扩张的资本成本问题，实际上，在特许人成长初期，大批受许人缴纳的初始特许经营费也成为特许人获得资本的直接来源。

如前所述，针对不同的特许经营体系、不同的特许人企业，以及在特许人企业发展的不同阶段，特许人对这六种需求的侧重点是不同的，也是不断变化的。因此，特许人必须根据自身不断发展和变化的需要，调整对受许人选择的标准。

(三) 受许人的评价方法和标准

很多资料在谈及特许人对受许人的选择和评价时，往往罗列出许多评价指标，少则十余种，多则数十种。我们认为，对受许人的评价可以从两个大的方面着手，即从事普通商业活动的一般性要求与从事特许经营活动的特殊性要求。

1. 一般性要求

作为一种商业活动，投资和经营特许经营网点对人的素质和能力有着与从事其他商业活动相同的共性要求，如有创业激情、有团队精神、有责任感、有管理能力、有财务和经营方面的常识、诚实守信、善于沟通等。

2. 特殊性要求

特许经营的特殊性体现在对受许人的选择与评价方面，就是上面提到的受许人的两种角色，以及由此产生的特殊性要求，具体如下：

(1) 有一定经济基础，能够承担网点的大部分投资，并能承受一定程度的投资风险。

(2) 有一定管理经验和基础，能够在特许人的支持下独立经营网点并创造利润。

(3) 服从总部管理，严格按照合同及手册的规定从事日常经营活动，不过分突出个性。

(4) 善于学习和适应环境，接受总部培训，适应体系的内部环境和氛围。

行业经验问题是特许经营中的一个特殊问题。很多缺乏经验的特许人为了强化体系的统一管理，往往热衷于选择一些没有行业经验的受许人，甚至还把这种做法当作一种普遍规律。事实上，与受许人在其他方面的素质一样，对体系的管理而言，受许人的行业经验也具有两重性：一方面，缺乏行业经验的受许人，在初期往往容易接受特许人的理念，遵守管理规范；另一方面，这也会增加特许人的培训负担与压力，并且给网点的长期稳定和增长带来不确定性。具有一定行业经验的受许人，固然可能由于惯性，有意或无意地突破体系规范，自行其是；但如果管理得法，受许人的经验对网点经营，甚至是体系的管理，同样是一笔宝贵财富。归根到底，不能把是否有行业经验，与是否服从体系的管理这两者混同起来。关键在于设计出合理的制度与管理体系，既要能最大限度地发挥受许人的积极性，又能够保持体系的高度统一。

总之，对受许人的选择与评估是一项高度个性化的工作。不同的特许经营体系，不同的特许人，会采取不同的评价和选择标准。其中，会受到业务的复杂程度、特许人的管理风格，以及特许人希望从受许人身上获得哪种特定资源等因素的影响。对一些业务模式简单、技术含量不高的中小型特许经营项目，特许人凭直觉就可以对受许人做出正确评价；而对一些有实力、有规模、成熟的大型特许经营体系而言，则有可能也有能力聘请专门的人力资源顾问机构，制定复杂的、专业化的测评体系，用于考察和甄选受许人。

三、受许人的初始培训

在特许经营体系管理中，对受许人的培训是一个非常重要的课题。通常，特许人为维护体系的统一性、实现整体的规模效益、保护知识产权的完整和不受侵蚀，对受许人一共有三种主要管理措施：特许经营合同及附加的授权协议（包括有合同效力的特许经营手册）、日常运营中的巡查和现场督导，以及持续开展的培训活动。

根据培训的性质和内容，对受许人的培训分为两大类：签约前后的初始培训和合同期内定期或不定期的持续培训。如果从培训对象区分，则可以分成对受许人的培训和对网点人员（店长、店员）的培训。这里重点讨论签约时对受许人的初始培训活动。

（一）初始培训的内容

签约之初，无论是特许经营这种模式，还是该特许经营项目的具体业务，对新受许人而言，都是完全陌生的。甚至许多新受许人完全没有独立操作任何商业项目的经验。因此，对受许人的初始培训，必须覆盖三个主要方面：一是该特许经营网点的生产、服务和经营管理的基本方法；二是包括会计、营销、人力、行政等基础性的商业常识；三是如何建立和维护与特许人的长期合作关系，具体讲，就是学会如何遵守特许经营体系的管理规范。

贾斯蒂斯曾经给出了一个受许人初始培训的提纲①，其中包括六个大项、数十个小项，比较全面地概括了上述三个方面的主要内容。

● 概要

特许人致辞，行业概况，特许人的基本信息，合同、授权、许可，双方的权利、义务、禁忌

● 财务

财务报告：资产负债表、损益表、现金流量表，现金预算与现金管理，记账规则，收银与出纳管理，信用卡、支票等支付手段，现金流动：银行、零售，销售款项的管，员工

① 罗伯特·T. 贾斯蒂斯，理查德·J. 加德．特许经营．李维华，等译．北京：机械工业出版社，2005.

薪酬管理、社会保险、所得税，设备、房产等的租赁，必要的保险

● 营销

目标市场，目标顾客，广告与促销，开业前的准备，开业仪式，开业后的推广，销售策略，客户关系，产品与服务的界定

● 运营（参考运营手册）

店面管理，内场管理，设备管理，维修管理，销售管理，人员管理，库存管理

● 服务/生产

设备采购与安装，库存控制，订单管理（从特许人和指定供应商处的进货），服务规范，服务/产品的生产方式，仓储管理，卫生、保安、防火，生产与服务的流程

● 行政

岗位职责，员工招聘、考评、培训、激励，工作日志、报告制度，劳动相关的法律问题

通常，要完成上面提纲中的培训内容，至少需要两周左右的时间。一些要求严格的特许人往往会安排一个月以上的培训时间。

（二）培训的方式

商业领域里的培训有多种方式，最常见的是常规的课堂授课式培训，常见的方法还有案例讨论、沙盘推演、实地考察与实习、现场指导等。对受许人的首次培训，往往以课堂授课的常规方式为主。还有两种常见的极端方式：一种是将书面或者音像的培训资料发放给受许人进行自学；另一种是安排新受许人到样板店现场实习，由有经验的人员一对一进行指导。下面分别对这三种常见方式的利弊进行归纳和概括。

1. 课堂授课

优点是培训师与受训者以及受训者之间可以深度互动，培训师可以根据现场反馈随时做出调整，可以有针对性地安排专门的内容；缺点是要占用受训者的完整时间，对培训师有较高的要求，培训的效果受培训师与受训者双方现场表现的制约，规定的培训时间制约了培训内容的灵活性，需要专门的培训场所。

2. 受许人自学

优点是受许人可以自主、灵活地安排训练时间，培训内容高度一致，可多次重复；缺点是缺乏培训者与受训者的现场互动，不能保证培训的效果，培训资料不能及时进行更新与调整。

3. 现场实习

这是一种简单、有效而灵活的方法。优点是成本低、容易实施。但这种方法的主要问题是培训内容与方式高度个性化，而且现场指导者的个性与素质各异，很难保证培训内容和方法的一致性。现场实际操作会带来培训的随意性，不能保证培训内容的完整和准确。

在商务部发布的《国内贸易行业标准：特许经营管理体系指南》（SB/T 10410－2007）中把特许经营体系的培训分为开业前培训、营业中培训和专题培训三个部分，其中，开业前培训的建议性内容是：企业文化类、基本制度类、产品或服务的知识类、商标、专利及经营管理的应用类、员工上岗钱培训等。在另一项行业标准《特许人经营体系成熟度与服务能力评定规范》（SB/T 10819－2012）中对开店前的初始培训做出了这样的建议性规定：

4.3.2　加盟初期培训

4.3.2.1　培训内容：特许人应向加盟商提供从理论到经营实践的初期培训，并确保其培训内容满足日后加盟商对运营管理的要求。

4.3.2.2　初期现场培训：特许人应委派专业人员到即将开店的加盟店中进行现场培训，具体期限和附加成本将视情况的复杂程度和时间进度确定。

第三节　网点建设

成功地招募到合格的受许人，并对其进行必要的初始培训，只是完成了特许权销售的一半。另一半任务就是支持和帮助受许人成功地开设并运营一个独立的网点。而网点建设中最重要的环节就是网点选址。在零售和服务业中，网点选址的重要性不言而喻，一个完全不关心网点选址的特许人，肯定是个不负责任的特许人。

一、网点选址

一方面，不同类型和不同规模的特许人，对网点选址的策略各不相同。其中最重要的影响因素是业务的属性及市场竞争的因素。对那些竞争程度较高的通用性产品与服务，如餐饮、零售等业务，选址的合理与否直接关系到网点未来的经营效果；而那些有一定垄断色彩的特殊产品与服务，选址的灵活性就比较大一些。另一方面，对受许人而言，除了要考虑市场和顾客的分布与流动，以及同类业务的竞争以外，还会考虑体系内的竞争问题，即特许人是否在区域内已经开设或可能开设直营或授权网点。因此，特许人既要考虑某个具体网点所面临的市场和竞争，也要考虑到体系内的网点分布及整个网络的管理与协调问题。

不同的特许经营体系，对网点选址的分工决策过程不尽相同。一些处于初创期和成长初期的特许人，往往是通过《开店手册》之类的指南性文档给出一些网点选址的基本原则和标准，由受许人自行选择和提供候选店址，在签署特许经营合同之前交由特许人评估和审核；有些特许人会在谈判阶段，直接参与到选址的具体过程中，与受许人一起完成当地的市场调查和选址决策；一些成熟的大型特许经营体系，也可能完全垄断选址过程，在独立完成区域市场分析研究的基础上，自行选定店址，并指派给有投资意向的受许人。餐饮巨头麦当劳把选址的管理推向了极致。它不仅完全垄断了网点选址，还进一步深入到网点物业的经营中，通过提前购买或租赁合适的物业，再转租给受许人，从中获得地产运营的收益，这实际上是超大型特许人依托其庞大的资源和巨大的市场势力而获得的一种垄断优势，对大批中小规模的特许人而言，是可望而不可即的。

分析特许人对网点选址所采取的不同策略可以得知，无论采取哪种方式，特许人都会在一定程度上参与到选址过程中，至少也要保持对网点选址最终的审核权利。从特许人的视角来考察网点选址问题，通常要从业务特征、市场需求和网点成本三个方面综合分析。

（一）业务特征

贾斯蒂斯将特许经营业务划分为三种类型：特色型业务、竞争型业务、比较型业务，并给出了三种业务类型的选址原则。①

1. 特色型业务

当特许人的产品或服务在工艺、品质或品牌识别方面具有突出的个性化特征，能够比竞争者更好地满足细分市场内潜在顾客的深层次需求时，就成为特色型业务。这类业务可以对目标顾客产生足够强大的拉动力，因此在选址方面受到的约束很少。

2. 竞争型业务

当在区域内有多个企业同时提供可以互相替代的产品和服务时，竞争就成为选址的主要因素。网点的能见度和相对于目标顾客的便利性，以及其他竞争者的密度和相对位置等将直接影响网点未来经营的绩效。

3. 比较型业务

如果与竞争者之间的市场定位相似，在产品和服务的品质、特征等方面又具有突出个性的业务，构成了与竞争者之间的比较关系。当这类业务的网点选择在与比较者相邻的位置上，就可以有效地帮助顾客通过对比确定产品和服务的特殊价值。许多区域性的专业商城或批发零售市场，就具备这种比较业务共生的典型特征。

贾斯蒂斯的分类方法着眼于业务的市场特点，实际上对于选址更有意义的是业务的行业特征和区域类型。

根据国内外特许经营体系行业分布的特性，我们将特许经营网点按照行业划分为：生产型场所、销售型场所和办公型场所，这种分类是按照特许经营体系的运营特点划分的，更贴近特许经营网点的具体需求。此外，还要对目标选址地区的地域特点进行归纳和分析，作为特许经营网点的主要参照，通常将网点选址地区划分为：商业区、住宅区、工业区和农业区四大类。将特许经营网点的业务特征和目标区域的地域特点结合起来，就形成了特许经营网点选址的基本框架，如图 7-3 所示。

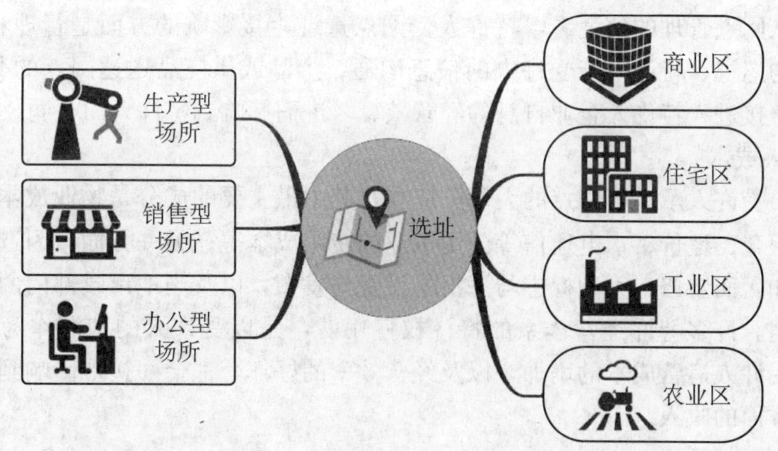

图 7-3　网点选址的初步框架

① 罗伯特·T. 贾斯蒂斯，理查德·J. 加德. 特许经营. 李维华，等译. 北京：机械工业出版社，2005.

（二）市场需求

具体到某个网点选址的微观决策时，最基本的原则仍然是成本效益分析。当产品/服务、营销、竞争等其他因素确定时，制约网点效益最主要的因素就是市场需求。通常从人口分布、有效购买力、竞争、客流量等方面来考察网点的市场需求。

1. 人口分布

网点有效辐射范围内的人口调查数据，包括人口规模，增长率，人口的性别、年龄、职业、文化等方面的构成与分布，流动人口状况。

2. 有效购买力

人口调查的统计学分析给出的是市场需求的基数，在此基础上要进一步考察其中的有效人口及其购买能力，包括产业与业务的目标群体所占比重、收入状况、消费习惯等。

3. 竞争

在一定时期内，区域内的需求量大致稳定，这时具体网点的业绩就取决于同类或相似业务的竞争态势，即网点预期能够获得的市场份额。对具体网点而言，市场竞争既可能来自其他品牌和企业，也可能来自体系内部的其他网点。

4. 客流量

要从区域内的商业分布、交通状况和具体地理位置等方面考虑有效目标顾客到达网点的流量。

（三）网点成本

特许人在对网点选址进行评估和分析时，要从不同角色的不同视角出发，考虑与网点相关的三种成本。

1. 特许人成本

通常网点的建设和运营成本主要由受许人承担，但网点的位置与分布同样会影响特许人的成本。从网点管理的角度看，特许人受网点选址直接影响的方面是管理和物流成本，如督察人员的巡视、特许人与受许人的信息沟通、产品或供应品送达网点的交通成本等。特许人成本直接进入特许人企业自身的经营核算，进而影响到特许人的利润。

2. 受许人成本

一方面，受许人承担了网点的大部分成本，其中最主要的成分是物业成本，即租赁或购买地产的租金、地价、水电通信等公用事业的使用成本等；另一方面，因选址而带来的营销成本，如店面装修、大型标志与海报的设置与发布，以及当地市政部门的管理措施带来的额外支出。许多特许经营体系的特许权使用费，是以受许人的利润作为基数来计算的，因此，受许人运营成本的增加，以及经营效率的好坏，都会间接地影响到特许人在特许权使用费方面的收入。

3. 顾客成本

顾客成本是指目标顾客为达成消费而寻找、到达网点产生的搜索成本和交通成本（交通成本可能体现为货币支出的交通费用，也可能体现为时间、便利性等）。对特许人而言，顾客成本是一种隐性成本。如果顾客成本过大，就会影响网点的客流量，进而影响网点的经营绩效，最后间接地影响特许人的收入。

二、网络管理

对特许人而言，仅仅考虑单个网点的选址是不够的，必须从整个特许经营体系的高度出发，综合安排全部网点在全国、地区和当地三级市场上的分布，从整体利益出发对特许经营网络进行设计和管理，每个独立的网点，都是这个网络上的一个节点。

（一）地域模型

贾斯蒂斯提出了一个地域模型①，并基于这一模型界定特许经营扩张的三个步骤：特许权在整个市场的地域分布规划、特定区域的网点容量、目标区域的开发。

1. 特许权在整个市场的地域分布规划

美国知名的市场研究机构尼尔森（A. C. Nielsen）基于对公共传媒广告的研究，提出了指定市场区域（designated market area，DMA）的概念，指一个地区内分布的人口可以接收到相同的电视、广播、报纸或网络等公共传媒提供的内容。这一概念被引用到商业领域，用来研究一个大的地理区域如整个国家或大的经济区内商业网点的有效分布问题。具体到特许经营领域，特许人可以借助这种思路，综合考虑整个特许经营体系或网络在全国各个地区的分布问题。

2. 特定区域的网点容量

当确定了整个国家或经济区域内的地域划分，特许人就要根据每个区域的经济、社会、文化、地理等方面的具体情况，考虑指定区域内的网点密度与分布问题。这方面的一个有效工具是由《销售与市场管理》（*Sales and Marketing Management*）提出的购买力指数（buying power index，BPI）。企业通过研究指定区域内人口、个人可支配收入、零售总额这三项指标，计算出三项指标相对于整个市场或全国数据所占的比例，并按照不同的权重，综合测算指定区域相对于全国范围内的相对购买能力。特许人企业可以用这种方法规划特定市场范围内特许经营网点的密度与分布。

3. 目标区域的开发

确定了指定市场区域之后，就要进一步界定所谓的主要服务区（primary service area，PSA），即一个零售或服务网点能够覆盖 2/3 以上的有效需求的区域。通过研究区域内的人口分布和竞争状况，综合考虑地理环境、商业设施、交通设施、社区内消费习惯等因素，确定该区域是否可以支撑一个或多个网点。

（二）商圈理论模型

国内知名的特许经营研究专家朱明侠教授根据国际流行的集中市场模型，提出了独特的商圈理论。所谓商圈（trade area），是指一个零售店或商业中心的运营能力所能够覆盖的空间范围，即可能前来消费的顾客所分布的地理区域。国际上比较成熟的商圈理论模型有引力模型、中心地带理论和零售饱和指数理论等。

1. 引力模型

其中心思想是两个商业核心从中间地带吸引顾客的数量，与两个区域的人口数量成正比，与两个核心距离中间地带的距离成反比。引力模型最早在 20 世纪 20 年代由美国学者

---

① 罗伯特·T. 贾斯蒂斯，理查德·J. 加德. 特许经营. 李维华，等译. 北京：机械工业出版社，2005.

莱利（Relly）提出，此后经过多位学者的修正和丰富，形成了多种因素综合作用的引力模型。

2. 中心地带理论

即一个零售机构簇拥的商业中心必须综合考虑商圈和起点这两个要素。商圈是指顾客实施消费时能够承受的最远行程，它决定了商业设施所能覆盖的市场区域的最远边界；起点是指某个区域内设立的商业设施为保证其经济上的可行性所要求的最低客流量。

3. 零售饱和指数理论

即通过计算某一地区内零售饱和指数的大小来确定该地区零售店铺数量的情况，进而确定是否适合开店。饱和指数通过需求和供给的对比测量商圈内零售商店的饱和程度。一般来说，饱和指数高意味着零售潜力大，而饱和指数低意味着零售潜力小。

朱明侠教授在这些理论和模型的基础上，进一步提出了商圈的四种属性：

第一，层次性。同一商圈内的顾客到店消费的可能性并不相同，会受到各种阻碍因素的影响，因此，商圈表现出明显的层次性。通常可以将商圈划分为三个层次：核心区域覆盖了商圈内总顾客数量的50%～70%，第二层商圈覆盖总量的15%～25%，第三层商圈覆盖总量的5%～10%。按照国外的研究结果，核心区域的半径为3～5英里，或者最多10分钟的车程；第二层商圈的半径延伸至7英里，或15分钟车程；而第三层可以延伸到15英里以上。

第二，重叠性。不同商业设施所形成的商圈并没有清晰的界限，两个商圈往往会在第二层或第三层上发生重叠。

第三，不规则性。受诸多因素的影响，商圈的实际形状并非“商圈”这个术语所暗示的圆形，而是呈现出不规则的形状。

第四，动态性。商圈的大小或规模并非随着商业设施的设立而保持一成不变，而是随着商业业态、区域内的竞争态势、个别网点的竞争力等因素的变化呈现出动态变化的格局。

第四节　第三方机构

随着特许权的销售越来越成为一项独立的业务，社会上开始出现一些专业化的行业机构。尽管学术界对是否存在着严格意义上的特许经营行业尚存在争议，但世界各国都建立了专门的行业组织和机构，也出现了一批专门服务于特许经营企业的商业组织。从这个意义上讲，围绕着特许经营这种特殊模式，的确形成了一个专门的产业。以下按机构的性质简单介绍特许经营中的第三方机构。

一、行业组织

国际上最早出现的特许经营行业组织是1960年成立的国际特许经营协会（IFA）。这是由一群美国特许人企业的高层管理者自发组织起来的第一个特许经营行业协会。主要发起人是当肯甜甜圈的创始人比尔·罗森博格（Bill Rosenberg），他在1959年芝加哥的一次展会上将组织行业协会的想法付诸实践，并得到一批特许人企业的响应。当时确立的首要目标是："通过建立行业协会，为特许经营建设一个良好的商业和监管环境。"其中的潜台词是，IFA希望以行业组织的身份，介入并推动与特许经营相关的立法和司法实践，以改善特许人企业的生存环境。1963年度的IFA总裁埃尔默·温特（Elmer L. Winter）提出了IFA的另一个目标："向美国人民宣传，特许经营是值得每个创业者认真考虑的一种负责任的商业模式。"IFA作为美国特许人的民间组织这一先天属性，也是后来使其饱受社会各界诟病的一个根源。在中国，由于IFA名称中的"国际"字样，使许多人对其性质和职能都产生了误解。尽管在50多年的发展中，IFA不断对其宗旨和姿态进行了各种调整，但它作为美国特许人组织这一根本定位并未改变。因此，对来自IFA的各种观点、数据和资料，必须保持一个清醒的判断和认识。

在美国，与IFA针锋相对的另一个行业组织是全美受许人与经销商协会（American Association of Franchisees & Dealers，AAFD）。AAFD于1992年成立，公开宣称自己是一个旨在保护全美受许人和独立经销商权益的非营利性行业组织，其最初的宗旨是"实现公平的特许经营"。经过20多年的发展，目前关于AAFD宗旨的官方说法是："通过界定、识别和运用综合的市场方案，促进优良的特许经营。"AAFD理事会主席罗伯特·珀文出版了《如何避免特许经营欺诈：投资前后保护自己的策略》一书，成为防范特许经营欺诈方面的代表作，产生了一定的社会影响。

1993年12月，由墨西哥特许经营协会主持召开了第一届国际特许经营峰会，会议由美国的IFA发起并得到欧洲特许经营联合会（European Franchise Federation，EFF）的支持，提出了建立特许经营行业国际组织的动议。次年2月，在拉斯维加斯举办的IFA年会上，召开了一次由各国特许经营行业协会官员参加的专门会议，会上25个国家和地区的特许经营协会官员正式做出决议，决定成立世界特许经营理事会（World Franchise Council，WFC）。这是一个全球范围内的、由国家级特许经营协会组成的非政治性行业组织。中国在WFC中的代表是中国连锁经营协会（CCFA）。

中国连锁经营协会于1997年在民政部注册成立，是国内连锁经营领域唯一的全国性行业组织，截至2015年年底，协会会员1 000余家，连锁店铺约34万个，覆盖零售、餐饮酒店和服务业，其中零售会员2015年销售规模3万多亿元，占社会消费品零售总额的10%。协会提出了"引导行业、服务会员、回报社会、提升自我"的理念，参与政策制定与协调，维护行业和会员利益，为会员提供系列化专业培训和行业发展信息与数据，搭建业内交流与合作平台，致力于推进连锁经营事业与发展。1997年，国内贸易部以部门规章的形式明确了中国连锁经营协会作为特许经营行业组织的法定地位。同年颁布的《商业特许经营管理办法（试行）》第十七条规定，特许者开展经营活动时，应按本规定第十二条所列材料提交中国连锁经营协会备案。中国连锁经营协会的工作是制定特许经营的行规行约，开展行业自律，为特许双方提供相关服务，促进行业发展。

在国内，除了国家级的行业协会以外，各地还组织了地区性的连锁经营或特许经营行业协会。此外，很多专业性的商会、企业联盟等组织也都起到了沟通行业信息交流的作用。对于参与行业组织的企业来说，需要注意把握同行业企业间横向联合与合作的尺度，避免因触犯反垄断法而遭到不正当竞争的指控。

二、法律与财务机构

特许经营是相互独立的法律和经济实体之间建立的一种长期而复杂的契约关系，其中涉及复合的知识产权授权，以及不同产权主体之间的利益分享等复杂的法律和经济问题。因此，与其他要素市场的交易一样，特许权交易中需要大量专业的法律和财务服务，律师和会计师成为特许权交易中最重要的第三方。

在法律方面，华东政法大学的法律学者张国元从以下方面归纳了特许经营过程中所需要的专业法律服务。①

（一）特许经营的基础

对特许人和受许人的经营状况、发展趋势及其可能存在的问题进行分析；充分了解国内现行的特许经营方面的法律、法规和政策；对特许人进行资信调查；对国外特许人，还要了解外资准入方面的规范、政策和法律环境。

（二）特许经营的法律文件

为特许人或受许人起草、修订特许经营合同及相关文件；代理特许人或受许人与对方进行谈判；规范特许经营中的各类法律文本；为特许人的知识产权和无形资产提供法律上的保护。

（三）特许经营的核心法律服务

为特许人或受许人提供法律咨询服务；处理特许经营中双方可能产生的争议；处理特许经营中与第三方可能产生的争议；处理特许经营中一些经营管理方面的法律问题，如劳动、保险、不正当竞争、融资、资产管理等。

（四）特许经营关系的结束

对终止的特许经营关系提供善后服务。

在财务方面，我国的《商业特许经营管理条例》及《商业特许经营信息披露管理办法》中明确规定，特许人的信息披露中应当包括最近 2 年的经会计师事务所或审计事务所审计的特许人财务会计报告摘要和审计报告摘要。尽管许多受许人没有能力专门聘请财务顾问对特许人的信息披露进行调查和研究，但作为特许人一方，提供经审计的财务报告是法定要求。因此，专业的会计服务对特许经营关系而言必不可少。

相对于国内的立法，美国 FTC 对特许经营在财务方面的信息披露有着更为严格的规范。美国的立法并不限制特许人在信息披露中提供网点盈利的承诺，但对这种承诺有着极为严格的规定。在美国的法律环境下，特许人为达到合规的要求，必然要依靠专业的财务机构，严格按照 FTC 的规则进行信息披露。

三、专业服务供应商

除了法律和财务的专业服务以外，上面提到的特许经营经纪人和顾问也是特许经营中非常重要的第三方机构。此外，在实践中，围绕着特许经营，还出现了多种专业化的商业服务机构。美国 IFA 专门组织了一个供应商论坛，吸收社会上各种专业化的第三方机构加

① 张国元．特许经营法律与实务问题研究．北京：法律出版社，2009.

入其中。根据该协会的分类，包括律师、会计师、特许经营经纪人和特许经营顾问在内，一共有54类机构，参与为特许经营提供服务，分别是：会计师、广告/设计、律师、视听制作、背景调查服务、商业服务产品/系统、呼叫中心/接听服务、蜂窝电话供应商、支票/信用卡服务、计算机软件/互联网服务、建筑/管理、消费者调查/市场调研、会议/旅行、商业函件、显示装置、争议解决、文献检索服务、教育/培训、猎头、金融服务、花艺服务、特许经营经纪、特许经营顾问、特许经营研究服务、酒店、人力资源、保险、室内设计、国际发展顾问、网站建设、照明、维修清洁与卫生、手册、市场/公关、多媒体设计、神秘顾客、网络广告、专业组织、POS系统、印刷、促销品、出版物、房地产、安全系统、标志产品及服务、选址、税务、通讯、电话/视频会议、贸易展览/博览会、翻译、制服、公用事业、车辆。尽管上面列出的许多服务商并非专门针对特许经营业务的，但从中仍然可以看到特许经营中所涉及的第三方机构覆盖范围之广。

本章案例

律师函解决了企业的大问题

作为一个已经从事多年连锁加盟法律工作的律师，我参加了中国特许加盟大会，在会上认识了北京××服装加工有限公司杨总。他向我说起了一件令他非常挠头的事情，他的这个企业成立已经3年多了，一直从事服装加工和销售，成立初期就开始尝试在我国北方的城市中发展代理商，到现在已发展了200多家加盟店，还向我国商标局申请了注册商标，由于刚开始发展加盟代理商时，企业没有关注有关商业特许经营的法律法规，在与这些代理商签订加盟合同时，没有对甲乙双方的权利义务和违约责任做出明确约定，导致了一系列不良的连锁反应：当该公司与其在吉林省辽源市的区域加盟商代理合同到期时，该加盟商×先生并没有与服装加工公司续约。过了1个月，吉林省辽源市的×女士找到服装加工公司商谈在辽源市的独家代理加盟事宜，双方达成一致并开始合作经营，但没过多长时间，×女士致电服装加工公司说在辽源市发现仍然有一家××服装品牌加盟店，还传来了照片证明。为此，杨总派人进行调查核实发现，原先该市的加盟商×先生仍然在其经营的店面中擅自使用××服装加工公司的××品牌商标及名称，并私自印刷含有“××”品牌商标及名称的塑料袋，为此公司杨总曾上门找其面谈，要求撤掉其店面的有关品牌商标及名称所有设施、停止印刷塑料袋，但×先生没有配合；×先生也曾到服装加工公司与杨总商谈过，公司同意退还×先生的保证金并要求×先生停止侵权行为，×先生也没有配合。这种情况的出现，不仅容易导致服装加工公司对×女士承担违约责任，而且也影响服装加工公司的企业声誉。

就杨总现在面临的难题，我给出了解决方案：首先就是由公司委托律师事务所向×先生寄送律师函，以达到固定证据、进行威慑、免去诉累的效果。杨总表示同意，于是我到其公司查阅了他们的加盟合同和对方的个人信息，向公司知情人员了解了事情的细节，之后我开始起草律师函，律师函的内容主要包括：第一，我们律师事务所接受委托，代表北京××服装加工有限公司向×先生表达：其在合同到期后，已丧失了对××品牌商标及名称的继续使用权。现在未经公司同意，擅自在其经营的店面中使用公司的××品牌商标及名称，并私自印刷含有××品牌商标及名称的塑料袋，已经侵犯了××服装加工有限公司的合法权益，其现在的行为已经造成当地消费者的混淆，并导致公司无法在当地正常发展加盟商；已给公司造成严重商业声誉损害和经济损失。第二，如其对我的委托人陈述的事实有异议，可以在×日前电话通知我们。第三，为解决双方的纠纷，我为他们提供了三种非诉讼协商解决方案，请×先生选择。第四，如果我们在×日前收不到他的任何回答，我们将及时启动诉讼程序。

当律师函发出的第六天，××服装加工有限公司的市场经理给我打电话，告知我×先生的爱人已经与公司联系，表示可以协商解决，公司告诉其可以与我联系；没过多久，×先生与我通话，承认他的做法不妥，只是有些特殊原因，需给他一定的时间，他同意不再使用××服装加工公司的××品牌进行经营，我表示可以理解，希望他能及时撤下××品牌、落实承诺。又过了二十多天，××服装加工有限公司杨总给我来电话，告知这起纠纷现在已圆满解决，我当时非常高兴，确实没想到只有几页的律师函，居然使该公司避免了一系列的法律纠纷。

资料来源：http：//txjy. syggs. mofcom. gov. cn/manager/news. do？ method=view&id=2555572.

复习与思考

1. 通过网络搜索，找到几家不同类型、不同规模的特许经营企业的官方网站，分析其发布的招商信息，判断其特许权销售的模式，并结合其业务类型与所处的发展阶段，以你个人的理解做出分析和评价。

2. 通过网络搜索，找到几份加盟指南的样本，分析该企业对受许人提出的要求，结合本章内容的学习，梳理出其对受许人进行评估的要素，并尝试提出补充性建议。

3. 通过访问国家和地方统计机构或地方政府的网站，检索你所在的行政区域（区、县）的人口、居民可支配收入和零售总额，并将地区的数据与全国统计结果进行对比，以此作为商圈分析的一个入门练习。

第八章　特许经营体系

【知识结构】

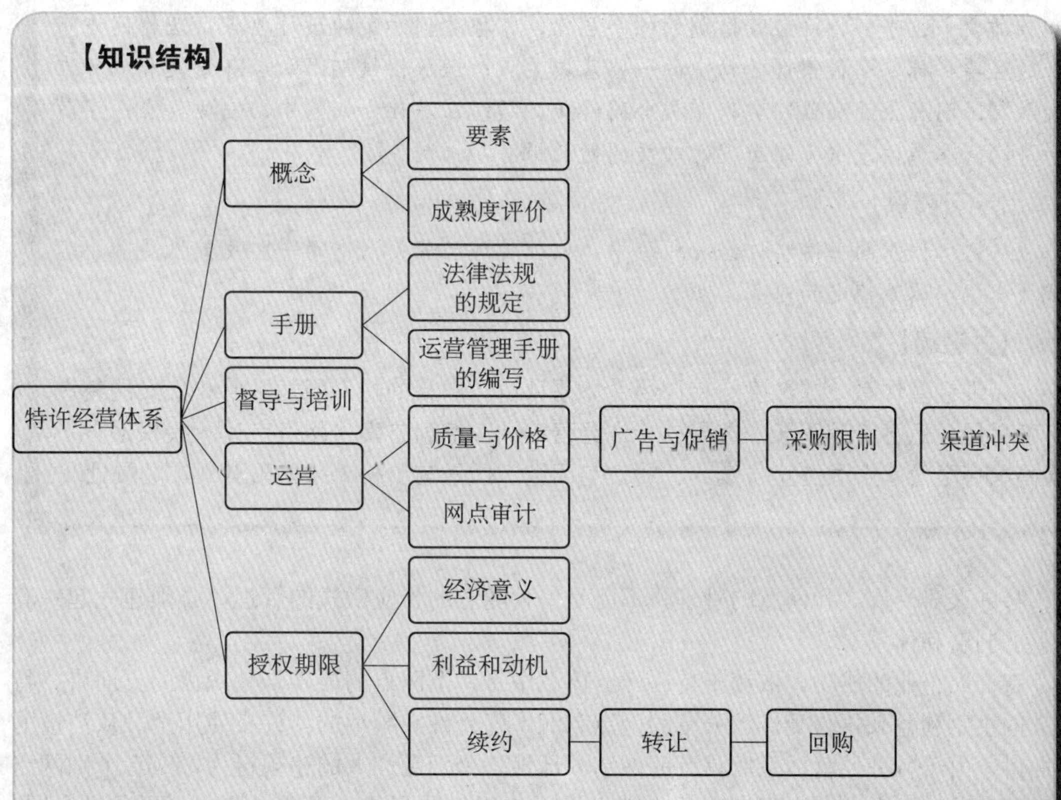

【本章要点】

- 督导人员是特许人与受许人之间沟通的桥梁，他们承担着沟通、指导和执行的职能。对督导人员的素质要求是：沟通技巧、专业知识、管理经验和责任感。
- 特许经营中的培训不能局限于在签约之初对受许人所进行的培训，应包括特许人本身、特许人企业员工、受许人、网点管理者和员工等四个层面，这种培训是一个持续的过程。
- 为维护特许人的经济利益，特许人应该定期或不定期地对一些受许人和网点进行财务审计，以发现和预防受许人可能出现的瞒报收入现象。这种审计活动也可以帮助特许人和受许人发现经营中的一些问题。
- 授权期限问题是一个涉及双方利益的重要问题，主要表现为合同的终止、续约、转让、回购等具体形式。
- 在特许经营体系的日常运营中，由于网络外部性的存在，以及特许人与受许人双方之间利益的不一致，可能引发产品质量与价格、广告与促销、采购限制和渠道冲突四种问题。

【学习目标】

通过本章的学习，全面掌握特许经营体系的内涵和要素，了解特许经营体系的评价方法；理解特许经营手册的概念，掌握运营手册编写的要点；掌握督导人员的职能和素质要求；了解特许经营培训的四个层次，掌握培训方案的设计要点；理解网点审计的主要目标，掌握审计活动中的一些基本要点；理解授权期限的经济意义和双方在授权期限问题上的利益冲突；掌握合同终止、续约、转让和回购中的一些要点；了解特许经营体系运营中可能出现的四类问题的根源和机制。

【学习建议】

从媒体披露的一些特许经营纠纷中，梳理特许经营关系中的一些关键性要素，尝试找出维护体系稳定的对策。

【关键词】

特许经营体系　成熟度　特许经营体系评价　广义的特许经营手册　狭义的特许经营手册　运营管理手册　督导　特许经营培训　培训方案　网点审计　授权期限　最高零售限价　合同终止、续约、转让与回购　质量与价格　采购限制　市场侵蚀

特许人对受许人和网点的管理，不能是一种随意的、应激式的管理，必须建立起一套完整的制度和体系。

特许人企业的成功，依赖于特许经营体系中每一个网点的成功。从积极的方面讲，特许人的主要利益来自与受许人分享的网点利润，即受许人缴纳的特许权使用费。从消极的方面讲，由于特许经营体系所具有的网络外部性，个别受许人的违规行为，或者个别网点的经营失败，都会在一定程度上侵害整个体系的形象和利益。因此，特许人要通过合同、手册等机制建立起严密的规范和制度，更重要的是，对受许人网点的日常经营活动进行监督、检查，并提供有效的指导性服务，同时针对市场环境的变化和网点运营中出现的普遍性问题，持续地对受许人及其员工进行有目的的培训。当整个体系中直营网点占据一定比例时，特许人还要特别注意协调直营网点和授权的加盟、网点之间的关系。

本章中，首先按照我国商务部发布的两项推荐性行业标准《特许经营管理体系指南》和《特许人经营体系成熟度与服务能力评定规范》的基本思路，梳理出特许经营体系的内涵及其主要子系统，并参照国际上通行的能力成熟度（CMM）理论，概括出特许经营体系的运行管理一般规律。然后分别讨论特许经营体系的现场管理和持续性培训体制、特许人对授权网点的定期审计、对受许人的授权期限管理。最后从产品质量与价格、广告与促销、采购限制和渠道冲突四个方面归纳特许经营体系日常运营中最常见的四类问题，重点分析这些方面产生矛盾和分歧的根源和机制。

第一节　特许经营体系的概念

为了配合国务院颁布的《商业特许经营管理条例》及商务部颁布的两项配套管理办法，商务部于2007年发布了国内贸易行业标准《特许经营管理体系指南》（SB/T 10410-2007）（以下简称《指南》），其目的是对特许经营体系的运营和管理提供参考性规范，并对一些关键性的术语做出权威界定。

一、特许经营体系的内涵和基本要素

《指南》对特许经营体系的定义是：在统一的品牌和经营模式下，由特许人和被特许人共同经营的一个管理和运营系统。《指南》的重要意义体现在，它以推荐性行业标准的形式，明确界定了特许经营体系的内涵和要素。按照该指南，一个完整的特许经营体系包含授权、运营和支持三个子系统，如图8-1所示。

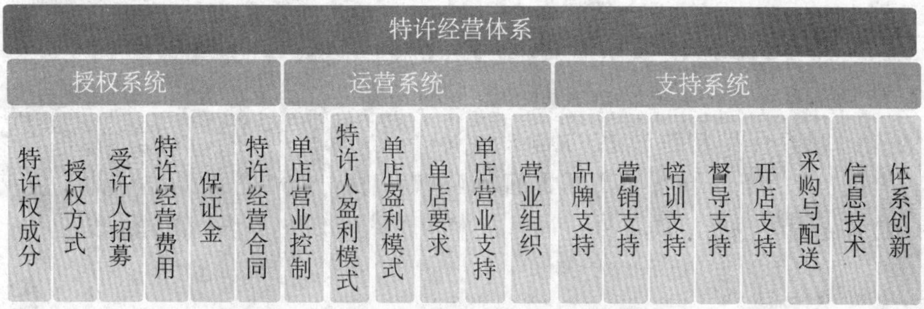

特许经营体系
授权系统
运营系统
支持系统
特许权成分
授权方式
受许人招募
特许经营费用
保证金
特许经营合同
单店营业控制
特许人盈利模式
单店盈利模式
单店要求
单店营业支持
营业组织
品牌支持
营销支持
培训支持
督导支持
开店支持
采购与配送
信息技术
体系创新

图8-1　特许经营体系（SB/T 10410-2007）

2012年，在《指南》的基础上，商务部又发布了另一项国内贸易行业标准《特许人经营体系成熟度与服务能力评定规范》（SB/T 10819-2012），其中对特许经营体系的定义进行了扩充，新的定义是：由特许人或经特许人授权的企业建立的，对特许经营各个业务环节实行控制和管理的系统，包括加盟招募管理、知识产权管理、店铺建设管理、培训管理、督导管理、加盟商关系管理、财务管理、广告促销管理、品牌形象管理、技术标准管理等内容，如图8-2所示。

特许经营体系
加盟招募管理
知识产权管理
店铺建设管理
培训管理
督导管理
加盟商关系管理
财务管理
广告促销管理
品牌形象管理
技术标准管理

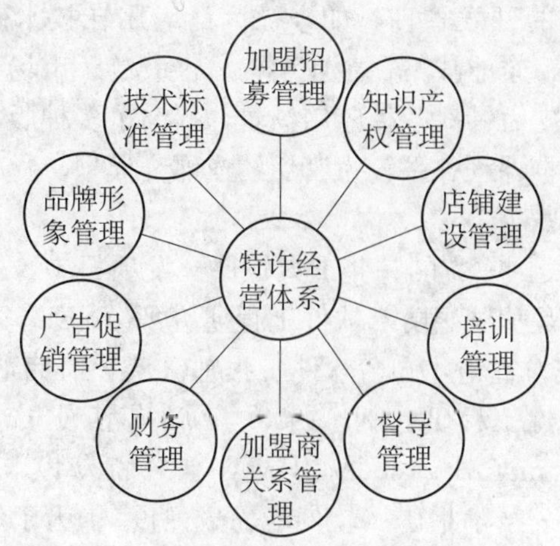

图8-2　特许经营体系（SB/T 10819-2012）

（一）授权系统

授权子系统包括特许权成分、授权方式、受许人招募、特许经营费用、保证金、特许经营合同等六个部分。其中明确列举了特许权中各项具体知识产权的使用权以及享受特许人支持的权利；在特许经营合同方面，规定了除特许经营合同以外，还应签订商标许可使用合同以及涉及专利授权、技术引进、原材料配送、培训等方面的单项合同。对于特许经营合同，在《商业特许经营管理条例》的基础上，详细列出了 8 项必备的具体内容。

（二）运营系统

运营子系统包括特许人盈利模式、单店盈利模式、单店要求、营业组织、单店营业支持、单店营业控制等 6 个部分。此外，还特别对体系内部特许经营双方的利益分配机制做出了详细说明。

（三）支持系统

支持子系统包括品牌支持、营销支持、培训支持、督导支持、开店支持、采购与配送、信息技术、体系创新的 8 个部分。

在上述三个子系统之外，《指南》还专门叙述了特许经营关系的管理以及体系文档、运营手册等方面的内容。关于特许人对受许人的控制方面，《指南》中明确提出了控制的目标和效果：（1）保护特许体系的知识产权；（2）保证特许人的体系标准得以执行；（3）保证合同义务履行。在体系文档方面，《指南》区分出企业企划类文件、企业基本制度文件、特许经营体系管理类文件、运营技术和质量标准文件等 4 种文件类别。

二、成熟度理论

成熟度（maturity）是衡量和评价一个组织持续改进能力的指标。成熟度越高，从失误或意外中吸取教训并做出改进的可能性越大。大多数成熟度模型都会对人员-文化、流程-结构、目标-技术等指标做出定性评价。

评价成熟度有两种基本方法：（1）自上而下，首先定义出一系列成熟阶段或水平，然后用一系列具体的评价项目和指标进一步验证成熟度的发展过程。（2）自下而上，首先确定系统的一系列具体特征或评价项目，然后逐级汇总形成更高级别的成熟度。成熟度理论最初起源于信息技术领域的开发管理，如今被广泛应用在技术研发、数据分析、项目管理、质量管理、业务流程、企业战略、企业架构、供应链、市场营销、人力资源等诸多领域。国际上许多知名机构先后针对各种应用场景，提出了多种版本的成熟度模型，下面介绍两种有广泛影响力且与本课程关系较为密切的成熟度模型。

（一）能力成熟度模型

20 世纪 80 年代，在美国军方的一些重大软件开发项目中，一些承包商出现了预算超标和工期延误的状况，于是美国国防部软件工程研究所（SEI）开始对软件开发过程进行研究。1986 年，应美国空军邀请，知名软件工程师沃茨·汉弗瑞（Watts Humphrey）加入卡内基·梅隆大学的软件工程研究所。1988—1989 年沃茨·汉弗瑞首次发表了他的能力成熟度模型（capability maturity model，CMM），1991 年以卡内基·梅隆大学软件工程研究所的名义，正式发布了技术报告《软件能力成熟度》。为了解决 CMM 应用中出现的分散应用多个模型所带来的成本问题，SEI 随后开展了被称作能力成熟度集成（capability

maturity model integration，CMMI）的研究项目，其成果就是随后发表的旨在取代原始CMM的CMMI模型，当前CMMI的最新版本是2011年发布的1.3版本。

按照SEI在2008年发布的说明性文件，CMMI旨在“把传统上相互分隔的组织职能整合在一起，设定流程改进的目标和优先级，为提高流程质量提供指南，为评价当前流程提供参照点”。尽管CMM和CMMI最初的目标是用于评价政府承包商完成软件项目的情况，但也同样适用于一般性的流程成熟度评价，在全世界范围内被政府机关、企业、行业组织广泛应用。

CMM包括五个基本要素：

(1) 成熟度水平：共5级成熟度，其中最高级成熟度意味着流程优化和持续改进的理想状态。

(2) 关键流程范围：流程范围是为实现一个重要目标而共同实施的相关活动。

(3) 目标：目标界定出每个关键流程的范围、边界和目的，其实现程度表明了组织的成熟度水平。

(4) 共同特性：一个关键流程范围内所实施和制度化的行为的共同特点，包括执行承诺、执行能力、执行的活动、评估和分析、验证五个方面。

(5) 关键作业：能够最有效地实施并制度化的基础性要素和作业。

SEI认为，CMM的五级成熟度能够“使组织实现可预测、高效、可控且持续改善的目标”，这五级成熟度分别是初始、重复、定义、可控、效率，如图8-3所示。

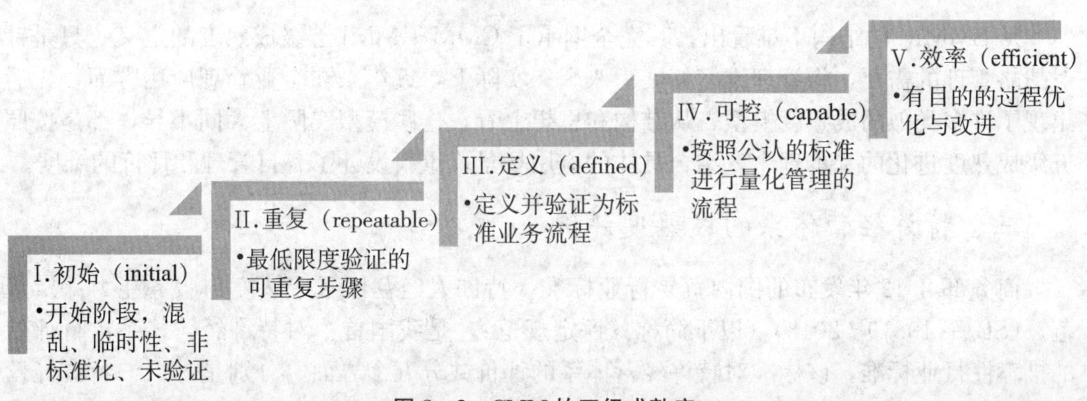

图8-3 CMM的五级成熟度

(二) 战略管理成熟度模型

虽然成熟度理论起源于军方对软件开发承包商的管理实践，但目前已经广泛应用于商业管理范畴，一些知名机构在CMM/CMMI模型的基础上，结合商业企业管理实践，提出了若干衍生模型。其中，以平衡记分卡而闻名于世的美国战略管理集团（Strategic Management Group，SMB）提出的战略管理成熟度模型（strategic management maturity model，SMMM）最有影响力。

按照SMB下属的平衡记分卡研究所（Balanced Scorecard Institute，BSI）的介绍，SMMM旨在帮助企业管理者能够快速地对企业战略管理进行评价，监控企业战略管理的改进过程，并按照跨组织、跨部门的基准识别战略管理的优秀实践。与CMM/CMMI类似，SMMM包含了企业战略管理的八个维度和五个成熟度级别，如图8-4所示。

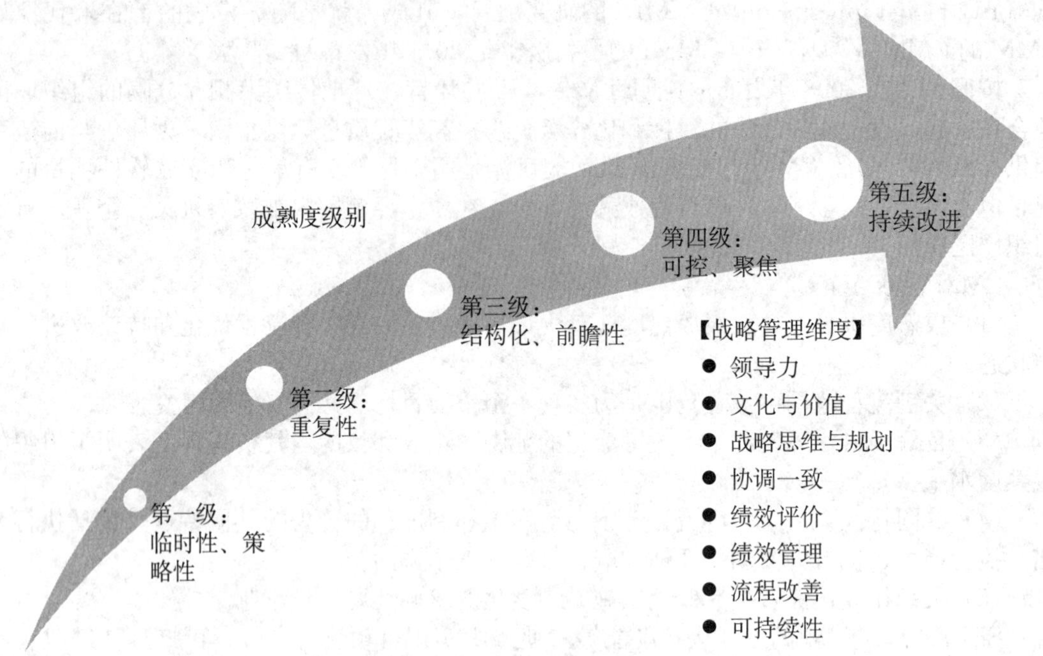

图 8-4　战略管理成熟度模型

从 SMMM 的结构不难看出，其完全继承了 CMM/CMMI 五级成熟度的定义，只是针对战略管理的需要，将管理维度拓展为八个。实际上，近年来在企业管理应用方面，先后出现了许多类似的成熟度模型，从结构和思想上看，这些模型实际上大同小异，都是按照五级成熟度进化的基本理念，结合具体的应用场景，重新设计了各自管理和评价的维度。

三、特许经营体系的成熟度评价

商务部 2012 年发布的国内贸易行业标准《特许人经营体系成熟度与服务能力评定规范》（SB/T 10819-2012）（以下简称《评定规范》）是我国首个对特许经营体系进行评价的推荐性行业标准。该标准对特许经营体系的评价共分五个方面，分别是：（1）特许经营体系（3 项）；（2）总部建设（6 项）；（3）初始服务（3 项）；（4）后续支持及服务（3 项）；（5）加盟商管控（3 项）。《评定规范》的附录“特许人经营体系成熟度与服务能力评定细则”中，详细列出了上述五个方面的 21 个评定项目、103 个评定细则。

（1）特许经营体系评价：包含经营资源成熟度、特许经营体系内容要求、特许经营体系实施与监控三大项目，主要评价特许经营的知识产权、操作手册、单店运营体系、授权体系、支持体系、管控体系等方面。

（2）总部建设评价：包含理念传达、组织建设和人员管理、设施资源、工作环境、体系沟通、体系评估等方面。

（3）初始服务评价：包含招募甄选、加盟初期培训、门店业务支持三个方面。

（4）后续支持及服务评价：包含后续培训、督导支持、研发创新、广告营销、供应链支持、信息系统等方面。

（5）加盟商管控评价：包含监督管理，违规、违约处理，改进措施等方面。

对照前述国际通行的成熟度理论和模型不难发现，《评定规范》对于特许经营体系成熟度的评价是从体系、总部、初始服务、后续服务和加盟商管控五个维度展开的。而对体系成熟度的等级评价，则体现在对各维度上具体评定项目以及评定细则的分值当中。根据《评定规范》的设计，按照评定总分的高低，将特许经营体系成熟度划分为五个等级，用星级表示。

第二节 特许经营手册

特许经营手册，是特许经营体系内部的“企业标准”，对受许人具有强制约束力。

从字面上看，特许经营手册是指特许经营活动中形成的一切具有参考、指南和规范意义的书面文件。具体地讲，这个术语有两个层面的含义。广义的特许经营手册，涵盖一个特许经营体系内部的全部指导性文件，既包括特许人发给受许人的指导性文件，也包括特许人企业内部的各种管理文本。狭义的特许经营手册，专门指特许人在签约后发放给受许人的、用来指导受许人网点日常运营的管理文件。后者往往作为特许经营合同的附件，其中的规定可能具有与合同条款同等的效力。图 8－5 所示是广义的特许经营手册的一种分类方法。

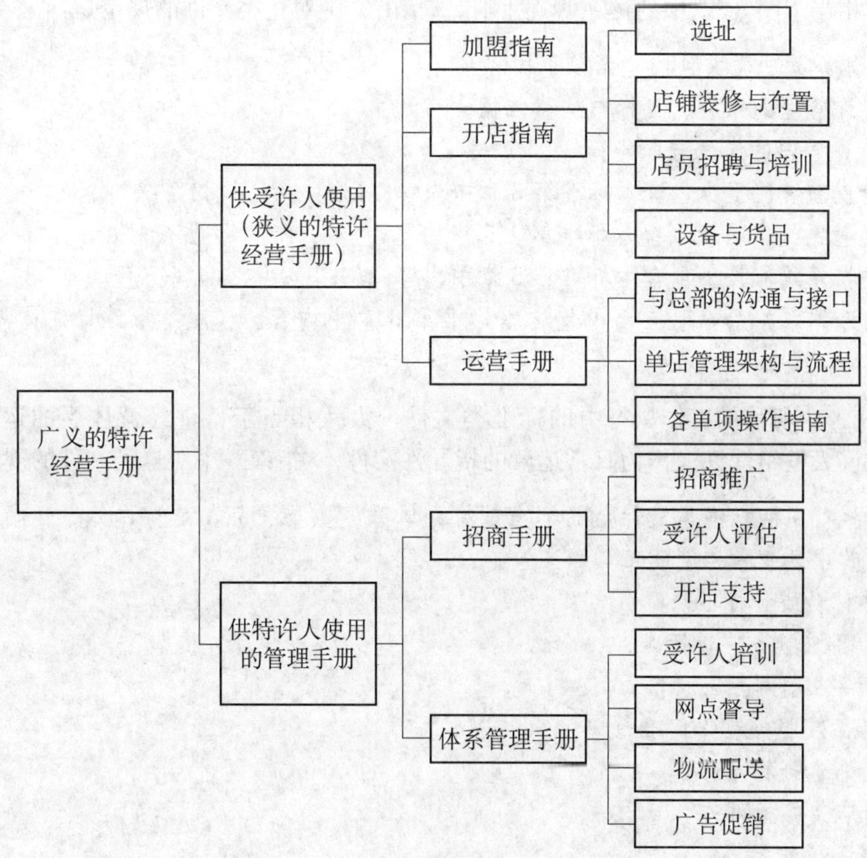

图 8－5 广义的特许经营手册的分类

一、现行法规和规范中的规定

我国《商业特许经营管理条例》（以下简称《条例》）的第十四条规定："特许人应当向被特许人提供特许经营操作手册，并按照约定的内容和方式为被特许人持续提供经营指导、技术支持、业务培训等服务。"第八条中还把特许经营手册列为特许人备案时必须提交的资料。法规里提到的特许经营手册是狭义的概念。

从《条例》的具体文本来看，向受许人提供特许经营操作手册，是特许人的法定义务。商务部制定的《商业特许经营信息披露管理办法》中，将特许经营操作手册的概要列入特许人信息披露的范畴，其第五条第五款"为被特许人持续提供服务的情况"中，列出两项具体内容，分别是"业务培训的具体内容"和"技术支持的具体内容"，其中后一项就是"说明特许经营操作手册的目录及相关页数"。由此可见，从监管者的角度来看，特许经营操作手册是特许人向受许人提供服务的具体形态，也是特许人必须履行的法定义务。因此，法规不仅要求必须向受许人披露操作手册的概要，而且还将其列入特许人备案的必备资料之一。

在《指南》中专门设有"文件与手册"一章，其中列入了企业规划类文件、企业基本制度、特许体系管理类文件、工作执行中的标准类文件等四类文档。其中的特许体系管理类文件，相当于图 8－5 中的体系管理手册。《指南》中对这类文件的规定是：

特许体系管理类文件应包括以下内容：

a. 特许管理的宗旨、目标与法律依据；

b. 特许管理的组织与职能；

c. 授权系统应至少包含本标准第 3 章中内容；（注：指"授权系统"）

d. 运营系统应至少包含本标准第 4 章中内容；（注：指"运营系统"）

e. 支持系统应至少包含本标准第 5 章中内容；（注：指"支持系统"）

f. 特许体系关系管理应至少包含本标准第 6 章中内容。（注：指"特许体系关系管理"）

《指南》中所称的工作执行中的标准类文件，大致相当于特许经营体系的运营手册，也就是特许人发给受许人作为日常运营的指导性文件。《指南》中对这类文件的规定是：

工作执行中的标准类文件企业标准是特许体系的重要文件，是特许体系运行的依据，是特许经营中复制和控制的工具。应包括：

a. 原材料质量标准；

b. 产品或服务质量标准；

c. 设备、器材用品标准；

d. 产品或服务制作标准；

e. 门店选址标准；

f. 门店装修标准；

g. 服务操作标准；

h. 商品陈列标准；

i. 门店的环境与卫生标准；

j. 顾客服务标准（包括顾客投诉的处理等）。

在《评定规范》中把“特许经营操作手册”界定为“特许人所提供的用于介绍、指导、规范、监督、考核特许经营体系的系列文件”。

需要说明的是，不同的特许经营体系，即便其商业概念相近或相似，如同样是餐饮类特许，其在授权关系和具体的运营管理方面也往往千差万别。因此，不存在撰写特许经营手册的统一模式，手册的内容、格式等一切必须根据特许人在管理上的具体需要来决定。

二、商务部推荐的手册大纲

在商务部的“商业特许经营信息管理”网站上，对特许经营操作手册给出了指导性的定义：

所谓操作手册，是指在被特许人经营过程中，特许人给予被特许人的指导和支持，并对被特许人经营管理进行统一规范要求的书面文字材料。包括经营管理，技术支持以及业务培训等方面内容。经营指导手册是特许经营中的必不可少的重要文件资料，是体现特许人特许项目发展潜力以及被特许人在实际经营中进行有效学习的主要材料依据，同时也是被特许人执行特许人统一经营模式的主要依据。在实务操作中，特许人经营指导手册从名称上并不一定叫作经营指导手册，有的叫运营手册，有的叫管理手册，有的叫指导手册等，但无论叫什么名字，都应该包括经营管理、技术支持以及业务培训等有关的内容。从经营指导手册的形式上可以汇总成一册，也可以根据不同的内容汇编成几册，如店面管理手册、店长手册、技术手册、推销手册等。①

同时，作为对特许人备案的一种指导性意见，商务部还在该网站上给出了示范性的手册大纲目录：

特许经营操作手册目录（仅供参考）

序　言（建议内容：对操作手册的简单评价，及企业寄语）

第一章　企业组织结构（建议内容：公司的介绍、公司文化、组织结构图、分公司分布图等）

第二章　总部建设（建议内容：总部职能定位、各职能部门职责等）

第三章　特许加盟店的有关规定（建议内容，说明业务体系的各个环节，如业务如何建立，各个组成部分如何衔接、如何相互配合；总部营运管理中心与加盟店管理权和经营权说明，特许加盟店的字号、授权证书、门店选址规定，加盟店设计和装修施工规定、开业促销、开业进度控制等）

第四章　特许加盟店的货品（物流管理手册）（建议内容：购货的管理、存货的管理、货品的摆放等）

第五章　特许加盟店的管理（内场管理手册）（建议内容：岗位职责及日常工作流程、营业时间、店铺内外观及整洁、员工个人仪容及卫生、接待顾客的基本要求等）

---

① http：//txjy. syggs. mofcom. gov. cn/manager/news. do？method=view&id=1014021.

第六章 特许加盟店售后服务（售后服务管理手册）（建议内容：顾客投诉的处理、货品退换的规定等）

第七章 特许加盟店服务管理（岗位营运流程手册）（建议内容：各级别人员岗位职责）

第八章 特许加盟店市场推广（市场推广发展手册）（建议内容：宣传方案的制定、费用计划、宣传计划）

第九章 特许加盟店人事管理（人力资源管理手册）（建议内容：员工的招聘流程、入职管理、考勤、考评管理等）

第十章 特许加盟店培训管理（培训制度管理手册）（建议内容：培训制度、档案管理）

第十一章 特许加盟店设备管理（店内设备管理手册）（建议内容：各种设备的功能介绍、操作方法、保养和维护等）

第十二章 特许加盟店卫生消防安全管理（卫生及消防安全管理制度手册）（建议内容：卫生及消防安全管理制度、防火检查规定）

第十三章 特许加盟店财务管理（财务制度管理手册）（建议内容：会计人员职业道德规范、岗位职责、财务管理制度、特许权使用费的支付等）①

仔细分析这份建议性的手册目录，不难发现，其内容可以分为两大部分：前三章主要说明整个特许经营体系的概况和管理结构，便于受许人对照了解与特许人方面（总部）的具体分工和日常的沟通方式；后十章涵盖了受许人网点日常运营的各个方面，分别是：物流管理、内场管理、售后管理、岗位流程、市场推广、人力资源、培训制度、设备管理、卫生消防、财务管理。这些具体的管理制度，既可以是作为统一的操作手册中的章节，也可以根据需要编制成独立的手册。

三、运营管理手册的编写要点

运营管理手册是受许人手册中的核心部分，也是特许人对受许人及其网点提供指导与服务的准则和具体体现。如前所述，特许经营手册是特许经营体系的“企业标准”，对受许人及其网点具有强制约束力。这种具有约束力的“标准”主要是通过运营管理手册（或者称操作手册）来体现的。

根据特许经营项目的具体情况和网点的规模、类型，以及业务的复杂程度，运营管理手册的具体形态可能多种多样。对于一些比较简单的业务，或者特许人对受许人的约束较少时，有可能将全部的规范和标准都集中在同一本手册当中，形成单一的操作手册。而对于一些比较复杂的业务，或者特许人对受许人及网点经营活动中的细节，有详细的规定和标准，就可能形成多个单项手册。

如果网点的业务流程或管理结构相对简单，或者大多数受许人直接管理店铺，则可以用一本运营管理手册覆盖日常管理的全部职能；如果受许人拥有多家店铺，网点管理较复杂，需要专职店长进行日常管理，这时就需要编制专门的店长手册；网点中的店员具有双

① http://txjy.syggs.mofcom.gov.cn/upload/2008/09/16/1221547689762_34304.doc.

重身份，他们既是受许人的雇员，又是整个特许经营体系的成员，店员的表现和绩效直接关系到整个特许经营体系的经营成果，因此需要制定统一的店员手册，以此来约束和协调每一个网点中每一个店员的行为。

如果网点业务的技术含量较高，或者采用的专门的设备、材料、加工工艺，则应该编制相应的设备、技术和工艺手册，以保证设备、设施和人员的高效、安全地正常运行，保证加工工艺和产品质量的一致性。

不同业务的运营管理手册，在内容和编写形式上千差万别。以下我们讨论一些带有共性的问题。编制运营管理手册的目标是指导网点工作人员的日常经营管理活动。因此，一本运营管理手册至少应包括三个方面的内容：组织管理、经营管理、服务管理。组织管理是指网点内部的人员安排、岗位职责、工作流程等制度；经营管理包括特许经营网点的日常营业管理、店面和人员的日常管理、产品与服务的品质管理；服务管理包括服务规范、客户管理、售后服务、投诉处理等方面。

美国特许经营专家谢尔曼给出了一个特许经营网点运营管理手册的大纲，从 11 个方面全面地归纳了运营管理手册的要点。

（1）引导部分。

前言，版权及保密信息；致谢，编撰人员；特许人的简短历史；特许人的管理团队；特许人对受许人的义务；受许人对特许人的义务。

（2）特许经营网点筹备和开业的时间表。

详细地列出受许人从签约开始，直到网点正式开业经营全部筹备过程中的任务清单和日程安排。

（3）开业前的义务和流程。

建筑、安装、内部装饰、店铺的建设规范；店内设备、设施、防火、通风、卫生等方面的最低限度要求；标识：视觉识别的一般原则，店内外标识使用规范，标识的规格尺寸；设备、设施、供应品和库存的订货要求；店内的管理团队：店长、店员、专业人员；单店经营在商业上和行政上的授权、许可、保险；租赁的审核与谈判；社区参与、民间组织、商会、慈善机构；推荐给受许人的中小企业管理的参考资料。

（4）办公室管理。

内部形象与装饰；服务规范与标准；定价策略与费用结构；待客礼貌礼节；典型问题的处理；员工仪容仪表；营业时间。

（5）日常运营与维护。

常规保洁；人员的基本职责：店长、店员、其他人员；日常管理：开始营业前的准备流程和检查清单；日常管理：结束营业后的流程；每日、每周、每月的报告制度；自我检查；健康与安全标准；休息室管理制度；停车场管理制度；监控报警装置，各项锁钥；紧急情况的处置流程；设备和物品管理；典型网点的设备、库存和供应品清单：规格、型号、维修与维护规范；特许人拥有所有权的数据库的使用规范；设备、库存和供应品等经认证的供应商。

（6）行政管理。

人员岗位：工作流程、岗位职责描述、人员招聘、测评、应聘表格、工作时间、转岗、职位空缺、病假、事假、培训、所得税、相关法律、行为准则、公告体系；簿记与会计：应收账款管理、应付账款管理；员工招募与培训；质量控制系统；团体保险制度。

（7）促销。

网点开业仪式（时间表）；常规促销推广活动：报纸、广播、广告合作、社区活动；专题促销推广活动：受许人推介、顾客推介；公共关系；名人推介；优惠券和直投广告；团体优惠与促销；社区内的持续曝光；当地的人口统计和消费趋势。

（8）商标和知识产权的保护。

商标使用指南；商标滥用示例；商业秘密保护制度；运营管理手册的使用与保管；关键员工的保密协议；计算机软件和手册的保护。

（9）向特许人报告的制度。

规则与要求；示范性表格。

（10）特许权转让的规则和指南。

规则与要求；示范性表格。

（11）融资与公司结构。

规定的公司结构；特许人与受许人相互独立的说明；融资与贷款申请；融资选项。

第三节　督导与培训

一、督导体系

与受许人保持持续有效的沟通是成功地建立并维护特许经营关系的关键因素。尽管这种沟通是多层面的，沟通的形式与手段也多种多样，但其中最重要的手段还是管理人员到网点现场与受许人及其员工做面对面的沟通。这就是所谓的督导职能。

所谓督导，有两个方面的含义：监督和指导。具体地讲，督导人员具有管理和服务的双重职能。在西方，对督导人员的称谓是现场监督（field supervisor）、现场顾问（field advisor），或者直接称为现场人员（field personel）。

（一）督导的职能

督导人员的主要职能是沟通、指导和执行。

（1）沟通职能：作为特许人与受许人之间的沟通管道，向双方及时传递信息。

（2）指导职能：指导受许人，帮助受许人解决经营和营销中出现的问题。

（3）执行职能：检查和报告受许人遵守体系标准的情况，对受许人的违规行为进行纠正并报告总部。

尽管督导人员承担着监督、检查和向总部报告的职能，但其首先应当以顾问或者培训者的身份来面对受许人，其最主要的目标应该是帮助受许人更有效地经营网点、服务顾客。对网点经营中出现的问题要及时解决，更重要的是，能够帮助受许人制订出提高经营绩效、提升营销效率的长期计划和方案。督导人员的目标是不断地劝导受许人，使之理解并相信，只有全面地贯彻特许人提供的经营模式和体系，遵守体系标准，才能提高顾客的忠诚度，从而增加经营收入和利润。督导人员与受许人之间的信任是特许人与受许人之间建立起信任关系的基础。

《指南》当中具体说明了特许经营体系的督导原则、内容和方式：

5.5　督导支持

5.5.1　总则：根据行业、业态的特点来建立营运规划和督导系统，以周期性督促、指导下属分支机构和被特许人的工作，达成特许经营体系的标准化运作。

5.5.2　督导内容：加盟店的人员、环境、设施设备情况；门店业绩，如营业额、利润水平；顾客满意状况；产品及服务的质量水平；运作的规范性视觉识别系统（VI）的正确使用和品牌形象的维护；所在商圈的状况和门店竞争力等。

5.5.3　督导方式：通过门店巡防、神秘顾客、区域会议和消费者反馈；还可利用统计技术，通过报表、报告等数据、信息进行数据加工监控等方式实施。

（二）督导人员的素质

督导人员的职能对督导人员的综合素质提出了比较高的要求。通常，特许经营体系的督导人员必须具备丰富的管理经验和专业知识，以及良好的沟通技巧和强烈的责任感，如图 8-6 所示。

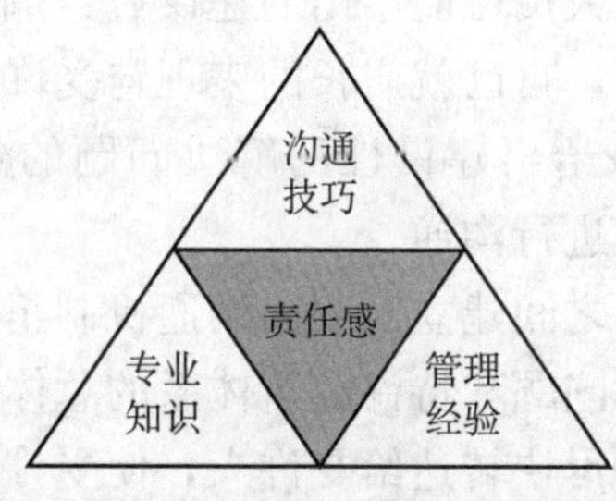

图 8-6　督导人员的素质要求

1. 管理经验

督导人员必须对所从事行业的网点运营有充分的了解，这种了解可能来自其个人的工作经历，更主要的是靠特许人对督导团队的规范化培训。只有督导人员充分了解网点运营中可能出现的各种问题，以及总部在处理和解决这些问题方面的经验和规范，才能真正帮助受许人处理和解决好这些问题，真正发挥网点运营现场顾问的作用。

2. 专业知识

特许经营网点就是一个“迷你”型企业，在日常的经营管理中会遇到各个方面的问题：生产、服务、营销、竞争、人员管理、财务会计、顾客投诉、货品采购，甚至税收、城管、行政管理等。督导人员面对的问题来自各个方面，必须具备全面的知识和技能才能应对自如。

3. 沟通技巧

特许人和受许人之间的关系是一种高度复杂的商业合作关系，相互之间有理解和信任，也有冲突和博弈；有服务和帮助，也有控制和管理。督导人员作为特许人与受许人之间沟通的主要媒介，一方面要代表特许人行使管理和监督的权利；另一方面又要为受许人提供有效的帮助，并向总部传递受许人所提出的建议和问题。因此，与受许人之间建立起良好的信任和互动关系非常重要。

4. 责任感

在受许人面前，督导人员代表着总部，他们对营运标准的看法会对受许人产生重要影响。督导人员的工作成绩不仅取决于其工作能力，而且与其工作责任心及工作态度紧密相关，缺乏责任心的督导人员将会对其管辖的受许人产生不良影响，给特许人和受许人造成损失。

（三）督导人员面对的特殊问题

在实践中，督导人员必须面临一些特殊的挑战。以下是一些带有普遍性的问题：

当一个新的督导人员面对一位有几年经历的受许人时，督导人员如何取得受许人的信任就可能成为一个难题。督导人员应该意识到，受许人的经验和思想是特许经营体系创新的一个重要源泉。督导人员应该主动与这些“老的”受许人进行沟通，倾听其意见和想法，并向其学习。在日常巡视中，督导人员要掌握好尺度，不要过度干预那些业绩良好、经验丰富的受许人和网点。

如果受许人并不直接参与网点的日常管理，而是通过雇用的店长来管理网点，督导人员就要对店长的表现和绩效进行全面评估，及时与受许人交换意见，通报情况，并提出具体建议。对不称职的店长，督导人员可能给出的建议有：加强培训，受许人直接干预，或者更换人选。督导人员要意识到，自己就店长的表现与受许人之间的沟通很有可能很快传达给店长，因此，督导人员应该给出建设性的解决问题的建议，使受许人和店长都能接受。如果可能，也可以先与店长进行沟通。

对督导人员来说，与受许人之间建立起双向沟通机制至关重要。督导人员要善于听取受许人对网点运营中出现的具体问题和特许经营体系的总体表现方面的意见，及时向总部通报这些意见，并将总部的反馈尽快转达给受许人，使受许人意识到其建设性意见能够引起特许人的足够重视。如果督导人员能够倾听受许人的意见，受许人也会更容易接受督导人员和特许人的管理。

二、培训体系

培训是特许经营中一个非常重要的元素，这一点甚至列入了特许经营的相关法规。《条例》第十四条规定，特许人应当按照约定的内容和方式为被特许人持续提供经营指导、技术支持、业务培训等服务。我们在前文讨论受许人招募的问题时，介绍了签约前后对受许人的初始培训方面的内容。实际上，这种培训只是特许经营体系中全部培训活动的一部分，但是非常重要的一部分。

从培训对象来看，应该接受培训的远不止受许人这个群体；从培训的时机和效果来看，单纯靠一次初始培训并不能解决特许经营体系中的全部问题。

（一）特许经营培训的四个层次

除了受许人之外，还有三类人应该接受必要的培训，即特许人本身、特许人企业员工、网点管理者和员工，如图 8-7 所示。

特许人是整个特许经营体系的灵魂，掌握着体系前进和发展的方向，担负着全体受许人的期望。因此，特许人必须保持对市场动向和社会潮流的高度敏感。所谓特许人培训，实际上是一个特许人不断实现自我提升的持续的学习过程。一个成功的特许人，至少要在

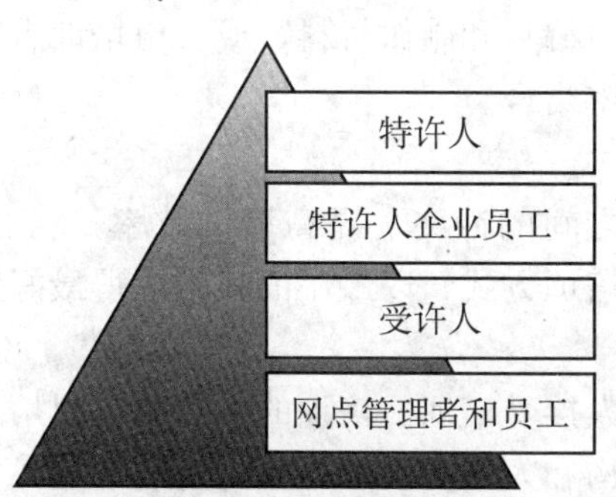

图 8－7　特许经营培训的四个层次

行业动态、管理技巧和创新能力等方面保持高度的活力，才能胜任作为体系管理者的重要责任。

如果说特许人是体系的灵魂，那么特许人企业就是整个组织的大脑。特许人企业的员工同样应该保持不断学习和提高的进取心态，而这种良好的氛围要靠特许人企业内部建立起有效的学习培训机制来培育。通常，在特许人企业内部，普遍关注的是对招商人员和督导人员的培训，实际上特许人企业内部与受许人发生直接接触的远远不止这些。广告营销、财务管理、法务、技术支持与服务等部门，都会以不同方式与受许人及其员工发生关系。因此，特许人必须重视这些部门员工的有效培训。

真正从事网点日常经营活动，并把产品和服务提供给最终顾客的人，是网点的管理者和员工，因此对他们的培训非常重要。在顾客眼里，他们才是品牌和体系的直接体现。如果这些人的表现不能使顾客满意，那么整个体系中其他人员的努力都要大打折扣。没有满意的顾客，就没有成功的商业。

（二）培训方案的设计

特许经营体系内部的培训，远非指定一本教材、聘请或雇用一位导师那么简单。必须结合体系运营中的实际状况，明确培训的目标和要解决的问题，有针对性地设计出有效的培训方案，并且充分考虑培训活动的经济性。

在设计培训方案时，通常要考虑以下一些原则性的因素。

1. 培训目的

当前的问题，或者企业的需求是什么。正如对新受许人的初次培训是为了建立起受许人对特许经营体系及其管理规范的基本了解那样，特许经营体系中的每一次培训都必须有明确的目的。在制定培训方案时，先要解决的问题就是明确特许经营体系当前所面临的某一类或某几类问题，把一般性的问题分解成具体的事件，有的放矢地组织培训活动。

2. 培训目标

即希望培训产生什么样的效果。在开展培训之前，必须明确培训的目标和希望达成的效果，这种效果必须是可以度量和评价的。培训后的考试或测验，只是一种简单的评估手段。要在企业内部的管理体制中体现出对培训目标的检验检查机制，将对培训效果的检验与日常管理结合起来。

3. 培训内容、材料、手段

具体到每一次培训的内容、材料和手段，都应该服务于培训的目标。无论是采用现成的书面或音像材料，还是专门编写和制作材料，或者由培训者选择和指定，其主体和内容都应该与企业的现实需求紧密结合。

4. 培训时间、场地、方式

要权衡培训与日常工作之间的冲突，提高培训效率，精心选择培训时机和课程的长度，选择最佳的培训地点和培训方式，以最小的投入取得最好的效果。

5. 培训主持者和受训者

由谁来主持培训，哪些人接受培训。培训的主持者要视培训的目标而定。通常特许人企业内部会有专门的培训机构和人员，但对一些特定的专题培训，也可以考虑委托社会上的专业培训机构来完成，或者临时聘请相关的专业人员。受训者的选择，通常在确定培训目标时就已经确定。

6. 受训者准备

受训者要做哪些准备，或符合哪些条件。要根据培训的目的、内容，仔细检查受训者接受培训的前提和基础，如果受训者不具备培训所要求的基础技能或知识，培训就很难达到所希望的效果。

《指南》当中把特许经营培训列入“支持子系统”，详细地列举了培训目标、培训内容、培训师资和培训对象。《指南》提出，特许经营体系的培训目标是：（1）形成特许体系内的共识；（2）让各级员工熟悉特许体系的营运标准；（3）提高员工整体素质。对于培训内容，分别列出了开业前培训、营业中培训以及专题培训的内容：

5.4.2　培训内容

5.4.2.1　开业前培训：企业文化类，基本制度类，产品或服务的知识类，商标、专利及经营管理的应用类，员工上岗前培训等；

5.4.2.2　营业中培训：体系持续发展所需要的各方面内容；

5.4.2.3　专题培训：体系创新所涉及的各方面内容。

《指南》还专门说明了“培训的对象不仅仅是基层员工，还应该包括管理人员，甚至部分供应商”。

《评定规范》对经营中的后续培训做出了这样的建议性规定：

4.4.1　后续培训

4.4.1.1　特许人应定期向加盟商提供持续的培训课程，培训课程可包括销售、顾客服务、经营管理与团队合作等；

4.4.1.2　特许人应为适应日常经营中的市场需要而进行经营模式的修正和创新，并组织和开展相应的后续培训。

第四节　网点运营和审计

用终止合同的方式来约束受许人是一种极端的措施。特许经营关系是一种长期的、紧密的合作关系，在漫长的授权期限内，双方之间更多的是在一些具体方面发生分歧，或出现利益上的不一致。尽管在体系管理上，我们一直强调特许人对特许经营体系拥有相当高程度的控制权，而且这种控制与约束受到合同和法律的保护。但是，作为特许人一方，必须清楚地意识到，产权上的相互独立，注定会使双方在利益和动机上不完全一致。特别是当受许人一方的经济利益受到影响时，就会产生矛盾。

在前文我们概括了特许经营关系中可能出现冲突的若干方面。以下我们进一步分析与双方经济利益密切相关的四种问题。

一、质量与价格

特许经营要求整个体系内的所有网点保持高度的统一，这是由特许经营体系的网络结构所决定的。网络外部性的存在，使任何一个网点的不一致都会对其他网点和整个体系造成影响。特许经营体系中的网络外部性来源于所有网点（包括直营网点和授权网点）都共享同一个品牌或商标，这种共享机制构成了特许经营关系的核心与基础。由于使用统一的品牌经营，顾客无法区分一个网点是直营的还是授权的，更无法区分某一个授权网点是属于哪一个受许人的。任何一个网点的超值体验都会提升对整个体系产品与服务的需求，这就是所谓的正向需求外部性。同样，如果顾客在某一网点产生负面体验，就会因所有网点共享同一品牌而出现负的外部性，也就是说，表现较差的受许人不会承担全部损失。按照产业组织理论，特许人和受许人之间是同一产业链上的纵向关系，而不同的受许人之间是横向关系，因此，将受许人的行为对其他受许人产生的影响称为横向外部性，对特许人产生的影响称为纵向外部性。

布莱尔和拉方丹在《特许经营经济学》一书中提出了一个简化的纵向外部性模型，并基于这一模型推导出两条定理：

定理一：按照特许经营合同，受许人具有降低产品质量的利润动机，使得产品质量低于特许人利润最大化的标准。

定理二：按照特许经营合同，受许人具有抬高产品价格的利润动机，使得产品价格高于特许人利润最大化的标准。①

以下我们分别对这两种情况进行讨论。

（一）产品质量

在特许经营体系中，最重要的并不是产品和服务质量的绝对水平，而是统一的质量标准。控制和管理质量是有代价的。影响质量的因素有很多，例如，在生产环节，原材料的选择和保管、生产工艺的选择和管理都会直接影响产品质量；在服务方面，人员的培训、服务设施的改善，都意味着成本的增加。如果用星级酒店的标准去要求经济型连锁酒店，既不经济也不合理。对特许经营体系和体系中的网点而言，最重要的是保证每一位顾客在光顾体系内的任何一个网点时都能获得同样的感受。特许经营体系中品牌的价值就体现在这里。

在特许经营体系的管理中，一个突出的问题是：个别受许人与特许人之间的利益可能不一致，个别受许人的利润最大化行为可能会对特许人和其他受许人产生不利的外部影

① ROGER BLAIR，FRANCINE LAFONTAINE. The economics of franchising. New York：Cambridge University Press，2005.

响。一个快餐店的店主为了降低成本、增加利润，可能会销售超出时间标准的食品，而不是按照体系规则把它们处理掉。尽管熟悉情况的当地顾客可能不会继续光顾这种质量差的地方，但当大部分客源是流动的时候，这种做法就可能使受许人获益。而且，顾客的流动性越大，这种行为对特许人和其他受许人造成的伤害越大，这会损害特许人的品牌价值。

受许人不仅会因为降低成本或放松管理而损害整个体系，过分迎合本地市场需要，或者拒绝接受整个体系的管理措施也会产生不利影响。局部市场的反馈可能会影响到某一个网点的收入和利润，也可能成为整个体系的创新理念的来源。然而，个别网点为适应当地市场的需要而擅自做出改变，就会影响到整个体系的统一性并对品牌价值造成损害。例如，如果山东的麦当劳卖煎饼，杭州的麦当劳卖小笼包，四川的麦当劳卖担担面，那么一位四处旅行的顾客就不知道能在北京或深圳的麦当劳店里买到什么。顾客光顾特许经营的连锁网点，目的是获得可以预知的产品和服务，因此，这种不确定性会直接影响整个体系的经营业绩。

对特许人而言，网点经营的统一性还有经济上的意义。首先，网点运营的统一可以使整个体系获得采购和营销方面的规模经济性。其次，统一运营使引入新流程和新产品更加容易，成本更低。如果受许人把网点个性化，总部开发出来的用于提高生产的流程就可能无法适用于每一个网点。最后，统一性有助于对网点进行比较，从而降低培训和管理的成本。具体地讲，网点之间的操作越接近和相似，特许人收集到的有关销售、成本、服务等方面的信息就越有用。特许人可以用这些信息来评估个别网点，并向整个体系传播。

基于所有这些理由，特许人在体系管理方面，首要关心的是如何维护产品在品种、工艺和质量上的一致性。因此，特许人对受许人经营活动的许多重要方面，如店面形象、营业时间、店面选址以及产品质量等都做出了严格规定。特许经营合同及其附件最主要的作用就是规定出一系列强制条款，以此消除或者是减少受许人处于自身利益的考虑而违反体系规范的可能性。所有的特许经营合同都包含有受许人必须遵守特许人制定的各种规范的强制性条款。并且通常会把一整套的非常详细的运营手册作为特许经营合同的有效附件给这些手册赋予一定的强制性。同时，合同还赋予了特许人通过调查、审计、暗访等各种手段监督受许人的权利。很多合同中都为特许人保留了无条件终止合同，或因受许人违反体系规范而终止合同的权利。我们在讨论授权期限时曾经提到，由于受许人承担了网点建设的全部或大部分投资，而要想收回投资并且进一步获得经济利润，就必须保证一定的经营期限。因此，提前终止合同是对受许人的一个强有力的制约。

（二）产品价格

特许经营中的零售价格问题没有引起太多的关注。某些特许人在合同中并未对零售价格做出严格限制，这就等于默许了受许人具有一定程度的零售定价自主权。一些美国学者曾经对特许经营网点的零售价格做过实证调查和研究，他们发现，全部由直营网点构成的连锁体系中，价格差异较小（然而也有直营网点价格不同的案例被发现），而具有双重分销模式的特许经营体系，即同时存在直营和授权两类网点的体系，零售价格差异相对较大。

由于存在着正的需求外部性，个别网点降低价格会使整个体系受益，换言之，降低价格的受许人必须承担利润损失，而换来的好处却由整个体系共同分享，因此，受许人不太可能降低零售价格。上述布莱尔和拉方丹的定理二，也从理论上验证了这一点。因此，在特许经营中，出现较多的是特许人对网点的零售价格规定上限，即最高零售限价。

基于历史的原因，美国的反垄断法律比较发达，立法和司法部门对不同企业之间约定或限定价格的做法非常敏感。由于特许人和受许人在法律上是相互独立的不同企业，而且属于同一产业链条上的纵向关系，即上下游关系，纵向关系中存在着双重垄断的可能性，因此，对特许经营体系的限价行为非常关注。纵向的价格约束可能有三种情况：最高限价、最低限价和固定价格。美国的早年立法针对市场上出现的横向价格联盟，即同行之间约定最低价格的做法进行了限制，并且因此而形成了“任何企业间联合制定价格的做法都是非法的”这样一种意识。20 世纪 50—60 年代，正是特许经营在美国进入快速发展的阶段，这期间，美国一些法院陆续对一些特许人制定最高限价的做法做出了违法的判决，其理由是“限制了经营者的自由，从而削弱了他们按照自己的判断开展销售业务的能力”。经历了三十多年的司法实践，一些经济和法律学者也对这一问题开展了深入的理论研究，直到 1997 年，美国最高法院才在一起特许经营最高限价的诉讼中解除了对最高零售限价的违法认定。有资料表明，同一时期内，在欧洲也经历了与此类似的转变过程。

受许人对特许人实行最高限价的指责主要来自两个方面（包括一些学者也曾持类似态度）：一方面是特许人按照受许人的销售收入而不是利润的百分比收取费用，所以希望网点销售收入最大化，而不是利润最大化。而受许人的利益在于网点自身的利润，因而具有抬高零售价格的动机。因此，特许人会向受许人施加压力，迫使其降低价格，提高销售收入。另一方面是特许人会将受许人的价格压低到使受许人临近破产的程度，然后特许人以极低的价格从挣扎的受许人手中回购网点，再转卖给新的受许人以获利。

布莱尔和拉方丹认为，前一种情况会导致授权网点因利润损失难以为继，最终倒闭，从而损害特许经营品牌和特许人的收入，这不利于特许人的根本利益。而后一种情况将会使特许人在未来招募新受许人方面受到影响，也不利于特许经营体系的扩张与发展。然而，这两种分析都是基于特许人的目标是持续发展特许经营，而当特许人是纯粹机会主义时，即他有可能放弃特许经营，或者根本就把特许经营作为一种阶段性的策略和手段时，结果就完全不同。通俗地讲，如果特许人开展特许经营的态度并不是严肃和负责任的，那么他对受许人和网点的价格控制就很有可能是一种机会主义行为。

二、广告与促销

受许人通过支付初始特许经营费，承诺与特许人分享网点经营的收入和利润，并且在一定程度上放弃经营自主权，从而获得特许人的授权，这意味着他必然要从这个特许经营体系中获益。在一个成熟的特许经营体系中，受许人的获益主要来自两个方面：成本降低和需求增加。前者来自体系的规模经济性，后者源于一个被公众所接受和认可的品牌。当受许人加入一个特许经营体系时，他一定会认为这个品牌将会给他带来顾客，而没有这个品牌这些人就不会光顾他的店。曾经有一个经典的案例，直观地说明了品牌对受许人及其网点的重要作用：一个被麦当劳终止授权的前受许人，在终止了与麦当劳的合作关系之后，仍然由同一个人在原址以非常相似的方式继续经营这个餐厅，只是不再使用任何麦当劳的标志，“拆掉了金色拱门”，销售额立即下降了 60%。在经历了最初的动荡之后，销售继续下降，从来没有超过在麦当劳体系之内时35%的水平。最终，这家餐厅在维持了一年多之后被迫关闭。

因此，广告作为品牌价值的主要决定因素，在特许经营关系中起着核心作用。这就是许多特许人要求受许人按照销售额的某种比例提供广告费的内在理由和依据。除了向特许人缴纳相当于销售收入一定比例的费用用于全国性的品牌建设和宣传，特许人往往还规定受许人必须承担本地广告和促销义务，并且这种规定被列入合同，强制执行。

由全体受许人按照一定比例分摊品牌的整体性宣传费用，可以使整个体系实现营销推广方面的规模经济性。这就是说，受许人将一定的费用上缴给特许人或专门的广告基金，用于全国或区域性的广告宣传，由于存在着规模经济性，使这些资金产生的营销效果大于受许人用这些钱在当地宣传自己的网点。特许经营体系不仅可以实现广告的规模经济性，还可以利用众多网点联合形成的市场势力在全国推广整个体系。同时，单个网点作为体系的一部分还可以同时分享到生产和销售方面的规模经济性。

在实践中，特许经营体系的综合形象非常普遍。很多特许人都把全国和区域性的广告支持作为招商环节一个非常重要的卖点。在一个全直营的连锁体系中，企业作为一个整体承担广告的成本，享受广告的收益。但当连锁体系是由授权的方式组织起来，许多独立的受许人就会从共同的广告中受益。换言之，对于特许经营体系的成员，广告是一种公共品。它是非竞争和非排他的，这是公共品的两个基本特征。非竞争意味着所有网点的业主都可以从中受益而没有额外的成本。麦当劳在奥运会期间投放的全球广告，中国的受许人或授权网点从中获得好处，并不会减少或削弱美国受许人或网点获得的收益。非排他意味着没有哪一位受许人或授权网点能从广告受益者中被排除出去。这些广告是属于整个特许经营体系的，所有的网点和受许人都会在某种程度上受益。

受许人在缴纳了广告费之后，关心的是网点的边际收益。而当广告的制作和发布是由特许人掌握时，受许人和特许人之间就可能出现分歧，进而引发冲突。与广告问题有关的冲突可能有以下几种原因：

(1) 受许人可能会认为特许人在广告上的花费过多，或者更准确地说，特许人要求受许人在这方面花费得太多。这种想法是可以理解的，尽管可能是没有依据的，因为个别的受许人可能并不会意识到自己能够从全国电视广告中直接获益。进一步讲，受许人往往存在着免费搭车的欲望。由于其他所有人在广告方面的投入，单个受许人可能会无偿享受其他人的努力与花费（自己不必付出任何努力和资金）而不会造成销售的明显下降。

(2) 广告在全国、地区和当地的分布可能引起某些人的不满。有些受许人可能会觉得自己被亏待了，整个体系的广告资金开支不成比例，自己所在的特定市场没有得到足够的广告量。

(3) 受许人可能认为特许人在必须做的广告方面做得不好。这种抱怨主要不是关于成本，而更多的是关于广告的有效性。受许人认为自己在这方面的花费没有做到“物超所值”。

(4) 有些受许人可能会反对特许人管理广告资金的方式。例如，受许人可能认为或者发现这些广告费被用于招募新的受许人，而不是推广品牌。

三、采购限制

对传统特许经营来说，特许人授权网点的目的就是分销产品，像汽车4S店的目标是卖车、加油站的目标是卖油一样。而且，在传统特许经营中，特许人的利益主要来源于批发加价，即把产品卖给受许人的价格和生产成本之间的差价，而不收取按照网点销售额或利润计算的特许权使用费。这时，特许人要求受许人从他那里进货就不会引起任何质疑。

（一）商业模式特许经营中的产品销售

在商业模式特许经营中，无论特许人出于什么目的，要求受许人必须从特许人那里，或者其指定的第三方那里采购设备、原料和其他供应品如包装和宣传用品，这种做法就会引起一些争议。例如，国内许多受许人都把特许人向其强行销售设备和原料视作一种欺诈行为。实际上，即使某个特许人主观上存在着欺诈的故意，构成欺诈的理由应该是他授权给受许人的品牌和商业模式存在漏洞或瑕疵，而不是强行销售了某些产品。因为通常对受许人在采购方面的限制是在招商阶段必须披露的内容，并且应该在合同中予以明确。无论是国内还是国外，这一点都已明确列入特许经营的相关法律。《条例》第二十二条中规定，特许人应当向被特许人提供产品、服务、设备的价格和条件。在《商业特许经营信息披露管理办法》第五条中，更是明确规定了向受许人提供产品、服务、设备的价格、条件等情况：

（1）被特许人是否必须从特许人（或其关联方）处购买产品、服务或设备及相关的价格、条件等。

（2）被特许人是否必须从特许人指定（或批准）的供应商处购买产品、服务或设备。

（3）被特许人是否可以选择其他供应商以及供应商应具备的条件。

商业模式特许人对受许人的采购进行限制，主要出于两个理由：保证最终产品和服务的质量，通过销售产品获得利润。我们在前文分析特许人的利益来源和利益机制时，都把通过销售产品获得利润作为特许人的一项主要收益。换言之，即使是商业模式特许人通过向受许人销售产品获得利润，只要这种销售活动在签约前的信息披露和合同中做出了明确说明，就不构成对受许人利益的侵害。如果这些强制性的产品或服务存在质量问题，就应该由另外的法律来制约，而不是特许经营关系本身的问题。那些抱怨特许人强行销售产品的受许人，必须先确认这种销售活动在签约前是否已经说明。

（二）搭售与不正当竞争

在法律上，特许人对受许人的采购活动进行限制，主要涉及两个问题：非法搭售和垄断。《反垄断法》第十七条规定，禁止具有市场支配地位的经营者从事下列滥用市场支配地位的行为：没有正当理由，限定交易相对人只能与其进行交易或者只能与其指定的经营者进行交易；没有正当理由搭售商品，或者在交易时附加其他不合理的交易条件。

所谓搭售（tying），是一种涉及所谓有条件销售（conditional sale）的纵向约束。在最简单的情况下，就是产品A的销售者只有在买方同时购买产品B的前提下才出售产品A。这时，产品A叫作搭售商品（tying good），产品B叫作被搭售商品（tied good）。搭售可能会牵涉第三方，即产品A的买者不得不从指定的第三方购买产品B，而非直接从产品A的卖者处同时购买两种产品。在所有这些场合，搭售的核心是限制买者按照自己认为最好的方式购买被搭售产品的自由。在特许经营中，所谓搭售商品，通常就是特许经营授权，它涉及知识产权保护。被搭售商品可能是特许人略加调整后转售的其他商品，它们有可能是生产最终产品的投入品。

在分析《反垄断法》对搭售行为的限制时要注意到，该法律对搭售行为是有条件禁止的。一个搭售行为违背《反垄断法》必须有两个前提：一个是搭售者“具有市场支配地位”，另一个是“没有正当理由”。一方面，我国的《反垄断法》对“市场支配地位”的界定是：“本法所称市场支配地位，是指经营者在相关市场内具有能够控制商品价格、数量或者其他交易条件，或者能够阻碍、影响其他经营者进入相关市场能力的市场地位。”要注意的一点是，这里的“相关市场”指的是“搭售产品”，而非“被搭售产品”，也就是说，只有当特许人在特许权销售中占有垄断地位，这种搭售才违法。事实上，无论是中国还是其他国家，如果按销售特许权来界定一个行业，特许经营作为一个独立的行业并不成熟，而且是高度分散的。没有哪个特许人能够垄断特许权的销售。如果特许人能够证明，限制受许人的采购是为了保证最终产品质量或特许经营体系的一致性，就可以认为特许人的做法“有正当理由”。

事实上，一个严肃而负责任的特许人，通常会在与受许人签约之前详细地说明对受许人采购方面的限制。这时，就应该把这种活动视作双方基于平等关系而达成的一种契约关系。如果受许人签约之前明知有这种限制存在，仍然购买特许权，而事后以搭售为由指责特许人，就应该属于受许人的机会主义行为。

总之，对商业模式特许人向受许人搭售商品的情况，必须依照法律具体分析，不能一概视作不正当竞争而予以禁止。

四、渠道冲突

在产品分销领域中，渠道冲突是一个非常常见的问题。特许经营模式起源于传统的产品分销，因此也继承了这一问题。广义的渠道冲突涉及的范围非常广，如供货价格、结算方式、销售指标、库存货物、区域划分等，都被列入渠道冲突。如果对应到特许经营方面，这种广义的渠道冲突实际上就是一般意义上的特许经营关系冲突。我们这里讨论的是狭义的渠道冲突，具体来说，就是由于体系内不同网点之间的竞争而产生的利益冲突，也就是通常所说的市场划分和地域保护问题。

渠道冲突有三种主要类型：

（1）横向渠道冲突：同一体系内处于同一层次上的经销商之间由于竞争而产生的冲突。在一个特许经营体系内部，同一地区不同受许人所拥有的相邻或相近的网点之间可能出现的竞争就是横向渠道冲突。

（2）纵向渠道冲突：同一体系内处于不同层次上的经营者之间由于竞争而产生的冲突。在特许经营体系中，属于特许人的直营网点与属于受许人的授权网点之间，如果在地理上接近或分销渠道有交叉，就会出现纵向渠道冲突。如果有区域开发受许人或主级受许人，当他们没有获得区域的独占或排他权利，或者这种权利没有得到应有的保护时，也会出现纵向渠道冲突。

（3）新型渠道冲突：由于划分出更多的细分市场或采用新形式的分销渠道而对原有经

营者产生影响，由此引发的冲突就是新兴渠道冲突。例如，当连锁药店开展电子商务时，就会与渠道中原有的实体店（无论是直营还是授权）发生冲突。又如，如果一个生产和销售冰激凌的特许人打算在原有的特许经营网点之外开辟超市市场，也会构成新型渠道冲突。

横向渠道冲突和纵向渠道冲突，都是在原有的市场空间之内增加了新的经营者而引起的，这被称作市场侵蚀（encroachment）或传统类型的渠道冲突。实际上，无论是特许人还是受许人，都希望他们的特许经营体系能够兴旺。他们也都理解，在一个特许经营体系内，更多的网点意味着体系的兴旺和顾客对品牌更多的认知和了解。网点数量的增加会导致更大的营销与广告预算，不仅在全球范围如此，在区域市场和本地市场也同样如此。此外，还会提高对供应商的议价能力。换言之，一个特许经营体系内网点数量的增加，从理论上会使每个人受益，因为这会同时增加需求和降低成本。

然而，尽管受许人原则上同意更多的网点对他们所在的体系是一件好事，但在本地市场上他们并不一定会有同样的感觉。换言之，受许人希望在附近没有同一品牌“太多”竞争的前提下做得更好。布莱尔和拉方丹在《特许经营经济学》一书中用一个精简的数学模型推导出这样的结论：在任何给定的市场上，拥有单个网点的受许人所希望的网点数量总会少于特许人认为的最佳目标。①

这个结论是建立在双方都追求利润最大化的假设基础上的，即没有一方故意侵占对方的利益。许多侵蚀问题是特许人故意侵害受许人的利益。在某些情况下，特许人可能会因为炒卖网点的所有权而获益，每当一个店被卖掉，他们就可以收取一次特许经营费。换言之，这种错误行为的根源可以追溯到特许人也许对网点销售收入最大化更感兴趣，而不是利润最大化，因为通常的特许经营协议都规定了基于销售收入的特许权使用费。

特许经营合同赋予受许人在一定时期内的特定权利。在理想的情况下，合同中清晰地规定了这些权利及其限制。如果没有做到这一点，就会出现歧义和争议。侵蚀是受许人面临的复杂而感性的问题之一。就其经济影响而言，侵蚀意味着品牌内竞争的加剧。这种加剧的品牌内竞争威胁到原有受许人的财务状况，从而引发他们的不满。

总之，特许经营中的渠道冲突或者市场侵蚀问题，无论是传统的市场侵蚀，还是新型渠道带来的矛盾，从根本上来说，仍然是一个合同问题。特许人和受许人双方都应该在签约前对这方面的问题足够重视，尽可能在合同中做出约定。

五、网点审计

通常，特许人在特许经营的直接收入（特许经营收费）中，特许权使用费占据了相当大的比例。而多数特许人的特许权使用费是按照网点销售收入或利润的一定比例来收取的。美国 IFA 与 FranData 联合开展的一项调查表明，在一个由 1 200 多个特许人组成的样本中，有 82%的特许人按照网点业绩的比例收取特许权使用费，其中，按照销售收入的比例收取的占到全部样本的 76%，只有很少几家特许人是按照网点利润的比例收取特许权

① ROGER BLAIR，FRANCINE LAFONTAINE. The economics of franchising. New York：Cambridge University Press，2005.

使用费。[①] 因此，受许人定期向特许人申报网点销售收入就成为特许人的日常管理活动中非常重要的一项内容。

利益问题是导致特许经营关系中一切冲突的根本原因。正如一些不法商人通过会计造假规避税收义务一样，受许人也具有瞒报销售收入的动机，这样他们既可以减少所得税、销售税的支出，又可以少付特许权使用费和广告费，这两种费用通常按照网点销售收入的比例计算。个别受许人的这种行为会使特许人的收入蒙受直接损失，对那些准确上报收入并承担全部义务的受许人也是不公平的。无论是特许人还是体系内合规的受许人，都希望淘汰那些有欺骗行为的受许人。因此，发达国家的特许人往往会在合同中规定特许人有权对受许人网点开展审计活动。目前，国内在这方面的实践尚不多见，以下参考美国律师刘易斯·G. 鲁德尼克的文章对网点审计活动进行概括说明。[②]

（一）网点审计的目标

对网点的审计活动，其目的应该是通过每年对少量受许人进行审计促进全体受许人遵守体系规范，诚信经营。常规审计活动的审计对象，既包括那些被怀疑有可能瞒报的受许人，也包括一些随机选取的受许人。这种审计活动向全体受许人传递了这样一个信号：如果某些受许人企图瞒报收入，或者违反其他运营标准和体系规定，就会面临被曝光的风险，并且必须承担后果。一旦审计活动开始实行，这一信号就会在受许人之间快速传播。对故意瞒报收入的受许人的惩罚措施，通常是中止合同，因此违规的受许人是无法挽回的。如果对发现的违规行为网开一面，就会削弱审计制度的严肃性。

审计活动的目标是发现可能存在的瞒报收入行为，因此必须持续开展这种审计。审计活动所覆盖的范围，应该考虑成本—效益关系。审计活动要花费大量成本，而放任瞒报收入的行为，代价也很昂贵。对多店受许人，可以考察其中的部分网点，如果在审计中发现了问题，再扩大审计范围。通常特许经营合同中会规定，如果受许人瞒报的收入超过一定范围，就要由违规受许人承担审计成本。

在制定一套针对网点的审计制度时，特许人应该重点考虑这样一个问题，即如何分配和处置从瞒报收入的受许人那里追缴的款项。个别受许人瞒报收入的行为既欺骗了特许人，也欺骗了由全体受许人承担的广告基金。因此，通常认为应该将追缴的款项分别付给特许人和广告基金。然而特许人承担了审计活动的全部成本，而且经常无法收回违规受许人的欠款，所以也有人认为追缴所得应该全部归特许人所有。无论特许人选择哪种办法，都应该事先明确特许人在追缴广告费方面的责任和义务，以及如何对广告基金进行补偿。

对受许人进行审计，可能会被视作是一种对抗性冲突，或者体现出对受许人的不信任，因而破坏了商业关系中的合作与信任。但是，定期开展的审计活动不应该视为一种对受许人的冒犯和怀疑。那些遵守规定的受许人会对审计活动的必要性持肯定态度，由此可以确保全体受许人公平地承担维护体系和提升品牌价值所必需的经济代价。体系内的这种公平有赖于全体受许人共同遵守规范。同时，这种审计活动有助于受许人发现经营管理中

---

① ROGER BLAIR，FRANCINE LAFONTAINE. The economics of franchising. New York：Cambridge University Press，2005.

② LEWIS G. RUDNICK. Expanding a business by franchising and significant elements of the franchise relationship. DLA Piper US LLP，2007.

可能存在的其他问题，如运营成本过高、现金短缺、库存不合理和财务上可能存在某种漏洞。

审计活动的主要目标应该是收集瞒报行为的证据，而不是计算瞒报的数字。开展审计活动的目的是清除那些不诚实的受许人。追究瞒报的准确数额会把审计活动引入歧途，并且引发对事实的争议。只要检查受许人所报告的销售收入和成本，并与监控的结果相对照，就可以构成充足的证据。当然，审计活动的目的和作用并不仅限于发现瞒报收入的受许人，也可能会涉及其他违规行为，如本地广告开支的使用情况、规定禁止销售的产品、指定设备和供应品的使用情况、对受许人及其网点的区域限制或客户类别限制、营业时间、网点雇用人员的使用和报酬等。

(二) 网点审计的实施

特许人可以通过多种手段来发现瞒报收入的行为。通过检查受许人的损益表可以发现线索，特许人应该规定受许人必须按月、季和年提交损益表。如果受许人的行为与其财务绩效不一致，就可能意味着有瞒报情况发生。一个账面上亏损的受许人应该主动寻求帮助。如果受许人没有向特许人提出这种要求，则很有可能实际的营业收入和利润高于财务报表中的数字。货物成本或人员工资高于正常标准，表明可能有未统计的收入。瞒报收入的受许人可能会用现金采购供应品，但通常不会用现金支付所有供应品种类的相同比例，所以个别品类的供应品成本可能会较高。特许人可以把定期的销售和顾客统计报表与处在同一个市场上的其他网点进行比较。店堂以外的销售可能是瞒报收入的一个来源。另外，观察受许人的日常生活，也可能有助于发现瞒报收入的行为。如果受许人的消费水平与其所报告的收入状况不符，就值得怀疑。

特许人可以通过一些监控手段来增强审计制度的效果。例如，跟踪受许人的送货车，就可能发现店堂外的销售活动；对网点的暗访，或视频监控都有可能发现未记录的销售；还可以在网点门外记录顾客数量，并与网点的报告数字进行对比，或者用平均消费水平与顾客人数相乘，再把得到的结果与网点的销售收入数字进行比较；公开的监控可以帮助了解典型的销售情况，调查人员可以伪装成神秘顾客进店探查。

一个全面的审计程序包括以下一些步骤和要素：

(1) 如何选择审计对象。

(2) 在审计之前确定调查的范围。

(3) 由内部人员还是独立的第三方机构进行审计。

(4) 通知受许人的方法和时机，以及哪些情况下不会事先通知受许人。

(5) 如何处理记录不完整或受许人不配合的情况。

(6) 需要事先准备的文件。

(7) 是否和受许人一起核对审计结果，以及核对的范围与性质。

(8) 特许人将如何使用审计活动的成果。

应该向主持和参与的审计人员提供书面的审计方案，供其参考。要保持方案的灵活性，使审计人员能够自如地处理各种可能遇到的情况。

确定审计对象之后，审计负责人员要与受许人进行沟通，提出所要求的文档和记录，通报审计活动的日程安排，以及需要哪些人员配合调查。受许人接到审计通知后的反应、对审计人员的配合程度、数据记录是否完整，会表明受许人是否抵制对自己的审计。对受许人的审计短则一两天，长则持续一周或更长时间，取决于审计期限的长短、审计人员的数量、记录的完整程度和受许人的配合程度。无论受许人是否可能瞒报，或者是否存在经营和财务上的问题，审计人员在离开之前都要努力拿到全部的文档和记录。

审计活动完成之后，应该及时提交书面的审计报告，并重点列出确实存在的瞒报收入行为和其他违规行为。审计报告中应当包括以下要素：主持和参与审计的人员；审计流程；受许人提交的文档和记录的完整性；受许人及其员工的配合程度；受许人收入报告方面的具体情况；其他合规问题。审计报告应该向受许人公开。如果违规行为可以补救，应尽快补救；如果不能补救，但允许受许人卖掉网点和特许权，应该制定出相应的时间表，并且要求受许人签署相关协议。

第五节　授权期限

特许经营是知识产权有偿和有限的授权，存在一个明确的授权期限就是这种限制的一个具体体现。受许人在合同规定的时间和地域内，合理使用特许人的商标和其他知识产权，并缴纳使用费。一旦合同到期，双方又不再续约，受许人就必须停止使用原来的商标、商号。特许人和受许人之间并非终身的合作关系。

特许经营关系中，与合同期限有关的主要有四个方面的问题：合同的终止、续约、转让、回购。

一、授权期限的经济意义

《条例》第十三条规定，特许经营合同约定的特许经营期限应当不少于 3 年。为什么法律要约束特许经营的最短期限？这就涉及特许经营的一个重要特征：受许人对网点的投资问题。

受许人一方承担了网点的绝大部分甚至全部投资，并且还要在整个期限内与特许人分享网点的收益，而一旦合同到期，如果不能续约，就只能获得出售网点资产所得的残值。对特许经营网点的投资通常具有专用性（asset specificity），即所谓的专用资产。一旦合同终止，这些资产无法改作他用或者出售，即使能够出售，价格也会被压低。加上特许经营合同中往往有对受许人的竞业限制条款，在合同终止时，受许人很难收回投入到网点的资产。于是，从受许人的角度来看，其投资决策就要取决于初始的网点建设投资（初始的特许经营费也应计入）与合同期内所获得利润贴现值的比较。

我们在投资分析中介绍了用净现值（NPV）作为评价指标来分析投资收益的方法：

净现值＝各期现金流量贴现值之和－初始投资

把这一公式应用到受许人对网点进行投资的分析中，公式右侧的前面一项就是合同期内在扣除支付给特许人的特许权使用费之后各期的利润，最后一期的现金流量包括出售资产所获得的残值；后面一项就是受许人签约时对网点的投资，含向特许人支付的初始费用。这样，可以把上式改写成：

网点经营净现值＝各期（经营利润－特许权使用费）贴现值之和
＋合同到期时出售网点资产所得的贴现值
－（网点建设投资＋特许经营费）

只有这个净现值大于零，也就是受许人在合同期内至少要收回初始投资，这个投资行为才是可行的。当其他条件如项目的初始投资、盈利能力、资产残值等确定下来后，受许人的投资收益就取决于合同期限的长短。这就是特许经营期限的经济意义。当一个特许经营体系和网点能够健康生存时，除非有特殊情况，通常受许人一方总是希望授权期限越长越好。

除了授权期限以外，有三个相关的因素会影响特许经营对受许人一方的价值：

(1) 特许人对受许人转让（包括转卖、赠予、继承等）特许权的限制。这种限制越严格，这份特许权的价值就越低，对转让的限制将直接影响出售网点的价格。

(2) 竞业禁止条款，即合同中禁止受许人在合同到期后从事相同或相似的业务，这会直接影响网点资产在合同到期后的剩余价值。

(3) 回购条款，即在合同期内，特许人一方有权在一定条件下按照约定的价格计算方法回购受许人的网点。由于回购条款的存在，使受许人一方的总收益存在着不确定性。

以初始合同所定期限为界，可以把授权关系的终止分为两种情况：一种是在合同确定的期限之内由一方或双方提出终止；另一种是合同到期后是否续约以及续约条款问题。

二、双方在授权期限上的利益和动机

特许人一方利用合同优势强行终止授权，以及对受许人续约和转让的各种限制，是引发特许经营冲突的一个重要来源。由此可见，对授权期限的管理和控制涉及特许经营双方的重要利益。

布莱尔和拉方丹在归纳前人成果的基础上，对授权期限问题进行了综合性研究与分析，他们分别从特许人和受许人两个方面研究了双方可能存在的机会主义行为，从经济上厘清了双方在这个问题上的利益冲突。

(一) 受许人的机会主义

美国一些州的特许经营立法为了保护受许人的利益，对特许人单方面终止特许经营合同的做法做出了严格的限制。从逻辑上讲，如果受许人一方反对终止合同，或者希望延续合同关系，就意味着其中包含受许人一方的利益。一些学者认为，这种持续合作关系中蕴涵的利益，正是特许人对受许人行为进行约束与管理的一种经济手段。

由于特许经营双方在直接经济利益方面并不完全一致，特许人一方追求的是整个体系销售收入的最大化，而受许人则关注个别网点的利润，因此，受许人存在着降低质量、抬高价格，以及其他一些违反特许人统一规定行为的动机，即可能出现受许人的机会主义。按照新制度经济学家威廉姆森等人的理论，特许人将合同期内网点的超额收益作为一种抵押品，赋予受许人一方，通过掌握终止合同的主动权形成一种所谓的自执行契约（self-enforcing contracts），以此作为对受许人的一种控制手段。特许人用终止合同来威胁那些有机会主义企图的受许人，从而达到维持体系统一性、管理受许人和网点的目标。这种理论得到了一些实证分析的验证。

(二) 特许人的机会主义

有些受许人对特许人终止合同或回购网点的做法提出了抱怨。他们认为，特许人通过终止那些经营状况良好的网点的合同，将其回收转为直营，或者再次以高价卖出，侵占了他们的利益。因为在这个网点建立之初，他们作为开拓者承担了全部投资和相应的市场风险。

针对这种观点，布莱尔和拉方丹从理论和实证两个方面进行了分析，他们的结论是：特许人一方的机会主义动机不太可能成为他们终止合同的主要原因。一方面，如果特许人有意识地终止或回购经营状况良好的网点，那些成熟的特许经营体系应该表现为直营比例逐步提高，但实证研究的结果并非如此。另一方面，特许人之所以选择了特许经营，一定是由于授权比直营能够给他们带来更多的利益。如果特许人对盈利的网点采取机会主义的做法，就会影响特许人企业的信誉，影响其特许权的销售。

不过布莱尔和拉方丹也同意，如果特许人打算调整商业模式，或者控制直营比例，就有可能会终止和回购一些网点，特别是一些效益较好的网点。

三、续约、转让、回购

为避免可能出现的冲突，一份完善的特许经营合同中通常会对续约、转让和回购等方面的问题事先做出明确的约定。美国特许经营专家谢尔曼对这些方面做出了完整的归纳。①

（一）续约的管理

在特许经营合同的续约方面，通常的做法是：要求受许人的网点在业绩和合规性方面必须达到特许人的要求，并且要求有续约意向的受许人必须支付一定的续约费（renewal-fee），可能同时还伴有网点重新装置（设备、装修等）方面的要求。具体而言，体现在合同中，可能会表现为如下一些具体条款：

（1）初始合同到期后的半年内，特许人要对受许人网点的经营状况进行检查，包括经营业绩、广告促销、店面形象、知识产权保护等方面，必须达到合同和手册中的相关标准。

（2）受许人一方必须在初始合同到期三个月之前，向特许人提交书面的续约申请。

（3）在整个合同期限内，受许人没有违反特许经营合同及其各项附件和补充条款、运营管理手册及特许人其他方面要求的行为。

（4）受许人完全履行了合同约定的必须向特许人和其他第三方支付的款项，没有欠款。

（5）续约后的合同有可能延续初始合同的各项条款，但也可能会对一些条件进行修改。特别是特许人有可能会要求提高特许权使用费、广告费等相关费用。

（6）特许人可能会要求受许人支付初始合同中特许权使用费的一定百分比作为续约费。同时可能提出对网点重新装置的要求。

（7）如果网点场所是由受许人方面租赁或拥有，受许人必须提交能够在续约期内继续合法使用该场所的证明。

---

① ANDREW J. SHERMAN. Franchising&licensing. 3rd ed. New York：American Management Association，2004.

(8) 如果上述条件不能满足，特许人应在合同到期前 60 天内书面通知受许人，到期将终止合作关系。

(二) 转让的管理

特许经营关系中，对受许人一方的主体资格有一定的限制和要求。因此，通常会在合同中对受许人转让授权的行为做出比较严格的限制。《条例》第十八条规定，未经特许人同意，被特许人不得向他人转让特许经营权。

对受许人一方提出的转让特许权的要求，通常要考虑以下条件：

(1) 特许人对转让有优先否决权，正如上述《条例》规定的内容一样。

(2) 如果特许人放弃否决权，接受转让，则要对受让人一方进行全面考察。正像特许人招募新的受许人的过程一样，受许人必须按照体系的标准和要求对受让人一方展开全面的考察与评估，确认其符合作为受许人的标准。原受许人作为转让方，必须和受让方一起，配合特许人对受让方的考察与评估。

(3) 原受许人必须全面提供其与受让方签署的全部正式文件，并提交包括受让方联系方法在内的各种相关信息，并有义务协助特许人约见受让方，进行正式会谈。

(4) 特许人可能会要求原受许人支付一定的转让费（transfer fee)。这种转让费可能是按照初始的特许经营费的某一比例计算，也可能是按照原受许人转售特许权收入的比例计算，或者按双方约定的其他方式计算。

(5) 由于逐渐形成了特许权交易的二级市场，受许人转售特许权的情况开始增多，因此，特许人应该在初始合同中对受许人转售特许权的行为做出事先约定。

(6) 债务承担。对提出转让申请的受许人，特许人一方通常要求原受许人必须先清偿对特许人和第三方的债务。如果原受许人向受让方转移债务责任，则特许人一方有权对债务转移的合法性进行确认或有权拒绝。

(7) 特许人的披露义务。正如在招募新受许人中特许人承担的披露义务一样，特许人有义务向受让人做出完整的信息披露。

(8) 检查和审计。特许人通常要派出区域管理人员到转让网点的现场进行检查，以确认是否需要对转让双方提出网点重新装置的要求，同时从原受许人处收回属于特许人所有的手册、资料、数据库等。

(9) 文档。在转让过程中，涉及一系列相关的法律文档，如三方转让合同、地产租赁、债务转移等双方或三方之间的文件。必须在专业法律人员的参与下确保法律文档的完整性与合法性。

除了以上一些条件之外，特许人有可能在初始合同中或受许人提出转让申请后，提出一些其他的限制性条件。

(三) 回购

通常，在特许经营合同中会包含特许人回购网点的相关条款。回购的价格和条件由特许人和受许人双方协商而定。一般回购价格的计算与常规的商业收购所采用的估值方法相同，主要有账面法、重置成本法和预期收益法。

1. 账面法

按照网点净资产的账面价值加上初始特许经营费未摊销的部分，作为转让价格。对一个经营状况良好的网点，这种估值的结果往往偏低，很难令受许人一方满意。通常可以作为一个价格下限的参考。

2. 重置成本法

与账面法有相似之处，即由特许人一方重新建立一个相似的网点所需要的成本，以此为基准计算回购价格。

3. 预期收益法

根据网点当前的运营状况，测算未来一个合理的期限内（或者合同期的剩余期限）该网点可能产生利润的贴现值，也可能会加上预估的到期网点资产残值。对一个经营状况良好的网点，这种方法计算出的价格较高，特许人一方的代价较大。

本章案例

俏江南加盟版图破碎

俏江南正陷多事之秋。如果说之前有关俏江南A股上市遇阻、青岛门店被曝用死鱼招待顾客的信息反映出的仅是其财务和管理的问题，此次俏江南南京1912店的“回锅油”事件则将俏江南和其加盟商之间的危机彻底点燃。针对媒体报道的南京俏江南“回锅油”一事，俏江南北京总部官方回应称，俏江南南京1912店并非其旗下门店，北京总部已于2011年4月与该门店解除了特许经营的合作关系。但外界对俏江南的解释并不买账，既然早已解除了合作关系，为什么南京这家门店依然在用俏江南的商号和标志？一位评论人士戏称，现在但凡有人犯错，公司就称其是“临时工”，而俏江南告诉我们，还有“临时店”这么一种概念。就在俏江南澄而不清的同时，俏江南的“现役”加盟商和“退役”加盟商们也纷纷对其表示了不满和指责。

●“祸”起南京

俏江南南京1912店隶属于江苏江南餐饮投资管理有限公司（简称江南餐饮），其老板名为朱振宇。2007年4月，朱振宇与俏江南在北京订立了特许经营合同，成为俏江南在江苏的首家分店，同时也是俏江南的首家加盟店。

然而当年的盟友却在4年后反目成仇。在致外界的公开信中，俏江南指责其南京加盟商有重大违约行为。俏江南称，根据合同，江南餐饮应每天上传相关经营数据，但自2009年12月9日起，江南餐饮开始不再完整上传经营数据，导致俏江南无法按合同约定收取各项特许经营费用。据俏江南一家“现役”加盟商高管人士介绍，加盟俏江南的费用分为三部分，分别是200万元的一次性加盟费、60万元保证金以及按营业额比例每月收取的管理费。针对不同的加盟商，有些收费还会有所不同。而俏江南指责南京加盟商就是其未完整上传经营数据，导致俏江南收不到管理费。俏江南称，截至2011年3月，南京加盟店16个月的经营数据未上传，致使无法准确计算出应交付的经营性使用费。如按合同约定的保底使用费计算，江南餐饮应付经营性使用费215万余元，但实际却只缴纳94万余元，仍拖欠俏江南经营性使用费120万余元。俏江南因此解除其加盟合同。

但是事情或许并不像俏江南描述的那样简单。江南餐饮的一位副总裁表示，与俏江南的实际矛盾是由于对方想回购门店被拒，因此才单方面强行终止合作。俏江南总部的一位内部人士承认，此前的确与南京加盟方谈过回购一事，但多次沟通后双方并未就结果达成一致。江南餐饮董事长朱振宇曾算过一笔账：200 万元的加盟费、60 万元押金、80 万元的指定装修设计费用，他为这家店一共投资了约 1 300 万元。"我们自负盈亏，投了钱还得看俏江南的脸色，出了事情却要自己扛。张兰以前很少来这儿，前段时间来就是跟我们谈回购，价钱还压得很低。"朱振宇愤愤地表示。朱振宇的合伙人则称："在俏江南所有的加盟店中，南京店应该是经营状况最好的。当时俏江南在南京名气不大，开始生意不好，后来营业额上来了，现在一下子不想要我们了。""老板现在正在北京和俏江南进行协商，是对方单方面解约，我们不会认的，起码要等法院的判决结果。"上述江南餐饮副总裁表示。

● **加盟版图破碎**

俏江南 CEO 汪小菲在其微博上表示："不管是假俏江南还是真的，已解除加盟的还是正在解除的，我还是要向那些光顾的客人们和在那里工作的员工们道歉，你们是为了'俏江南'那三个字去的。管理好我们的直营店和及时打掉那些假俏江南是我们的责任和工作。"汪小菲的这一番表述引发了俏江南加盟商们的不满。

据俏江南一位内部人士透露，除去南京 1912 店，俏江南目前仍有 5 家加盟店，分别是太原金巷店、鄂尔多斯店、秦皇岛店、包头店以及徐州店。"加盟商也是冲着'俏江南'三个字去的，但是我们获得了什么？"一位加盟商对俏江南的管理和支持颇为不满。曾是俏江南加盟商的贵州海帝尔餐饮管理有限责任公司在 2011 年 7 月 14 日与俏江南正式解除了合作关系，目前正在运营一家粤菜餐厅。提起老东家，海帝尔的一位管理人士说："我们不想做俏江南了，经营了两三年生意一直不好，后来还发生了亏损。他们除了把装修的设计图纸画给我们，什么支持都没有提供。"

不过，俏江南或许对加盟商们的评价并不在意。在公告中，这家高端中餐连锁企业仅仅公布了其在全国的 54 家直营店地址，对 5 家加盟店却只字未提。而在其官网的门店介绍中，5 家加盟店也难觅踪影。"加盟店完全没有地位，外界根本不知道我们的存在，甚至通过公告还可能认为我们是假俏江南。"一位加盟商抱怨。而这位人士更担心的是，此举是否会影响到门店今后的声誉和营业额。俏江南的意图或许也正在于此。"公司不再接受新的加盟业务了，目前的 5 家会有一个后续的处理，把它们回收回来，我们就不再做加盟了。"俏江南内部人士透露。

事实上，俏江南也曾绘制过一幅宏大的加盟版图。除上述 5 家和南京店以外，还包括贵阳、青岛等城市。俏江南老板张兰为发展加盟业务还专程从麦当劳挖来了一位专门负责加盟事宜的高管，借用麦当劳的特许加盟法律文件为蓝本，制定了俏江南的加盟合同。而如今张兰对外承认，她正在逐步关停或回购所有加盟店。一位接近张兰的俏江南人士表示："关停加盟店是为了便于品牌控制。"

"俏江南清理加盟店应该还是与其上市有关。一方面，目前负面新闻对餐饮行业的影响很大，而俏江南对加盟商的管理能力明显不足，因此有必要防范经营风险。另一方面，餐饮类上市公司中，内控能力成为关键指标，回收加盟门店可有效提高企业内控能力，减少审核节点。”中投顾问酒店餐饮行业研究员康建华表示。

资料来源：张汉澍．俏江南加盟版图破碎．华夏时报，2011-09-23。

复习与思考

1. 设想你是特许人派出的一名审计人员，当你面对一个有瞒报收入嫌疑的受许人时，你将如何与其进行沟通，并保证审计工作顺利进行？尝试找出一些与那些配合程度较差的受许人进行沟通的方法。

2. 根据你的理解，对两种不同性质的受许人组织，即由特许人主导建立的体系内的受许人咨询委员会和受许人自发建立的独立受许人组织的相同和不同之处进行归纳，并对特许人如何处理与两类组织之间的关系提出你的建议。

3. 深入分析本章案例，尝试用本章中提出的一些管理特许经营体系的原则对案例中的一些具体事项展开分析。

第九章　特许经营关系

【知识结构】

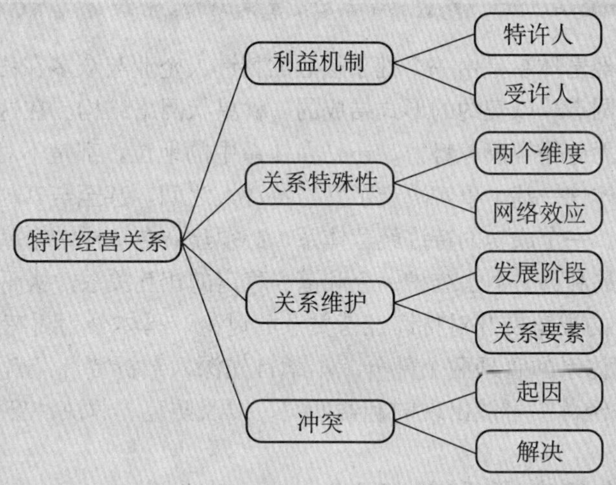

【本章要点】

- 特许人和受许人双方的利益机制决定了特许经营关系的本质。
- 特许人通过特许经营关系获得利益，既有直接利益，也有间接利益。
- 考察特许经营关系，要从产权和控制权两个维度上进行分析。双方在网点资产、知识产权方面权属的交错，以及上游对下游深度的干预是特许经营关系特殊性最主要的根源。
- 网络外部性是特许经营关系特殊性的主要来源之一。
- 特许经营关系是不断发展和变化的，可以用生命周期模型进行分析。
- 特许经营关系的要素包括：相互独立、法律关系和商业关系。从特许人的视角来看，双方的交流体现为控制、支持与激励。
- 特许经营关系中的冲突有很多可能的来源，解决这些冲突应立足于防范、沟通和协商，诉讼是解决冲突的最终手段，也是效率最低的手段。

【学习目标】

通过本章的学习，要全面理解特许人和受许人在特许经营关系中的利益机制，能够同时从产权和控制权两个维度上理解特许经营关系的特殊性，理解网络外部性对特许经营关系的深刻影响，掌握特许经营关系的发展阶段和基本要素，掌握维护特许经营关系的基本原则，了解特许经营冲突产生的可能来源和解决冲突的手段。

【学习建议】

尽量找一些特许经营诉讼案例，仔细分析案由和双方的观点，结合本章所学知识归纳其中的要点。

【关键词】

特许人　利益机制　网络外部性　生命周期模型　E-因子模型　特许经营关系要素　特许经营冲突

在本质上，特许经营体系是由一个处于核心的特许人企业与众多在法律上完全独立的受许人企业（特许经营网点）以契约的形式结成的一种星状网络结构。在这个体系中，特许人与单个受许人之间，无论是规模、势力，还是在体系中的地位，都是不对等的。受许人作为独立的法律与经济主体这一基本事实决定了其与特许人之间，甚至与其他受许人之间的利益机制不可能完全一致。一个成功的特许经营体系，必须建立在这样一个基础上，即特许人与所有受许人基于共同的利益努力去维护一个和谐、稳定的相互关系，从而实现长期的共赢。

以下将从特许人的视角展开对特许经营关系的讨论，具体分为对特许人企业自身的管理和对整个特许经营体系的管理两个部分。本章首先深入剖析特许经营双方的利益机制和相互关系，讨论特许经营中可能出现的利益冲突，以及防范、解决冲突的机制。

第一节　特许经营的利益机制

新古典经济学和新制度经济学对不同经济主体之间的关系从两个不同的侧面给出了互为补充的分析。新古典经济学认为，所有经济活动的参与者，其终极目标都是实现个人利益或效用的最大化，并且可以理性地进行各种选择，这就是所谓的“经济人”假设。而新制度经济学则强调经济制度，特别是产权制度和契约制度对人的行为的影响。在信息不完全或存在不确定性的条件下，交易双方都有可能出现机会主义行为，即利用一切机会损人利己，保护和增加自己的利益。基于这样两条基本原则，对特许经营关系的分析，必须先从双方的利益机制着手。

一、特许人的利益机制

特许经营收费、对受许人的服务收费以及产品分销利润是特许人从特许经营中获得收益的直接来源。然而，对一个长期开展特许经营的特许人来说，这种直接的收益仅仅是其全部利益的一部分。事实上，特许人之所以选择特许经营，绝非仅仅为了从受许人身上获得这种直接的经济利润，而至少是把特许经营当作一种低成本实现企业快速扩张的手段。前文讨论受许人评估时，我们归纳了特许人开展特许经营的深层次需求，这种深层次需求涉及特许人企业自身的生产、销售、市场、营销、管理、资本等，几乎涵盖特许人企业经营管理的各个主要方面。表 9-1 详细对比了特许人的利益机制和这种机制对受许人方面的作用和影响。

表 9-1　　特许人的利益机制

利益来源		利益机制	对受许人的作用与影响
直接利益	特许经营收费	初始费用和合同期内的持续费用，合起来是特许权的销售价格	一方面，受许人获得网点的剩余索取权，具备妥善经营网点的动机；另一方面，这种费用构成网点经营的直接成本
	专业服务收费	特许人以体系的规模优势向受许人提供广告、营销、会计、物流等专业服务，并从中获得利润	受许人可以以低于竞争市场的价格获得这些专业服务，但特许人的利润冲蚀了这种经济利润
	产品销售利润	特许人将受许人和网点作为分销渠道，获得生产商或供应商的利润，包括主营产品和其他供应品	在竞争市场上，受许人的销售利润取决于特许人的供给价格
间接利益	生产	特许人将特许经营作为渠道策略，不断扩大市场规模	随着市场的深化，网点的分布与密度有可能引发体系内部的竞争问题，特别是直营网点与授权网点的竞争
	销售	特许人作为生产商或供应商的利润	特许人对终端价格的控制
	市场	特许人通过受许人获得当地的市场资源，实现市场的拓展与深化	特许人的整体利益与受许人及其网点的局部利益可能不一致
	营销	特许人通过整个体系协同的营销活动实现整个体系或特许人企业的利益最大化	一方面，整体的营销活动未必符合单个网点的具体利益；另一方面，由于网络效应的存在，受许人可能出现搭车行为
	管理	特许人用拥有网点所有权和剩余索取权的受许人，取代直营网点中雇用的职业经理，改善治理，提高管理效率	特许人要求的统一管理与受许人网点的个性化管理可能不一致
	资本	特许人收取的初始特许经营费可以作为特许人扩张过程中阶段性的资本来源	一笔巨大的初始投资和特许经营费形成特许经营网点的专用资产，将受许人绑定在体系内，特许人有可能出现机会主义

从中可以看出，特许人通过特许经营获得的利益既有直接利益，也有间接利益；既有短期利益，也有长期利益；既有与受许人分享的利益，也有与受许人冲突的利益。特许人利益机制的复杂性，从根本上决定了特许人既要实现其自身利益的最大化，又要考虑受许人的利益，长久地维护特许经营关系的稳定与和谐。

二、受许人的利益机制

在特许经营关系中，无论是从经济规模、市场势力和在产业链条中的位置，还是从合同约定的权利义务，受许人一方都处于明显的从属地位。受许人既要承担网点建设投资中的绝大部分，还要向特许人缴纳各种直接费用，与特许人分享网点经营的利润；并且，按照特许经营合同，受许人有义务全面服从特许人的日常监督与管理，遵守手册规定的经营模式中的全部细节，维护体系的统一性，还要承担培育和维护属于特许人的无形资产的责任。

与特许人不同，受许人通过经营特许经营网点所获得的直接经济利益非常单一，就是网点本身的经营利润。受许人之所以选择加入特许经营体系，其最主要的动力源自特许人提供了一个可能帮助其获得成功的潜在的商业机会。这种机会的价值体现为一个被市场认可的产品或服务，以及一套成熟的运营模式，也体现为特许人承诺的对受许人的持续支持与服务。在特许经营关系中，双方将共同分享网点的经营利润，所以在很大程度上，双方的直接经济利益是一致的。破坏这种一致性的潜在因素在于，特许人在收费、服务和产品销售方面的利润构成了受许人经营的直接成本；特许人关注的是整个体系的整体利益，而受许人作为网点的所有者，并不拥有体系及品牌的所有权，因此更多地关注自身的局部利益。投资于网点的专用性资产和部分放弃网点经营的管理权，是受许人加入特许经营所必须承担的两大隐性成本。

美国特许经营协会归纳了受许人从事特许经营的优势与劣势。考虑到该机构作为一个特许人组织的定位，我们可以把这种归纳理解为特许人对受许人的一种抽象的利益承诺和风险提示。通过对这种归纳进行客观分析，可以梳理出受许人的利益机制（见表 9-2）。

表 9-2　受许人的利益机制

	可能的利益与成本	评论
优势（利益来源）	“特许经营可以帮助你创业，而不是完全由你自己创业”	创业，既是特许人的营销口号，也是许多受许人购买特许权的主要动机
	特许经营提供了一定的独立性，可以经营自己的企业	在法律上，网点的所有权属于受许人，这也意味着受许人必须承担投资的机会成本
	特许经营提供了一个被广泛认可的品牌和一种成熟的产品与服务	这是受许人购买特许权的另一个主要理由，但也是特许经营欺诈的一个主要来源
	特许经营提供的产品和模式经过验证，可以增加受许人获得商业成功的机会	同上
	特许经营用合同的方式规定了产品的质量和统一性，可以帮助吸引更多顾客	受许人在享受统一性带来好处的同时，也必须接受特许人的严格管理
	特许经营为受许人提供一系列支持，开业前的支持包括：选址、网点设计与建设、融资、培训、开业仪式；后续的支持包括：培训、全国和地方的广告、运营流程和日常的支持服务、持续的监督与管理、增加消费能力和实现批量采购	特许人提供的支持与服务并非完全免费，许多项目的成本需要受许人自己承担，甚至这种服务应该理解为特许人的一种盈利手段和收入来源
劣势（成本因素）	受许人并非完全独立，合同规定受许人必须按照特许人的要求和限制经营，这种限制包括产品品种、价格、区域等	部分地放弃管理权，是受许人最主要的隐性成本
	受许人必须支付初始费用和持续费用	特许经营费用是受许人重要的直接成本
	受许人必须权衡比较自己的管理能力与特许人的限制和支持	放弃个性也是受许人的代价之一
	如果特许人或其他受许人经营不善，可能导致整个特许经营体系的恶化	这是所谓的外部性问题，和受许人从体系中获得的间接利益是相对的
	特许经营合同的期限是有限的，到期后合作关系可能终止	受许人要承担项目到期终止带来的成本

通过上述对受许人利益和成本因素的分析与评论，可以看出特许经营关系中潜在和内在的利益冲突。

第二节　特许经营关系的特殊性

通过上面对特许经营关系的利益机制进行分析，可以在一定程度上理解特许经营关系的特殊性与复杂性，理解特许经营关系的维护，即特许经营体系管理的重要性。下面进一步研究造成这种特殊性和复杂性的深层根源，从而帮助我们更好地理解特许经营体系管理的原则与手段。

一、特许经营关系的两个维度

任何一项商业交易，双方的利益都是既统一又矛盾的。合同，或者说契约制度之所以在交易中普遍存在，正缘于此。与其他交易相比，特许经营关系的特殊性体现在交易过程中不仅存在着某种权利的转让，而且伴随着这种转让形成一种贯穿于整个合同期内的控制关系。因此，对特许经营关系的审视，需要从产权与控制权两个维度进行分析。

（一）产权维度

一方面，在特许经营关系中，受许人一方承担了网点建设和运营中绝大部分投资与成本，拥有对网点资产的所有权；但是，根据合同约定，受许人必须在特许人的统一管理之下开展经营活动，并且要与特许人分享这些资产产生的经济收益，这可以理解为受许人向特许人出让网点资产的管理权和部分收益权。网点资产的所有权和管理/收益权在一定程度的分离是造成特许经营管理特殊性的第一个根源。由于特许人不拥有网点资产的所有权，却从网点中获得持续的收益，所以特许人一方有可能利用合同约定的优势地位用各种方式榨取受许人的利益；而受许人一方由于投资于网点的资产具有专用性，一旦签约开店之后，很难收回全部或大部分初始投资，因此被绑定在体系上。受许人拥有网点资产的所有权，这就从法律上确定了受许人的独立地位。就像在传统的产品分销体系中一样，在某种程度上受许人只是特许人产品的一个独立分销商，必须自行承担网点的投资和由此产生的风险。

另一方面，在特许经营权的交易中，特许人以收取特许经营费和特许权使用费为代价，向受许人让渡了自己知识产权的有限使用权；然而，这些知识产权仍然属于特许人所有，受许人一方获得的是在一定时间、地域范围内按照约定条款使用这些知识产权。特许经营知识产权的使用权与所有权分离是造成特许经营关系特殊性的第二个根源。由于受许人并不拥有所使用的知识产权，所以有可能为了自身的利益做出侵蚀或侵害这种知识产权的行为，具体的体现就是为追求网点利益的最大化违反特许人关于产品质量和价格方面的规定，破坏体系的统一性和品牌形象，使特许人和体系内的其他受许人蒙受损失。在这方面，特许经营关系类似于品牌授权。

（二）控制权维度

特许经营关系的特殊性还来自特许人对网点经营活动的管理与控制。前文分析商业授权的谱系时，我们介绍了从授权产品分销到特许经营，再到品牌授权这三种模式之间的递变关系。这三种交易中，有形产品与无形资产所占的比重呈现递减/递增的对应关系，而产品分销和品牌授权中，上游企业对下游企业的控制仅限于保护自己的品牌、商标和知识产权，而不会参与到下游企业的日常经营管理中。但在特许经营关系中，特许人不仅要求受许人严格按照规定从事经营活动，而且有权对受许人的经营活动进行监督、检查和管理。也就是说，特许人可以像管理直营网点经理那样去管理受许人。

从受许人方面来看，尽管其角色类似于受雇于特许人的职业经理，却拥有对网点经营的剩余索取权，也就是说，扣除了必须向特许人缴纳的费用之后，可以占有网点的经营利润。这样受许人就有了努力经营好网点的动机，而不会像职业经理人那样出现管理上的短期行为。事实上，这也是特许人之所以选择特许经营的理由之一。

（三）特许经营关系

将上述的产权和控制权两个维度结合在一起，我们可以得出特许经营关系中特性有的所有权与控制权之间的关系。如表 9－3 所示。

表 9－3　　特许经营关系中的所有权与控制权之间的关系

	权利	权属	意义
上游企业的知识产权	知识产权所有权	特许人	知识产权保护
	知识产权收益权	特许人	通过授权关系获取尽可能高的收益
	知识产权使用权	受许人有条件使用	按照授权关系管理下游企业
下游企业的网点资产	网点所有权	受许人	受许人承担投资风险
	网点收益权	受许人和特许人分享	受许人享有剩余所有权
	网点经营权	特许人	受许人接受特许人的控制与管理

从上表可以进一步归纳出特许经营在如下几个方面的特殊性：

（1）网点资产：所有权和大部分收益权由下游企业即受许人拥有，特许人分享部分收益。

（2）知识产权：所有权由上游企业即特许人拥有，受许人拥有有限的使用权。

（3）管理控制：特许经营关系中，存在着上游企业对下游企业的显著控制。

（4）交易内容：特许经营关系中，既有有形产品交易，又有无形资产权益的让渡。

（5）受许人的从属性：基于体系内的统一控制，受许人网点的运营必须服从特许人管理。

（6）受许人的独立性：网点资产产权独立，意味着受许人有着自己的利益机制。

（7）无形资产：知识产权是授权标的，要按照授权关系进行管理和保护。

（8）有形产品：有形产品销售是特许人重要的获利来源，特许经营是一个分销渠道。

二、特许经营体系的网络效应

特许经营关系的一个独特之处在于，整个特许经营体系是一个以特许人为核心、由众多受许人一起构成的星状网络结构。从管理关系上看，中心节点与其他节点之间形成单向的控制关系，其他节点之间没有直接关联。特许经营体系的这种网络结构赋予特许经营关系两个特征。

（一）体系运营边际成本递减

在特许经营关系中，特许人对整个体系的维护与运营主要体现在市场营销和受许人管理两个方面。前者包括持续不断的广告宣传、营销传播、产品研发等；后者包括建设服务于受许人的督导和培训体系。当体系规模保持在一定范围内时，特许人在体系维护与运营方面的许多投入是相对固定的，如培训体系、物流配送体系、全国性广告宣传等。这样，在到达临界点之前，每增加一个受许人，特许人的收入线性增加，但维护与管理成本却呈现边际递减的趋势。这种趋势与特许经营体系的规模经济性互为因果。

特许经营体系的边际成本递减和生产、分销、营销、物流等方面的规模经济性的存在，使特许人具有不断扩大体系规模、增加网点密度的动机。而对受许人一方来说，体系规模的不断扩大具有双重效应：一方面，由于存在着正的外部性，受许人可以分享到体系规模扩张所带来的额外利益；另一方面，在给定的市场空间内网点密度提高，意味着体系内竞争的加剧。

（二）受许人行为的外部性

新古典经济学认为，参与经济活动的每个经济主体之间的全部关系都是通过市场上的交易实现的。这意味着所有的经济主体或者称为经济行为人，都只需要关注价格和消费/生产的可能性，而无须顾及其他行为人的行为，也不用考虑自己的行为对他人行为产生的影响，只要这种影响不改变市场价格和供给/需求数量。事实上，经济行为人的行为会对其他人产生影响，这种影响可能是积极的，也可能是消极的。如一个受许人网点发布了户外广告，有可能促进相邻的其他网点的销售；反之，如果一个流动的消费者在某个网点产生了不良的消费体验，如产品或服务质量低于普遍标准，也会影响其去同一品牌的其他网点消费的概率。经济学上把这种有可能对他人产生有利或不利的影响，但并不向受到影响的其他人收取或支付额外价格的情况，称为外部性（externality），也称为网络外部性（network externality）。

按照新古典经济学的原理，当不存在外部性时，通过单一的市场机制就可以实现经济资源配置的最优化，即所谓帕累托效率。然而，如果出现了外部性，就意味着经济行为人个人的成本或收益不等于社会成本或收益，这时，单纯依靠市场和价格机制就不一定能实现资源的最优配置。

在特许经营关系中，受许人为获得授权支付的全部价格就是初始的特许经营费与定期的特许权使用费，后者往往是网点营业收入或利润的一个固定比例。特许权交易的这个价格是在双方签约之初就已约定的，通常不会发生变化。即使受许人在某些方面没有达到特许人要求的标准，或者违反合同或手册的某些规定，特许人也只能通过合同手段来制约。这样，受许人的某些行为对体系或其他受许人产生正面或负面影响时，由于外部性的存在，做出这些行为的受许人就不能获得相关的收益或不必支付相应的成本。

在特许经营当中，受许人行为的外部性主要出现在产品质量、价格和广告宣传方面。

由于整个特许经营体系的统一性，消费者默认各个网点的产品质量和价格也是统一的。如果某个受许人为了提高自己的利润而降低了产品质量，或提高了零售价格，就会使消费者产生不良的消费体验。当消费者具有较强的流动性时，这种不良体验就会影响其去该品牌所有网点消费的概率。但是，这种损失大部分是由整个体系和其他网点承担，这就是一种负的外部性。相反，如果消费者在某个网点获得了超值体验，也会对整个品牌的销售起到积极作用，这就是正的外部性。另外，由于享用共同的品牌和商标，特许人所做的全国和区域性广告会同时促进所有网点的销售。这样，个别受许人就有可能产生免费搭车的不良动机。即更多地依靠特许人或区域内其他受许人发布的广告而有意识地削减自己应该承担的宣传推广义务。

第三节　特许经营关系的维护

布莱尔和拉方丹在研究了21世纪初美国千余个特许人的合同之后发现，特许经营合同平均的期限为10.7年；而在合同到期后有将近93%的特许人提供续约的机会，续约延展的期限平均为8.8年。另外，据美国商务部在20世纪80年代中期的统计，在上万份带有续约条款的到期特许经营合同中，有93%的合同得到了延展。[①] 国内目前缺乏对特许经营合同期限及延展方面的统计数字，但普遍认为初始的合同期限要比美国短。我国的《商业特许经营管理条例》规定，除非受许人同意，否则特许经营合同约定的特许经营期限应当不少于3年。

上面的数字表明，特许人和受许人之间一旦签署了特许经营合同，就意味着建立起一种长期的合作关系。特许人的成功，固然是建立在全体受许人成功经营的基础之上；而对受许人而言，购买特许权，也许是一生中最大的一次单笔投资，并且还要投入长达十余年的精力。因此，双方都有义务和动机去努力维护这样一种长期的合作关系。

一、特许经营关系的发展阶段

（一）贾斯蒂斯的生命周期模型

贾斯蒂斯曾经用一个人骑自行车来比喻特许经营体系中特许人与受许人的关系。自行车代表整个特许经营体系，车把代表对行车方向的控制力，车座上的人代表车向前行驶的驱动力。贾斯蒂斯认为，特许人就是自行车的车把，掌控着特许经营体系的前进方向，而全体受许人是自行车的车座（或坐在车座上的人），提供了自行车（整个体系）向前行进的驱动力。贾斯蒂斯的这个比喻非常形象地说明了特许人、受许人、特许经营体系这三者之间的关系。一个蹩脚的骑车人（比如初学者），最主要的问题往往是无法同时控制好车把和车身，不能很好地协调方向和动力。同样，如果一个特许经营体系不能处理好特许人和受许人的关系，也就无法使整个体系稳步前行，健康发展。

20世纪50—60年代，生命周期理论在西方的经济学和商业管理领域得到了广泛的应用。众多学者陆续提出了产品生命周期、产业生命周期、企业生命周期等各种大同小异的模型。这些模型的共同之处在于，用生命从诞生、成长到衰亡的过程，来比拟经济现象和商业组织的发展。其中比较典型的是由美国经济学家雷蒙德·弗农（Raymond Vernon）提出的产品生命周期理论（product life cycle theory，PLC）和梅森·海尔（Mason

① ROGER BLAIR，FRANCINE LAFONTAINE. The economics of franchising. New York：Cambridge University Press，2005.

Haire）提出的企业生命周期（organizational life cycle，OLC）。贾斯蒂斯运用这些思想，提出了特许经营关系的生命周期模型。① 他提出，特许人和受许人之间的关系，是随着产品或业务的生命周期而演化发展的，据此他划分出特许经营关系发展的四个阶段：导入期、成长期、成熟期、衰退/发展期。

1. 导入期

从潜在受许人与特许人开始接触直到签约，双方都处于极度乐观，甚至是盲目信任的状态，并预期将获得巨大成功。特许人积极友善地与潜在受许人接触，展示其最好的一面，同时也认真评估受许人的资格与能力。

2. 成长期

签约后直到开始运营的最初一两年里是特许经营关系的成长期。经过开业前的初始培训和成功的开店运营，受许人的网点进入日常的运营阶段。这时开始考验特许人的支持服务体系，如果特许人在营销、配送、督导和日常管理等方面提供了令受许人满意的服务，特别是受许人的网点经营状况良好，特许经营关系就可以健康成长。

3. 成熟期

经过开业后最初的磨合、熟悉，随着网点逐渐进入稳定运营的阶段，双方的相互了解日益加深，受许人开始逐渐掌握商业模式、管理风格和市场反馈。这时，主要的问题是受许人能否感受到特许人提供了持续的价值。随着受许人全面了解特许人的商业秘密和发展潜力，开始对特许人的价值做出评价或提出质疑。

4. 衰退/发展期

如果特许人的业务整体上出现衰退，就会导致受许人开始产生离散的倾向。如果业务能够随着时间的延续逐渐更新并保持持续繁荣，双方的关系就会进入到一个更加牢固的阶段，合同到期的受许人会提出续约的申请。

（二）FRI 的特许经营 E-因子模型

与贾斯蒂斯的模型不同，美国另一家特许经营服务机构——特许经营关系研究所（Franchise Relationship Institute，FRI）将特许经营关系的发展分为六个阶段，称作特许经营 E-因子模型，用一个受许人在各个阶段的不同口吻来描述这六个阶段。

1. 欢乐（glee stage）

"我很满意与特许人的关系。他们真的很关心我的成功，履行了他们所有的承诺。我为我的项目而感到兴奋，对未来充满希望。"

2. 费用（fee stage）

"尽管我在赚钱，但特许权使用费撇掉了最顶上的奶油，我能得到多少？"

3. 自我（me stage）

"是的，我获得了成功，但这是我努力工作的结果，没有特许人我也能成功。"

4. 自主（free stage）

"我实在讨厌特许人对我经营上的各种限制。他们持续不断地干预，令我感到沮丧和困扰。我希望做我自己的事情，表达我的意见。"

---

① 罗伯特·T. 贾斯蒂斯，理查德·J. 加德. 特许经营. 李维华，等译. 北京：机械工业出版社，2005.

5. 理解（see stage）

“呃，我想我看到了特许经营体系的重要性，我真的感谢特许人提供的服务。如果我们各行其是，标准就会下降，我们就会丧失竞争优势。”

6. 合作（we stage）

“我们需要在一起充分地合作，在一些重要的领域我的确需要特许人的支持与帮助，但我也有一些个人的想法，希望特许人能够考虑。”

二、特许经营关系的要素

（一）特许经营关系的三个基本要素

贾斯蒂斯通过与分属不同行业的一些特许人进行深度交流，直接倾听来自特许人的意见，将特许经营关系归纳为三个基本要素：相互独立、法律关系、商业关系（见图9-1）。

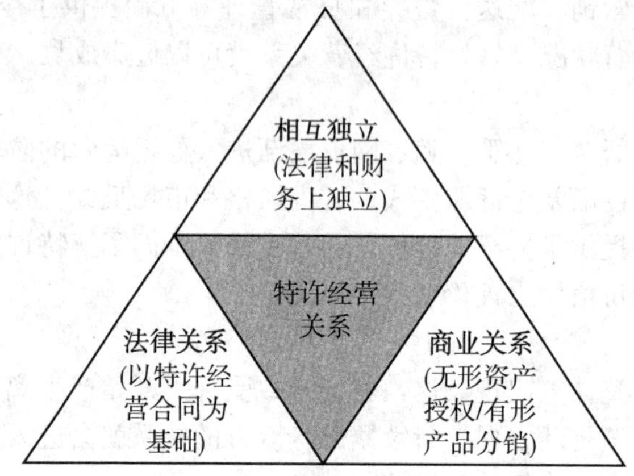

图9-1　特许经营关系的要素

1. 相互独立

贾斯蒂斯把这一点放在最后一项，但我们认为这是整个特许经营关系中最重要的一点。由于双方在产权上的相互独立，即各自拥有同一体系内不同资产的所有权，这一点是所有分歧和冲突的根源。它决定了双方关系的性质：相互独立的各方出于共同的利益而建立起一种长期的合作关系。要维系这种关系，双方必须建立起相互之间的尊重和理解。

2. 法律关系

双方之间合作的法律基础是特许经营合同。作为一种基于契约关系的民事经济行为，双方的利益都会受到法律的限制和保护。鉴于双方在信息、资源、势力和管理结构上的不对称关系，各国普遍都把立法的重心放在保护受许人权益方面。

3. 商业关系

双方之间合作的内容是商业上的交易。特许经营关系中的交易包括两个方面：一是特许人向受许人授权使用知识产权；二是特许人向受许人销售产品与服务，并通过受许人将最终产品分销到市场上去。

（二）特许人与受许人沟通的三个方面

基于这样三种基本关系，从管理的角度看，在漫长的合同期内，特许人和受许人之间日常的沟通与交流主要包括三个方面：控制、支持、激励。

1. 控制

必须强调，特许人是整个特许经营体系的主体，拥有体系的商标、品牌和无形资产。受许人是在用自己所拥有的网点资产，以体系的名义（商标）和方式（商业模式）做生意。因此，特许人必须对整个体系实施严密而统一的控制，这种控制既包括对产品生产、价格和质量的管理，也包括对网点经营状况和财务状况的及时了解。

2. 支持

特许人必须向受许人提供有效的支持和服务，至少有三个理由：首先，特许人以特许权使用费的方式分享网点经营产生的收益，有义务帮助受许人提高网点的效益；其次，为了维持体系在产品和服务质量上的统一标准，特许人有义务帮助受许人提高经营管理水平；最后，特许人提供的许多服务本身就是一种产品，可以因此而获得利润。

3. 激励

从理论上讲，受许人拥有网点经营的剩余索取权，这一点本身就是最主要的激励因素。然而在实践中，特许人经常会发现，某些受许人可能满足于平均的收益水平，或达到特许人要求的最低标准。因此，特许人必须设计出各种激励措施，如奖励、折扣、返点，以及一些荣誉性的举措，从经济和精神两个层面对受许人实行全方位激励，从而进一步挖掘受许人的潜能，提高体系整体运营效率。

（三）建立与维护特许经营关系的因素

贾斯蒂斯认为，特许经营关系中最重要的一点是，特许人要真正关心受许人的经营能够获得成功，具体提出了建立并维护特许经营关系的四个基本因素（CARE）：沟通（communication）、理解（awareness）、和睦（rapport）、专业（expertise）。

1. 沟通

有效的沟通是特许经营成功的关键，特许人必须运用各种手段使受许人能够时刻感觉到自己是特许经营体系中的一员。例如，许多成功的特许人定期出版内部刊物，建立线上或线下的受许人论坛，组建广告、研发、投诉和运营管理等专业委员会，不断强化对督导人员和区域代表的培训，提高沟通技巧。

2. 理解

特许人必须深刻理解受许人的各种需求，定期进行调查、分析，了解受许人的感受和关心的问题。

3. 和睦

特许人应该与每位受许人建立起融洽、亲密的个人关系，如在生日或特别的日子送花、赠送纪念品等。并且运用各种可能的手段公开奖励那些业绩优秀的受许人，增强其归属感。

4. 专业

最重要的还是特许人要能够及时提供受许人所需要的专业服务。很多初次从事本业务的受许人可能会在运营、财务、营销、人力资源乃至个人成长方面遇到问题，这时，来自特许人的专业支持就显得极为重要。

三、良好特许经营关系中特许人的特征

贾斯蒂斯在调研和分析的基础上，归纳出“好的”特许经营关系中特许人方面的一些共同特征，可以作为特许人在处理与受许人关系时，处理一些细节问题的参考：

（1）拥有全面和持续的受许人培训计划和培训体系。

（2）定期召开全国和区域性的受许人大会。

（3）在体系内部建立起受许人顾问委员会。

（4）在体系内部建立起广告委员会或独立的广告基金。

（5）拥有全方位的沟通机制，如动态的网站、线上或线下的论坛、电子或纸质的内刊、邮件目录、线上的社交群、呼叫中心或热线电话等。

（6）有明确的网点业绩奖励和激励制度。

（7）提供并定期更新供受许人使用的广告促销方案和执行手册。

（8）对受许人网点的财务和管理报告提供分析和改进意见。

第四节　特许经营关系的冲突

尽管特许人与受许人之间有很多共同利益，相互之间的依存度很高，然而，在漫长的合作道路上，冲突是不可避免的。特许经营关系本质上是一种契约关系，如果需要动用法律来解决冲突，就意味着冲突已经不可调和。特许人应该清楚一点，通过法律诉讼来解决冲突，不仅耗时费力，而且会对特许人企业和特许经营体系产生消极影响。作为一位资深的特许经营法律专家，谢尔曼指出，在持久的诉讼过程中，只有胜诉和败诉的当事人，没有真正的赢家。

一、冲突的起因

谢尔曼根据多年从事特许经营法律服务的经验，归纳出十种最常见的特许经营冲突。①

（一）受许人招募

起源于招募环节的冲突，通常是由两方面的因素造成的：一方面，特许人的销售人员在销售特许权时出现营销过度，导致潜在受许人对特许经营体系的特征、潜力以及特许人的承诺产生误解和过高的期望值。签约后的受许人一旦感到失望，就可能认为特许人在进行欺诈。另一方面，特许人在招募环节必须审慎地对受许人展开尽职调查，仔细评估潜在受许人在资金、能力、个性、商业经验等方面的资格，避免那种不能胜任或不友善的受许人进入体系。

（二）选址和区域权利

一方面，几乎所有特许人都会在一定程度上介入网点的选址，至少也会保留对选址的

① ANDREW J. SHERMAN. Franchising&licensing. 3rd ed. New York：American Management Association，2004.

最终审核权利。但对从事零售业和服务业的特许经营体系来说，店址的选择在很大程度上决定了网点的生存与成功。双方对此都必须保持谨慎的态度。另一方面，特许人必须制定出清晰、明确的区域权利条款，对市场区域划分、区域授权和未来可能出现的体系内竞争问题，提前做出规定，双方都应严格遵守。

（三）会计管理

特许人最主要的收入来源是受许人定期缴纳的特许权使用费，而大多数体系的特许权使用费都是按照受许人的营业收入或利润的一定比例来计算的。因此，特许人必须准确把握受许人日常经营的财务状况。特许人必须全面介入受许人网点的会计流程，并要求定期提交财务报告对网点进行管理，注意识别可能出现的造假行为。

（四）广告基金

广告方面的冲突可能出现在特许人或受许人两个方面：一方面，特许人往往要求受许人按照营业额的规模定期缴纳广告费，由特许人统一支配。因此，特许人在集中使用广告费用期间，有可能出现广告效率低下甚至滥用广告费的情况，从而引发受许人不满。另一方面，由于广告宣传活动存在着明显的外部性，受许人出于搭车的心理，可能以各种借口拒绝支付规定的广告费，或拒绝承担应该履行的推广义务。

（五）监督与支持

尽管经营方面的统一性是特许经营的灵魂，但特许人对受许人日常经营活动的干预程度，还是一个具有高度弹性的问题，也是导致双方冲突的一个重要来源。

（六）质量控制

和广告问题类似，由于网络外部性的存在，受许人存在着降低质量以增加个人利益的动机。因此，特许人对产品和服务质量的控制就显得非常重要。对那些违反合同或手册规定，不能保证达到体系标准的受许人和网点，必须进行严格的管理。

（七）不平等待遇

一方面，在特许经营体系内，特许人面对着众多的受许人和网点，应该避免对某些受许人提供特殊待遇，从而引发普遍的不满。另一方面，如果体系内同时存在授权网点和直营网点，则特许人必须非常谨慎地处理网点的待遇与政策，处理好可能出现的竞争和攀比问题。

（八）受许人转让

特许权的转让、终止和续约是特许经营关系中出现冲突的“高发区”。

（九）特许人的督导人员和区域管理人员

当特许人的督导人员或区域管理人员与受许人出现沟通问题时，可能会造成双方的误解，加剧已经出现的紧张关系，从而导致更严重的冲突。

（十）文档

特许经营合同和相关的一系列法律文本是维系特许经营关系的基本依据。如果这些法律文本存在着漏洞或瑕疵，就会埋下产生冲突的隐患。

谢尔曼对特许经营冲突起源的归纳主要着眼于网点的持续运营方面。实际上，无论是在美国还是中国，都普遍存在着特许人约束受许人的采购、强行要求受许人必须购买特许人或指定供应商提供的商品，导致受许人不满并提起不正当竞争诉讼的情况。因此，应当把因供应品采购限制而引发的冲突补充进这个列表。

我国的法律学者余冬爱从法律制度的角度，将特许经营中常见的争议分成三大类：合同纠纷、侵权纠纷和不正当竞争纠纷①。

（1）合同纠纷。

1）因特许经营合同的效力而产生的纠纷：如特许人不具备主体资格，或特许权有瑕疵；

2）因特许经营合同的解除而产生的纠纷：如费用返还、清算条款等；

3）因特许经营合同中的限制性条款而产生的纠纷：如采购限制或区域冲突；

4）因第三方原因产生的纠纷：如特许人指定供应商提供货品引发的问题；

5）因产品质量和服务标准产生的纠纷：如特许人提供的产品或服务有严重缺陷，或者受许人违反规定经营，降低产品质量，影响特许人商誉；

6）因特许权使用费产生的纠纷：主要是特许人对受许人销售额或利润的核查问题；

7）因信息披露不实产生的纠纷：特许人虚假披露。

（2）侵权纠纷。

1）商标侵权：如受许人使用特许人商标超范围经营，或合同到期后继续使用商标；

2）版权侵权：特许人提供的特许经营手册遭到侵权。

（3）不正当竞争纠纷。

1）竞业禁止条款；

2）特许人的搭售行为。

二、冲突的解决

从法律的角度来看，解决冲突的机制无非是诉讼机制和非诉讼机制，后者也称为替代性争议解决机制（alternative dispute resolution，ADR）。如前所述，在商业关系中，诉讼是解决冲突的最极端的办法，不仅要耗费当事人大量的时间、精力和资源，而且旷日长久的法律程序最终换来的往往是两败俱伤的结局。在特许经营关系中，许多冲突并没有严重损害当事人的核心利益，因此，普遍提倡运用非诉讼的方式来解决争端。一些发达国家对特许经营的立法，也立足于通过内部协商、仲裁、调解等 ADR 方式解决特许人与受许人之间的冲突。

基于这样的思想，余冬爱提出了特许经营争议多元解决机制思想。

（一）鼓励当事人通过合同方式约定内部沟通协调机制

从特许经营关系的本质上看，特许人与受许人之间存在着显著的共同利益，双方在商业运营之中相互之间的依存度很高。特许经营关系中的冲突往往起源于双方的沟通问题。因此，在设计特许经营合同时，应当充分考虑长期合作中可能出现的争端，事先建立起良好的沟通机制。必要时，可以约定双方共同信任的第三方作为出现分歧时的信息通道或简单的调解机制。

① 余冬爱．特许经营商事法律制度研究．北京：法律出版社，2010．

（二）探索建立特许经营争议的强制调解机制

相对于其他方式，调解有利于争议的迅速解决和协议的履行。调解是在双方当事人自愿的基础上进行的，可以避免严格而复杂的诉讼程序。另外，以调解的方式解决特许经营冲突，费用更低，社会成本更小，也更加灵活，并且当事人的自主权更大，结果也更容易为当事人所接受。

（三）发挥行业自律和行业组织在解决特许经营冲突中的作用

行业自律是由行业内的企业自发形成行业组织，并制定出一种“软性”规范。它从商业伦理层面规范从业者的行为，尽管不具有强制力，但对防范从业者的一些不良行为具有积极的促进作用。

（四）特许经营争议的仲裁与诉讼

在实际运行中，仲裁和诉讼仍然是解决特许经营最终的手段，也是约束力最强的手段。仲裁与诉讼都属于民事程序，其一般性规定相同，处理争议的主体、案件的性质和一些程序性规则也相同。仲裁是争议双方约定将争议交给仲裁机构决断并做出裁决，其性质介于协商、调解和诉讼之间，是一种灵活、高效的争议解决方式。

本章案例

一起特许经营合同纠纷调解结案

陈某与北京某公司签订了所谓的技术转让合同，约定陈某向该公司支付技术费、培训费等2万余元，公司向陈某转让某项技术，并授权陈某在当地使用该公司的商标。合同签订后，该公司并未向陈某提供合同约定的技术，所谓的培训只是简单的操作技术，陈某发现上当受骗后，要求公司返还技术使用费等，公司认为已经向陈某提供了技术，拒不返还相关费用。

陈某与律师联系，要求通过法律途径挽回自己的损失。律师在看到陈某提供的材料后发现，陈某与公司签订的合同属于特许经营合同，按照《商业特许经营管理条例》的规定，公司在与陈某签订合同前负有严格的法定义务。而公司并未履行相应义务，更重要的是，公司没有按照合同约定提供相应的技术培训服务。也就是说，公司的行为既不符合法律规定，也不符合合同约定。

接受陈某的代理后，律师代陈某向北京市朝阳区人民法院提起诉讼，要求解除合同，并要求该公司返还技术使用费，赔偿陈某违约金1万元。最终本案在法院主持下达成调解，该公司返还陈某大部分技术使用费，陈某撤诉。

调解结案对当事人是很有好处的，但前提是当事人的大部分损失可以得到补偿。对本案来说，如果坚持诉讼到底，相信陈某的胜诉概率很大，但考虑到将来的执行问题，也许会拖延几个月甚至半年以上的时间，当事人的负担会更重。调解以后，陈某虽然略有损失，但大部分得到补偿，而且当天交付，大大缩短了结案时间。

复习与思考

1. 通过对本章内容的学习，尝试用自己的语言对特许经营关系中产权和控制权这两个维度进行叙述，重点说明这两个因素如何影响特许经营双方的利益。

2. 结合特许经营合同方面的内容，对照分析特许人与受许人的权利和义务，归纳出可能影响特许经营关系的一些主要因素。

3. 本章案例中，律师是如何认定这是一种特许经营关系的？为何律师认为坚持诉讼最终胜诉的概率很大？又为何选择了调解方案？

第十章　特许人的管理决策

【知识结构】

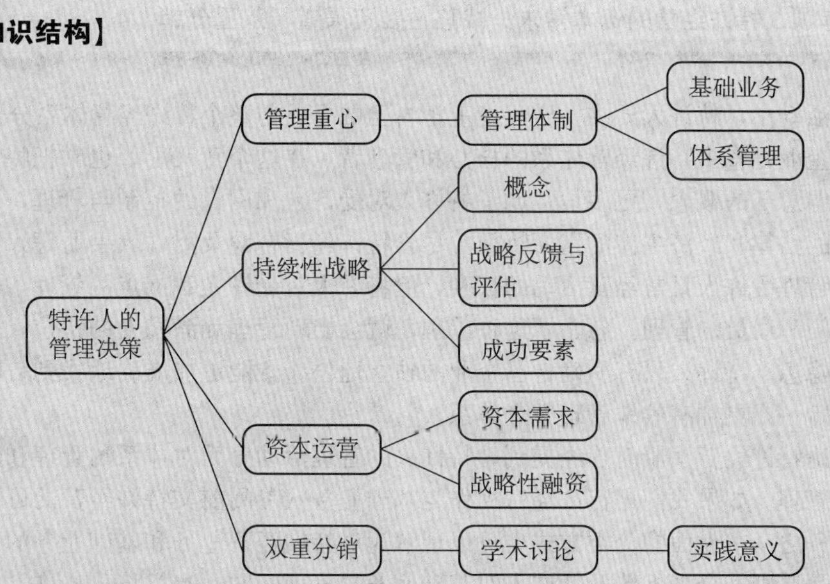

【本章要点】

- 在特许人的管理活动中，有两个最重要的决策制约着特许人的管理架构：有形产品分销的比重和体系中直营网点的比重。
- 对特许人企业而言，应该把特许经营业务和基础业务作为两项相对独立的业务看待，分别采用不同的管理体制和管理方法。
- 特许人企业的管理活动中，最重要的两个侧面是持续性战略和资本运营。
- 一个成功招商、体系初具规模的特许人，必须从长远发展的观点制定持续性发展战略。
- 资本运营是特许人企业成长中的一个高级阶段。
- 双重分销在学术上和实践中都有非常重要的意义。

【学习目标】

通过本章的学习，掌握制约特许人企业管理架构的两个基本因素：有形产品的比重和体系内直营网点的比重；了解体系管理和基础业务管理的不同体制；掌握持续性战略的各个要点；了解特许经营企业的资本需求和战略性融资渠道；了解双重分销在学术上和实践中的重要意义。

【学习建议】

从现有上市公司中找一些包含特许经营成分的企业，从各种渠道收集资料，分析其渠道策略和上市前的发展过程。

【关键词】

有形产品比重　直营比重　体系管理　基础业务管理　持续性战略　成功要素　持续战略选项　特许经营的资本需求　战略性融资渠道　双重分销

在管理活动中，特许人要在一定程度上把自己的企业与整个特许经营体系分开考虑。

特许人企业是整个特许经营体系的核心和管理者，在这个意义上，也常把特许人企业称为总部。但总部的概念，更多地强调了特许人对受许人和网点的控制与管理，而淡化了双方是独立的法律和经济主体的重要特征。尽管特许经营合同及附件（手册等）赋予了特许人干预和管理受许人日常经营活动的权利，但特许人对受许人和网点的管理，毕竟不同于对内部部门和雇员的管理。忽略了这种差别，就会出现管理和激励上的错位，也为双方的冲突埋下隐患。特许人只有明确自己企业的独立地位，才能更加准确地找到自己在管理体系方面的定位，更加有效地管理整个体系。

前文讨论特许经营手册时曾经提到，特许人的管理活动分为对体系的管理和对特许人企业自身的管理。如果我们把特许经营视作与基础业务（参阅前文特许经营的可行性）并列的主要业务之一，上面的分类方式也可以理解为对特许经营业务和基础业务的划分。按照本书的编写原则，全书不涉及特许人对基础业务的管理问题。本章将从特许人的视角讨论一个已经初步建成特许经营体系（以成功招商为标志）的企业如何制定并实施持续性的发展战略，从而促进整个特许经营体系成长。首先，讨论特许人企业的管理架构，以及影响这一架构的主要因素；其次，重点从战略、营销和资本运营方面对特许人企业的持续发展展开讨论；最后，介绍一个在理论和实践方面都具有重要意义的课题：双重分销。

第一节　概述

从起源和发展进程来看，19 世纪中叶到 20 世纪中叶 100 年的时间里，特许经营都是作为一种分销渠道和管理方式而存在的。换言之，对以产品分销为主要目的的传统特许经营而言，出售特许权是为销售产品服务，本身并不构成企业获得收入的主要来源。然而到了 20 世纪 50—60 年代，随着商业模式特许经营的发展，越来越多的特许人逐步意识到，特许经营不仅可以扩大渠道规模，获得生产或分销方面的规模经济性，而且特许权的销售可以成为一个相当稳定和不断增长的收入来源，店铺和网点本身开始成为产品，特许经营成为一项独立于原有业务的新业务。

达美乐的案例充分表明这种全新业务对特许人提出的管理上的挑战。莫纳汉用了近 10 年的时间和企业濒临倒闭的代价，才真正意识到不能用管理比萨店的方法和体制来管理特许经营体系，必须为这种全新的业务建立起全新的管理机制。

一、管理重心

所有的特许经营企业都面临着两种不同的管理需求，即对基础业务的管理和对特许经营体系的管理。这种业务上的二元结构，决定了特许经营企业的管理架构既不同于传统的企业模式，也不同于纯粹的品牌运营商（如品牌授权者）。特许人必须把握好这两种性质完全不同但又紧密联系在一起的业务之间的比重和关系。

（一）特许经营在特许人企业中的地位

我们知道，特许经营不仅覆盖了许多不同的行业和部门，而且特许人之间开展特许经营的目的也存在着相当大的差别。在可行性研究中，我们区分了策略性的特许经营和战略性的特许经营，并且明确了区分这两种类型的核心指标，就是特许权的收入在企业全部收入中所占的比重。

我们来考虑两种极端情况。

1. “纯粹”特许经营

假定一个特许人在开发出一套商业模式之后，把全部的资源和精力都投入在特许权的销售方面，完全不考虑直营店所产生的收益，也不通过向受许人销售产品而获利，这时，这个企业的全部收入就只有两个来源：特许权销售的收入（初始费用和持续费用），以及为受许人提供有偿服务的收入。根据布莱尔和拉方丹的研究，在美国市场上，大约有28%的特许人完全没有直营网点。尽管我国法律规定特许人的主体资格是两店一年，但对一个有一定规模的特许经营体系而言，区区两个直营店的经营业绩对特许人企业而言，其示范意义远远大于直接的经济意义。实践中，经常能看到这样的案例，即特许人的直营店（样板店、旗舰店）盈利水平远远低于授权网点的平均水平，甚至常年处于亏损状态，对这种特许人来说，这样的直营店完全是一种营销手段，是销售特许权的一个形象广告而已。不难想象，对这样的特许人企业来说，其内部的管理架构完全服务于特许权销售业务，其管理理念和机制近似于从事品牌授权的品牌运营商。

2. “纯粹”产品分销

我们来看传统特许经营中的情形。在美国，传统特许经营主要分布在三个领域：汽车及相关产品的分销、汽油零售（加油站）、软饮料灌装。在汽车行业，直营网点的比例是零，也就是说，美国的汽车生产商完全通过授权的方式开设零售网点，而没有直营网点；在汽油行业，直营网点与授权网点的比例占15%～20%，直营网点的销售收入大约也是这样的比例；在软饮料灌装行业，直营网点的数量大约占60%，但营业收入却占到了80%。① 由于在传统特许经营关系中，特许人并不收取持续的特许权使用费，其后续利益的来源，完全依靠产品分销的利润。很显然，对传统特许经营的特许人来说，特许经营只是一种分销手段或者渠道策略，销售特许权产生的收入，在企业全部收入中并不占有重要地位。这样的企业在管理架构上表现为特许经营只是整个营销体系内部的一个职能部门而已。

---

① ROGER BLAIR，FRANCINE LAFONTAINE. The economics of franchising. New York：Cambridge University Press，2005.

通常认为商业模式特许经营的重心应该是知识产权的授权，然而，布莱尔和拉方丹的研究表明，在美国大约有8%的商业模式特许人完全不收取特许权使用费，其中有一半左右也不收取定期的固定费用。我们可以想象，对这样的特许人来说，初始的特许经营费就是其开展特许经营的全部直接收入。这种企业必然通过向受许人销售产品或提供有偿服务才能生存和发展。布莱尔和拉方丹的研究表明，美国的商业模式特许人中，大约有30%的特许人在合同中对受许人的原料或设备采购提出了限制性规定。尽管缺乏相关统计数字，但我们不难想象，会有相当一部分商业模式特许人通过向受许人提供有偿服务获得收入，无论是定期收取的某种服务费用，如培训费、咨询费、审计费、会计记账费，还是按照具体的服务项目单独计费。这样的企业对特许经营体系的管理会占到企业整体架构中较大的比重，尽管不是全部。

通过分析以上几种情况，我们不难看出：不同的特许人，在企业战略上对特许经营的定位不同，因此，对应的管理机制和架构也会显著不同。

（二）影响管理体制的两个主要因素

我们曾经指出，决定特许经营在特许人企业中地位的核心指标是特许经营产生的直接收入在企业全部收入中所占的比重。而特许经营的直接收入只限于初始的特许经营费和持续的特许权使用费，我们把特许人通过分销产品获得的收益和提供有偿服务获得的收益都排除在特许经营直接收入以外。也就是说，特许经营的直接收入完全限定在通过知识产权授权获得的收入。

这样，在特许经营直接收入之外，特许人企业可能的经营收入只有两个来源：通过经营直营网点获得基础业务的经营收入；通过向受许人销售产品或提供有偿服务获得的收入。对后者而言，特许经营的意义并不是授权，而是分销。由此，我们可以总结出影响特许人管理体制的两个主要因素（见图10-1）：直营网点比例和分销业务比例。

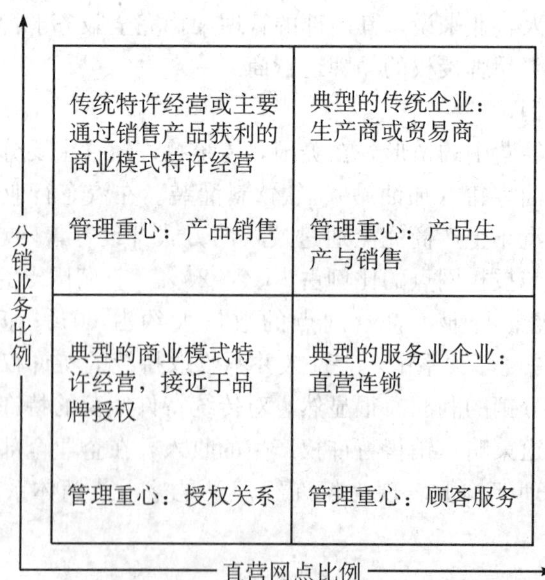

图10-1 影响特许人管理体制的主要因素

1. 直营网点比例

一个有着很多直营店的特许人，必然会在总部建立起一套支持直营店运营的管理机制。换言之，特许人会花费大量的精力去直接经营和管理其直营网点，并且把基础业务当作企业的主营业务。相反，一个几乎不考虑直营网点效益的特许人，其全部精力都会投入到对受许人的支持与管理方面。在内部架构上体现为对受许人的督导、培训和物流配送等服务，成为企业管理的核心内容。

2. 分销业务比例

如果特许人开展的特许经营的目的主要是分销产品，那么产品的生产和贸易环节就成为整个管理架构中的一个关键点，而特许经营部门则成为常规的营销渠道管理中的一项职能。相反，如果特许人的业务重心放在授权方面，那么对知识产权的开发、维护以及受许人的管理，就成为日常经营活动的主要内容。

二、管理体制

在讨论了不同类型的特许人在管理重心和战略布局方面的差别之后，我们可以进一步考察针对不同的管理需求会产生什么样的管理体制。

（一）两种业务的管理

我们将特许经营视作特许人企业的一项相对独立于基础业务和其他业务之外的单独的业务——具体说是特许人企业的若干项业务之一，进而把特许人企业的主要业务划分为基础业务和特许经营体系业务，分别来考虑对这两种业务的管理问题。

1. 基础业务的管理

如果将特许经营体系视作一种分销模式和渠道策略，那么基础业务的经营管理，就成为特许人企业的核心和重点。对基础业务的管理，从本质上与传统企业并无不同，即包括我们通常理解的几个核心板块：研发、生产、营销、财务、人力资源、信息系统（见图10-2）。

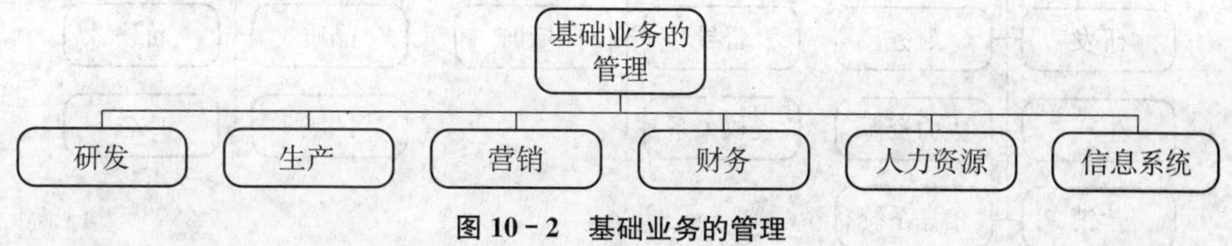

图10-2 基础业务的管理

2. 特许经营体系业务的管理

如果管理重心放在特许经营体系方面，就会产生与传统企业完全不同的管理需求，这时的管理重心就变成体系建设和体系维护（见图10-3）。前者包括特许权的开发与销售，后者包括关系维护和体系拓展。

（二）特许人企业的管理内容

对特许人企业来说，如何处理基础业务与特许经营体系业务之间的关系是一个战略性问题。资源和精力在两者之间的分配，并不是单纯的需求导向，而是要根据特许经营体系业务在企业内部所占比重和位置来决定。我们已详细讨论了如何从战略层面来规划一个特

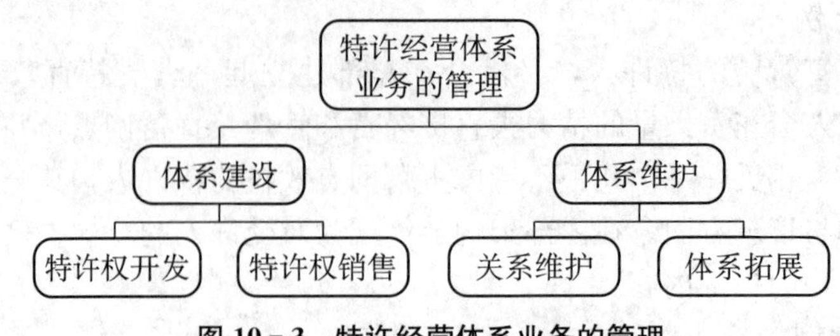

图 10－3　特许经营体系业务的管理

许经营体系。而当特许经营体系初步建成后，特许人的管理重心，就要从体系建设转移到体系维护和拓展方面来。战略重心的转移要求管理者在管理理念、思路、方法上都随之做出必要的调整。与此同时，对基础业务的管理则还原到日常运营层面。如果企业的直营比例较大，或者较多地依赖于产品分销业务，则应将特许经营体系的管理机构相对独立出来。

随着特许经营体系的不断成长，特许人企业的规模、效益都进入了一个高速发展的阶段。这时，资本运营就成为企业的所有者和管理者必须重点考虑的一个问题。资本层面的运营与扩张将成为企业下一步发展的主要动力。

一个进入成长期的特许人企业，其主要的管理内容和管理架构如图 10－4 所示。

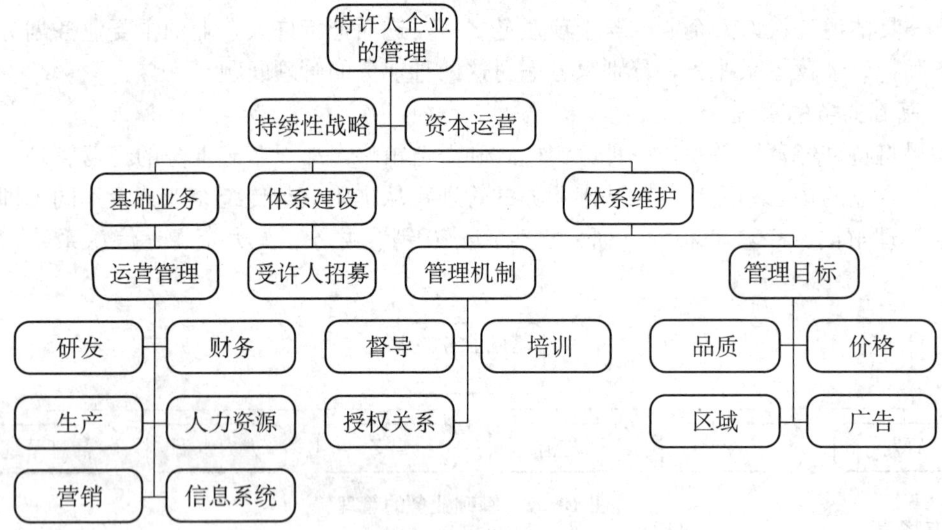

图 10－4　特许人企业的管理

第二节　持续性战略

严格来讲，当特许人签署第一份特许经营合同、卖出第一份特许经营权、开出第一家授权网点时，特许人企业的管理就进入一个全新的阶段。有些特许人在开展特许经营之前，已经拥有多家成功运营的直营网点；也有些特许人从创立之初就启动了特许经营的计划（我国法律限定了特许人的主体资格必须达到“两店一年”）。如果说在成功招商之前，特许人企业的战略目标是成功运营原有网络（直营连锁）和招募受许人，那么一旦开出授权网点，特许人就必须面对特许经营体系管理的全新课题。

前文关于特许经营可行性和特许经营投融资的讨论，从企业战略的层面分析了是否应该和能否开展特许经营的问题；对特许权的销售，解决了如何开展特许经营的问题；现在的问题是，特许经营成功地开展起来后，如何持续地管理特许经营体系，使之不断成长。

一、持续性的战略管理

在开展特许经营的初期，特许人的战略思考集中于如何实施特许经营方案方面：如何尽快地招募更多的合格受许人开展特许经营所需要的战略资源。然而，当特许经营体系初具规模时，如达到数十个网点后，特许人的战略重心就要部分地从体系构建转移到体系的管理与维护上。随着特许人企业的不断成长，招募受许人是一项长期持续的任务，但对多数特许人来说，大规模的集中招商只是一种阶段性策略。而对体系的维护和管理才是日常管理活动的重心。

美国特许经营专家谢尔曼对特许人的持续性战略管理进行了深入的研究，提出了九项持续性的管理需求①：

（1）受许人的品质和绩效。维持全体系的产品质量和服务标准的统一性是一个特许经营体系生存和发展最基本的前提，也是特许经营体系管理中最重要的一项任务。特许人必须通过建立有效的督导体系，确保体系内的每一个网点都能严格遵守特许人制定的规则。

（2）特许人的支持服务体系。不同的受许人在能力、个性、资源和管理风格上各有特点，不同网点所面临的市场条件千差万别，特许人不能单纯依靠一套手册或固定的规则解决所有受许人面临的所有问题。特许人的督导体系必须树立起支持和服务的意识，与每个受许人之间建立起有效的沟通机制，真正关心和帮助受许人运营好自己的网点，这样才能保持整个体系持久的活力。

（3）特许人的培训管理体系。特许人对受许人的培训不应仅限于签约或开业前的初始培训，应当建立起持续的培训机制，定期或不定期地对受许人及网点雇员进行多方面的培训，向整个体系不断地灌输特许人的理念、方法，帮助受许人掌握先进的管理手段。

（4）特许人品牌资产的维护与增值。品牌和网络是整个特许经营体系最重要的两项资产。而品牌的价值直接关系到网络的稳定性。因此，必须从企业战略层面有计划地开展持续的市场营销活动，维护和提升品牌资产的价值。

（5）特许经营体系的综合管理。在体系内部，建立起有效的沟通机制，及时地交流和传播受许人和网点在运营实践中发现的成功经验，使受许人行为的正向外部性能够转化为价值。

（6）受许人广告合作组织、供应商组织、联合品牌和其他战略关系的管理。受许人是构成特许经营体系的主体，在协调和管理众多受许人方面，建立起受许人广泛参与的广告、研发等专门的合作组织，是一个行之有效的战略手段。另外，特许人还必须系统地协

① ANDREW J. SHERMAN. Franchising&licensing. 3rd ed. NewYork：American Management Association，2004.

调重点供应商、服务提供商的关系，根据市场情况和项目特点积极开发联合品牌。

（7）市场的不断扩张（其他区域或国家）。对于一些区域性特许人企业来说，向其他区域渗透和扩张，不断进入新的地域，填补市场空白，是一项重要的发展战略。随着企业规模和实力的增长，还要研究进入其他国家的可行性，逐步实施国际化战略。

（8）空白市场的渗透策略。在进入空白市场方面，特许人必须从战略上考虑各种可能的扩张策略，不要局限于初期采用的单店招商模式，综合运用多店特许经营、区域开发、主级特许经营等手段。

（9）知识产权的保护与提升。建立起全面的知识产权保护体系，防止受许人的某些行为损害体系的统一性、损害企业的无形资产。

进入持续管理战略阶段之后，企业可能面对和提出的战略问题有：品牌建设，重建与受许人之间的信任和价值，全球背景下的国际扩张，领导和生产力，合规性管理，财务管理，单店绩效，技术改进与创新，替代渠道，非传统渠道，联合品牌和品牌授权，改进内部沟通机制。

通过不断研究成功特许人的案例，谢尔曼归纳出一系列关键性的战略问题，每一位特许人，都应该经常地对自己和整个管理团队提如下问题，并不断地做出更新的回答：

（1）前 20 位最佳受许人的共性特征是什么？如何在招募和评估活动中找到这样的受许人？

（2）最差的 20 位受许人的共同特征是什么？如何改善他们的绩效？如何把他们识别出来？

（3）我们体系最大的优势是什么？我们是如何创造这种优势的？

（4）我们体系面临的 5 个最大的问题是什么？我们如何解决这些问题？

正是基于对这样一些带有普遍性问题认识的不断深化，才能建立起特许人企业的持续性战略，并且在管理实践中检验、评估这些战略，以适应不断变化的市场环境和企业规模不断增长所产生的内在需求。

二、战略管理的反馈与评估

所谓管理，是指在特定的环境下，对组织所拥有的资源进行有效的计划、组织、领导和控制，以便达成既定的组织目标的过程。彼得·德鲁克提出：“管理是一种工作，它有自己的技巧、工具和方法；管理是一种器官，是赋予组织以生命的、能动的、动态的器官；管理是一门科学，一种系统化的并到处适用的知识；同时管理也是一种文化。”

所谓持续性的战略管理，其核心就在于随着市场环境的变化和企业的不断发展，通过研究企业战略的实施效果与反馈，对原有的企业战略重复进行评估与重估，从而做出新的调整和部署。这种对原有战略的重估过程，是建立在对企业的资产和关系，也就是广义的经营资源进行客观审视的基础之上的。根据企业战略管理的通用原则，结合特许经营企业发展的特殊规律，谢尔曼提出了持续性战略管理的一般性方法，即企业战略重估与调整的具体方法与步骤。

企业战略重估包括两个大的方面：战略资产与战略关系的评估、构建新的战略资产格局。

（一）战略资产与战略关系的评估

1. 概括性分析

（1）当前面临的主要问题和我们的目标。

（2）国内外特许经营领域的主要趋势。

2. 评估特许经营关系中的优势

（1）整个体系内的特许经营态势。

（2）受许人成功的关键要素。

3. 团队评估

（1）价值观。

（2）员工激励与奖惩。

（3）保护知识型员工。

（4）领导力。

4. 战略伙伴

（1）我们希望从供应商和专业服务商那里获得什么。

（2）如何才能提高伙伴关系中的效率与生产力。

（3）全国范围内的合作关系。

（4）这些战略合作关系能否实现共赢。

5. 目标顾客

（1）识别与参与竞争。

（2）顾客能够感知的质量与价值。

（3）特许人与终端顾客之间的交流。

（4）顾客满意度调查。

（5）探讨双层营销的可行性

（二）构建新的战略资产格局

1. 品牌知名度的提升与运用

（1）提高整体的品牌知名度。

（2）品牌杠杆策略。

（3）无形资产储备。

2. 联合品牌与战略联盟

（1）确定目标。

（2）选择合作伙伴。

（3）建立合作关系。

3. 共享目标与价值

（1）改善公司内部交流。

（2）建立信任与尊重。

4. 新技术的应用

（1）新技术如何改变产品或服务的消费，以及我们的经营活动。

（2）新技术对招募、培训和支持受许人方面的影响。

（3）新技术对受许人营销活动的影响。

5. 开发品牌化的产品和服务以提升销售

（1）对客户的商业培训与辅助活动。

（2）重新装修与布置网点。

（3）联合品牌产品与服务。

（4）团购项目开发。

三、特许人的成功要素和战略选项

（一）特许人的成功要素

一个成功的特许人不仅是一个规划者，更是一个管理者。很多资料中，都有对特许人和特许经营体系成功运营与管理的总结和归纳。相对来说，谢尔曼对特许人成功要素的归纳，更注重特许人在应对市场环境的变化、保持与受许人和目标顾客的持续互动方面的反应机制和能力（引用时略有调整）。

1. 应对挑战和市场环境变化的能力

（1）应对环境的持续改变。

（2）提前制订计划，预测未来的变化，面对实际发生的变化。

（3）真正听取来自受许人的意见。

2. 对每一位受许人的成功做出真正的承诺

（1）一个链条的强度取决于最弱的一环。

（2）我们的承诺是如何体现的。

（3）受许人是否感受到我们在履行承诺。

3. 对受许人的成功保持善意的理解

（1）前20位最佳受许人的共性特征。

（2）我们可以从这些共性特征中学到什么。

（3）如何才能招募到更多的具有这种特征的受许人。

4. 致力于顾客服务

（1）我们的服务体系如何确保我们与目标顾客之间实现良好的互动。

（2）我们是否有收集顾客反馈并及时解决问题的制度。

（3）我们上一次直接与终端顾客对话是在什么时候。

（4）我们是否在向顾客传授产品和服务品质方面的知识，如何改善顾客的消费体验。

（5）我们是否把受许人当作顾客。

5. 建立起克服自满的企业文化

（1）不断创新的研发活动。

（2）持续地扩张我们的体系，提高我们的能力。

（3）我们能否及时地舍弃失败的受许人。

6. 打破旧的范式

（1）从外部进行思考。

（2）近期内是否有通过创造性思维解决问题或创造机会的成功案例。

(3) 及时采用计算机和通信方面的新技术成果，如群发电子邮件、使用企业内网、进行交互式计算机培训、利用卫星网络与受许人沟通并提供支持等。

7. 深入分析核心业务的经济状况

(1) 当前的特许经营费和特许权使用费结构是否公平合理。

(2) 定期对特许权使用费收入和财务报告进行评估与分析，共享分析结果。

(二) 特许人的战略选项

通过归纳和总结成功特许人的经验，结合特许经营企业持续性战略管理的原则，谢尔曼为处于成长阶段的特许人企业列出了一组具体的行动方案供其选择。

(1) 进入新的区域或其他国家的市场。

(2) 重估和调整纵向价格机制和策略。

(3) 多店特许经营开发。

(4) 考虑替代的渗透策略，如多店特许经营、区域开发或主级特许经营。

(5) 考虑与其他特许人或非特许人企业之间建立起合资或互补的非竞争关系。

(6) 考虑面对受许人的商业租赁策略：交钥匙特许经营。

(7) 研究和改进企业内部和整个体系的财务管理制度。

(8) 重估内部和外部的管理团队。

(9) 清理体系：定期对受许人进行评估和整顿，终止严重破坏统一性的受许人。

(10) 建立起保护知识产权的制度和体系。

(11) 建立受许人顾问委员会。

(12) 运用新的营销手段招募受许人。

(13) 向上游投资，掌握体系的供应链，通过向上的纵向整合实现扩张。

(14) 参加行业组织，游说行政管理机构和立法机构，改善产业环境。

(15) 在特许经营体系的营销、服务方面不断采用新的信息技术成果。

(16) 制定企业的内生性增长战略。

(17) 积极考虑替代策略，如品牌授权、产品分销、合资经营、双重分销。

(18) 制定管理团队的激励措施，如管理层股权或期权计划。

(19) 定期重估和更新披露文件。

(20) 受许人财务绩效的收集与审核。

第三节 资本运营

资本、劳动力（人力资源）和技术，是现代企业开展生产经营活动的三大要素。对特许经营企业来说，资本的管理和经营是一个一直被忽视的重要问题。特许经营是一种典型的知识经济，具有轻资产、类金融、高成长等区别于传统产业的基本特征；采用特许经营模式的企业，通常又是处于零售业、服务业等传统行业的中小企业，因此，在资本的来源、结构和增长路径方面，都与传统形式的企业有较大的区别。这就使特许经营企业在融资方面面临着一些特殊课题。

前文概括性地讨论了特许经营企业的资本需求、企业融资的理论和国内中小企业融资的现状。下面将具体深入地研究特许经营企业的资本需求和战略性融资渠道。

一、特许经营企业的资本需求

历史上和现实中的特许经营企业都在一定程度上将特许经营这种模式本身作为获取企业高速成长所需资本的手段。特许人出售特许权，从目标和效果上看，具有面向产业链下游非定向融资的性质。西方曾经有一些特许经营研究者把获取资本作为企业开展特许经营的主要原因。当然，后来的理论分析和实证研究都表明，通过销售特许经营权获得资本不可能是企业开展特许经营的唯一理由。一些高度成熟并且拥有雄厚实力的特许经营体系，在成功进入资本市场、获得更好的资本来源之后，并未放弃特许经营的模式，反而继续扩大特许经营体系，不断地把这一模式引向更深入、更广泛的市场空间。如成立于 1955 年的麦当劳，早在企业创立十周年的 1965 年，就已在纽约证券交易所上市，如今已成长为一家市值上千亿美元的超级巨无霸，账面保持的现金经常高达数十亿美元，仍然在全球范围内持续地开展特许经营授权活动，并且得到全世界中小投资者热烈的追捧。然而，我们必须看到，对大批处于早期阶段的特许经营企业，通过集中开展大规模的授权活动向受许人收取初始的特许经营费，的确成为许多企业获得高速增长所需资本的重要手段。

特许经营模式，一方面是初创期或成长期企业获取资本的一个手段，另一方面开展这种规模化的授权活动本身也需要大量的资本支撑。拥有充足的资本，从而保证特许经营方案的启动与运行，保证特许人能够向大批受许人提供系统的培训、支持与服务，被列为特许经营获得成功的重要先决条件。事实上，现实中很多失败的特许人企业，资本的匮乏往往是其失败的主要原因。许多缺乏经验的特许人把收取特许经营费当作实现企业内生性增长的唯一动力，误以为凭借有限的资本起步，通过不断向新受许人授权，依靠特许经营费的收入，就可以快速积累资本，实现企业的快速扩张和成长。然而，如果特许人不能开发出有效的运营模式（手册和管理制度），不能有效地建立起培训、配送和督导等必需的受许人支撑体系，不能有效地规划和实施全面的营销方案，不仅无法大规模地招募受许人，而且无法为现有受许人提供有效的支持与服务，无法保持特许经营体系的凝聚力，最终很可能导致体系的失败。达美乐比萨的案例充分印证了这一点。如果特许人因为缺乏足够的启动资金不能建立起开展特许经营所必需的基础设施，就有可能陷入特许经营欺诈或披露不实的指控，毕竟受许人加入一个特许经营体系，不希望这个体系是一个尚未完成的体系。

在美国的法律制度下，某些州要求特许人在开展特许经营活动之前，必须在相关政府机构注册登记，这一点类似于我国的特许经营备案制度，但美国对特许人注册登记的管理要更加苛刻和严格。如果特许人不能证明自己拥有充足的资本开展特许经营，很有可能被拒绝注册，或者给予非常严格的限制条件。此外，如果一个美国特许人直接表现出通过销售特许权来获取资本的愿望，那么特许权的销售就会被视作一种证券融资行为，将会适用更加严格的法律。目前，我国在这方面的管理，远远没有达到这种程度。但一个严肃而理性的特许人，仍然要避免过度依赖受许人缴纳的特许经营费作为资本来源。

（一）成长期特许人的资本需求

1. 常规开销

一个刚刚开始从事特许经营的特许人，在制定资本预算方案时，必须同时考虑体系的开发与维护这两个方面的资金需求。开发一套特许经营体系的成本包括：

（1）研发和改进产品与服务。

（2）建设并经营作为体系原型的若干成功运营的直营店。

（3）编制一套完整的运营手册，建立完善的培训体系并制作培训资料。

（4）开展特许经营相关的法律和财务服务，如起草特许经营合同、编制网点投资分析和预算。

（5）为招募受许人而开展各项营销活动，如发布媒体广告、参加行业展览、召开招商说明会、大批量印制加盟指南和宣传资料。

（6）招聘和管理招商团队，或向特许经营经纪人支付佣金。

2. 其他成本

除了以上常规开销以外，特许人还必须将以下因素纳入预算方案之中：

（1）为其他第三方机构提供服务的成本。

（2）特许人企业或者区域代表处的选址和办公。

（3）对基础业务所开展的市场调查与研究。

（4）对法律、财务等专业的第三方机构进行选择、评估。

（5）特许人企业团队的管理。

（6）引入行业专家或名人以增强特许经营的吸引力和影响力。

（7）处理与商标、专利等知识产权方面的问题所产生的额外支出。

（8）向受许人提供直接或间接的融资服务所需要的资本，如参股受许人网点、设备或地产租赁等。

（9）特许人销售团队的奖励、提成等。

（10）特许经营备案或信息披露产生的间接成本。

（11）可能出现的与受许人之间的诉讼。

（12）特许人认为必要的直营网点的建设与经营。

（13）股东可能要求的股利也是一项不能回避的资本成本。

（二）特许人企业的融资优势与障碍

前面曾提到，特许经营企业具有轻资产、类金融、高成长的特征，在某种意义上，这些特点既可能是特许人融资的优势，也可能成为特许人企业通过常规手段进行融资的主要障碍。

1. 特许经营企业的业态特征

国内特许经营专家王方剑从投融资的视角归纳了特许经营企业的业态特征，以及相应的优势与风险，认为特许经营企业的业态特征体现在以下几个方面①。

（1）终端势力。在从生产到消费的流通过程中，特许经营销售终端是资本转化为现金的最终“变现人”。特许经营渠道可以压缩流通环节，降低流通成本，改善经济效益，并且具有引导消费的能力。

（2）渠道优势。包括：集团采购带来的议价能力，商品的部分定价权，供应链融资的

---

① 王方剑．中国连锁企业投融资实务．北京：中国时代经济出版社，2008.

优势地位，如赊货、占款等。

（3）可复制性。包括：标准化的体系、流程；优秀的管理、控制能力；成熟的业务模式。

（4）轻资产模式。传统企业的资产主要是现金、存货、设备、地产，而对于特许经营企业，特别是商业模式特许经营企业来说，最有商业价值的资产则体现为品牌、人力、经验、价值观、治理、规范、关系等无形资产。

（5）类金融特征。上游赊货占款，下游消费者预付（这里的类金融特征，与前面所讲的通过特许经营获取资本的类金融属性是不同的概念，要注意区分）。

（6）非主营业务盈利能力。零售业的所谓“其他业务”，如国内超市的“信道依赖”等。

（7）自我扩张能力。低成本外源性资本使特许经营企业可以实现超常规扩张。

（8）产业链延伸。以参股、控股方式向上游企业渗透，开发自有品牌。

2. 特许经营企业的优势与风险

（1）制度优势：科学的制度安排可以有效降低交易费用。

（2）效益优势：专业化、标准化、集中化经营有利于提高经营水平，扩大销售，降低成本，提高投资收益，降低投资风险。

（3）竞争优势：集中资本，优化内部结构，降低成本，获取市场优势。

（4）整体性风险：集中管理的网络结构使整体的风险大大提高。

（5）管控风险：网点是总部的末梢，总部的管理风险马上传导至整个体系。

（6）市场风险：包括市场的不确定性、竞争激化。

上述这些业态特征，对特许人企业开展融资活动最大的障碍体现在：一方面，特许人企业在有形资产，如设备、厂房等方面的匮乏，缺少债务融资所必需的抵押、担保等条件，导致企业无法采用传统的债务融资方式。另一方面，企业在开展特许经营初期规模较小，前景不明朗，投资风险大，一般的股权投资对这类企业往往比较谨慎，企业在这个阶段资本积累较少，正处在一个需要资本进入以支撑企业快速发展的阶段。缺乏有形资产、前景不够明朗这两个因素，制约了处于成长期的特许人企业采用传统的债权或股权融资方式进行融资。

二、战略性融资渠道

针对国内资本市场的格局，对仍处在发展阶段早期的特许人企业来说，获取资本的渠道一直局限在企业所有者个人关系内的投资合作与各类商业贷款服务。随着我国多层次资本市场的日益完善，一些创新的融资手段正在渐渐普及，特许经营企业的融资路径也逐渐拓宽。其中比较重要的有私募股权投资和风险投资、公开发行股票并上市，以及其他创新型的融资渠道。

（一）私募股权投资和风险投资

1. 私募股权投资的含义

私募股权投资（private equity，PE）是近几十年在西方发达国家出现的一种区别于传统的投融资机制的创新模式，21 世纪后开始传入我国。这种方式主要专门面向具有高增长潜力的非上市企业，这一特点非常适合那些处于成长期的优质的特许经营企业，近年来引起投资界和特许经营界的广泛关注。

根据国外相关研究机构的定义，私募股权投资是指通过私募形式对私有企业，即非上市企业进行的权益性投资，在交易实施过程中附带考虑将来的退出机制，即通过上市、并购或管理层回购等方式出售持股获利。有少部分私募股权投资已上市公司的股权，在投资方式上有的私募股权投资也采取债权型投资方式，不过这些例外只占很少部分。

广义的私募股权投资为涵盖企业首次公开发行前各阶段的权益投资，即对处于种子期、初创期、发展期、扩展期、成熟期和 Pre－IPO 各个时期企业所进行的投资。狭义的私募股权投资主要指对已经形成一定规模的，并产生稳定现金流的成熟企业的私募股权投资。

2. 私募股权投资的特点

（1）对非上市公司的股权投资，因流动性差而被视为长期投资，所以投资者会要求高于公开市场的回报。投资回报方式主要有三种：公开发行上市、售出或并购、公司资本结构重组。

（2）资金来源广泛，如个人、风险基金、杠杆收购基金、战略投资者、养老基金、保险公司等。在资金募集上主要通过非公开方式面向少数机构投资者或个人募集。在投资方式上也是以私募形式进行，绝少涉及公开市场的操作，一般无须披露交易细节。

（3）多采取权益型投资方式，很少涉及债权投资。私募股权投资机构也因此对被投资企业的决策管理享有一定的表决权。反映在投资工具上，多采用普通股或者可转让优先股，以及可转债的工具形式。

（4）一般投资于私有公司即非上市企业，绝少投资已公开发行公司，不会涉及要约收购义务。

（5）较偏向于已形成一定规模和产生稳定现金流的成形企业，这一点与风险投资有明显区别。

（6）投资期限较长，一般可达 3～5 年或更长，属于中长期投资。

（7）私募股权投资机构多采取有限合伙制，这种企业组织形式有很好的投资管理效率，并避免了双重征税的弊端。

（8）目前，国内尚没有成熟的非上市公司的股权交易市场。投资者和融资企业必须依靠个人关系、行业协会或中介机构来寻找对方。

3. 私募股权投资的优势

首先，对融资企业来说，私募股权融资不仅有投资期长、增加资本金等好处，还可能给企业带来管理、技术、市场和其他需要的专业技能。如果投资者是大型知名企业或著名金融机构，其名望和资源在企业未来上市时还有利于提高上市的股价，改善二级市场的表现。其次，相对于波动大、难以预测的公开市场而言，股权投资资本市场是更稳定的融资来源。最后，在引进私募股权投资的过程中，可以对竞争者保密，因为信息披露仅限于投资者而不必像上市那样公之于众，这是非常重要的。

4. 私募股权投资对投资对象的要求

由于私募股权投资期限长、流动性低，投资者为了控制风险，通常对投资对象提出以下要求：

（1）优质的管理对不参与企业管理的金融投资者来说尤其重要。有 2～3 年的经营记录、巨大的潜在市场和潜在的成长性，及令人信服的发展战略计划。投资者关心盈利的“增长”。高增长才有高回报，因此对企业的发展计划特别关心。

(2) 行业和企业规模（如销售额）的要求。投资者对行业和规模的侧重各有不同，金融投资者会从投资组合分散风险的角度来考察一项投资对其投资组合的意义。多数私募股权投资者不会投资房地产等高风险的行业和自己不了解的行业。

(3) 估值和预期投资回报的要求。由于不像在公开市场那么容易退出，私募股权投资者对预期投资回报的要求比较高，至少高于投资于其同行业上市公司的回报率，而且期望对中国等新兴市场的投资有“中国风险溢价”。要求25%～30%的投资回报率是很常见的。

(4) 3～7 年上市的可能性是投资方最主要的退出机制。

投资者通常要进行法律和财务方面的尽职调查，重点了解企业是否涉及纠纷或诉讼、土地和房产的产权是否完整、商标专利权的期限等问题。很多融资企业是新兴企业，经常存在一些法律问题，双方在项目考查过程中会逐步清理并解决这些问题。

投资方案的设计包括估值定价、董事会席位、否决权和其他公司治理问题、退出策略、确定合同条款清单并提交投资委员会审批等步骤。由于投资方和融资方的出发点和利益不同、税收考虑不同，双方经常在估值和合同条款清单的谈判中产生分歧，解决这些分歧的技术要求高，不仅需要谈判技巧，还需要会计师和律师的协助。

退出策略是投资者在开始筛选企业时就十分注意的因素，包括上市、出让、股票回购、卖出期权等方式，其中上市是投资回报最高的退出方式，上市的收益来源是企业的盈利和资本利得。由于国内股票市场规模较小、上市周期长、难度大，很多外资基金都会在海外注册一家公司来控股合资公司，以便将来以海外注册的公司作为主体在海外上市。

5. 风险投资

私募股权投资（PE）与风险投资（VC）虽然都是对上市前企业的投资，但是两者在投资阶段、投资规模、投资理念和投资特点等方面都存在一些区别。在现实的投资实践中，很多传统上的 VC 机构现在也介入 PE 业务，而许多传统上被认为专做 PE 业务的机构也参与 VC 项目，也就是说，PE 与 VC 只是概念上的一个区分，在实际业务中，两者的界限越来越模糊。

（二）公开发行股票（IPO）并上市

1. 含义

我国的资本市场建设始于 20 世纪 90 年代初。在很长一段时间内，沪深两市主板几乎构成了国内资本市场的全部内容。2004 年 5 月，经国务院批准，中国证券监督管理委员会批复同意深圳证券交易所在主板市场内设立中小企业板块。中小企业板块的建立是构筑多层次资本市场的重要举措，也是创业板的前奏。但中小板实行现行法律法规不变、发行上市标准不变的原则，因此只是主板市场的一个板块。中小企业板块使用的基本制度规范与现有市场完全相同，中小企业板块适用的发行上市标准也与现有主板市场完全相同。2009 年 3 月 31 日，中国证券监督管理委员会正式发布《首次公开发行股票并在创业板上市管理办法》。2009 年 10 月 23 日，创业板正式开板。创业板是为了适应自主创新企业及其他成长型创业企业发展需要而设立的市场。与主板市场只接纳成熟的、已形成足够规模的企业上市不同，创业板以自主创新企业及其他成长型创业企业为服务对象，具有上市门槛低、信息披露监管严格等特点，它的成长性和市场风险均要高于主板。创业板与主板、中小板上市条件的区别如表 10－1 所示。

表 10－1　　创业板与主板、中小板上市条件的区别

板块	总股本	发行人关键门槛
创业板	IPO 后总股本不得少于 3 000 万元	发行人应当主要经营一种业务； 最近两年连续盈利，最近两年净利润累计不少于 1 000 万元，且持续增长，或者最近一年盈利，且净利润不少于 500 万元，最近一年营业收入不少于 5 000 万元，最近两年营业收入增长率均不低于 30%； 发行前净资产不少于 2 000 万元（无"无形资产占净资产的比例"的有关规定）。
主板、中小板	发行前股本总额不少于 3 000 万元； 发行后股本总额不少于 5 000 万元	最近 3 个会计年度净利润均为正，且累计超过 3 000 万元； 最近 3 个会计年度经营活动产生的现金流量净额累计超过5 000 万元，或者最近 3 个会计年度营业收入累计超过 3 亿元； 最近一期末无形资产占净资产的比例不高于 20%； 最近一期末不存在未弥补亏损。

2. 意义

上市融资标志着企业的资本运营进入高级阶段。企业是否应该上市和能否上市，何时上市，在哪里上市，这些都是涉及企业长远发展的重大决策。对处于成长期的企业来说，公开发行股票上市交易具有非常重要的意义：

（1）融资只是上市的直接目标之一。

（2）优化资本结构，提升资本效率。

（3）推动建设现代企业制度，完善产权制度。

（4）完善企业的内部激励制度。

（5）提升品牌，增强企业知名度。

3. 问题

在通过资本市场获取资本的同时，企业上市也要面临许多新的问题：

（1）管理权的争夺。

（2）外在约束增强。包括：市场约束、法律约束、政策约束。

（3）合规成本增加。

（4）透明度提高。

（5）经营压力。

（6）对大股东的约束。

（三）其他创新型的融资渠道

近年来，随着国内金融体制改革的日益深化，一些创新型的融资渠道逐渐普及。前文曾介绍了两种专门针对特许经营企业的创新型融资方式：特许权收益抵押和分拆。然而，这两种方式仍然处在探索阶段，很难在短期内广泛应用。除此之外，在资本市场上还存在着一些普遍适用的替代融资渠道，如融资租赁、保理业务、集合发债等。

1. 融资租赁

所谓融资租赁，是指出租人对承租人选定的租赁物件进行以融资为目的的购买，然后再以收取租金为条件，将该租赁物件中长期地出租给该承租人使用。融资租赁是集融资与融物、贸易与技术更新于一体的新型金融服务。由于其融资与融物相结合的特点，出现问题时租赁公司可以回收、处理租赁物，因而在办理融资时对企业资信和担保的要求不高，所以非常适合中小企业融资。此外，融资租赁属于表外融资，不体现在企业财务报表的负债项目中，不影响企业的资信状况。这对需要多渠道融资的中小企业而言非常有利。

2. 保理业务

保理，全称为保付代理，又称承购应收账款、托收保付，是指销售商将其现在或将来的基于其与买方订立的货物销售/服务合同所产生的应收账款转让给保理商（提供保理服务的金融机构），由保理商向其提供资金融通、采购商资信评估、销售账户管理、信用风险担保、账款催收等一系列服务的综合金融服务方式。它针对买卖企业双方形成的应收账款而设计，对卖方可以缩短应收账款回收时间，减少资金积压，优化财务结构；对买方可以解决资金紧张的困难。

3. 集合发债

随着经济发展方式的转变以及市场化程度的提高，债券市场日益成为我国直接融资的主要渠道之一。中小企业集合发行债券、票据是融资方式的创新。作为一种创新型的企业债券模式，中小企业集合债券解除了广大中小企业面临的融资困境，助力中小企业敲开债券市场的大门。例如，国内近年出现了一种专门针对中小企业的区域集优债务融资模式，这是一种依托地方政府主管部门和人民银行分支机构共同遴选符合条件的各类地方企业，由中债信用增进投资股份有限公司联合商业银行、地方担保公司和其他中介机构为企业量身订制债务融资服务方案，并提供全产品线金融增值服务的业务模式。具体做法是，由地方政府筛选企业，同时出资组建一只中小企业直接债务融资发展基金，中债信用增进投资股份有限公司整合银行、券商的资源，运作当地企业在银行间的债券市场。

第四节　直营加盟比例

本章前文讨论了影响特许人企业管理体系的两个主要因素，其中一个因素就是特许经营体系中直营网点所占比重。这个问题不仅直接影响特许人企业的管理机制，而且在特许经营的学术研究和实践中具有特别的意义。

一、学术上的讨论

美国哥伦比亚大学的两位学者阿尔弗雷德·R. 奥克森费尔迪特和安东尼·O. 凯利（Alfred R. Oxenfeldt&Anthony O. Kelly）在1968年发表了一篇题为《成功的特许经营体系最终会演变成直营连锁吗?》的文章①，引发了一场关于“所有权重定向”的辩论。奥克森费尔迪特和凯利分别从特许人和受许人两个方面，分析了特许经营体系中的回购现

① ALFRED R. OXENFELDT&ANTHONY O. KELLY. Will successful franchise systems ultimately become wholly-owned chains? //FRANK HOY&JOHN STANWORTH. Franchising: an international perspective. London: Routledge, 2003.

象，即特许人回购授权网点，使之转变成直营网点，然后分别用生命周期模型对回购双方进行分析。两位作者非常谨慎地提出，由于特许经营作为一种商业现象尚处在早期阶段（该文章发表于1968年，这时特许经营进入主流学术视野才不过短短的十年），很难确认他们的判断和假设，但他们认为成功的特许经营体系最终有可能演变成直营连锁。这意味着特许经营只是特许人企业从初创到成熟的发展过程中的一种策略性手段，成功的特许经营体系中，直营网点的比例会逐渐增加，直到整个蜕变为完全的直营连锁。

40多年过去后，两位作者预期的演化过程并未出现，然而学术界对特许经营体系中两种网点并存的这一现象的讨论却一直在持续。有些学者称之为特许经营的双重分销（dual distribution），也有人称之为多元模式（plural form），对特许人有目的地改变直营网点比例的做法，则称作所有权重定向（ownership redirection）。这个问题之所以引起持续的关注，是因为它涉及特许经营作为一种商业模式的一系列本质问题。如：特许人为何选择特许经营？受许人为何购买特许经营？特许经营是稳定的商业模式，还是企业发展的一个过渡阶段？特许经营体系中直营网点的比例意味着什么？这种比例是否稳定？特许人为何要同时采用两种不同所有制的网点？

布莱尔和拉方丹在其代表作《特许经营经济学》中，通过对1980—2001年共计22年间美国的特许经营企业逐年进行分析，得出了一系列实证研究结果，从中可以归纳出一些很有价值的结论①。1980—2001年，美国特许经营体系的平均直营比例一直保持在20%～25%，完全由授权网点组成的体系占25%～30%，全部采用直营的连锁体系在5%左右。这意味着大约2/3的特许人同时拥有不同比例的直营网点和授权网点，即采用了双重分销的模式。

对2001年的数据进一步分析，可以发现大部分特许经营体系中直营网点的比例都偏小，有28%的特许人完全没有直营网点，全直营的连锁体系占整个样本3%左右，布莱尔和拉方丹认为，这些全直营的体系处于特许经营的启动阶段，招商活动尚未真正启动。

拉方丹和肖（Shaw）对上述数据做了进一步分析，他们仔细地探讨了不同特许经营体系和同一体系在不同的发展时期公司直营网点所占的比重。结果表明，所有企业在开展特许经营之初都是100%的直营连锁。在开始特许经营后的七年间，直营网点的比重持续下降。经过大约七年的发展，直营网点的比重稳定在平均15%的水平上，并且在体系内部，直营比例变得非常稳定。有证据表明，特许人是在有意识地控制着直营网点的比例以维持一个稳定的组合。

然而，不同的特许经营体系之间，具体的直营比例相差非常大。经过7～8年的发展，仍然有28%的特许人完全没有直营网点；有超过70%的特许人直营比例低于20%，只有5%的特许人直营比例超过75%。

布莱尔和拉方丹进一步研究了直营比例跨行业的变化。他们发现，酒店和汽车旅馆业以及维修行业的特许人更倾向于不设直营店，而餐厅行业的特许人则拥有超过平均水平的直营比例。但是，非常重要的一点是，即使在同一行业内，不同特许人之间稳定的直营比例也存在着很大差异。他们发现品牌价值的差异是影响直营比重的重要因素，无论是行业内还是行业间都是如此。他们由此得出结论："在控制受许人免费搭车和特许人激励两个

① ROGER BLAIR，FRANCINE LAFONTAINE. The economics of franchising. NewYork：Cambridge University Press，2005.

方面，那些拥有更高品牌价值的特许经营体系直营比例更高。”

二、实践意义

布莱尔和拉方丹的研究中最重要的成果是，从实证的角度验证了双重分销作为一种稳定的策略的确普遍存在。所有的特许人从最初开始招募特许人，经过 7～8 年的时间，最终将稳定在一个精心选择并控制的直营比例上。尽管不同行业、不同企业之间，这个稳定的直营比重差异非常大，从 0 到 100%都有分布，但普遍来讲，多数特许人选择的直营比例低于 20%。决定直营比例最关键的因素是品牌价值。品牌价值越高，直营比例也越高。

然而，这仍然只是一种统计学意义上的结论。例如，在国际知名品牌机构 Interbrand 的 2011 年全球品牌价值排名中，餐饮巨头麦当劳的品牌价值高达 335.78 亿美元，名列全球第六，但目前在全球 33 000 个麦当劳店中，授权店超过了 80%。

正如特许人发展特许经营并不是出于单一理由，体系内同时保持两种不同所有制的网点也是出于多方面的考虑。首先，成功运营的直营店是整个体系的标杆和样板，也是作为特许人开展招商活动的一种“活的”形象广告。其次，通过直营店的经营，特许人可以与顾客和市场直接接触，更好地了解市场反馈，帮助特许人不断调整经营策略。最后，对一部分特许人来说，直营网点产生的经营收入也是特许人企业全部收益的一个重要来源，特别是对那些直营比例较高的体系，更是如此。

广东财经职业学院的刘玉芽曾经对国内特许经营体系的双重分销现象进行了研究和分析，认为直营网点和授权网点在管理上优劣互补，这是双重分销产生的主要原因。双重分销是特许人有意识地对企业战略进行调整的产物。刘玉芽从体系和网点两个不同的角度，归纳和总结了直营和特许经营的不同特点，如表 10－2 所示。

表 10－2　直营与特许经营优劣比较分析

		直营	特许经营
总部	市场扩张速度	慢	快
	市场扩张范围	窄	广
	建立知名度的速度	慢	快
	投资金额	多	少
	投资风险	高	低
	适应地区特性经营弹性	小	大
	对连锁店的控制力	强	弱
	与网点的冲突	少	多
	对网点的资讯控制	较佳	较差
	法律问题	少	多
网点	经营者的受激励强度	弱	强
	经营者的工作积极性	被动	主动
	网点形象的维护	较佳	较差
	商品品质的维护	较佳	较差
	整体策略的配合程度	高	低
	对商情的收集与反应的态度	公司规定	视本身利益需要

资料来源：刘玉芽．直营与特许连锁双重分销现象探析．广东财经职业学院学报，2007（4）．

刘玉芽针对国内特许经营体系双重分销的现状进行了分析，认为目前国内主要存在着以下几个问题：加盟店的发展速度过快，双重分销的优势并未得到充分利用，直营店与加盟店之间存在着矛盾冲突。在此基础上对国内的特许人企业给出了若干建议：协调好稳定性与快速性，利用好统一性与适应性，制定科学的终端管理制度。

本章案例

ITAT 服装连锁：对赌链上的两只蚂蚱

2008 年初，ITAT 接受香港联交所上市聆讯。由于业务模式受到质疑，ITAT 的上市申请被驳回。8 月 14 日，ITAT 上市申报材料造假的“传言”又起。8 月 26 日，ITAT 宣布终止与高盛、美林的承销合作。ITAT 及其背后的投资基金强行冲击资本市场，让股民接棒的如意算盘落空。

ITAT 最为风险投资者称道的是所谓的“铁三角”模式，即“服装生产商—ITAT 集团—商业地产商”。三者以销售分成的模式组成一个利益共同体，被认为是对传统服装销售模式的最大创新，销售分成比例为“服装生产商：ITAT 集团：商业地产商＝60：25：15”。生产商承担生产领域风险，主要是库存；ITAT 集团负责销售运营的管理，主要承担推广费用及人员工资等；而商业地产商则承担机会成本。这是一个看似风险共担、利益共享的模式，模式设计的基本依据是中国服装行业产能的过剩和商业地产的闲置。2006 年末，ITAT 获得蓝山中国资本 5 000 万美元投资。巨款到手后疯狂扩张，仅仅 4 个月后，蓝山中国资本联合摩根和士丹利再次投入了 7 000 万美元。

随着 ITAT 光环的褪去，我们终于可以客观地评价它所谓的创新业务模式。深入分析后可以发现，“铁三角”模式的创新并没有稳定的基础，“铁三角”可能演变为“泥三角”。

● **“铁三角”：伪模式？**

1. 业态无明显竞争优势

ITAT 最初业态是综合服装卖场，也就是品类商店。这种业态相对于现代百货并无明显的竞争优势。ITAT 在一线城市面临大型购物中心和现代百货的压制，而在二三线城市，将同品牌专卖店形成竞争。后期 ITAT 又试图增加商品种类，将其定位向现代百货靠拢。这无疑是情急之下的败笔，ITAT 进一步丧失在消费者心中的地位。

2. 货品和品牌不符合消费者需求

“铁三角”模式的一个假设就是中国服装生产能力的总体过剩，许多中小企业库存严重，ITAT 将为这部分企业找到一条出路。ITAT 实行零货款战略，对 700 余家供应商均采取先拿货、后结款的代销方式，资金、库存、物流配送压力均转嫁给供应商，其代价是无法根据自身定位对供应商进行充分选择，导致品牌定位不清晰。随着 ITAT 的快速扩张，服装生产商的基础铺货量和库存迅猛增加，让其难以承受。

3. 商业地产商成为体系中最不稳定的因素

ITAT 商业模式中，商业地产业商不收取固定租金，收益以收入分成的模式体现。这种模式有两个致命缺陷：闲置商业地产往往处于新的商圈或者商业气氛已经转移的商圈，人气明显不足。一旦商圈成熟，人气上升，由于竞争，商业地产业主必然能够获得超过目前15%分配比例的回报。ITAT要想继续合作将面临改变分配模式或分配比例的选择。因此，这种“铁三角”模式，对单店而言，要么经营业绩不理想，要么需要调整分配机制，因此很不稳定，不存在持续成长的基础。

4. 分配模式难以满足正常运营需求，需要投资型增长

在“铁三角”模式中，ITAT负责销售与品牌运营，并按照销售收入的25%提取费用。考虑到品牌推广的投入以及运营管理费用，25%的比例将使经营利润明显不足甚至亏损，长期发展难以为继。

● **谁玩弄了谁？**

对ITAT而言，其策略可能是通过前期降低收益预期换得快速的扩张及品牌的培育，获得资本市场的认可。一方面，可以在上市后将规模做大，以薄利多销来解决收益问题；另一方面，在品牌强大后，重新改变分配比例，甚至运营模式。这条路径有两个要点：一是“扛”过艰难的成长期，二是要成功上市。不难看出，ITAT所谓的“铁三角”本身就是个伪模式。它的主要目的就是“忽悠”投资者。疯狂地通过似是而非的模式招揽基金管理者，然后借基金的钱来扩张，以2 000家的规模和“创新连锁模式”上市。而那些精英对用基金的钱冒险毫不手软。ITAT模式的真伪对他们来说根本就是“伪命题”，只要能上市，他们就只需在立即套现退出还是熬过禁售期再搏更高收益之间选择。这就是ITAT一案投融资双方的如意算盘。

可以说，在近两年国内外资本市场疯狂、渠道连锁被盲目崇拜的情况下，蓝山、摩根们清晰地暴露了投机本质，它们想到的不是企业的产品、市场和模式，而是如何将筹码传递到下家。它们的最高道德伦理就是“胜王败寇”，它们教育企业家的名言常常是“卖企业和卖产品是不一样的”。幸亏尽责的港交所将ITAT这个十足的投机分子挡在了门外，使生造模式、砸钱铺点，然后上市将风险转嫁给公众投资者的行为没能得逞。

资料来源：刘宏伟．ITAT服装连锁：对赌链上的两只蚂蚱．商界评论，2008（12）．

复习与思考

1. 通过网络搜索和其他方式，分别找出几个国内完全直营和以授权网点为主的体系，并分析其商业模式和企业发展战略，对其在直营比重上的选择给出你的个人意见。

2. 如果忽略投资方面的限制，根据你个人的判断，你是愿意到一个特许经营企业中去应聘直营网点的店长（经理），还是愿意作为受许人加入特许经营体系？尽可能详细地列出两种选择的利与弊。

3. 仔细研究本章案例，具体分析其中涉及本章中讲的哪些战略要素。

参考文献

1. WIPO. Understanding industrial property，2016.

2. ALEXANDER OSTERWALDER，et al. Business model generation. Hoboken：John Wiley & Sons，Inc.，2010.

3. ALEXANDER OSTERWALDER. The business model ontology：a proposition in a design science approach. Lausanne：University of Lausanne，2004.

4. ALFRED R. OXENFELDT，ANTHONY O. KELLY. Will successful franchise systems ultimately become wholly-owned chains? //FRANK HOY，JOHN STANWORTH. Franchising：an international perspective. London：Routledge，2003.

5. ANDREW J. SHERMAN. Franchising & licensing. 3rd ed. New York：American Management Association，2004.

6. FRANCINE LAFONTAINE，ROGER D. BLAIR. The evolution of franchising and franchise contracts：evidence from the United States. Entrepreneurial Business Law Journal，Vol. 3：2，2009.

7. FRANK HOY，JOHN STANWORTH. Franchising：an international perspective. London：Routledge，2003.

8. GARETH JONES. Introduction to business，how companies create value for people. New York：McGraw-Hill/Irwin，2006.

9. HENRY MINTZBERG. The rise and fall of strategic planning. New York ：Free Press，2000.

10. IFA & PRICEWATERHOUSE COOPERS. The economic impact of franchised businesses Vol. 1－4 . 2004，2007，2011，2016.

11. JUSTIS KREIGSMANN，B. The feasibility study as a tool for venture analysis. Business Journal of Small Business Management，1979，17（1）：35－42.

12. KEVIN LANE KELLER. Strategic brand management：building，measuring，and managing brand equity. 4th ed. London：Pearson Education，Inc.，2013.

13. LEWIS G. RUDNICK. Expanding a business by franchising and significant elements of the franchise relationship. DLA Piper US LLP，2007.

14. M. E. PORTER. Competitive advantage：creating and sustaining superior performance. New York：The Free Press，1998.

15. WIPO. Secrets of Intellectual Property：A Guide for Small and Medium-Sized Exporters，2003.

16. PATRICK J. KAUFMANN，RAJIV P. DANT. The pricing of franchise rights.

Journal of Retailing，2001 (77)：537 - 545.

17. ROBERT PURVIN. The franchise fraud：how to protect yourself before and after you invest. Hoboken：John Wiley & Sons，Inc.，2008.

18. ROBERT S. PINDYCK，DANIEL L. RUBINFELD. Microeconomics. 6th ed. London：Pearson Education，Inc.，2005.

19. ROGER BLAIR，FRANCINE LAFONTAINE. The economics of franchising. New York：Cambridge University Press，2005.

20. THOMAS DICKE. Franchising in America：the development of a business method，1840 - 1940. Chapel Hill：The University of North Carolina Press，1992.

21. TIM LASETER，KEITH OLIVER. When will supply chain management grow up. Strategy＋Business，Fall 2003，Issue 32.

22. WALTER NICHOLSON. Microeconomic theory：basic principles and extensions. 9th ed. Boston：CENGAGE Learning，2005.

23. WIPO. In good company：managing intellectual property issues in franchising，2012.

24. 余冬爱. 特许经营商事法律制度研究. 北京：法律出版社，2010.

25. 杜树雷. 特许经营理论研究的文献综述. 云南农业大学学报，2011，5 (3)：38 - 42.

26. 亚里士多德. 尼各马可伦理学. 北京：商务印书馆，2001.

27. Y. 巴泽尔. 产权的经济分析. 费方域，等译. 上海：格致出版社，1997.

28. 埃里克·弗鲁博顿，鲁道夫·瑞切特. 新制度经济学：一个交易费用分析范式. 姜建强，等译. 上海：格致出版社，2006.

29. 奥兹·夏伊. 产业组织：理论与应用. 周战强，等译. 北京：清华大学出版社，2005.

30. 丹尼斯·W. 卡尔顿，杰弗里·M. 佩洛夫. 现代产业组织. 4 版. 胡汉辉，等译. 北京：中国人民大学出版社，2009.

31. 哈尔·R. 范里安. 微观经济学：现代观点. 8 版. 费方域，等译. 上海：格致出版社，2011.

32. 罗伯特·T. 贾斯蒂斯，理查德·J. 加德. 特许经营. 李维华，等译. 北京：机械工业出版社. 2005.

33. 罗伯特·T. 贾斯蒂斯，威廉·斯莱特·文森特. 特许经营致富. 李维华，等译. 北京：机械工业出版社. 2005.

34. 罗伯特·珀维. 如何避免特许经营欺诈. 李维华，等译. 北京：机械工业出版社，2005.

35. 斯科特·E. 马斯腾. 契约和组织案例研究. 陈海威，等译. 北京：中国人民大学出版社，2005.

36. 亚当·斯密. 国民财富的性质和原因的研究. 北京：商务印书馆，1979.

37. 北京师范大学珠海分校特许经营学院商务部课题组. 国内外特许经营监管与促进体系研究报告：以中国、美国、澳大利亚和越南为例. 北京师范大学珠海分校特许经营学院，2007.

39. 刘玉芽. 直营与特许连锁双重分布现象探析. 广东财经职业学院学报，2007，6（4）：72－75.

40. 李虹，黄成明. 国外特许经营研究的理论综述. 经济纵横，2005（2）：77－79.

41. 李维华. 特许经营学. 北京：中国发展出版社，2009.

42. 朱明侠，魏铁梅. 特许经营. 北京：对外经济贸易大学出版社，2007.

43. 朱明侠. 特许经营体系手册编写指南. 北京：对外经济贸易大学出版社，2006.

44. 罗纳德·科斯. 企业的性质（1937）//奥利弗·威廉姆森. 企业的性质：起源、演变和发展. 北京：商务印书馆，2007.

45. 石元蒙，王学思. 特许经营导论. 北京：北京师范大学出版社，2009.

46. 孙鳌. 特许经营的所有权理论. 河南社会科学，2006，14（6）.

47. 王方剑. 中国连锁企业投融资实务. 北京：中国时代经济出版社，2008.

48. 王贵斌. 制定特许经营合同应注意的问题. 连锁月刊，2010（7）.

49. 张国元. 特许经营法律与实务问题研究. 北京：法律出版社，2009.

50. 杨超琦.《合规理论与实务》辅导讲义. 北京：对外经济贸易大学.

图书在版编目（CIP）数据

特许经营体系管理/王晓民编著．—2 版．—北京：中国人民大学出版社，2018.11
21 世纪高等开放教育系列教材
ISBN 978-7-300-24743-4

Ⅰ.①特… Ⅱ.①王… Ⅲ.①特许经营-营销体系-高等学校-教材 Ⅳ.①F713.3

中国版本图书馆 CIP 数据核字（2017）第 195334 号

21 世纪高等开放教育系列教材
特许经营体系管理（第二版）
王晓民　编著
Texu Jingying Tixi Guanli

出版发行	中国人民大学出版社		
社　　址	北京中关村大街 31 号	**邮政编码**	100080
电　　话	010－62511242（总编室）		010－62511770（质管部）
	010－82501766（邮购部）		010－62514148（门市部）
	010－62515195（发行公司）		010－62515275（盗版举报）
网　　址	http://www.crup.com.cn		
	http://www.ttrnet.com(人大教研网)		
经　　销	新华书店		
印　　刷	北京市鑫霸印务有限公司	**版　　次**	2011 年 12 月第 1 版
规　　格	185 mm×260 mm　16 开本		2018 年 11 月第 2 版
印　　张	16	**印　　次**	2018 年 11 月第 1 次印刷
字　　数	368 000	**定　　价**	39.00 元